DTA 数字税务师（DTA）系列教材

数字税务师中级教材

税收筹划基础

数字税务师教材编委会　韩海敏／主编

图书在版编目(CIP)数据

税收筹划基础/数字税务师教材编委会,韩海敏主编. —上海:立信会计出版社,2021.8
ISBN 978-7-5429-6883-8

Ⅰ.①税… Ⅱ.①数…②韩… Ⅲ.①收筹划—教材 Ⅳ.①F810.423

中国版本图书馆 CIP 数据核字(2021)第 156388 号

策划编辑　　王斯龙
责任编辑　　陈　瑶
封面设计　　南房间

税收筹划基础
SHUISHOU CHOUHUA JICHU

出版发行	立信会计出版社				
地　　址	上海市中山西路 2230 号		邮政编码	200235	
电　　话	(021)64411389		传　　真	(021)64411325	
网　　址	www.lixinaph.com		电子邮箱	lixinaph2019@126.com	
网上书店	http://lixin.jd.com			http://lxkjcbs.tmall.com	
经　　销	各地新华书店				
印　　刷	上海万卷印刷股份有限公司				
开　　本	787 毫米×1092 毫米　1/16				
印　　张	18.5				
字　　数	405 千字				
版　　次	2021 年 8 月第 1 版				
印　　次	2021 年 8 月第 1 次				
印　　数	1—1 500				
书　　号	ISBN 978-7-5429-6883-8/F				
定　　价	53.00 元				

如有印订差错,请与本社联系调换

"数字税务师"系列教材编写委员会

总 指 导：杨培丽

主 编：韩海敏

副 主 编：宫映华　上海国家会计学院

委 员（排名不分先后）：
　　　　田志伟　上海财经大学
　　　　李恒群　东北财经大学
　　　　田　雷　东北财经大学
　　　　张久慧　国家税务总局税务干部学院（大连）
　　　　庄佳强　中南财经政法大学
　　　　解洪涛　中南财经政法大学
　　　　李　琳　中南财经政法大学
　　　　赵　凯　山西省财政税务专科学校

前　言

随着数字时代的到来,全社会的各个领域都在进行智慧化体系的探索。其中,在税务系统,以国家"以数治税"为思想引领,税务机关进行了深入而精确的税务数字化升级和智能化改造。数字化改革不仅体现在税收的日常征管方面,还深入到了税务稽查方面。国家税务总局依托税务大数据工具,发展协税、护税网络和打造"信用＋风险"双轮驱动的征管新模式,犹如天网监控着纳税人申报信息、申报质量。企业税收违法问题的查处技术日趋完善,涉税数据共享、交叉比对、构建模型、风险制导等一系列管理措施的施行,让"放管服"得以落地。通过有针对性的开展违法打击活动,让"放"得到保障、让"服"得以实施,让"无事不登门"真正落实到日常征管,让"登门必大事"成为事后惩戒的监管手段。正因为整个征管模式和环境发生了重大的变化,迫切需要构建一套企业数字化税务管理系统。不论是对日常涉税业务风险的把控,将风险排除在萌芽状态;还是在事中进行风险的排查、税负率的把控乃至事后对风险的接受、对风险管理的补救,都需要我们对企业税务进行实时管理、系统管理、精确管理。税务的大数据已经可以做到"运筹案头数据之间,知晓你家存货贵贱"。

鉴于此,上海东方数字财税技术发展研究院在全国首次推出了"数字税务师"认证项目(Digital Tax Agent,DTA)。通过建立权威的行业评测模型,联合国内知名财经院校,共同编写了国内首套以数字化方向为内容的专业教材,赋能全国的涉税工作者和财税专业学生。学员通过对专业课程的学习,可以申请数字化税务管理能力认定,DTA会按照行业能力标准模型和能力等级要求,对申请学员进行测评,并鉴定申请学员的数字化税务管理水平。

本书通过对纳税主体的战略模式、经济活动投资行为等涉税事项做出事先的规划安排,以实现优化纳税、减轻税负或延期纳税的目的,这种涉税事项的事先安排就是本书所讲的税收筹划。鉴于税收筹划的要旨是侧重实务、以税收法律法规为依据,所以本书采用按税种划分与按业务划分相结合的模式,对每种税收筹划方法都从筹划原理、筹划要点和筹划案例多角度入手,在梳理税收筹划基本方法的基础上,对税收筹划在实践过程中遇到的新情况和新问题进行了归纳总结,对最新的税收政策以及税收筹划的新思路进行了研究分析。

本书是数字税务师(中级)认证项目系列教材之一。数字税务师(中级)认证项目系列教材还包括《企业涉税风险》《企业税务管理》,在编写过程中,参考并汲取了大量的研究成果和实践案例。本书可作为企业财税部门工作人员、中介机构涉税工作人员的学习资料和参考手册,也可以作为高等院校税务专业硕士税收管理、税务审计等相关课程的教材或参考书。

  由于税收筹划的研究在我国还处于起步阶段,很多问题还有待进一步研究;有些例题或者案例的设计也不尽完美,需要在实践中进一步提炼。因此本书的不尽之处在所难免,欢迎各位读者批评指正。由于财税政策法规变化较快,企业的税收筹划也并非一成不变,在使用本书时请结合最新的政策来进行税务筹划分析。

编　者

2021 年 8 月

目　　录

第一章　税收筹划的基本思路和方法 ································· 001
第一节　税收筹划的概念和基本思路 ································ 002
第二节　税收筹划的基本方法 ·· 010
复习思考题 ··· 016

第二章　增值税的税收筹划 ·· 017
第一节　增值税概述 ··· 018
第二节　纳税人身份选择的税收筹划 ································ 053
第三节　计税方式选择的税收筹划 ··································· 058
第四节　合同签订中的节税技巧 ······································ 064
第五节　不同促销方式选择的纳税筹划 ····························· 065
第六节　供应商选择的纳税筹划 ······································ 069
复习思考题 ··· 072

第三章　消费税的税收筹划 ·· 073
第一节　消费税概述 ··· 074
第二节　关联企业转让定价的税收筹划 ····························· 087
第三节　兼营和带包装物销售的税收筹划 ························· 089
第四节　生产加工方式的税收筹划 ··································· 092
第五节　以应税消费品换货、入股和抵债的税收筹划 ·········· 094
复习思考题 ··· 095

第四章　企业所得税的税收筹划 ······································ 097
第一节　企业所得税概述 ··· 098
第二节　企业设立业务的税收筹划 ··································· 130
第三节　企业所得税收入确认的税收筹划 ························· 143
第四节　用好各种成本费用税前扣除的税收筹划 ················ 149

第五节　企业开办费的税收筹划 …………………………………… 154
第六节　股权转让方式的税收筹划 …………………………………… 156
第七节　存货计价方法的税收筹划 …………………………………… 158
第八节　企业融资环节的税收筹划 …………………………………… 160
复习思考题 ………………………………………………………………… 170

第五章　个人所得税的税收筹划 …………………………………… 171
第一节　个人所得税概述 …………………………………………… 172
第二节　新个人所得税法下的税收筹划思路 ………………………… 207
第三节　工资薪金与劳务报酬的差异辨析与转化 …………………… 231
第四节　劳务报酬与经营所得的差异辨析与转化 …………………… 235
第五节　非全日制用工的个税与社保的筹划 ………………………… 239
复习思考题 ………………………………………………………………… 242

第六章　其他税种的税收筹划 ………………………………………… 243
第一节　关税的税收筹划 …………………………………………… 244
第二节　土地增值税的税收筹划 …………………………………… 253
第三节　房产税的税收筹划 ………………………………………… 260
第四节　印花税的税收筹划 ………………………………………… 267
第五节　契税的税收筹划 …………………………………………… 270
第六节　资源税的税收筹划 ………………………………………… 274
复习思考题 ………………………………………………………………… 278

第七章　税收筹划风险及防范 ………………………………………… 279
第一节　税收筹划风险 ……………………………………………… 280
第二节　税收筹划风险的防范 ……………………………………… 282
复习思考题 ………………………………………………………………… 284

参考文献 ………………………………………………………………………… 285

第一章 税收筹划的基本思路和方法

第一节 税收筹划的概念和基本思路

一、税收筹划的概念

（一）税收筹划的基本概念

随着经济社会的不断发展，税收和我们每个人的关系越来越密切。与此同时，伴随着我国税制体系和征管制度的改革和完善及税收征管水平的不断提高，企业和居民个人的涉税事项都不断增多。如何做到既依法纳税，体现税法遵从，又不缴冤枉税，合理合法地降低税收负担，从而实现税后利益最大化呢？这就要利用一定的方法，对经济活动或投资行为等涉税事项做出事先安排，以实现优化纳税、减轻税负或延期纳税的目的。这种涉税事项的事先安排也就是本书将要介绍的税收筹划。

历史上，税收筹划活动由来已久，尤其是在西方发达国家，对税收筹划的研究比较深入，不仅有许多专家学者从事税收筹划的研究，还有颇多关于税收筹划的著作和文献。但对于"税收筹划"的定义，目前仍难以在相关书籍或词典中找到非常权威且统一的定义。下面是几种具有代表性的观点。

观点一，荷兰国际财政文献局（IBFD）编写的《国际税收词典》对税收筹划的定义：税收筹划是指纳税人通过对经营活动或个人事务的事先安排，以实现缴纳最低的税收。

观点二，美国南加州大学 W. B. 梅格斯博士在著作《会计学》中的描述：人们合理而又合法地安排自己的经营活动，使之缴纳尽可能低的税收，使用的方法可称为税收筹划。税收筹划的目标是少缴税款和递延纳税。他还进一步指出，税收制度的复杂性使得为企业提供详尽的税收筹划成为一种谋生的职业。很多公司都聘请专业的税务专家，研究企业在经营决策上的税收影响，制定计划来实现合法的少纳税。

观点三，印度税务专家 N. J. 雅萨斯威在《个人投资和税务筹划》一书中认为：税收筹划是纳税人通过财务活动的安排，充分利用税收法律法规提供的包括税收减免在内的优惠政策，从而获得最大的税收收益。

以上是三种比较具有代表性的定义，通过分析不难发现这三种定义的细微差别。荷兰国际财政文献局的定义强调缴纳最低的税收，但忽视了纳税人的整体利益。美国梅格斯博士的定义较为全面，但也片面强调了缴纳尽可能低的税收的单一目标。而印度专家雅萨斯威的定义指出，税收筹划事实上是建立在税收优惠政策基础上的，是严格意义上的节税。

而在我国，税收筹划尚处于认识的初始阶段，人们对税收筹划有着极大的兴趣和需求，但似乎有所顾忌。我国学术界近几年也开始对税收筹划的概念展开了研究。目前来讲，涉及税收筹划理论和实务研究的专家学者对税收筹划的定义在表述上与国外学者或词典里采用的税收筹划定义大同小异。

一般而言,税收筹划有广义和狭义之分。狭义的税收筹划通常仅指节税,而广义的税收筹划既包括节税,也包括避税和税负转嫁。在社会经济活动中,节税与避税又往往难以严格区分,因此,本书所阐述的税收筹划是指广义的税收筹划。我们认为,税收筹划是指在纳税行为发生之前,在税法允许的范围内,通过对纳税主体的经营活动或投资行为等涉税事项做出事先安排,以达到少缴税和递延缴纳税费等目的的一系列谋划活动。

税收筹划是纳税人制定的税务计划。它与"税收计划"是有区别的。税务计划一般是指纳税人的纳税计划;税收计划通常是税务机关根据国家宏观经济和微观经济的计划和情况,制定的对一定时期税收收入的测算与征税计划,是政府预算的一个组成部分。而税收筹划与财务计划(financial planning)既有联系,又有区别。财务计划是反映企业货币资金收支和财务状况的计划。税收筹划只是财务计划的一个组成部分,它还涉及了一般财务计划不涉及的内容和理论。

(二) 税收筹划与逃税、欠税、骗税、避税的区别

1. 税收筹划与逃税

逃税是指纳税人采取伪造、变造、隐匿、擅自销毁账簿、记账凭证,或者在账簿上多列支出或者不列、少列收入,或者经税务机关通知申报而拒不申报,或者进行虚假的纳税申报,不缴或者少缴税款的行为。

《中华人民共和国刑法》(以下简称《刑法》)第二百零一条规定,逃税罪是指纳税人采取欺骗、隐瞒手段进行虚假纳税申报或者不申报,逃避缴纳税款数额较大并且占应纳税额10%以上的,处3年以下有期徒刑或者拘役,并处罚金;数额巨大并且占应纳税额30%以上的,处3年以上7年以下有期徒刑,并处罚金。扣缴义务人采取前款所列手段,不缴或者少缴已扣、已收税款,数额较大的,依照前款的规定处罚。对多次实施前两款行为,未经处理的,按照累计数额计算。有第一款行为,经税务机关依法下达追缴通知后,补缴应纳税款,缴纳滞纳金,已受行政处罚的,不予追究刑事责任;但是,5年内因逃避缴纳税款受过刑事处罚或者被税务机关给予2次以上行政处罚的除外。

税收筹划与逃税最本质的区别在于是否违法。逃税是触犯了国家相关税收法律的行为,将构成违法甚至犯罪行为,纳税人要承担相应的法律责任,构成犯罪的还要承担刑事责任;而税收筹划则是在不触犯国家法律情况下的一种涉税行为,纳税人所进行的税收筹划安排都是在法律未禁止的范围内进行的。

2. 税收筹划与欠税

欠税一般是指纳税人、扣缴义务人超过税收法律法规的规定或税务机关依照税收法律法规规定的纳税期限,未缴或少缴税款的行为。纳税人、扣缴义务人欠缴应纳税款,采取转移或者隐匿财产的手段,妨碍税务机关追缴欠缴税款的,由税务机关追缴欠缴的税款,并处罚款;构成犯罪的,依法追究刑事责任。

《刑法》第二百零三条规定,纳税人欠缴应纳税款,采取转移或者隐匿财产的手段,致使税务机关无法追缴欠缴的税款,数额在1万元以上不满10万元的,处3年以下有期徒刑或拘役,并处或者单处欠缴税款1倍以上5倍以下罚金;数额在10万元以上的,处3年

以上 7 年以下有期徒刑,并处欠缴税款 1 倍以上 5 倍以下罚金。

简单来说,欠税是指纳税人超过税务机关核定的纳税期限而发生的拖欠税款行为。与欠税不同,税收筹划是指通过不违法的筹划手段实现少缴税款或递延纳税的行为。通过实施税收筹划安排,使得某项涉税行为免于纳税义务,或者产生较小的纳税义务,再或者推迟其纳税义务发生时间,而欠税是指已经发生了应税行为,形成了缴纳税款义务,但未按照相关规定履行的行为。

3. 税收筹划与骗税

骗税是指纳税人利用假报出口或者其他欺骗手段,骗取国家出口退(免)税款的行为。《刑法》第二百零四条规定,纳税人以假报出口或者其他欺骗手段,骗取国家出口退(免)税款,数额较大的,处 5 年以下有期徒刑或者拘役,并处骗取税款 1 倍以上 5 倍以下罚金;数额巨大或者有其他严重情节的,处 5 年以上 10 年以下有期徒刑,并处骗取税款 1 倍以上 5 倍以下罚金;数额特别巨大或者有其他特别严重情节的,处 10 年以上有期徒刑或者无期徒刑,并处骗取税款 1 倍以上 5 倍以下罚金或者没收财产。

骗税与税收筹划有着明显的区别,骗税是采取弄虚作假和欺骗手段,虚构本来没有发生的应退(免)税行为,以骗取国家的出口退(免)税款的行为。

4. 税收筹划与避税

避税是指纳税人在不触犯税收法律的基础上,通过对筹资活动、投资活动、经营活动等一系列涉税行为的安排,达到规避或者减轻税收负担目的的活动。避税的最大特点是非违法性,它包括利用合法手段,比如各种特定税收条款或税法中缺乏的某些条款而引起的应税义务的减少。从法律角度分析,避税分为顺法意识避税和逆法意识避税两种,顺法意识避税又称为积极性避税,也就是说这种避税行为是顺应税法的立法意图的,不会影响税法的法律地位,也不会削弱税收的职能。顺法意识避税行为与国家的税收政策导向是一致的。逆法意识避税又称为消极性避税,是与税法的立法意图相违背的,甚至是利用一些法律漏洞进行的规避纳税义务的行为。世界各国政府对避税的态度不尽一致,有的国家采取了比较宽松的态度,而有些国家在法律法规中设有严格的反避税条款,因此对于某项避税行为究竟是否违法,各国税法认定存在很大的差异。相应地,纳税人在进行避税行为之前,要弄清楚该国对该项行为是否设有反避税条款,一旦设有相应的反避税条款,则该项避税行为很有可能构成违法行为。

税收筹划以遵守税收法律法规的规定为前提条件,因此税收筹划与避税最突出的区别是,税收筹划是具有合法性的,而避税只能定性为不违法。而在实际生活中,避税行为很大程度上与税收筹划难以严格区分。如前所述,税收筹划有广义和狭义之分,本书定义的税收筹划为广义概念,广义的税收筹划包括了避税。

(三) 税收筹划的理论依据

首先,政府课税应兼顾财政需要和纳税主体的利益,税收筹划是纳税主体合法权益的体现。

税收收入效应和替代效应理论表明,政府课税应有一个合理的限度,必须兼顾财政需要和纳税主体的利益,才能使税收制度的法律地位和法律权威真正得以确立,使税收取得财政、经济的最佳效应,这是依法治税的前提。国家通过合理、完善的税收制度,依法治税,既保证国家的税收权益,也依法维护纳税主体依法纳税后的合法权益。纳税主体在依法纳税的前提下,对经营、投资、理财活动进行筹划和安排所取得的任何经济利益,包括节税收益,归根结底属于纳税人的合法权益,应当受到法律的承认和保护。依法治税是税收筹划合法性的前提。

其次,税收对经济的调控与影响来自纳税主体对课税的回应,税收筹划是纳税主体对税收的正向回应。

税收调控理论表明,只要税收存在,就必然对经济产生一定的影响,这种影响来源于纳税主体对课税的回应,包括正向回应和负向回应。政府利用税收调节经济实质上是通过税收利益差别来引导纳税主体行为使之产生正向的影响,实现一定的社会、经济目标,因而政府不仅注重如何制定税收政策,而且更关注纳税主体对税收政策的回应。就纳税主体而言,既然外在的税收环境存在利益差别,不从中作出筹划或抉择显然是不明智的。

再次,税收调控范围和手段划定了税收筹划的范围和途径。税收上的利益差别,使得税收负担具有弹性。

从纵向看,在不同经济时期,国家选择实施扩张性或紧缩性税收政策,使不同时期的税收负担具有弹性;从横向看,国家在地区之间、产业之间、产品之间乃至行为之间,实施不同的税收政策,也使税收负担具有弹性。由于税收对纳税主体行为的调控是通过弹性税负诱导纳税主体行为来实现的,因此在税收负担有差异或有弹性的领域里,税收筹划是可行的,是有利可图并且是安全的,是国家所鼓励、所利用的。而在税负无弹性的领域,税收筹划则是无为的、无效的,纳税主体减轻税负的行为,只能是逃税或避税。这也表明,根据税收政策找出弹性税负是税收筹划的根本途径。

最后,税收调控方式决定了税收筹划是纳税主体获得合法税收利益的唯一途径。

税收通过外在税收环境刺激或制约企业的行为选择,使企业适应税收的变化,形成对所有的经济主体总体上一视同仁的激励与制约机制。这表明税收调控并不针对具体的纳税主体,不同的纳税主体所面临的是同样的税收环境。在市场经济中,纳税主体要想获得合法的税收利益,只有通过税收筹划才能实现,而期望得到国家的个别优惠是不现实的。同时,国家税收政策也将根据调控目标与政策实施结果的状况作出新的调整,这就要求企业税收筹划应及时与税收政策变动作出相应的配合,与时俱进地更新税收筹划的内容与方法,而不是一成不变。由于税收政策的变动,某些今天看来行之有效的税收筹划方法,明天则可能是偷税行为。

(四)影响税收筹划的税收因素

1. 税收负担水平

税收负担水平包括宏观税收负担和微观税收负担水平。从宏观上看,衡量一国税负高低的公认指标是税收总额(T)占国内生产总值(GDP)的比重;从微观上看,衡量一个纳税人的总体税负一般不是单纯以某一税种的税负来衡量,而是以企业资本回报率即资本收益率来评价,资本收益率是净收益与利息支出之和同投资总额之间的比值。通常情况下,税负越轻,资本回报率越高,税负越重,资本回报率越低。

税收负担水平对税收筹划的影响主要表现为:首先,税收负担水平决定税收筹划的广度和深度。如果宏观税负和微观税负较低,企业税负可以承受,纳税人就没有必要精心筹划节税策略。因为如果进行税收筹划还要花费一笔节税成本,而所取得的税收利益对资本回报率影响又不大,此时税收筹划的必要性就大打折扣。但是,如果宏观税负和微观税负水平高,税收则成为影响资本回报率的重要因素,是否实施节税策略结果是完全不相同的。其次,国家间税收负担水平的差异,影响跨国纳税人的投资决策。由于国际市场上不同国家或地区同类商品税负轻重不同,不同国家或地区的所得税税负水平也有高低之差,相应的投资回报率也相当之悬殊,所以跨国纳税人在实施经营和投资过程的税收筹划时,往往青睐于税负低的国家或地区。

2. 税负弹性

税负弹性是决定税收筹划潜力和节税利益的关键因素。税负弹性越大,税收筹划的余地和可能的节税利益就越大,税收筹划就越有利可图。在一次性总额人头税制下,由于不具有税负弹性,不产生替代效应,纳税人就没有税收筹划的余地。而在多种税、多次征的复合税制下,各个不同的税种各有不同的弹性,为税收筹划提供了条件和空间。其中,主体税种由于覆盖范围广、税源大、税法规范相对比较复杂,其税负的伸缩性就较大,成为税收筹划所瞄准的主要税种。

税负弹性取决于税种的构成要素,其中主要包括税基、扣除项目、税率和税收优惠。由于税基的宽窄、扣除的大小、税率的高低以及税收优惠的多少,都有较大的弹性幅度,因此各税种构成要素的弹性大小就决定了各税种的税负弹性。一般而言,所得税的税负弹性要高于其他税种,也就成为税收筹划的主要税种。

3. 税收优惠

税收优惠是一个国家税收制度的重要组成部分,是政府为了达到一定的政治、经济和社会目的,通过让渡一定的税收利益而对纳税人实行的税收鼓励。税收优惠反映了政府行为,是通过政策导向影响人们生产与消费偏好来实现的,也是国家宏观调控经济的重要杠杆。无论是发达国家还是发展中国家都把实施税收优惠政策作为引导投资方向、调整产业结构、扩大就业机会、刺激经济增长的重要手段加以运用。

税收优惠对于纳税人来说,是引导其投资方向的指示器。充分运用税收优惠政策是税收筹划的重要内容之一。它既方便、又安全,而且税收利益非常可观。

4. 各国税制差异

税制差异包括各国税制结构的差异、各国税制要素的差异、各地方税制的差异、各国相互间税收协定的差异等。

各国税制上的差异决定了不同国家税制下相应的税收筹划依据是完全不同的。进行跨国税收筹划不仅了解相关国家或地区的税收制度,还要了解相关国家之间是否签有双边或多边税收协定,并熟悉协定的内容。由于"避税港"的存在,也给跨国税收筹划提供了大有作为的"租税乐园"。各国地方税制的差异影响纳税人的税收筹划,具体表现为对中央税和地方税的选择、对投资地区的选择等。显然,各国税制的差异和复杂性必然会增加跨国投资者税收筹划的难度和筹划成本,同时也为进行税收筹划提供了大量的机会。

二、税收筹划的性质与意义

(一) 税收筹划的性质

1. 合法性

合法性是税收筹划的本质属性,也是其区别于偷、逃、欠、骗税等不法行为的重要特征。

从法律角度来说,合法性体现在两个层次:一是税收筹划必须在国家税收法律法规许可的范围内进行。二是税收筹划不但不违法,而且符合国家立法精神及意图。比如某企业经过努力,成为高新技术企业,并经政府部门批准进入高新开发区享受开发区的税收优惠政策。在税收筹划的实施过程中,要及时根据经济环境、企业实际情况的不断变化,对方案进行必要的调整,以确保方案的合法性。

2. 导向性

纳税人通过税收筹划对纳税方案进行选择,尽管在主观上是为了减轻自己的税收负担,但在客观上却是在国家税收杠杆作用下,逐步走向优化产业结构和合理配置资源的道路,使得国家的产业政策和宏观调控得到了更好的发挥。

3. 事前性

税收筹划一般都是在应税行为发生之前、纳税义务形成之前,进行规划、设计和安排的。纳税义务履行的滞后性决定了纳税人可以对自身应税经济行为进行事先的预见性安排,如运用税收优惠政策的规定、进行纳税时点的选择等。如果应税行为已经发生,纳税义务已经确定,再去谋求少缴税款,则不属于税收筹划的范畴了。

4. 时效性

在开展税收筹划的过程中,应准确把握税收政策,特别要注意有针对性和临时性的税收政策,既要着眼于税收基本法律、法规的规定,又要关注各种实施办法和税收政策的变更,使税收筹划随着税法的变化而作出相应的改变,力求在法律上站得住,在操作上行得通。同时,应正确认识税收筹划的内涵和外延,划清合法与非法的界限,严格区分税收筹划与偷、逃、漏、抗税的本质区别,避免陷入违法的境地。

5. 风险性

税收筹划不仅涉及多门学科的相关知识,还涉及纳税人经营运行的各个部门,是一门极具综合性的学问。税收筹划的根本目的就是帮助纳税人实现综合利益最大化,而税收筹划时常是在税收法律法规规定性的边缘上进行操作,再加上税收筹划是在纳税义务形成之前进行的,使得未来的结果带有一定程度上的不确定性。同时国家宏观经济形势的变化、国家税收政策的调整,都可能使得纳税人的经营行为未取得预期的效果,或者使得本来的最优方案变成了次优方案。另外，纳税人在进行税收筹划时也存在由于对税收政策理解不透彻等原因而面临违法或者纳税调整等情况的风险。

6. 专业性

专业性不是指税收筹划一定需要会计专业人员来完成，而是说在面临经济快速发展、全球经济一体化、各类经营活动日益频繁且规模扩大，同时各国税制也越来越复杂的情况下，仅依靠纳税人自身进行税务筹划已然显得力不从心，作为社会中介的税务代理、税务咨询便应运而生。如今在世界各国特别是西方发达国家，各类会计师事务所、税务师事务所纷纷开拓和发展了税收筹划的相关咨询业务，税收筹划已呈现出专业化发展的趋势。税收筹划的性质和发展过程，决定了税收筹划实践必须走规范化、法律化的道路。税收筹划实践具有专业性和复杂性，因此通常需要聘请专业的税务咨询人员。纳税人应仔细分析、比较一国税收法律的各项因素，在税收筹划实践中，既获得税收利益，又不触犯税法。

7. 判定性

税收征缴的权力掌握在税务机关。这样即使税收筹划的过程是由纳税人主导的，但是最后筹划方案是否符合法律规定、是否会成功、能否给纳税人带来税收上的利益，很大程度上取决于税务机关对纳税人税收筹划方案的判定。如果纳税人所选择的方法并不符合税收立法精神，诸如一些"打擦边球"的做法，税务机关可能会视其为避税，甚至当作偷税漏税，那么纳税人将遭受重大损失，承担法律风险。

(二) 税收筹划的意义

1. 有利于纳税人实现财务利益最大化

企业作为市场经济主体，在产权界定清晰的前提下，追求自身利益最大化是其天性。要实现财务利益最大化，在总收入一定的前提下，必须使得总成本最小化。税收筹划就可以满足企业纳税成本最小化的需求，也可以节减纳税人税收，还可以防止纳税人掉入税法陷阱(Tax Trap)。税法陷阱是税法不完善的表现。在现代社会，不少国家税法日趋复杂，而很多纳税人对税法知之甚少，这样就非常容易掉入税法陷阱。纳税人一旦掉进税法陷阱，不仅需要缴纳更多的税款，而且会影响纳税人的财务利益。税收筹划可防止纳税人掉入税法陷阱，不缴不该缴付的税款，有利于纳税人财务利益最大化。税收筹划的这个作用也被称为税收筹划的节税功能或节税作用。

2. 有利于更快、更好地贯彻国家政策

税收筹划人为了节减更多的税款，总是密切注意着国家制定的、能减少纳税人缴税的最新政策。一旦国家有此类新政策出台，税收筹划人会马上采取行动，而这些行动正是国家政策鼓励的行为。这在客观上起到了更快、更好地贯彻国家政策的作用。

3. 有利于资源合理配置

在市场经济条件下，利润的多少决定了资本的流动方向，而资本的流动又代表了人力和物力的流动。因此，顺应国家经济调控政策的税收筹划，不但有利于企业节税，实现纳税人利润最大化，而且有利于促进资本的流动和资源的合理配置。

4. 有利于提高纳税人纳税意识

随着经济社会发展到一定程度，纳税人开始重视税收筹划，而只有正确掌握、深刻理解税法，才能领会并顺应税收政策的导向，作出理性选择。也可以说税收筹划与纳税意识具有一定意义上的一致性。一方面，税收筹划是纳税人纳税意识提高到一定程度的表现，也是与经济体制改革发展水平相适应的。只有税制改革和税收征收管理水平达到较高水平，税收法律制度的权威才能得以体现，否则该收的税收不上来，纳税人的违法成本很低，纳税人无须进行税收筹划即可取得较大的税收收益，导致纳税人纳税意识淡薄。另一方面，纳税人进行税收筹划所安排的经济行为必须满足合法性的要求，必须合乎税法的立法意图，依法纳税更是纳税人纳税意识强的应有之义，纳税意识强与纳税人进行税收筹划具有共同之处。

三、税收筹划的基本思路

从税法要素角度，我们可以把税收筹划技术归纳为八类。

(1) 免税技术(tax exemption technique)，指在合法和合理的情况下，尽量争取免税待遇和使免税期最长化。免征税收就是节减税款，免税期最长化能使节税最大化。

(2) 减税技术(tax reduction technique)，指在合法和合理的情况下，尽量争取减税待遇和使减税最大化、减税期最长化。

(3) 税率差异技术(rates difference technique)，指在合法和合理的情况下，尽可能利用税率的差异使减税最大化，在开放经济下，企业可以利用税率的差异使节税利益最大化。

(4) 分割技术(splitting technique)，指在合法和合理的情况下，使所得、财产在两个或更多个纳税人之间进行分割而使节减的税款最大化。所得税和财产税通常适用累进税率，计税基础越大，适用税率也越高。将所得、财产在两个或更多纳税人之间进行分摊，可以减小计税基础，降低适用税率，以达到减轻税收负担的目的。

(5) 扣除技术(deductions technique)，指在合法和合理的情况下，使税收扣除额、宽免额和冲抵额等最大化。在同样收入水平的情况下，各项扣除额、宽免额和亏损等冲抵额越大，计税基础就越小，应纳税额也越小，所节减的税款就越大。

(6) 抵免技术(tax credit technique)，指在合法和合理的情况下，使税收抵免额最大化。各个国家往往规定了多种税收抵免，如已纳国外税收抵免、投资抵免、研究开发抵免等政策鼓励性抵免。税收抵免额越大，应纳税额越小，所节减的税款就越大。

(7) 延期纳税技术(deferral payment technique)，指在合法和合理的情况下，尽量延期缴纳税款。纳税人延期缴纳本期税款就等于得到一笔无息贷款，可以使纳税人在本期有更多的资金用于产生收益，获得更多的所得，也相当于节减了税款。

(8) 退税技术(tax repayment technique)，指在合法和合理的情况下，尽量争取退税待遇和使退税额最大化。一些国家对某些投资、某些已纳预提税等有退税规定，在已缴纳税款的情况下，退税无疑是退还了缴纳的税款，节减了税款。

第二节 税收筹划的基本方法

一、税收筹划的切入点

税收筹划是利用税法客观存在的政策空间进行的,这些空间体现在不同的税种、不同的税收优惠政策、不同的纳税人身份以及影响应纳税额的其他基本要素上,因此应该以这些税法客观存在的空间为切入点,研究实施税收筹划的方法。

(一)税收弹性

理论上来讲,税收筹划可以针对一切税种,但由于不同税种的性质不同,税收筹划的方法、路径和税收收益也不尽相同。在实际操作中,一方面,要选择对决策有重大影响的税种作为税收筹划的重点;另一方面,要选择税负弹性大的税种作为操作重点,税负弹性越大,税收筹划的空间越大。一般而言,税源越大,税负弹性也越大。同时税负弹性还取决于某一税种的构成要素,比如税基、税率、扣除项目和税收优惠,税基越宽,税率越高,税负就越重,反之则越轻;税收扣除越大,税收优惠越多,税负就越轻,反之则越重。

(二)纳税人

纳税人即税法规定负有纳税义务的单位和个人,也称纳税义务人或纳税主体。每一个税种都有其关于纳税人的规定,纳税人是税收制度的基本构成要素之一。如果纳税人不按照税法规定履行纳税义务,就需要承担法律责任。以纳税人为切入点进行税收筹划,实质上是进行纳税人身份的合理界定或转化,使得纳税人承担的税收负担尽可能减少或降低到最小限度,或者直接避免成为某税种的纳税人。

从纳税人性质的角度进行分析,我国有多种不同类型组织形式的纳税人,包括个体工商户、个人独资企业、合伙企业和公司制企业等。不同类型的纳税人适用不同的税收政策,存在巨大的税收筹划空间。纳税人不同组织形式选择的基本思路可以归纳为以下几点:①确定纳税人采取的组织形式时,应综合考虑税收负担、经营风险、经营规模、管理模式及筹资等因素。②比较不同组织形式的税负大小时,不能仅看名义上的差别,更重要的是看实际上的差别,例如要比较合伙制企业和公司制企业的税基、税率结构以及盈利水平、股利分配政策、合伙人数量、税收优惠待遇等因素。③在合伙制构成中出现跨国现象(既有本国居民,也有外国居民)时,合伙人由于居民身份国别的不同,税负将出现差异,此时要仔细分析计算各合伙人的税负。

需要注意的是,纳税人在利用不同组织形式的选择进行税收筹划的时候,应当充分考虑各方面的因素,选择不同性质的组织形式,其经营风险也各不相同。例如,个人独资企业和合伙企业承担无限连带责任,风险很大,而公司制企业通常只承担有限责任,风险较小。

（三）税率差异

税率是指应纳税额与计税依据之间的比例。税率体现了税收的深度，也可以说是征税的程度。税法明确规定了各个税种所适用的税率。根据表现形式不同，可以将税率划分为比例税率、定额税率和累进税率。比例税率是对同一课税对象，无论其数额大小，都按照同一比例计算应纳税额的税率。我国目前绝大部分税种都采用比例税率。定额税率是按照单位征税对象直接规定一定数量的税额，一般适用于从量计征。累进税率是指随着课税对象的数额设计逐级递增的税率，按照累进税率结构的不同，又可分为全额累进税率、超额累进税率和超率累进税率。

税率是税收制度的基本要素之一，也是最为核心的要素，同时税率也是决定纳税人税负高低的主要因素。在计税依据一定的情况下，应纳税额与税率呈正相关关系，一般情况下，税率越低，应纳税额越少，税后利润就越多。但需要注意的是，税率低，不能保证税后利润一定是最大化的。不同的税种适用不同的税率，纳税人可以利用对课税对象的界定不同而适用不同的税率，也就是以税率差异为切入点进行税收筹划。即使是同一税种，适用税率也会因税基或其他相关条件不同而发生相应的变化，纳税人可以通过改变税基分布调整适用的税率，从而达到降低税负的目的。

（四）税款征收方式

科学合理的税款征收方式是确保税款顺利足额征收的前提条件。由于各类纳税人的具体情况不同，因而税款的征收方式也有所区别。我国税法现阶段可供选择的税款征收方式主要有以下几种。

1. 查账征收

查账征收，是指纳税人在规定的期限内根据自己的财务报告表或经营成果，向税务机关申报应税收入或应税所得及纳税额，并向税务机报送有关账册和资料，经税务机关审查核实后，填写纳税缴款书，由纳税人到指定的银行缴纳税款的一种征收方式。因此，这种征收方式比较适用于对企业法人的征税。

2. 定期定额征收

定期定额征收，是指税务机关根据纳税人的生产经营情况，按税法规定直接核定其应纳税额，分期征收税款的一种征收方式。这种征收方式主要适用于一些没有记账能力，无法查实其销售收入或经营收入和所得额的个体工商户。

3. 代扣代缴、代收代缴

代扣代缴、代收代缴，是指依照税法规定负有代扣代缴、代收代缴税款义务的单位和个人，按照税法规定对纳税人应当缴纳的税款进行扣缴或代缴的征收方式。这种方式有利于加强对税收的源泉控制，减少税款流失，降低税收成本，手续也比较简单。

4. 委托征收

委托征收，是指税务机关委托有关单位或个人代为征收税款的征收方式。这种方式主要适用于一些零星、分散难以管理的税收。

查账征收能够根据企业实际经营情况进行征收，实行多得多缴公平征收。实行查账征收的企业，应按时参加所得税汇算清缴，及时补缴税款。核定征收企业可以不必参加汇算清缴，减少查账的费用和麻烦；经营效益好的企业，有可能会从中取得额外收益；但是对效益差的企业有可能会带来额外损失。

究竟哪一种征收方式更适合企业，是需要通过专业财税税收筹划和分析的。一般来说，如果本身是初创期企业或微利企业，实际盈利不多甚至亏损，那么只要账务信息属实，实际需要缴纳的税款可能比核定征收的要低。纳税人尤其在企业在设立之初就应当综合考虑各个相关税种的选择，测算纳税成本，进行成本定价和利润估算，从而更好地节约成本，进行生产经营。从长远来看，企业成为一般纳税人之后，所得税尽量采取查账征收。目前国家税务总局正逐步缩小核定征收企业所得税的范围，甚至在部分省规定一般纳税人不得核定征收企业所得税。

二、税收筹划的基本方法

（一）税收优惠法

国家为了实现税收调节功能，一般在设计税种的具体要素时，都设有税收优惠政策，税收优惠政策是税制设计的重要因素。纳税人如果能充分利用税收优惠条款，就可享受节税收益。因此，用好、用足税收优惠政策本身就是税收筹划的过程。选择税收优惠政策作为税收筹划的切入点时，要注意不得滥用税收优惠，以欺骗手段骗取税收优惠，同时应当充分认识和理解税收优惠政策条款，并按照规定的程序申请享受税收优惠，避免因程序不当导致承担不必要的责任。

税收优惠在各个国家有不同的形式，通常可以概括为以下几种。

1. 免税

免税是指国家出于照顾或者奖励目的，对特定地区、行业、企业、项目或情况（特定的纳税人或纳税人的特定应税项目，或由于纳税人的特殊情况）给予纳税人完全免征税收的优惠政策。免税可以说是国家的一种税收照顾方式，也可以说是国家出于其政策需要的一种税收奖励方式，是贯彻国家经济、政治、社会政策的经济手段。

各个国家的税法里有关免税的优惠政策随处可见，充分利用免税优惠政策获得税收利益的关键在于，在合法合理的情况下，要尽可能多地争取免税待遇，同时尽量使免税期最长化，许多免税政策都有期限限制，免税期越长，节减的税收越多。

2. 减税

减税是指国家出于照顾或者奖励目的，对特定地区、行业、企业、项目或情况（特定的纳税人或纳税人的特定应税项目，或由于纳税人的特殊情况）给予纳税人减征部分税收的优惠政策。减税可以是国家对特定纳税人的税收照顾措施，也可以是出于政策需要对特定纳税人的税收奖励措施。

和利用免税政策的要点相似，充分利用减税优惠政策获得税收利益的关键在于，在合法合理的情况下，要尽量争取减税待遇，争取让尽可能多的税种获得减税，争取减征更多的税收,同时尽量使减税期限最长化,减税期越长,节减的税收越多。

3. 税收扣除

税收扣除在各国税法中也是常见的一种税收优惠方式,可以是指从计税金额中减去一部分以求出应税金额,也可以指从应计税额中减去一部分,即税额扣除、税额抵扣或税收抵免。与免税、减税不同,税收扣除往往普遍适用于所有纳税人,而免税和减税通常适用于特定范围。

在利用税收扣除的优惠政策进行税收筹划时,要注意在合法和合理的情况下,争取尽可能多的扣除项目。在其他条件相同的情况下,扣除项目越多,计税基数则越小,计税基数越小,则应纳税额就越小,缴纳的税款就越少。在争取尽可能多的扣除项目的同时,尽量使各项扣除额能够最大化。在其他条件相同的情况下,扣除金额越大,计税基数则越小,计税基数越小,则应纳税额就越小,缴纳的税款就越少。另外,在合法和合理的情况下,尽量使得各项扣除的项目在最早的应税期限得到扣除。在其他条件相同的情况下,扣除越早,早期缴纳的税收就越少,早期的现金净流量就越大,将来的收益也越多。

4. 退税

退税是指政府将纳税人已经缴纳或是及承担的税款退还给相应的受益人的一种税收优惠方式。退税的优惠政策一般适用于对产品课税和对所得课税。对产品课税的退税优惠一般适用于出口产品。在对外贸易中,退税是奖励、鼓励出口的一种措施。当前世界各国的税收制度中,奖励出口退税的办法主要有两种:一是退还进口税,即用进口原料或进口半成品加工制成成品,出口时退还已经缴纳的进口税;另一种是退还已经缴纳的国内消费税、增值税等,也就是说在商品出口时退还国内的已纳税款,让产品以不含税的较低价格进入国际市场,以增强其市场竞争力。

5. 亏损弥补

亏损弥补是指当年经营亏损在次年或其他年度以经营盈利抵补,以减少以后年度的应纳税款。这种优惠形式对扶持新办企业的发展具有一定的作用,对风险较大的投资的激励效果尤其明显。因此为了鼓励投资者进行长期风险投资,许多国家的税法大都规定了相应的亏损弥补优惠政策。

随着经济社会不断发展和政府宏观经济调控能力的不断提高,我国的税收制度也在不断调整中逐步完善。在继续以产业政策和区域开发政策为投资鼓励重点的同时,进一步强化了鼓励投资的科技导向。在稳定现有的对外资的优惠政策基础上,更注重为国内外企业创造平等竞争的税收环境。同时,在税收优惠形式上也从较为单一的降低税率、减免税期,向投资抵免、加速折旧、亏损结转等多种形式并用转变。

利用税收优惠政策进行税收筹划可以使纳税人轻松地享受低税负待遇,在合理和合法的情况下获得一定的税收收益。税收优惠政策的筹划关键是寻找适合自己的优惠政策并将其应用于纳税实践中,在一些情况下甚至可以表现为创造条件去适用和享受税收优惠政策,以达到降低税负的目的。

（二）税收递延法

税收递延也称为延期纳税或纳税期限的递延，也就是说允许纳税人在规定的期限内，分期或者延迟缴纳税款。《国际税收辞汇》中对延期纳税是这样阐述的："延期纳税的好处有：有利于资金周转，节省利息支出，以及由于通货膨胀的影响，延期以后缴纳的税款币值下降，从而降低了实际纳税额。"可见，纳税期限的递延给纳税人带来的好处是不言而喻的。通常情况下，为了防止税收给纳税人带来的负担过重，又或者为了促进投资，税法会做出一些可延期纳税的特别规定。在有些情况下，纳税人还可能通过某些途径来获得税法本身没有规定的延期纳税，以达到避税目的。比如纳税人可以利用在国外的控股公司来积累境外来源的所得，而不是将利润汇回国内。目前诸如法国、德国、英国和美国等国家已经制定了相关的税法条款来打击这种避税活动。

纳税人使用税收递延的方法进行税收筹划的途径有很多，特别是经济全球化背景下，跨国公司迅速发展，假定将母公司设立在高税管辖区权的地区，而其子公司设立在低税管辖权的地区，子公司取得的收入长期留在账面上，母公司由于未取得股息分配的收入，这部分税收自然就被递延了。另外，采取有利的会计处理方法，也是纳税人实现税收递延的重要途径。由于会计法规和税法相关规定的差异，我们经常看到会计所得与所得税申报表上的应税所得在很多情况下是不一致的。这种差异按照产生的原因和性质不同，可以分为时间性差异和永久性差异两大类。

时间性差异是指会计准则和税法因为确认收入或费用、损失的时间不同而产生的税前会计利润和应纳税所得额之间的差异。比如会计上采用直线折旧法，而税法采用加速折旧法，这就会产生时间性差异。永久性差异是指由于会计准则和税法在计算收入、费用和损失时的规定不同而产生的税前会计利润与应纳税所得额之间的差异。比如会计上列支了业务招待费，但超出了按照税法规定的允许税前扣除的标准，应予以剔除，由此产生了永久性差异。由于永久性差异的发生是因为会计准则和税法之间的实质性差异引起的，应纳税所得额不作返回性调整，因此不存在应纳税额的递延。因此，从是否可进行返回性调整的角度看，税收递延涉及的只是时间性差异。站在纳税人的角度，如果由于时间性差异造成的应税所得大于会计所得，会出现预付税金，也就是递延所得税资产，反映为税收损失；相反的，如果应税所得小于会计所得，将会出现递延所得税负债，即纳税期限的递延，反映为税收收益。

由于税收的征税对象重点是货物和劳务的流转额以及所得额，也就是说流转税和所得税主要的计税依据分别是收入和应纳税所得额。应纳税所得额即纳税人的收入减去费用后的余额。因此，递延纳税的本质就是推迟收入或应纳税所得额的确认时间，使用税收递延法进行税收筹划的方法则可以归纳为两大类：一类是推迟确认收入；另一类是尽早确认费用。

从收入的角度来讲，纳税人应当合理安排生产经营活动，例如合理地安排交货时间、结算时间和销售方式，来推迟收入确认的时间，从而实现递延纳税。同时还应当在会计上通过合理安排营业收入的实现时间来实现推迟缴纳税收的目的。

从费用的角度来讲，对于费用的确认应当遵循这样的原则：凡是能直接进营业成本、期间费用和损失的尽量不进生产成本，凡是能进成本的不进资产，能预提的不待摊，能多提的就多提，能快摊的就快摊。

（三）税负转嫁法

所谓税负转嫁，是指纳税人通过提高售价或者压低购进价的方式，将其所承担的税收转移给他人负担的过程。税法规定，直接负有纳税义务的单位和个人称为纳税人，而最终承担税负的人称为负税人。税负最终落到负税人身上的过程称为税负归宿。简单来说，税负转嫁和税负归宿是同一问题的两个方面。在具备进行税负转嫁的条件下，纳税人和负税人是可以分离的，纳税人是法律意义上的纳税主体，负税人是经济意义上的承担主体。

税负转嫁是一种纳税技巧，是在悄无声息中实现税负的降低。税负转嫁的基本操作原理是利用价格的变动和分解来转移或规避税收负担。能否顺利实现税负转嫁，关键取决于商品的供给弹性和需求弹性的大小。我们应当认识到的是，税负转嫁是在纳税人之间进行的，因此，这种操作不会减少国家的税收总收入。

按照税负转嫁的不同途径，一般可以将税负转嫁分为前转（纳税人通过提高商品售价的方式将税负转移给购买者或最终消费者）、后转（纳税人通过压低购进价的方式将税负转移给生产者或供应者）、消转（纳税人既不前转也不后转，而是通过改善经营管理、改进生产技术、延长劳动时间或压低工资的方法来消化税收负担）和税收资本化（购买者将所购商品或生产要素的未来应纳税额从购入价格中预先扣除，向后转嫁给出售者）。

税负转嫁意味着税负的实际承担者不是直接缴纳税款的人，而是背后的隐匿者或潜在的替代者。税法规定的纳税人通过税负转嫁将税收转移给了他人，自己并不真正承担纳税义务，而是充当了税务部门与实际纳税人之间的中介桥梁。由于税负转嫁并没有伤害国家利益，也不违法，因此利用税负转嫁进行税收筹划受到了纳税人的普遍青睐。利用税负转嫁减轻纳税人的税收负担，已经成为一种普遍的经济现象。

（四）资产重组法

常见的资产重组法主要有两种：一种是合并筹划法；另一种是分立筹划法。

企业合并是实现资源流动和有效配置的重要方式，在企业合并中不可避免地涉及企业的税收负担及筹划节税问题。合并筹划法是指企业利用并购及资产重组的手段，改变其组织形式及股权关系，实现税负降低的筹划方法。一般进行合并筹划的切入点有以下五种：①并购、重组后的企业可以进入新的领域、新的行业。②并购有大量亏损的企业，可以盈亏抵补，实现低成本扩张。③企业并购可以实现关联企业或上下游企业流通环节的减少，合理规避流转税和印花税。④企业并购可能改变纳税主体性质，比如企业可能因为合并而由小规模纳税人变为一般纳税人，或者由内资企业变为中外合资企业。⑤企业并购因规模扩张能够提高应提取折旧的资产总额，获取折旧抵税利益。

企业分立是指一个企业依照法律或者合同规定分为两个或两个以上企业的行为。企业分立包括被分立企业将其部分或全部业务分离转让给两个或两个以上现存或新设企业,为其股东换取分立企业的股权或其他财产。企业分立有利于企业更好地适应环境和利用税收政策获得税收方面的利益。利用企业分立进行税收筹划可以有效地改变企业的规模和组织形式,降低企业的整体税负。一般进行分立筹划的切入点有以下四种:①企业分立为多个纳税主体,可以形成有关联关系的企业群,实施集团化管理和系统化筹划。②企业分立可以将兼营或混合销售中的低税率或零税率业务独立出来,通过单独计税来降低税负。③企业分立使适用累进税率的纳税主体分化成两个或多个适用低税率的纳税主体,税负自然降低。④企业分立可以增加一个流通环节,有利于货物和劳务税抵扣及转让定价策略的运用。

复习思考题

1. 什么是税收筹划?
2. 纳税人为什么要进行税收筹划?税收筹划的目标是什么?
3. 试述税收筹划的切入点。
4. 简述税收筹划的基本操作方法。

第二章

增值税的税收筹划

第一节 增值税概述

一、纳税人

(一) 基本规定

凡在中华人民共和国境内销售货物或者加工、修理修配劳务、销售服务、无形资产或者不动产,以及进口货物的单位和个人,为增值税的纳税人。

单位以承包、承租、挂靠方式经营的,承包人、承租人、挂靠人(以下统称承包人)以发包人、出租人、被挂靠人(以下统称发包人)名义对外经营并由发包人承担相关法律责任的,以该发包人为纳税人。否则,以承包人为纳税人。

资管产品运营过程中发生的增值税应税行为,以资管产品管理人为增值税纳税人。

资管产品管理人,包括银行、信托公司、公募基金管理公司及其子公司、证券公司及其子公司、期货公司及其子公司、私募基金管理人、保险资产管理公司、专业保险资产管理机构、养老保险公司。

建筑企业与发包方签订建筑合同后,以内部授权或者三方协议等方式,授权集团内其他纳税人(第三方)为发包方提供建筑服务,并由第三方直接与发包方结算工程款的,由第三方缴纳增值税,与发包方签订建筑合同的建筑企业不缴纳增值税。

(二) 增值税纳税人的分类

1. 一般纳税人和小规模纳税人的年应税销售额标准

一般规定:年应税销售额为500万元的纳税人划分为小规模纳税人。

特殊规定:其他个人(除个体工商户外的个人)按小规模纳税人纳税;非企业性单位、不经常发生应税行为的企业、单位和个体工商户可选择按小规模纳税人纳税;加油站为一般纳税人。

2. 登记管理

一般纳税人(必须登记):会计核算健全,超过年应税销售额标准。

小规模纳税人(不办理一般纳税人登记):①年销售额在规定标准以下且会计核算不健全,不能按规定报送税务资料的纳税人。②其他个人(自然人)。③按照政策规定,选择按照小规模纳税人纳税的。

一般纳税人(可以登记):年应税销售额未超过规定标准的纳税人,会计核算健全,能提供准确税务资料,可以向主管税务机关办理一般纳税人登记。

年应税销售额是指纳税人在连续不超过12个月或4个季度的经营期内累计应征增值税销售额,包括:①纳税申报销售额,指纳税人自行申报的全部应征增值税销售额,其中包括免税销售额和税务机关代开发票销售额。②稽查查补销售额及纳税评估调整销售额计入查补税款申报当月(或当季)的销售额,不计入税款所属期销售额(不追溯调整)。

销售服务、无形资产或者不动产(以下简称应税行为)有扣除项目的纳税人,其应税行为年应税销售额按未扣除之前的销售额计算。

纳税人偶然发生的销售无形资产、转让不动产的销售额,不计入应税行为年应税销售额。

二、征税范围

(一)增值税征税范围的规定

1. 销售货物

销售是指有偿转让所有权;货物是指有形动产(包括电力、热力和气体)。

销售货物按13%或9%的税率征收增值税。

2. 销售劳务

劳务是指加工和修理修配劳务,加工、修理修配的对象限于"有形动产"。对不动产的修缮行为,属于建筑服务。加工是指委托加工,包括委托方提供原料及主料,受托方对货物加工收取加工费的形式。

单位或个体工商户聘用的员工为本单位或雇主提供加工、修理修配劳务则不包括在内。

销售劳务按13%的税率征收增值税。

其中,电力系统的有关收费情况如下:①电力公司向发电企业收取的过网费,应当征收增值税。②供电企业利用自身输变电设备对并入电网的企业自备电厂生产的电力产品进行电压调节,向电厂收取的并网服务费,属于提供加工劳务,应当征收增值税。

3. 销售服务

销售服务分别指交通运输服务、邮政服务、电信服务(基础、增值)、建筑服务、现代服务、生活服务及金融服务,其中金融服务单独列举,具体包括以下内容:

(1) 交通运输服务。交通运输服务按9%的税率征收增值税。

陆路:铁路、公路、缆车、索道、地铁、城市轻轨等运输。出租车公司向使用本公司自有出租车的出租车司机收取管理费用,按陆路运输服务征收增值税。

水路:远洋运输的程租、期租业务,属于水路运输服务。

航空:航天运输、航空运输的湿租业务,属于航空运输服务。

管道:通过管道输送气体、液体、固体物质的运输服务。

(2) 邮政服务。邮政服务按10%的税率征收增值税。

邮政普遍:函件、包裹等邮件寄递,以及邮票发行、报刊发行和邮政汇兑等业务活动。

邮政特殊:义务兵平常信函、机要通信、盲人读物和革命烈士遗物的寄递等业务活动。

其他邮政:邮册等邮品销售、邮政代理等活动。

(3) 电信服务。

基础电信服务,包括利用固网、移动网、卫星、互联网,提供语音通话服务,及出租出售带宽、波长等网络元素等传统电信业务服务按9%的税率征收增值税。

增值电信服务,包括利用固网、移动网、卫星、互联网、有线电视网络,提供短信和彩信服务、电子数据和信息的传输及应用服务、互联网接入服务等新型电信业务服务按6%的税率征收。

(4) 建筑服务。建筑服务按9%的税率征收增值税。

工程服务:新建、改建各种建筑物、构筑物的工程作业等。

安装服务:固话、有线电视、宽带、水、电、燃气、暖气等收取的安装费、初装费、扩容费等。

修缮服务:对建筑物、构筑物进行修补、加固、养护、改善等服务。

修饰服务:修饰装修,使之美观或具有特定用途的工程。

其他:如钻井(打井)、拆除建筑物、平整土地、园林绿化等。物业服务企业为业主提供的装修服务、纳税人将建筑施工设备出租给他人使用并配备操作人员,均按建筑服务缴纳增值税。

(5) 现代服务。现代服务除租赁服务外均按6%的税率征收增值税。

研发和技术服务:研发服务、合同能源管理服务、工程勘察勘探服务、专业技术服务等(如气象服务、地震服务、海洋服务、测绘服务、城市规划、环境与生态监测服务等专项技术服务)。

信息技术服务:软件服务、电路设计及测试服务、信息系统服务、业务流程管理服务和信息系统增值服务等。

文化创意服务:设计服务、知识产权服务、广告服务和会议展览服务等。宾馆、旅馆、旅社、度假村和其他经营性住宿场所提供会议场地及配套服务的活动,按会议展览服务缴纳增值税。广告代理属于文化创意服务——广告服务,不属于经纪代理服务。

物流辅助服务:航空服务、港口码头服务(含港口设施保安费)、货运客运场站服务、打捞救助服务、装卸搬运服务、仓储服务、收派服务(含收、分、送)等服务。

租赁服务的形式包括融资租赁和经营性租赁;租赁对象包括不动产(按9%的税率征收)和动产(按13%的税率征收)。下列业务属于经营性租赁:①水路运输的光租业务、航空运输的干租业务。②将不动产或飞机、车辆等动产的广告位出租给其他单位或个人用于发布广告。③车辆停放服务、道路通行服务(包括过路费、过桥费、过闸费等)。

鉴证咨询服务:认证服务、鉴证服务和咨询服务。如会计税务法律鉴证、工程监理、资产评估、环境评估、房地产土地评估、建筑图纸审核、医疗事故鉴定等服务。翻译服务、市场调查服务按照咨询服务征收。

广播影视服务:广播影视节目(作品)的制作服务、发行服务、播映(含放映)等服务。

商务辅助服务:企业管理服务(含物业管理)、经纪代理服务(如金融代理、知识产权代理、法律代理、房地产中介、婚姻中介等)、人力资源服务、安全保护服务(如武装守护押运)等服务。

其他现代服务:自2018年1月1日起,纳税人为客户办理退票而向客户收取的退票费、手续费等收入,按照其他现代服务缴纳增值税。纳税人对安装运行后的机器设备提供的维护保养服务,按照其他现代服务缴纳增值税。

(6) 生活服务。生活服务按6%的税率征收增值税。

文化体育服务:文艺表演、文化比赛、档案馆的档案管理,文物及非物质遗产保护,提供游览场所等。

教育医疗服务:教育服务和医疗服务。教育服务是指提供学历教育服务、非学历教育服务、教育辅助服务的业务活动。

旅游娱乐服务:旅游服务和娱乐服务。

餐饮住宿服务:餐饮服务和住宿服务。纳税人以长(短)租形式出租酒店式公寓并提供配套服务的,按照住宿服务缴纳增值税。

居民日常服务:市容市政管理、家政、婚庆、养老、殡葬、护理、美容美发、按摩、桑拿、沐浴、洗染、摄影扩印等服务。

其他:纳税人提供植物养护服务,按其他生活服务缴纳增值税。

4. 销售无形资产

销售无形资产的转让土地使用权按9%的税率征收增值税,其他按6%征收增值税,具体包括以下内容:

(1) 销售无形资产的含义:转让无形资产所有权或者使用权的业务活动。

(2) 无形资产的范围:技术、商标、著作权、商誉、自然资源使用权(包括土地使用权)和其他权益性无形资产。

其他权益性无形资产,包括基础设施资产经营权、公共事业特许权、配额、经营权(包括特许经营权、连锁经营权、其他经营权)、经销权、分销权、代理权、会员权、席位权、网络游戏虚拟道具、域名、名称权、肖像权、冠名权、转会费等。

(3) 纳税人通过省级土地行政主管部门设立的交易平台转让补充耕地指标,按照销售无形资产缴纳6%的增值税税率。

5. 销售不动产

销售不动产按9%的税率征收增值税,具体包括以下内容:

(1) 销售不动产的含义:转让不动产所有权的业务活动。

(2) 不动产的范围:建筑物、构筑物等。构筑物,包括道路、桥梁、隧道、水坝等建造物。

(3) 转让建筑物有限产权或者永久使用权的,转让在建的建筑物或者构筑物所有权的,以及在转让建筑物或者构筑物时一并转让其所占土地的使用权的,按照销售不动产缴纳增值税。

6. 金融服务

金融服务按6%的税率征收增值税,具体包括以下内容:

(1) 贷款服务:①各种占用、拆借资金取得的收入、融资性售后回租、罚息、票据贴现等业务取得的利息。②特殊:以货币资金投资收取的固定利润、保底利润,征收的增值税。③金融商品持有期间(含到期)取得的非保本收益,不征收增值税。

(2) 直接收费金融服务,包括提供货币兑换、信用卡、基金管理、金融交易场所管理、资金结算、资金清算等服务。

(3) 保险服务,包括人身保险服务和财产保险服务。

(4) 金融商品转让,包括转让外汇、有价证券、非货物期货和其他金融商品所有权的业务活动。

7. 进口货物

进口货物是指申报进入我国海关境内的货物。进口货物按照消费地纳税的原则。

(二) 境内销售的界定

1. 分类

销售货物:销售货物的起运地或者所在地在境内。

加工、修理修配劳务:提供的应税劳务发生地在境内。

销售服务、无形资产或不动产:①服务(租赁不动产除外)或者无形资产(自然资源使用权除外)的销售方(收款方)或者购买方(付款方)在境内。②所销售或者租赁的不动产在境内。③所销售自然资源使用权的自然资源在境内。

2. 范围

下列情形不属于在境内提供销售服务或无形资产:

(1) 境外单位或者个人向境内单位或者个人销售完全在境外发生的服务。

(2) 境外单位或者个人向境内单位或者个人销售完全在境外使用的无形资产。

(3) 境外单位或者个人向境内单位或者个人出租完全在境外使用的有形动产。

(4) 境外单位或者个人为出境的函件、包裹在境外提供的邮政服务、收派服务。

(5) 境外单位或者个人向境内单位或者个人提供的工程施工地点在境外的建筑服务、工程监理服务。

(6) 境外单位或者个人向境内单位或者个人提供的工程、矿产资源在境外的工程勘察勘探服务。

(7) 境外单位或者个人向境内单位或者个人提供的会议展览地点在境外的会议展览服务。

(8) 境内单位和个人作为工程分包方,为施工地点在境外的工程项目提供建筑服务,从境内工程总承包方取得的分包款收入,视同从境外取得收入。

(三) 视同销售的征税规定(7+1项)

(1) 将货物交付其他单位或个人代销(针对代销中的委托方)。

(2) 销售代销货物(针对代销中的受托方)。

(3) 设有两个以上机构(不同县市)并实行统一核算的纳税人,移送货物用于销售。

用于销售是指售货机构发生以下情形之一的经营行为:一是向购货方开具发票;二是向购货方收取货款。售货机构的货物移送行为有前述两项情形之一的,应当向所在地税务机关缴纳增值税。未发生上述两项情形的,则应由总机构统一缴纳增值税。

(4) 将自产、委托加工的货物用于集体福利或个人消费。

(5) 将自产、委托加工或购进的货物作为投资,提供给其他单位或个体工商户。

(6) 将自产、委托加工或购进的货物分配给股东或投资者。

(7) 将自产、委托加工或购进的货物无偿赠送给他人。

(8) 视同销售服务、无形资产或者不动产:①单位或者个体工商户向其他单位或者个人无偿提供服务(用于公益事业或者以社会公众为对象的除外)。上述视同销售情形不含其他个人无偿提供的服务。②单位或个人向其他单位或者个人无偿转让无形资产或者不动产(用于公益事业或者以社会公众为对象的除外)。纳税人出租不动产时,租赁合同中约定免租期的,不属于视同销售服务。

(四) 混合销售、兼营的征税规定

1. 混合销售行为

一项既涉及货物又涉及服务的销售行为,为混合销售。

混合销售按经营主业缴纳增值税,具体包括:

(1) 从事货物的生产、批发或者零售的单位和个体工商户的混合销售行为,按照销售货物缴纳增值税。

(2) 其他单位和个体工商户的混合销售行为,按销售服务缴纳增值税。

2. 兼营行为

所谓兼营,是指纳税人的经营范围既包括销售货物和加工修理修配劳务,又包括销售服务、无形资产或者不动产。但是销售货物、加工修理修配劳务、服务、无形资产或者不动产不同时发生在同一项销售行为中的行为除外。

企业应对兼营项目按所适用的税率或征收率分别核算,否则从高征税。

(五) 特殊销售的征税规定

1. 执法部门和单位查处的商品

根据收入是否上缴财政来区分:收入上缴财政的,不予征税;收入不上缴财政的照章征收增值税。

2. 单用途商业预付卡的增值税规定

(1) 售卡方销售单用途卡,或者接受充值取得的预收资金,不缴纳增值税。可开增值税普通发票的,不得开具增值税专用发票。

(2) 售卡方因发行或者销售单用途卡并办理相关资金收付结算业务取得的手续费、结算费、服务费、管理费等收入,应按照现行规定缴纳增值税。

(3) 持卡人使用单用途卡购买货物或服务时,货物或者服务的销售方应按照现行规定缴纳增值税,且不得向持卡人开具增值税发票。

(4) 销售方与售卡方不是同一个纳税人的,销售方在收到售卡方结算的销售款时,应向售卡方开具增值税普通发票,并在备注栏注明"收到预付卡结算款",不得开具增值税专用发票。

售卡方从销售方取得的增值税普通发票,作为其销售单用途卡或接受单用途卡充值

取得预收资金不缴纳增值税的凭证,留存备查。

3. 支付机构预付卡(多用途卡)的增值税规定

(1) 支付机构销售或者接受充值取得的充值资金,不缴纳增值税。开具增值税普通发票,不得开具增值税专用发票。

(2) 支付机构因发行或者受理多用途卡并办理相关资金收付结算业务取得的手续费、结算费、服务费、管理费等收入,应按照现行规定缴纳增值税。

(3) 持卡人使用多用途卡,向与支付机构签署合作协议的特约商户购买货物或服务,特约商户应按照现行规定缴纳增值税,且不得向持卡人开具增值税发票。

(4) 特约商户收到支付机构结算的销售款时,应向支付机构开具增值税普通发票,并在备注栏注明"收到预付卡结算款",不得开具增值税专用发票。

支付机构从特约商户取得的增值税普通发票,作为其销售多用途卡或接受多用途卡充值取得预收资金不缴纳增值税的凭证,留存备查。

4. 加油卡

销售成品油的纳税人在售卖加油卡、加油凭证时,应按预收账款方法作相关账务处理,不征收增值税。

(六) 不征收增值税的规定

(1) 代为收取的同时满足规定条件的政府性基金或者行政事业性收费。①由国务院或者财政部批准设立的政府性基金,由国务院或者省级人民政府及其财政、价格主管部门批准设立的行政事业性收费。②收取时应开具省级以上(含省级)财政部门监(印)制的财政票据。③所收款项全额上缴财政。

(2) 单位或者个体工商户聘用的员工为本单位或者雇主提供取得工资的服务(内部自我服务)。

(3) 单位或者个体工商户为员工提供应税服务(内部自我服务)。

(4) 各党派、共青团、工会、妇联、中科协、青联、台联、侨联收取党费、团费、会费,以及政府间国际组织收取会费,属于非经营活动,不征收增值税。

(5) 存款利息。

(6) 被保险人获得的保险赔付。

(7) 国务院财政、税务主管部门规定的其他情形,具体包括以下内容:

一是,纳税人根据国家指令无偿提供的铁路运输服务、航空运输服务,属于《营业税改征增值税试点实施办法》(财税〔2016〕36号附件1)规定的以公益活动为目的的服务,不征收增值税。

二是,房地产主管部门或者其指定机构、公积金管理中心、开发企业以及物业管理单位代收的住宅专项维修资金。

三是,纳税人在资产重组过程中,通过合并、分立、出售、置换等方式,将全部或者部分实物资产以及与其相关联的债权、负债和劳动力一并转让给其他单位和个人,不属于增值税的征税范围,其中涉及的货物转让、不动产、土地使用权转让行为,不征收增值税;将全部或者部分实物资产以及与其相关联的债权、负债经多次转让后,最终的受让方与劳动力接收方为同一单位和个人的,也不属于增值税的征税范围,其中货物的多次转让,不征收增值税。

四是,自2020年1月1日起施行,纳税人取得的财政补贴收入,与其销售货物、劳务、服务、无形资产、不动产的收入或者数量直接挂钩的,应按规定计算缴纳增值税。纳税人取得的其他情形的财政补贴收入,不属于增值税应税收入,不征收增值税。

三、税率和征收率

(一) 税率

(1) 基本税率。基本税率指的是按13%征收的税率,适用于纳税人销售或进口绝大部分的货物、一般纳税人提供的加工、修理修配劳务、有形动产租赁。

(2) 较低税率。较低税率指的是按9%征收的税率,适用于销售或进口税法列举的低税率货物;提供交通运输、邮政、基础电信、建筑、不动产租赁服务;销售不动产;转让土地使用权。

(3) 低税率。低税率指的是按6%征收的税率,适用于销售其他服务(按照规定适用零税率的除外),包括销售增值电信服务、金融服务、现代服务(租赁服务除外)、生活服务,销售无形资产(转让土地使用权除外)。

(4) 零税率。适用于出口货物、劳务、境内单位和个人发生的跨境应税行为。

(二) 征收率

1. 征收率适用情况

征收率适用小规模纳税人和增值税一般纳税人简易计税。

2. 3%征收率的适用范围

(1) 小规模纳税人的简易计税及一般纳税人可以选择适用简易计税方法计税时(适用5%征收率的除外)。

(2) 小规模纳税人(除其他个人外)销售自己使用过的固定资产(动产),适用简易办法依照3%征收率减按2%征收。

(3) 小规模纳税人(除其他个人外)销售自己使用过的除固定资产(动产)以外的物品,应按3%的征收率征收增值税。

(4) 一般纳税人销售自己使用过的不得抵扣且未抵扣进项税的固定资产(动产),适用简易办法依照3%征收率减按2%征收增值税。

(5) 纳税人(含一般纳税人和小规模纳税人)销售旧货,按照简易办法依照3%征收率减按2%征收增值税。

3. 5%征收率适用范围

(1) 一般纳税人销售其2016年4月30日前取得的不动产选择简易计税方法计税的,适用5%征收率。

(2) 房地产开发企业的一般纳税人销售自行开发的房地产老项目,选择适用简易计税方法的,适用5%征收率。

(3) 小规模纳税人销售不动产、出租不动产,适用5%征收率。特例:个人出租住房,应按照5%的征收率减按1.5%计算应纳税额。

(4) 一般纳税人出租其2016年4月30日前取得的不动产,选择适用简易计税方法计税,适用5%征收率。

(5) 纳税人提供劳务派遣服务,选择差额纳税的,征收率为5%。

(6) 纳税人提供安全保护服务,选择差额纳税的,征收率为5%。

(7) 一般纳税人提供人力资源外包服务,选择简易计税方式计税的,征收率为5%。

(三) 适用较低税率(9%)货物的具体范围

1. 植物类农业初级产品

(1) 含高粱、谷子、面粉、米、玉米面、玉米渣等;也含切面、饺子皮、馄饨皮、面皮、米粉等粮食复制品。

(2) 含各种蔬菜、菌类植物和少数可作副食的木科植物;也含经晾晒、冷藏、冷冻、包装、脱水等工序加工的蔬菜、腌菜、咸菜、酱菜和盐渍蔬菜等。

(3) 含各种毛茶。

(4) 含可供食用的果实。如水果、果干(如荔枝干、桂圆干、葡萄干等)、干果、果仁、果用瓜(如甜瓜、西瓜、哈密瓜等),以及胡椒、花椒、大料、咖啡豆等,也含经冷冻、冷藏、包装等工序加工的园艺植物。

(5) 含用作中药原药的各种植物的根、茎、皮、叶、花、果实等,以及利用上述药用植物加工制成的片、丝、块、段等中药饮片。

(6) 原木、原竹、天然树脂和其他林业产品,以及盐水竹笋。

2. 动物类农业初级产品

(1) 含人工放养和人工捕捞的鱼、虾、蟹、鳖、贝类、棘皮类、软体类、腔肠类、海兽类动物;也含干制的鱼、虾、蟹、贝类、棘皮类、软体类、腔肠类,如干鱼、干虾、干虾仁、干贝等,以及未加工成工艺品的贝壳、珍珠。

(2) 含各种兽类、禽类和爬行类动物及其肉产品,也含各种兽类、禽类和爬行类动物的肉类生制品,如腊肉、腌肉、熏肉等。

(3) 含各种禽类动物和爬行类动物的卵,包括鲜蛋、冷藏蛋,也含经加工的咸蛋、松花蛋、腌制的蛋等。

(4) 鲜奶(含巴氏杀菌乳和灭菌乳)。

3. 食用植物油

含芝麻油、花生油、豆油、菜籽油、米糠油、葵花子油、棉籽油、玉米胚油、茶油、胡麻油以及上述油为原料生产的混合油,也含棕榈油、核桃油、橄榄油、花椒油、杏仁油、葡萄籽油、牡丹籽油。

4. 自来水

自来水公司及工矿企业经抽取、过滤、沉淀、消毒等工序加工后,通过供水系统向用户供应的水。

5. 居民用煤炭制品

煤球、煤饼、蜂窝煤和引火炭。

6. 饲料

用于动物饲养的产品或其加工品,包括单一大宗饲料、混合饲料、配合饲料、复合预混料、浓缩饲料;骨粉,鱼粉。

7. 农药

包括农药原药和农药制剂。如杀虫剂、杀菌剂、除草剂、植物生长调节剂、植物性农药、微生物农药、卫生用药、其他农药原药、制剂等。

8. 农机

动物尸体降解处理机、蔬菜清洗机等。

9. 食用盐

食用盐产品的范围必须符合国家颁布的相关产品标准。

(四)零税率的适用范围

(1) 国际运输服务:①在境内载运旅客或者货物出境。②在境外载运旅客或者货物入境。③在境外载运旅客或者货物。

(2) 航天运输服务。

(3) 向境外单位提供的完全在境外消费的服务:研发服务、合同能源管理服务、设计服务、广播影视节目(作品)的制作和发行服务、软件服务、电路设计及测试服务、信息系统服务、业务流程管理服务、离岸服务外包业务、转让技术。

完全在境外消费,是指:①服务的实际接受方在境外,且与境内的货物和不动产无关。②无形资产完全在境外使用,且与境内的货物和不动产无关。③财政部和国家税务总局规定的其他情形。

(4) 程租、期租、湿租业务零税率的适用。境内单位和个人提供程租、期租、湿租服务时,如果租赁的交通工具用于国际运输服务和港澳台运输服务,适用零税率政策。

(5) 无运输工具承运业务零税率的适用。境内单位和个人以无运输工具承运方式提供的国际运输服务,由境内实际承运人适用增值税零税率;无运输工具承运业务的经营者适用免税政策。

(6) 中国香港、澳门、台湾地区有关应税行为零税率的适用。境内单位和个人发生的与港澳台有关的应税行为,除另有规定外,参照上述规定执行。

四、应纳税额的计算

(一)一般计税方法

1. 增值税销项税额

(1) 销项税额的概念及计算公式。

纳税人销售货物、劳务、服务、无形资产或者不动产,按照销售额和税法规定的税率计

算收取的增值税额,为销项税额。其计算公式为:

$$当期应纳税额 = 当期销项税额 - 当期进项税额$$
$$当期销项税额 = 销售额(组成计税价格) \times 税率$$

(2) 销售额的一般规定。

销售额为纳税人销售货物、提供应税劳务、销售服务、无形资产或者不动产,向购买方收取的全部价款和价外费用。

销售额中包含的项目:①包括向购买方收取的全部价款。②向购买方收取的价外费用;价外费用包括销售方在价外向购买方收取的手续费、补贴、基金、集资费、返还利润、奖励费、违约金、滞纳金、延期付款利息、赔偿金、代收款项、代垫款项、包装费、包装物租金、储备费、优质费、运输装卸费以及其他各种性质的价外收费。③消费税等价内税金(自身应缴的消费税)。

销售额中不包含的项目:①向购买方收取的销项税。②特殊的往来款:受托加工应征消费税的消费品所代收代缴的消费税(代缴)。符合条件的代垫运输费用。承运部门的运费发票开具给购买方,并且由纳税人将该项发票转交给购买方。销货同时代办保险收取的保险费、代购买方缴纳的车辆购置税、车辆牌照费。③销售额以人民币计算。纳税人以人民币以外的货币结算销售额的,应当折合成人民币计算。折合率可以选择销售额发生的当天或者当月1日的人民币汇率中间价。纳税人应在事先确定采用何种折合率,确定后1年内不得变更。含税销售额的换算公式为:

$$不含税销售额 = 含税销售额 \div (1 + 税率)$$
$$含税销售额 = 不含税销售额 \times (1 + 税率)$$

含税价情形:①价税合计金额。②零售价。③普通发票上注明的销售额(适用于考试中)。④价外费用视为含税收入。⑤并入销售额的包装物押金。

以折扣方式销售货物:①折扣销售(商业折扣)是为了促销。如果销售额和折扣额在同一张发票金额栏上分别注明的,可按折扣后的余额作为销售额征收增值税;如果将折扣额另开发票,不得从销售额中减除折扣额。②销售折扣(现金折扣)是为了融资。不得从销售额中减除现金折扣额,应计入财务费用。③销售折让是为了保证商业信誉。可以从销售额中减除折让额,依据退回的增值税专用发票或按规定开具红字增值税专用发票,按退货或折让金额冲减原销售额,注意用红字贷记销项税额。

以旧换新销售货物:①一般货物,按新货物同期销售价格确定销售额,不得扣减旧货物的收购价格。②金银首饰,可按销售方实际收取的不含增值税的全部价款征收增值税。

还本销售:税法规定不得从销售额中减除还本支出。

以物易物:税法规定双方都应作购销处理。在以物易物活动中,应分别开具合法的票据,如收到的货物不能取得合法扣税凭证的,不能抵扣进项税额。

直销企业增值税销售额的确定:①通过直销员销售给消费者的销售额为向直销员收取的全部价款和价外费用。②直销企业直接销售给消费者的销售额为向消费者收取的全部价款和价外费用。

包装物押金计税的确定,具体包括:①如单独记账核算,时间在1年以内,又未逾期的,不并入销售额征税。②因逾期(以1年为限)未收回包装物不再退还的押金,并入销售额征税。除啤酒、黄酒外的其他酒类产品,无论是否返还以及会计上如何核算,均应并入当期销售额征税。包装物押金计税公式为:

$$应纳增值税=逾期押金÷(1+税率)×税率$$

贷款服务的销售额确定:以提供贷款服务取得的全部利息及利息性质的收入为销售额。

直接收费金融服务的销售额确定:以提供直接收费金融服务收取的手续费、佣金、酬金、管理费、服务费、经手费、开户费、过户费、结算费、转托管费等各类费用为销售额。

(3) 对视同销售行为的销售额的确定。

价格明显偏低且无正当理由、无销售额、不具有合理商业目的的销售行为,视同销售中无价款结算。销售额确定顺序及方法如下:按纳税人最近时期销售同类货物、同类服务、无形资产或者不动产的平均销售价格确定(先售价后组价);按其他纳税人最近时期销售同类货物、同类服务、无形资产或者不动产的平均销售价格确定。如果用以上两种方法均不能确定其销售额的,可按组成计税价格确定销售额。只征增值税的计算公式为:

$$组成计税价格=成本×(1+成本利润率)$$

成本利润率为10%。

既征增值税,又征消费税的,从量定额征收消费税的计算公式为:

$$组成计税价格=成本×(1+成本利润率)+消费税$$

成本利润率为10%。

从价定率征收消费税的计算公式为:

$$组成计税价格=(成本+利润)÷(1-消费税比例税率)$$

成本利润率为消费税中规定的成本利润率。

复合计税办法征收消费税的计算公式为:

$$组成计税价格=(成本+利润+视同销售数量×定额税率)÷(1-消费税比例税率)$$

成本利润率为消费税中规定的成本利润率。

(4) 含税销售额的换算。

视为含税收入的主要情况包括:①普通发票上注明的销售额。②商业企业零售价。③价税合并收取的金额。④价外费用。⑤包装物的押金。其计算公式为:

$$销售额=含增值税销售额÷(1+税率或征收率)$$

(5) 销售额的特殊规定。

经纪代理服务:销售额=取得的全部价款和价外费用-向委托方收取并代为支付的政府性基金或者行政事业性收费;向委托方收取的政府性基金或者行政事业性收费,不得开具增值税专用发票。

纳税人提供人力资源外包服务，按"经纪代理服务"缴纳增值税（按6%税率征收），销售额不包括受客户单位委托代为向客户单位员工发放的工资和代理缴纳的社保、住房公积金。向委托方收取并代为发放的工资和代理缴纳的社保、住房公积金，不得开具增值税专用发票，可以开具增值税普通发票。一般纳税人也可选择适用简易计税方法，依5%征收率计算缴纳增值税。

纳税人提供签证代理服务，以取得的全部价款和价外费用，扣除向服务接受方收取并代为支付给外交部和外国驻华使（领）馆的签证费、认证费后的余额为销售额。向服务接受方收取并代为支付的签证费、认证费，不得开具增值税专用发票，可以开具增值税普通发票。

纳税人代理进口按规定免征进口增值税的货物，其销售额不包括向委托方收取并代为支付的货款。向委托方收取并代为支付的款项，不得开具增值税专用发票，可以开具增值税普通发票。

航空运输企业的销售额，不包括代收的机场建设费和代售其他航空运输企业客票而代收转付的价款。

一般纳税人提供的客运场站服务，以其取得的全部价款和价外费用，扣除支付给承运方运费后的余额为销售额。

航空运输销售代理企业的销售额：提供境外航段机票代理服务，以取得的全部价款和价外费用，扣除向客户收取并支付给其他单位或者个人的境外航段机票结算款和相关费用后的余额为销售额。提供境内机票代理服务，以取得的全部价款和价外费用，扣除向客户收取并支付给航空运输企业或其他航空运输销售代理企业的境内机票净结算款和相关费用后的余额为销售额。

境外单位通过教育部考试中心及其直属单位在境内开展考试，应以取得的考试费收入扣除支付给境外单位考试费后的余额为销售额，按提供"教育辅助服务"缴纳增值税。

纳税人提供旅游服务：可以选择以取得的全部价款和价外费用，扣除向旅游服务购买方收取并支付给其他单位或者个人的住宿费、餐饮费、交通费、签证费、门票费和支付给其他接团旅游企业的旅游费用后的余额为销售额。向旅游服务购买方收取并支付的上述费用，不得开具增值税专用发票。纳税人提供旅游服务，将火车票、飞机票等交通费发票原件交付给旅游服务购买方而无法收回的，以交通费发票复印件作为差额扣除凭证。

劳务派遣服务：一般纳税人提供劳务派遣服务，也可以选择差额纳税，以取得的全部价款和价外费用，扣除代用工单位支付给劳务派遣员工的工资、福利和为其办理社会保险及住房公积金后的余额为销售额。

房地产开发企业中的一般纳税人销售其开发的房地产项目（选择简易计税方法的房地产老项目除外），以取得的全部价款和价外费用，扣除受让土地时向政府部门支付的土地价款（征地和拆迁补偿费用、土地前期开发费用和土地出让收益）后的余额为销售额；在取得土地时向其他单位或个人支付的拆迁补偿费用也允许在计算销售额时扣除。

金融商品转让:销售额=卖出价-买入价;不得扣除买卖交易中的其他税费。转让金融商品出现的正负差,按盈亏相抵后的余额为销售额。若相抵后出现负差,可结转下一纳税期与下期转让金融商品销售额相抵,但年末时仍出现负差的,不得转入下一个会计年度。金融商品的买入价,可以选择按照加权平均法或者移动加权平均法进行核算,选择后36个月内不得变更。金融商品转让,不得开具增值税专用发票。

融资租赁和融资性售后回租业务:融资租赁以收取的全部价款和价外费用,扣除对外支付的借款利息、发行债券利息、车辆购置税后的余额为销售额(二息、一税、不扣本金)。融资性售后回租以收取的全部价款和价外费用(不含本金),扣除支付的借款利息、发行债券利息后的余额为销售额(扣本金及二息)。

2. 增值税进项税额

进项税额是指纳税人购进货物、加工修理修配劳务、服务、无形资产、不动产,支付或者负担的增值税额。进项税额的抵扣情况如下:

第一,准予从销项税额中抵扣的进项税额。

(1) 以票抵税:①增值税专用发票——可凭票抵扣进项税额。②增值税普通发票——不可凭票抵扣进项税额。③机动车销售统一发票。④进口增值税专用缴款书。⑤完税凭证。

(2) 计算抵税(农产品进项税额抵扣),具体包括:

一是,一般农产品。纳税人购进农产品,除取得增值税专用发票或者海关进口增值税专用缴款书外,按照农产品收购发票或者销售发票上注明的农产品买价和扣除率计算抵扣进项税额。其计算公式为:

$$进项税额=买价×扣除率(9\%或10\%)$$
$$采购成本=买价-进项税额$$

二是,纳税人购进农产品,按下列规定抵扣进项税额:

购入已税农产品(不是直接从农业生产者手中购进),如果取得一般纳税人开具的增值税专用发票或海关进口增值税专用缴款书,法定扣税凭证上注明的增值税额为进项税额(按9%税率征收);取得小规模纳税人的增值税专用发票的,以专票上注明的金额和9%扣除率计算进项税额。

购入免税农产品(直接从农业生产者手中购进),取得农产品销售发票或收购发票,以发票上注明的农产品买价和9%扣除率计算进项税额。

纳税人购进用于生产或委托加工13%税率货物的农产品扣除率为10%。

购进全环节免税的农产品,纳税人从批发、零售环节购进适用免征增值税政策的蔬菜、部分鲜活肉蛋而取得的普通发票,以及小规模纳税人开具的增值税普通发票,不得作为计算抵扣进项税额的凭证。

购进农产品既用于生产或委托加工13%税率货物又用于生产销售其他货物服务的,应当分别核算,否则均按9%扣除率扣除进项税额。

(3) 国内旅客运输服务进项税额抵扣未取得增值税专用发票(增值税电子普通发票)的,暂按照发票上注明的税额确定进项税额。进项税额包括以下内容:

一是,注明旅客身份信息的航空运输电子客票行程单,其计算税额计算公式为:

$$航空旅客运输进项税额=(票价+燃油附加费)\div(1+9\%)\times9\%$$

二是,注明旅客身份信息的铁路车票,其计算税额计算公式为:

$$铁路旅客运输进项税额=票面金额\div(1+9\%)\times9\%$$

三是,注明旅客身份信息的公路、水路等其他客票,其计算税额计算公式为:

$$公路、水路等其他旅客运输进项税额=票面金额\div(1+3\%)\times3\%$$

(4) 纳税人支付的道路、桥、闸通行费抵扣进项税。

纳税人支付的道路通行费,按照收费公路通行费增值税电子普通发票上注明的增值税额抵扣进项税额;纳税人支付的桥、闸通行费,暂凭取得的通行费发票上注明的收费金额抵扣进项税额。其计算公式为:

$$桥、闸通行费可抵扣进项税额=桥、闸通行费发票上注明的金额\div(1+5\%)\times5\%$$

(5) 保险服务进项税额的抵扣。

提供保险服务的纳税人以实物赔付方式承担机动车辆保险责任的,自行向车辆修理劳务提供方购进的车辆修理劳务,其进项税额可以按规定从保险公司销项税额中抵扣。

提供保险服务的纳税人以现金赔付方式承担机动车辆保险责任的,将应付给被保险人的赔偿金直接支付给车辆修理劳务提供方,不属于保险公司购进车辆修理劳务,其进项税额不得从保险公司销项税额中抵扣。

纳税人提供的其他财产保险服务,比照上述规定执行。

(6) 不动产进项税额抵扣。

自2019年4月1日起,纳税人取得不动产或者不动产在建工程的进项税额不再分2年抵扣。此前纳税人购进不动产进项税额分2年抵扣而尚未抵扣完毕的待抵扣进项税额,可自2019年4月税款所属期起从销项税额中抵扣。

(7) 进口环节进项税额的抵扣。

对海关代征进口环节增值税开具的增值税专用缴款书上标明有两个单位名称,既有代理进口单位名称,又有委托进口单位名称的,只准予其中取得专用缴款书原件的一个单位抵扣税款。

自2020年2月1日起,增值税一般纳税人取得海关进口增值税专用缴款书后,如需申报抵扣或出口退税,按以下方式处理:①增值税一般纳税人取得仅注明一个缴款单位信息的海关缴款书,应当登录本省(区、市)增值税发票综合服务平台查询、选择用于申报抵扣或出口退税的海关缴款书信息。②增值税一般纳税人取得注明两个缴款单位信息的海关缴款书,应当上传海关缴款书信息,经系统稽核比对相符后,纳税人登录发票综合服务平台查询、选择用于申报抵扣或出口退税的海关缴款书信息。

(8) 运费的进项税处理。

随同商品销售一并收取的运费,价外费用,含税,销售额一部分,算销项税额。

随同商品销售,但单独收取的运费,销售额一部分,算销项税额。

支付的运费(销货支付或购货支付),进项税额：9%扣除。

代垫运费,不是销项,也不是进项。

第二,不予抵扣的进项税额。

(1) 用于简易计税方法计税项目、免征增值税项目、集体福利或者个人消费的购进货物、劳务、服务、固定资产、无形资产和不动产。个人消费包括纳税人的交际应酬消费。涉及的固定资产、无形资产、不动产,仅指专用于上述项目的固定资产、无形资产(不包括其他权益性无形资产)、不动产;发生兼用于上述项目的可以抵扣。纳税人购进其他权益性无形资产无论是专用于上述项目,还是兼用于上述项目,均可以抵扣进项税额。

(2) 非正常损失的购进货物(不包括固定资产)以及相关劳务和交通运输服务。非正常损失是指因管理不善造成货物被盗、丢失、霉烂变质,以及因违反法律法规造成货物或不动产被依法没收、销毁、拆除的情形。自然灾害的损失不属于非正常损失,因自然灾害导致的损失,进项税额准予抵扣;合理损耗的进项税额允许抵扣。非正常损失货物在增值税中,进项税额不得扣除(需作进项税额转出处理);在企业所得税中,经批准准予作为财产损失扣除。

(3) 非正常损失的在产品、产成品所耗用的购进货物、劳务和交通运输服务。

(4) 非正常损失的不动产,以及该不动产所耗用的购进货物、设计服务和建筑服务。

(5) 非正常损失的不动产在建工程所耗用的购进货物、设计服务和建筑服务。

(6) 购进的贷款服务、餐饮服务、居民日常服务和娱乐服务。支付的贷款利息进项税额不得抵扣,与该笔贷款直接相关的投融资顾问费、手续费、咨询费等费用,进项税额也不得抵扣。

(7) 适用一般计税方法的纳税人,兼营简易计税方法计税项目、免征增值税项目而无法划分不得抵扣的进项税额。其计算公式为：

$$\text{不得抵扣的进项税额} = \text{当期无法划分的全部进项税额} \times \left(\frac{\text{当期简易计税方法计税项目销售额} + \text{免征增值税项目销售额}}{\text{当期全部销售额}} \right)$$

(8) 已抵扣进项税额的不动产,发生非正常损失,或者改变用途,专用于简易计税方法计税项目、免征增值税项目、集体福利或者个人消费的。不得抵扣的进项税额计算公式为：

$$\text{不得抵扣的进项税额} = \text{已抵扣进项税额} \times \text{不动产净值率}$$
$$\text{不动产净值率} = (\text{不动产净值} \div \text{不动产原值}) \times 100\%$$

(9) 不得抵扣且未抵扣进项税额的固定资产、无形资产、不动产,发生用途改变,用于允许抵扣进项税额的应税项目,可在用途改变的次月抵扣进项税额。其计算公式为：

$$可抵扣进项税额＝增值税扣税凭证注明或计算的进项税额×不动产净值率$$
$$＝固定资产、无形资产、不动产净值÷(1＋适用税率)×适用税率$$

上述抵扣的进项税额应取得合法有效的扣税凭证。

(10) 纳税人从批发、零售环节购进适用免征增值税政策的蔬菜、部分鲜活肉蛋而取得的增值税普通发票，不得作为计算抵扣进项税额的凭证。

(11) 有下列情形之一者，应按销售额依照增值税税率计算应纳税额，不得抵扣进项税额，也不得使用增值税专用发票：一般纳税人会计核算不健全，或者不能够提供准确税务资料的。除另有规定的外，纳税人销售额超过小规模纳税人标准，未申请办理一般纳税人认定或登记手续的。

3. 进项税额抵扣的特殊规定

(1) 农产品进项税额核定办法。

自 2012 年 7 月 1 日起，增值税一般纳税人购进农产品为原料生产销售液体乳及乳制品、酒及酒精、植物油的，纳入农产品增值税进项税额核定扣除试点范围，其购进农产品无论是否用于生产上述产品，增值税进项税额均按照《农产品增值税进项税额核定扣除试点实施办法》有关规定抵扣。

其他纳税人购进农产品，以及试点纳税人购进除农产品以外的货物、劳务和应税服务，增值税进项税额仍按现行规定抵扣。

试点纳税人以购进农产品为原料生产货物的，农产品增值税进项税额按以下三种方法核定：

方法一，投入产出法。参照国家标准、行业标准确定销售单位数量货物耗用外购农产品的数量(农产品单耗数量)。当期农产品耗用数量的计算公式为：

$$当期农产品耗用数量＝当期销售货物数量×农产品单耗数量$$

当期销售货物数量为不含采购除农产品以外的半成品生产的货物数量。

当期允许抵扣农产品增值税进项税额的计算公式为：

$$当期允许抵扣农产品增值税进项税额＝当期农产品耗用数量×平均购买单价×扣除率÷(1＋扣除率)$$

扣除率为所销售货物的适用税率。

方法二，成本法。依据试点纳税人年度会计核算资料，计算确定耗用农产品的外购金额占生产成本的比例(农产品耗用率)。农产品耗用率计算公式为：

$$农产品耗用率＝上年投入生产的农产品外购金额÷上年生产成本$$

当期允许抵扣农产品增值税进项税额的计算公式为：

$$当期允许抵扣农产品增值税进项税额＝当期主营业务成本×农产品耗用率×扣除率÷(1＋扣除率)$$

方法三，参照法。新办的试点纳税人或者试点纳税人新增产品的，纳税人可参照所属行业或者生产结构相近的其他试点纳税人确定农产品单耗数量或者农产品耗用率。

试点纳税人购进农产品直接销售的(作商品)，当期允许抵扣农产品增值税进项税额的计算公式为：

$$\text{当期允许抵扣农产品增值税进项税额} = \frac{\text{当期销售农产品数量}}{1-\text{损耗率}} \times \text{农产品平均购买单价} \times \text{扣除率} \div (1+\text{扣除率})$$

$$\text{损耗率} = \text{损耗数量} \div \text{购进数量}$$

上述公式中的扣除率体现销售货物的税率，2019年4月1日后，扣除率为9%。

试点纳税人购进农产品用于生产经营且不构成货物实体（包括包装物、辅助材料、燃料、低值易耗品等）的（作其他），当期允许抵扣农产品增值税进项税额的计算公式为：

$$\text{当期允许抵扣农产品增值税进项税额} = \text{当期耗用农产品数量} \times \text{农产品平均购买单价} \times \text{扣除率} \div (1+\text{扣除率})$$

上述公式中的扣除率取决于货物的税率，2019年4月1日后，货物税率为13%，则扣除率为10%；货物税率为9%，则扣除率为9%。

（2）关于生产、生活性服务业纳税人加计抵减政策。

2019年4月1日至2021年12月31日，实行生产性、生活性服务业纳税人加计抵减税收政策。

适用加计抵减政策的纳税人是指生产性、生活性服务业纳税人，也就是指提供邮政服务、电信服务、现代服务、生活服务（以下简称四项服务）取得的销售额占全部销售额的比重超过50%的一般纳税人。生产性、生活性服务的纳税人具体加计抵减的税收政策如下。

政策一，生产性服务业纳税人适用加计抵减10%的税收政策，具体情况包括：

一是，生产性服务业纳税人，是指提供邮政服务、电信服务、现代服务取得的销售额占全部销售额的比重超过50%的一般纳税人。

二是，适用加计抵减政策的设立时间。2019年3月31日前设立的纳税人，2018年4月至2019年3月期间的销售额（经营期不满12个月的，按照实际经营期的销售额）符合上述规定条件的，自2019年4月1日起适用10%加计抵减政策。2019年4月1日后设立的纳税人，自设立之日起3个月的销售额符合上述规定条件的，自登记为一般纳税人之日起适用10%加计抵减政策。纳税人确定适用加计抵减政策后，当年内不再调整，以后年度是否适用，根据上年度销售额计算确定。纳税人可计提但未计提的加计抵减额，可在确定适用加计抵减政策当期一并计提。

三是，关于暂无销售收入的纳税人如何适用加计抵减政策的规定。2019年3月31日前设立，且2018年4月至2019年3月期间销售额均为零的纳税人，以首次产生销售额当月起连续3个月的销售额确定适用加计抵减政策；2019年4月1日后设立，且自设立之日起3个月的销售额均为零的纳税人，以首次产生销售额当月起连续3个月的销售额确定适用加计抵减政策。

四是，适用加计抵减10%政策的计算。纳税人（除生活性服务业外）应按照当期可抵扣进项税额的10%计提当期加计抵减额。按照现行规定不得从销项税额中抵扣的进项税额，不得计提加计抵减额；已计提加计抵减额的进项税额，按规定作进项税额转出的，应

在进项税额转出当期,相应调减加计抵减额。其计算公式如下:

当期计提加计抵减额＝当期可抵扣进项税额×10%

当期可抵减加计抵减额＝上期末加计抵减额余额＋当期计提加计抵减额－当期调减加计抵减额

纳税人应按照现行规定计算一般计税方法下的应纳税额(以下称抵减前的应纳税额)后,区分以下情形加计抵减:①抵减前的应纳税额等于零的,当期可抵减加计抵减额全部结转下期抵减。②抵减前的应纳税额大于零,且大于当期可抵减加计抵减额的,当期可抵减加计抵减额全额从抵减前的应纳税额中抵减。③抵减前的应纳税额大于零,且小于或等于当期可抵减加计抵减额的,以当期可抵减加计抵减额抵减应纳税额至零。未抵减完的当期可抵减加计抵减额,结转下期继续抵减。

纳税人出口货物、劳务、发生跨境应税行为不适用加计抵减政策,其对应的进项税额不得计提加计抵减额。纳税人兼营出口货物劳务、发生跨境应税行为且无法划分不得计提加计抵减额的进项税额,其计算公式为:

$$\text{不得计提加计抵减额的进项税额} = \text{当期无法划分的全部进项税额} \times \frac{\text{当期出口货物劳务和发生跨境应税行为的销售额}}{\text{当期全部销售额}}$$

纳税人应单独核算加计抵减额的计提、抵减、调减、结余等变动情况。骗取适用加计抵减政策或虚增加计抵减额的,按照《税收征管法》等有关规定处理。加计抵减政策执行到期后,纳税人不再计提加计抵减额,结余的加计抵减额停止抵减。

政策二,生活性服务业纳税人加计抵减15%的税收政策,具体情况包括:

一是,2019年10月1日至2021年12月31日,生活性服务业纳税人按照当期可抵扣进项税额加计15%,抵减应纳税额。(2019年4月1日至2019年9月30日,生活性服务业纳税人按照当期可抵扣进项税额加计10%,抵减应按税额)。

生活性服务业纳税人,是指提供生活服务取得的销售额占全部销售额的比重超过50%的纳税人。生活性服务业2019年9月30日前设立的纳税人,2018年10月至2019年9月期间的销售额(经营期不满12个月的,按照实际经营期的销售额)符合上述规定条件的,自2019年10月1日起适用加计抵减15%政策。2019年10月1日后设立的纳税人,自设立之日起3个月的销售额符合上述规定条件的,自登记为一般纳税人之日起适用加计抵减15%政策。纳税人确定适用加计抵减15%政策后,当年内不再调整,以后年度是否适用,根据上年度销售额计算确定。

二是,生活性服务业纳税人应按照当期可抵扣进项税额的15%计提当期加计抵减额。按照现行规定不得从销项税额中抵扣的进项税额,不得计提加计抵减额;已按照15%计提加计抵减额的进项税额,按规定作进项税额转出的,应在进项税额转出当期,相应调减加计抵减额。计算公式如下:

$$\text{当期计提加计抵减额} = \text{当期可抵扣进项税额} \times 15\%$$

$$\text{当期可抵减加计抵减额} = \text{上期末加计抵减额余额} + \text{当期计提加计抵减额} - \text{当期调减加计抵减额}$$

关于汇总纳税的总分支机构如何适用加计抵减政策:实行汇总缴纳增值税的总机构及其分支机构,在判断是否适用加计抵减政策时,以总机构及其分支机构的合计销售额计算四项服务销售额占比。如果符合加计抵减政策的适用标准,则汇总纳税范围内的总机构及其分支机构均可适用加计抵减政策。否则,总机构及其分支机构均无法适用。

4. 不得抵扣增值税的进项税的具体处理方法

方法一,购入时不予抵扣,直接计入购货成本。

方法二,已抵扣后改变用途、发生非正常损失、出口不得免征和抵扣税额,作进项税转出处理。进项税额转出按照转出时基数的不同,分为常见的四种转出方法,即:

(1) 直接计算转出法,适用于已抵扣过进项税的货物、劳务、服务、无形资产和不动产的非正常损失、改变用途等。

(2) 还原计算进项税转出的方法,适用于计算抵扣进项税的农产品的非正常损失。

(3) 比例计算进项税转出的方法,适用于半成品、产成品的非正常损失。

(4) 净值折算转出的方法,适用于已抵扣过进项税额的固定资产、无形资产或不动产改变用途、发生非正常损失等。

不得抵扣的进项税额计算公式为:

$$不得抵扣的进项税额=固定资产、无形资产或者不动产净值×适用税率$$
$$=已抵扣进项税额×不动产净值率$$

$$不动产净值率=(不动产净值÷不动产原值)×100\%$$

5. 增值税应纳税额的计算

$$应纳税额=当期销项税额-当期进项税额$$

(1) 销项税额时间界定。

总原则:销项税计算当期不得滞后。

一般规定:①销售货物、劳务、服务无形资产或不动产,纳税义务发生时间为收讫销售款或取得索取销售款凭据的当天。先开具发票的,为开具发票的当天。②进口货物,纳税义务发生时间为报关进口的当天。③增值税扣缴义务发生时间为增值税纳税义务发生的当天。

具体规定:①直接收款的,不论货物是否发出,纳税义务发生时间均为收到销售款或者取得索取销售款凭据的当天。②托收承付和委托银行收款的,为发出货物并办妥托收手续的当天。③赊销和分期的,为书面合同约定的收款日期的当天,无书面合同的或者合同没有约定收款日期,为货物发出的当天。④预收货款的,为货物发出的当天,但生产销售生产工期超过 12 个月的大型机械设备等货物,为收到预收款或者书面合同约定的收款日期的当天。⑤委托他人代销货物的,为收到代销单位的代销清单、收到全部或者部分货款的当天,最晚不超过发出代销货物满 180 天的当天。⑥其他视同销售货物行为,为货物移送的当天。⑦销售应税劳务的,为收到销售款或者取得索取销售款凭据的当天。⑧提供租赁服务采取预收款方式的,为收到预收款的当天。⑨从事金融商品转让的,为金融商品权属转移的当天。⑩视同销售服务、无形资产或者不动产的,为服务、无形资产转让完成的当天或者不动产权属变更的当天。⑪提供建筑服务,被工程发包方从应支付的工程款中扣押的质押金、保证金,未开具发票的,为纳税人实际收到质押金、保证金的当天。

(2) 进项税额抵扣的时间界定。

增值税一般纳税人取得2017年1月1日及以后开具的增值税专用发票、海关进口增值税专用缴款书、机动车销售统一发票、收费公路通行费增值税电子普通发票,取消认证确认、稽核比对、申报抵扣的期限。纳税人在进行增值税纳税申报时,应当通过本省(自治区、直辖市和计划单列市)增值税发票综合服务平台对上述扣税凭证信息进行用途确认。

增值税一般纳税人取得2016年12月31日及以前开具的增值税专用发票、海关进口增值税专用缴款书、机动车销售统一发票,超过认证确认、稽核比对、申报抵扣期限,但符合规定条件的,继续抵扣进项税额。

(3) 扣税凭证丢失后进项税额的抵扣,将根据丢失的发票联次(发票联、抵扣联)分别处理。

6. 增值税留抵税额退税制度

(1) 试行期末留抵税额退税制度。

自2019年4月1日起,试行增值税期末留抵税额退税制度。

同时符合以下条件的纳税人,可以向主管税务机关申请退还增量留抵税额:①自2019年4月税款所属期起,连续六个月(按季纳税的,连续两个季度)增量留抵税额均大于零,且第六个月增量留抵税额不低于50万元。②纳税信用等级为A级或者B级。③申请退税前36个月未发生骗取留抵退税、出口退税或虚开增值税专用发票情形的。④申请退税前36个月未因偷税被税务机关处罚两次及以上的。⑤自2019年4月1日起未享受即征即退、先征后返(退)政策的。

纳税人当期允许退还的增量留抵税额的计算:①允许退还的增量留抵税额=增量留抵税额×进项构成比例×60%;进项构成比例,为2019年4月至申请退税前一税款所属期内已抵扣的增值税专用发票(含税控机动车销售统一发票)、海关进口增值税专用缴款书、解缴税款完税凭证注明的增值税额占同期全部已抵扣进项税额的比重,即凭票抵扣进项税额的占比,即进项构成比例=凭票抵扣进项税额/同期全部已抵扣进项税额。②在计算允许退还的增量留抵税额的"进项构成比例"时,无须就纳税人在2019年4月至申请退税前一税款所属期内按规定转出的进项税额部分进行调整。

纳税人当期允许退还的增量留抵税额的管理:①纳税人出口货物劳务、发生跨境应税行为,适用免抵退税办法的,可以在同一申报期内,既申报免抵退税又申请办理留抵退税。先办理免抵退税后,纳税人仍符合留抵退税条件的,再办理留抵退税。②纳税人既有增值税欠税,又有期末留抵税额的,按最近一期《增值税纳税申报表(一般纳税人适用)》期末留抵税额,抵减增值税欠税后的余额确定允许退还的增量留抵税额。③纳税人申请办理留抵退税,应在符合条件的次月起,在申报期内完成本期申报后通过电子税务局或办税服务厅提交《退(抵)税申请表》。

(2) 部分先进制造业退还增量留抵税额有关政策。

部分先进制造业纳税人,是指生产并销售非金属矿物制品、通用设备、专用设备及计算机、通信和其他电子设备销售额占全部销售额的比重超过50%的纳税人。

自2019年6月1日起,同时符合以下条件的部分先进制造业纳税人,可以自2019年7月及以后纳税申报期向主管税务机关申请退还增量留抵税额:①增量留抵税额大于零。②纳税信用等级为A级或者B级。③申请退税前36个月未发生骗取留抵退税、出口退税或虚开增值税专用发票情形。④申请退税前36个月未因偷税被税务机关处罚两次及以上。⑤自2019年4月1日起未享受即征即退、先征后返(退)政策。

部分先进制造业纳税人当期允许退还的增量留抵税额按照以下公式计算:允许退还的增量留抵税额＝增量留抵税额×进项构成比例。

除部分先进制造业纳税人以外的其他纳税人申请退还增量留抵税额的规定,继续按照《财政部 国家税务总局 海关总署关于深化增值税改革有关政策的公告》(财政部 国家税务总局 海关总署公告2019年第39号)执行。

(3) 纳税人资产重组增值税留抵税额处理。

增值税一般纳税人在资产重组过程中,将全部资产、负债和劳动力一并转让给其他增值税一般纳税人,并按程序办理注销税务登记的,其在办理注销登记前尚未抵扣的进项税额可结转至新纳税人处继续抵扣。

重组与注销不同,一般纳税人注销时,存货不作进项税额转出处理,其留抵税额也不予以退税;重组时转给新纳税人继续抵扣。

(4) 增值税留抵退税额处理

增值税留抵退税款的,不得再申请享受增值税即征即退、先征后返(退)政策。纳税人已按照规定取得的增值税留抵退税款的,在2020年6月30日前将已退还的增值税留抵退税款全部缴回,可以按规定享受增值税即征即退、先征后返(退)政策;否则,不得享受增值税即征即退、先征后返(退)政策。

7. 增值税汇总纳税

适用范围:航空运输企业、邮政企业、铁路运输企业。

计税原则:分支机构预缴,总机构汇总缴纳。

分支机构按月预缴增值税,不得抵扣进项税额。

总机构按季汇总:总机构当期汇总应纳税额＝当期汇总销项税额－当期汇总的准予抵扣的进项税额;总机构当期应补(退)税额＝总机构当期汇总应纳税额－分支机构当期已缴纳税额

分支机构预缴的增值税,在总机构当期增值税应纳税额中抵减不完的,可以结转下期继续抵减。

(二) 简易计税方法

1. 计税基本原则

适用范围:小规模纳税人、一般纳税人简易办法。

简易计税方法的应纳税额,是指按照销售额和增值税征收率计算的增值税额,不得抵扣进项税额,计算公式为:

$$应纳税额=销售额\times 征收率=含增值税销售额\div(1+征收率)\times 征收率$$

简易计税方法与一般计税方法的主要计税差异:一般计税方法计算价税分离时使用的是税率,简易计税方法计算价税分离时使用征收率;一般计税方法用销售额计算的是销项税额,简易计税方法用销售额计算的是应纳税额。

我国增值税的法定征收率是3%和5%;一些特殊项目适用3%征收率减按2%、5%征收率减按1.5%执行。

2. 小规模纳税人简易计税方法

(1) 小规模纳税人的征收率是3%和5%,通常情形下是3%。

2020年3月1日至5月31日,对湖北省以外其他省、自治区、直辖市的增值税小规模纳税人,适用3%征收率的应税销售收入,减按1%征收率征收增值税。

销售自己使用过的固定资产、旧货,按照3%的征收率减按2%征收增值税。

销售不动产、开展不动产租赁、转让土地使用权,征收率为5%;提供劳务派遣服务、安全保护服务,选择差额计税的,征收率为5%。

个人出租住房,按照5%的征收率减按1.5%计算应纳税额。

(2) 小规模纳税人购进税控收款机的税额抵免。

取得增值税专用发票(以下简称专票),抵免金额为专票上注明的增值税额。

取得增值税普通发票(以下简称普票),抵免计算公式为:

$$可抵免的税额=价款\div(1+13\%)\times 13\%$$

当期应纳税额不足抵免的,未抵免的部分可在下期继续抵免。

(3) 小规模纳税人(除其他个人外)销售自己使用过的固定资产(动产)。

小规模纳税人(除其他个人外)销售自己使用过的固定资产,减按2%征收增值税。其计算公式为:

$$增值税=售价\div(1+3\%)\times 2\%$$

小规模纳税人销售自己使用过的除固定资产以外的物品,按3%的征收率征收增值税。其计算公式为:

$$增值税=售价\div(1+3\%)\times 3\%$$

3. 一般纳税人简易计税方法

(1) 适用3%征收率的范围。

可选择适用简易计税办法按3%征收率计算增值税的货物:①县级及县级以下小型水力发电单位生产的电力。②建筑用和生产建筑材料所用的砂、土、石料。③以自己采掘的砂、土、石料或其他矿物连续生产的砖、瓦、石灰(不含黏土实心砖、瓦)。④商品混凝土(仅限以水泥为原料生产的水泥混凝土)。⑤用微生物、微生物代谢产物、动物毒素、人或动物的血液或组织制成的生物制品。⑥自产的自来水;寄售商店代销寄售物品(包括居民个人寄售的物品在内)。⑦典当业销售死当物品;生产销售和批发、零售罕见病药品、抗癌药品。

可选择适用简易计税办法按3%征收率计算增值税的应税服务:①提供公共交通运输服务(包括轮客渡、公交客运、地铁、城市轻轨、出租车、长途客运、班车)。铁路客运服务不得选择简易办法。②经认定的动漫企业为开发动漫产品提供的动漫脚本编撰、形象设计、背景设计、动画设计、分镜、动画制作、摄制、描线、上色、画面合成、配音、配乐、音效合成、剪辑、字幕制作、压缩转码(面向网络动漫、手机动漫格式适配)服务,以及在境内转让动漫版权(包括动漫品牌、形象或者内容的授权及再授权)。③电影放映服务、仓储服务、装卸搬运服务、收派服务、教育辅助服务和文化体育服务。④以纳入"营改增"试点之日前取得的有形动产为标的物提供的经营租赁服务。⑤在纳入"营改增"试点之日前签订的尚未执行完毕的有形动产租赁合同。⑥提供物业管理服务的纳税人,向服务接受方收取的自来水水费。⑦非企业性单位中的一般纳税人提供的研发和技术服务、信息技术服务、鉴证咨询服务,以及销售技术、著作权等无形资产,提供技术转让、技术开发和与之相关的技术咨询、技术服务。⑧一般纳税人提供非学历教育服务、教育辅助服务。

一般纳税人提供的建筑服务,可以选择简易计税方法按3%征收率计算应纳增值税额:①一般纳税人以清包工方式提供的建筑服务。②一般纳税人为甲供工程提供的建筑服务。③一般纳税人为建筑工程老项目提供的建筑服务。④一般纳税人销售自产机器设备的同时提供安装服务,应分别核算机器设备和安装服务的销售额,安装服务可以按照甲供工程选择适用简易计税方法计税。⑤一般纳税人销售外购机器设备的同时提供安装服务,如果已经按照兼营的有关规定,分别核算机器设备和安装服务的销售额,安装服务可以按照甲供工程选择适用简易计税方法计税。⑥一般纳税人跨县(市)提供建筑服务,选择简易计税办法的,应以取得的全部价款和价外费用扣除支付的分包款后的余额为销售额,依3%的征收率计算应纳税额。⑦自2017年7月1日起,建筑工程总承包单位为房屋建筑的地基与基础、主体结构提供工程服务,建设单位自行采购全部或部分钢材、混凝土、砌体材料、预制构件的,适用简易计税方法计税。

增值税一般纳税人提供下列金融服务取得的收入,可以选择简易计税方法按照3%的征收率计算缴纳增值税:①农村信用社、村镇银行、农村资金互助社、由银行业机构全资发起设立的贷款公司,法人机构在县(县级市、区、旗)及县以下地区的农村合作银行和农村商业银行提供金融服务收入。②对中国农业银行纳入"三农金融事业部"试点的各省、自治区、直辖市、计划单列市分行下辖的县域支行(县事业部),提供农户贷款、农村企业和农村各类组织贷款取得的利息收入。③2018年7月1日至2020年12月31日,对中国邮政储蓄银行纳入"三农金融事业部"改革的各省、自治区、直辖市、计划单列市分行下辖的县域支行,提供农户贷款、农村企业和农村各类组织贷款取得的利息收入。

(2) 适用5%征收率的范围。

一般纳税人销售不动产或经营租赁不动产,选择简易计税方法计税的,征收率为5%。

一般纳税人2016年4月30日前签订的不动产融资租赁合同,或以2016年4月30日前取得的不动产提供的融资租赁服务,可以选择适用简易计税方法,按照5%的征收率计算缴纳增值税。

房地产开发企业的一般纳税人销售自行开发的房地产老项目,选择适用简易计税方法的,征收率为5%。房地产开发企业中的一般纳税人购入未完工的房地产老项目继续开发后,以自己名义立项销售的不动产,属于房地产老项目,可以选择适用简易计税方法按照5%的征收率计算缴纳增值税。

纳税人转让2016年4月30日前取得的土地使用权,可以选择适用简易计税方法,以取得的全部价款和价外费用减去取得该土地使用权的原价后的余额为销售额,按照5%的征收率计算缴纳增值税。

一般纳税人提供劳务派遣服务,选择差额纳税的,征收率为5%。

一般纳税人提供人力资源外包服务,选择简易计税方式计税的,征收率为5%。

一般纳税人提供安全保护服务,选择差额纳税的,征收率为5%。

一般纳税人收取试点前开工的一级公路、二级公路、桥、闸通行费,可以选择适用简易计税方法,按照5%的征收率计算缴纳增值税。试点前开工,是指相关施工许可证注明的合同开工日期在2016年4月30日前。

2019年1月1日至2020年12月31日,纳税人生产销售新支线飞机暂减按5%征收增值税。

一般纳税人选择简易办法计算缴纳增值税后,36个月内不得变更。

(3) 计税方式的特殊规定。

物业公司收取自来水费的计税规定:①提供物业管理服务的纳税人,向服务接受方收取的自来水水费,以扣除其对外支付的自来水水费后的余额为销售额,按照简易计税方法依3%的征收率计算缴纳增值税。②"扣除其对外支付的自来水水费"指的是扣除的仅仅是自来水水费,不包括其他污水处理费等费用。③物业管理服务的纳税人可以向服务接受方全额开具增值税专用发票。④对属于一般纳税人的自来水公司销售自来水按简易办法征收增值税,不得抵扣其购进自来水取得增值税扣税凭证上注明的增值税税款。

销售自己使用过的固定资产计税规定:①自2016年2月1日起,纳税人销售自己使用过的固定资产,适用简易办法依照3%征收率减按2%征收增值税政策的,可以放弃减税,按照简易办法依照3%征收率缴纳增值税,并可以开具增值税专用发票。放弃减税优惠计税计算不含税销售额=含税销售额÷(1+3%);应纳税额=不含税销售额×3%。②一般纳税人销售自己使用过的除固定资产以外的物品,按照适用税率征收增值税。

纳税人销售旧货,按照简易办法依照3%征收率减按2%征收增值税。所称旧货,是指进入二次流通的具有部分使用价值的货物(含旧汽车、旧摩托车和旧游艇),但不包括自己使用过的物品。其计算公式为:

$$应纳增值税＝含税销售额÷(1+3\%)×2\%$$

2020年5月1日至2023年12月底,对二手车经销企业销售旧车减按销售额0.5%征收增值税,其计算公式为:

$$应纳增值税＝含税销售额÷(1+0.5\%)×0.5\%$$

纳税人提供劳务派遣服务的计税规定:①一般纳税人提供的劳务派遣服务,适用一般计税方法(全额的6%)。②小规模纳税人提供的劳务派遣服务,适用简易计税方法(全额的3%)。③也可选择差额纳税,以取得的全部价款和价外费用,扣除代用工单位支付给劳务派遣员工的工资、福利、社保、住房公积金后的余额为销售额,依5%征收率计算缴纳增值税。

五、税收优惠

(一)法定的免税项目

(1) 农业生产者销售的自产农产品。农业生产者指从事农业生产的单位和个人;农产品是指初级农产品,包括制种及"公司＋农户"经营模式的畜禽饲养。

(2) 避孕药品和用具。

(3) 古旧图书。

(4) 直接用于科学研究、科学试验和教学的进口仪器、设备;对科学研究机构、技术开发机构、学校等单位进口国内不能生产或者性能不能满足需要的科学研究、科技开发和教学用品,免征进口关税和进口环节增值税、消费税。

(5) 外国政府、国际组织无偿援助的进口物资和设备。

(6) 由残疾人的组织直接进口供残疾人专用的物品。

(7) 销售的自己使用过的物品(动产)。物品指其他个人自己使用过的物品。

(二)特定免税项目

1. 销售货物

对承担粮食收储任务的国有粮食购销企业销售的粮食免征增值税。其他粮食企业经营粮食,除经营军队用粮、救灾救济粮、水库移民口粮之外,一律征收增值税。

自2014年5月1日起,上述增值税免税政策适用范围由粮食扩大到粮食和大豆,并可对免税业务开具增值税专用发票。

政府储备食用油的销售免征增值税,对其他销售食用油的业务,一律照章征收增值税。

销售饲料免征增值税。免征增值税饲料产品的范围,包括:①单一大宗饲料。②混合饲料。③配合饲料。④复合预混料。⑤浓缩饲料。宠物饲料不属于免征增值税的饲料。增值税一般纳税人销售或者进口饲料,税率为9%,即9%为常规税率,免税为优惠政策。

蔬菜流通环节免征增值税。对从事蔬菜批发、零售的纳税人销售的蔬菜免征增值税，各种蔬菜罐头不属于免税范围。

部分鲜活肉蛋产品流通环节免征增值税。对从事农产品批发、零售的纳税人销售的部分鲜活肉蛋产品免征增值税。

供热企业的增值税优惠政策：①对供热企业向居民个人供热而取得的采暖费收入继续免征增值税。②通过热力产品经营企业向居民供热的热力产品生产企业，应当根据热力产品经营企业实际从居民取得的采暖费收入占该经营企业采暖费总收入的比例确定免税收入比例。

对铁路系统内部单位为本系统修理货车的业务免征增值税。

2. 销售服务(19项)

下列项目免征增值税：

(1) 托儿所、幼儿园提供的保育和教育服务。

(2) 养老机构提供的养老服务。

(3) 残疾人福利机构提供的育养服务。

(4) 婚姻介绍服务。

(5) 殡葬服务。

(6) 残疾人员本人为社会提供的服务。

(7) 学生勤工俭学提供的服务。

(8) 农业机耕、排灌、病虫害防治、植物保护、农牧保险以及相关技术培训业务，家禽、牲畜、水生动物的配种和疾病防治。自2020年1月1日起，动物诊疗机构提供的动物疾病预防、诊断、治疗和动物绝育手术等动物诊疗服务属于家禽、牲畜、水生动物的配种和疾病防治，免征增值税。

(9) 纪念馆、博物馆、文化馆、文物保护单位管理机构、美术馆、展览馆、书画院、图书馆在自己的场所提供文化体育服务取得的第一道门票收入。

(10) 寺院、宫观、清真寺和教堂举办文化、宗教活动的门票收入。

(11) 福利彩票、体育彩票的发行收入。

(12) 社会团体收取的会费，免征增值税。

(13) 医疗机构提供的医疗服务。2019年2月1日至2020年12月31日，医疗机构接受其他医疗机构委托，按照不高于相关部门制定的医疗服务指导价格，提供规定的服务，免征增值税。

(14) 从事教育的学校提供的教育服务。提供学历教育的学校提供的教育服务收入免征增值税。学校包括提供学历教育的民办学校，不包括职业培训机构。境外教育机构与境内从事学历教育的学校开展中外合作办学，提供学历教育服务取得的收入免征增值税。政府举办的从事学历教育的高等、中等和初等学校(不含下属单位)，举办进修班、培训班取得的全部归该学校所有的收入。政府举办的职业学校设立的主要为在校学生提供实习场所、并由学校出资自办、由学校负责经营管理、经营收入归学校所有的企业，从事

"现代服务"(不含融资租赁服务、广告服务和其他现代服务)、"生活服务"(不含文化体育服务、其他生活服务和桑拿、氧吧)业务活动取得的收入。

(15) 军队转业干部就业(3年内免征增值税)。

(16) 随军家属就业(3年内免征增值税)。

(17) 符合条件的合同能源管理服务。

(18) 中国台湾航运公司、航空公司从事海峡两岸海上直航、空中直航业务在大陆取得的运输收入。

(19) 纳税人提供的直接或者间接国际货物运输代理服务。

3. 销售无形资产

下列项目免征增值税:个人转让著作权;纳税人提供技术转让、技术开发和与之相关的技术咨询、技术服务。

4. 销售不动产及不动产租赁服务

下列项目免征增值税:

(1) 个人销售自建自用住房。

(2) 涉及家庭财产分割的个人无偿转让不动产、土地使用权。家庭财产分割,包括下列情形:①离婚财产分割。②无偿赠与配偶、父母、子女、祖父母、外祖父母、孙子女、外孙子女、兄弟姐妹。③无偿赠与对其承担直接抚养或者赡养义务的抚养人或者赡养人。④房屋产权所有人死亡,法定继承人、遗嘱继承人或者受遗赠人依法取得房屋产权。

(3) 将土地使用权转让给农业生产者用于农业生产。①纳税人采取转包、出租、互换、转让、入股等方式将承包地流转给农业生产者用于农业生产取得的收入,免征增值税。②自2020年1月20日起,纳税人将国有农用地出租给农业生产者用于农业生产,免征增值税。

(4) 土地所有者出让土地使用权和土地使用者将土地使用权归还给土地所有者。

(5) 县级以上地方人民政府或自然资源行政主管部门出让、转让或收回自然资源使用权(不含土地使用权)。

(6) 军队空余房产租赁收入。

个人出租住房,应按照5%的征收率减按1.5%计算应纳增值税。

个人将购买的住房对外销售的税收优惠(三看原则:一看购买时间,二看购买地区,三看购买类型):购买不足2年,全额征收5%;北上广深地区,个人销售普通住房免征增值税,非普通住房按(卖出价-买入价)÷1.05×5%征收;其他地区,个人销售住房一概免征。

5. 金融服务(6项)

下列项目免征增值税:

(1) 下列利息收入免征增值税。①国家助学贷款。②国债、地方政府债。③人民银行对金融机构的贷款。④住房公积金管理中心用住房公积金在指定的委托银行发放的个人住房贷款。⑤外汇管理部门在从事国家外汇储备经营过程中,委托金融机构发放的外汇贷款。⑥统借统还业务中,企业集团或企业集团中的核心企业以及集团所属财务公司按不高于支付给金融机构的借款利率水平或者支付的债券票面利率水平,向企业集团或者集团内下属单位收取的利息;2019年2月1日至2020年12月31日,对企业集团内单位(含企业集团)之间的资金无偿借贷行为,免征增值税。

(2) 被撤销金融机构以货物、不动产、无形资产、有价证券、票据等财产清偿债务。

(3) 保险公司开办的1年期以上人身保险产品取得的保费收入。自2019年2月2日起,保险公司开办1年期以上返还性人身保险产品,在保险监管部门出具备案回执或批复文件前依法取得保费收入,免征增值税。

(4) 下列金融商品转让收入。①合格境外投资者(QFII)委托境内公司在我国从事证券买卖业务。②香港市场投资者(包括单位和个人)通过沪港通买卖上海证券交易所上市A股。③对香港市场投资者(包括单位和个人)通过基金互认买卖内地基金份额。④证券投资基金(封闭式证券投资基金,开放式证券投资基金)管理人运用基金买卖股票、债券。⑤个人从事金融商品转让业务。

(5) 金融同业往来利息收入。①金融机构与人民银行所发生的资金往来业务。包括人民银行对一般金融机构贷款,以及人民银行对商业银行的再贴现等。②银行联行往来业务。③金融机构间的资金往来业务。

(6) 创新企业境内发行存托凭证试点阶段有关税收政策。①对个人投资者转让创新企业CDR取得的差价收入,暂免征收增值税。②对单位投资者转让创新企业CDR取得的差价收入,按金融商品转让政策规定征免增值税。③自试点开始之日起,对公募证券投资基金(封闭式证券投资基金、开放式证券投资基金)管理人运营基金过程中转让创新企业CDR取得的差价收入,3年内暂免征收增值税。④对合格境外机构投资者(QFII)、人民币合格境外机构投资者(RQFII)委托境内公司转让创新企业CDR取得的差价收入,暂免征收增值税。CDR是指在境外(包括中国香港)上市公司将部分已发行上市的股票托管在当地保管银行,由中国境内的存托银行发行、在境内A股市场上市、以人民币交易结算、供国内投资者买卖的投资凭证,可实现股票的异地买卖。

6. 进口货物

(1) 对中国经济图书进出口公司、中国出版对外贸易总公司为大专院校和科研单位免税进口的图书、报刊等资料,在其销售给上述院校和单位时,免征国内销售环节的增值税。

(2) 对中国教育图书进出口公司、北京中科进出口公司、中国国际图书贸易总公司销售给高等学校、科研单位和北京图书馆的进口图书、报刊资料免征增值税。

(3) 对中国科技资料进出口总公司为科研单位、大专院校进口的用于科研、教学的图书、文献、报刊及其他资料(包括只读光盘、缩微平片、胶卷、地球资源卫星照片、科技和教学声像制品)免征国内销售环节增值税。

(4) 对中国图书进出口总公司销售给国务院各部委、各直属机构及各省、自治区、直辖市所属科研机构和大专院校的进口科研、教学书刊免征增值税。

（5）自2018年5月1日起,对进口抗癌药品,减按3%征收进口环节增值税;自2019年3月1日起,对进口罕见病药品,减按3%征收进口环节增值税。

（三）临时减免税项目

1. 孵化服务

2019年1月1日至2021年12月31日,对国家级、省级科技企业孵化器、大学科技园和国家备案众创空间对其向在孵对象提供孵化服务取得的收入,免征增值税。

孵化服务是指为在孵对象提供的经纪代理、经营租赁、研发和技术、信息技术、鉴证咨询服务。

国家级、省级科技企业孵化器、大学科技园和国家备案众创空间应当单独核算孵化服务收入。

2. 文化企业（4项）

2019年1月1日至2023年12月31日,下列收入免征增值税:

（1）对电影主管部门按照各自职能权限批准从事电影制片、发行、放映的电影集团公司（含成员企业）、电影制片厂及其他电影企业取得的销售电影拷贝（含数字拷贝）收入、转让电影版权（包括转让和许可使用）收入、电影发行收入以及在农村取得的电影放映收入,免征增值税。一般纳税人提供的城市电影放映服务,可以按现行政策规定,选择按照简易计税办法计算缴纳增值税。

（2）对广播电视运营服务企业收取的有线数字电视基本收视维护费和农村有线电视基本收视费,免征增值税。

（3）2019年1月1日至2023年12月31日,党报、党刊将其发行、印刷业务及相应的经营性资产剥离组建的文化企业,自注册之日起所取得的党报、党刊发行收入和印刷收入免征增值税。

（4）经国务院有关部门认定的动漫企业自主开发、生产动漫直接产品,确需进口的商品可享受免征进口关税及进口环节增值税的政策。

3. 社区家庭服务业

2019年6月1日至2025年12月31日,下列收入免征增值税:提供社区养老、托育、家政服务取得的收入,免征增值税。符合条件的家政服务企业提供家政服务取得的收入,免征增值税。

4. 境外机构投资境内债券市场

2018年11月7日至2021年11月6日,对境外机构投资境内债券市场取得的债券利息收入暂免征收增值税。

5. 货物期货交割

2018年11月30日至2023年11月29日,对经国务院批准对外开放的货物期货品种保税交割业务,暂免征收增值税。

期货交易中实际交割的货物,如果发生进口或者出口的,统一按照现行货物进出口税收政策执行。

6. 扶贫货物捐赠

2019年1月1日至2022年12月31日,对单位或者个体工商户将自产、委托加工或购买的货物通过公益性社会组织、县级及以上人民政府及其组成部门和直属机构,或直接无偿捐赠给目标脱贫地区的单位和个人,免征增值税。在政策执行期限内,目标脱贫地区实现脱贫的,可继续适用免征增值税政策。

2015年1月1日至2018年12月31日期间已发生的符合上述条件的扶贫货物捐赠,可追溯执行上述增值税政策。

之前已征收入库的按上述规定应予免征的增值税税款,可抵减纳税人以后月份应缴纳的增值税税款或者办理税款退库。已向购买方开具增值税专用发票的,应将专用发票追回后方可办理免税。无法追回专用发票的,不予免税。

7. 北京2022年冬奥会和冬残奥会

从2019年11月11日起,有关增值税优惠政策如下:

(1)文化宣传。对奥林匹克转播服务公司、奥林匹克频道服务公司、国际奥委会电视与市场开发服务公司、奥林匹克文化与遗产基金、官方计时公司取得的与北京冬奥会有关的收入,免征增值税。

(2)国际供应。对国际赞助计划、全球供应计划、全球特许计划的赞助商、供应商、特许商及其分包商根据协议向北京2022年冬奥会和冬残奥会组织委员会(以下简称北京冬奥组委)提供指定货物或服务,免征增值税、消费税。

(3)销售。国际奥委会及其相关实体的境内机构因赞助、捐赠北京冬奥会以及根据协议出售的货物或服务免征增值税的,对应的进项税额可用于抵扣本企业其他应税项目所对应的销项税额,对在2022年12月31日仍无法抵扣的留抵税额可予以退还。

(4)采购。国际奥委会及其相关实体在2019年6月1日至2022年12月31日期间,因从事与北京冬奥会相关的工作而在中国境内发生的指定清单内的货物或服务采购支出,对应的增值税进项税额可由国际奥委会及其相关实体凭发票及北京冬奥组委开具的证明文件,按照发票上注明的税额,向国家税务总局指定的部门申请退还,具体退税流程由国家税务总局制定。

(5)物资。国际奥委会及其相关实体或其境内机构按暂时进口货物方式进口的奥运物资,未在规定时间内复运出境的,须补缴进口关税和进口环节海关代征税款(进口汽车以不低于新车90%的价格估价征税),但以下情形除外:①直接用于北京冬奥会,包括但不限于奥运会转播、报道和展览,且在赛事期间消耗完毕的消耗品,并能提供北京冬奥组委证明文件的。②货物发生损毁不能复运出境,且能提交北京冬奥组委证明文件的。③无偿捐赠给县级及以上人民政府或政府机构、冬奥会场馆法人实体、特定体育组织和公益组织等机构(受赠机构名单由北京冬奥组委负责确定),且能提交北京冬奥组委证明文件的。

(6)人员。对国际奥委会及其相关实体的外籍雇员、官员、教练员、训练员以及其他代表在2019年6月1日至2022年12月31日期间临时来华,从事与北京冬奥会相关的工作,取得由北京冬奥组委支付或认定的收入,免征增值税和个人所得税。该类人员的身份及收入由北京冬奥组委出具证明文件,北京冬奥组委定期将该类人员名单及免税收入相关信息报送税务部门。

8. 新型冠状病毒感染的肺炎疫情防控

自2020年1月1日起实施下列政策,截止日期视疫情情况:

(1) 疫情防控重点保障物资生产企业可以按月向主管税务机关申请全额退还增值税增量留抵税额。增量留抵税额,是指与2019年12月底相比新增加的期末留抵税额。

(2) 对纳税人运输疫情防控重点保障物资取得的收入,免征增值税。

(3) 对纳税人提供公共交通运输服务、生活服务,以及为居民提供必需生活物资快递收派服务取得的收入,免征增值税。

(4) 单位和个体工商户将自产、委托加工或购买的货物,通过公益性社会组织和县级以上人民政府及其部门等国家机关,或者直接向承担疫情防治任务的医院,无偿捐赠用于应对新型冠状病毒感染的肺炎疫情的,免征增值税、消费税、城市维护建设税、教育费附加、地方教育附加。

境外捐赠人无偿向受赠人捐赠的用于防控新型冠状病毒感染的肺炎疫情进口物资可免征进口税收。

为支持广大个体工商户在做好新冠肺炎疫情防控同时加快复工复业,2020年3月1日至5月31日期间,增值税政策如下:

(1) 对湖北省增值税小规模纳税人,适用3%征收率的应税销售收入,免征增值税;适用3%预征率的预缴增值税项目,暂停预缴增值税。

(2) 除湖北省外,其他省、自治区、直辖市的增值税小规模纳税人,适用3%征收率的应税销售收入,减按1%征收率征收增值税;适用3%预征率的预缴增值税项目,减按1%预征率预缴增值税。

(3) 具体税收征收管理事项如下:增值税小规模纳税人取得应税销售收入,纳税义务发生时间在2020年2月底以前,适用3%征收率征收增值税的,按照3%征收率开具增值税发票;纳税义务发生时间在2020年3月1日至5月31日,适用减按1%征收率征收增值税的,按照1%征收率开具增值税发票(按适用征收率开票)。

9. 二手车经销企业销售旧车

2020年5月1日至2023年12月底,对二手车经销企业销售旧车减按销售额0.5%征收增值税。

(四) 增值税即征即退

1. 资源综合利用产品和劳务

纳税人销售自产的资源综合利用产品和提供资源综合利用劳务,可享受增值税即征即退政策,退税比例有30%、50%、70%和100%四个档次。

2. 修理修配劳务

飞机维修,增值税实际税负超过6%的部分即征即退。

3. 软件产品的增值税优惠

增值税一般纳税人销售其自行开发生产的软件产品,按基本税率征收增值税后,对其增值税实际税负超过3%的部分实行即征即退政策。即:

即征即退税额＝当期软件产品增值税应纳税额－当期软件产品销售额×3%

增值税一般纳税人将进口软件产品进行本地化改造后对外销售,其销售的软件产品可享受规定的增值税即征即退政策。本地化改造是指对进口软件产品进行重新设计、改进、转换等,单纯对进口软件产品进行汉字化处理不包括在内。

4. 安置残疾人

安置残疾人的单位和个体工商户,按纳税人安置残疾人的人数,限额即征即退增值税——按月最低工资标准的4倍确定。

5. 黄金期货交易

上海期货交易所会员和客户通过上海期货交易所销售标准黄金,发生实物交割但未出库的,免征增值税。

发生实物交割并已出库的,由税务机关按照实际交割价格代开增值税专用发票,并实行增值税即征即退政策,同时免征城建税和教育费附加。

6. 铂金交易

对进口铂金免征进口环节增值税。

对中博世金科贸有限责任公司通过上海黄金交易所销售的进口铂金,以上海黄金交易所开具的《上海黄金交易所发票》(结算联)为依据,实行增值税即征即退政策。

中博世金科贸有限责任公司进口的铂金没有通过上海黄金交易所销售的,不得享受增值税即征即退政策。

国内铂金生产企业自产自销的铂金也实行增值税即征即退政策。

7. 管道运输服务

一般纳税人提供管道运输服务,对其增值税实际税负超过3%的部分实行增值税即征即退政策。

8. 有形动产租赁和融资性售后回租

经人民银行、银保监会或者商务部批准从事融资租赁业务的试点纳税人中的一般纳税人,提供有形动产融资租赁服务和有形动产融资性售后回租服务,对其增值税实际税负超过3%的部分实行增值税即征即退政策。

9. 风力发电

自2015年7月1日起,对纳税人销售自产的利用风力生产的电力产品,实行增值税即征即退50%的政策。

(五)扣减增值税规定

1. 退役士兵自主创业就业和重点群体创业就业优惠政策

从事个体经营的,自办理个体工商户登记当月起,3年(36个月)内按每户每年12 000

元为限额依次扣减其当年实际应缴纳的增值税、城市维护建设税、教育费附加、地方教育附加和个人所得税。

企业招用上述特殊群体人员(上述指建档立卡贫困人口,以及在人力资源社会保障部门公共就业服务机构登记失业半年以上且持《就业创业证》或《就业失业登记证》的人员),与其签订1年以上期限劳动合同并依法缴纳社会保险费的,自签订劳动合同并缴纳社会保险当月起,在3年内按实际招用人数予以定额每人每年6 000元,依次扣减增值税、城市维护建设税、教育费附加、地方教育附加和企业所得税优惠。

上述税收优惠政策执行期限为2019年1月1日至2021年12月31日。纳税人在2021年12月31日享受上述规定税收优惠政策未满3年的,可继续享受至3年期满为止。

2. 税控系统专用设备和技术维护费用

增值税防伪税控系统专用设备包括金税卡、IC卡、读卡器或金税盘、报税盘,但不包括税控收款机,也不包括电脑、打印机等通用设备。

增值税纳税人初次购买增值税税控系统专用设备支付的费用,可凭购买增值税税控系统专用设备的增值税专用发票,在增值税应纳税额中全额抵减(价税合计额)。

非首次购买只能凭增值税专用发票抵扣进项税额,不能价税合计抵减应纳税额。增值税纳税人缴纳的技术维护费,凭技术维护费发票,在增值税应纳税额中全额抵减。

二项费用在增值税应纳税额中全额抵减的,其进项税额不得从销项税额中抵扣。

(六) 起征点

1. 个人销售起征点

(1) 按期纳税的,为月应税销售额5 000~20 000元(含本数)。

(2) 按次纳税的,为每次(日)销售额300~500元(含本数)。

此规定仅限于个人,不包括登记为一般纳税人的个体工商户。

起征点的调整由财政部和国家税务总局规定。

2. 小规模纳税人免税规定

2019年1月1日至2021年12月31日,小规模纳税人发生增值税应税行为,合计月销售额未超过10万元(以1个季度为1个纳税期的,季度销售额未超过30万元,下同)的,免征增值税。

小规模纳税人月销售额超过10万元,但扣除本期发生的销售不动产的销售额后未超过10万元的,其销售货物、劳务、服务、无形资产取得的销售额免征增值税。

适用增值税差额征税政策的小规模纳税人,以差额后的销售额确定是否可以享受上述规定的免征增值税政策。

其他个人,采取一次性收取租金形式出租不动产取得的租金收入,可在对应的租赁期内平均分摊,分摊后的月租金收入未超过10万元的,免征增值税。

按照现行规定应当预缴增值税税款的小规模纳税人,凡在预缴地实现的月销售额未超过10万元的,当期无需预缴税款。上述规定下发前(实施前)已预缴税款的,可以向预缴地主管税务机关申请退还。

小规模纳税人月销售额未超过10万元的,当期因开具增值税专用发票已经缴纳的税款,在增值税专用发票全部联次追回或者按规定开具红字专用发票后,可以向主管税务机关申请退还。

自2019年1月1日起,以1个季度为纳税期限的增值税小规模纳税人,因在季度中间成立或注销而导致当期实际经营期不足1个季度,当期销售额未超过30万元的,免征增值税。

(七)减免税其他规定

(1)纳税人发生应税销售行为适用免税规定的,可以放弃免税,按照规定交纳增值税。纳税人放弃免税优惠后,在36个月内不得再申请免税。其他个人代开增值税发票时,放弃免税权不受"36个月不得享受减免税优惠限制",仅对当次代开发票有效,不影响以后申请免税代开。

(2)纳税人发生应税行为同时适用免税和零税率规定的,纳税人可以选择适用免税或者零税率。

(3)生产和销售免征增值税货物或劳务的纳税人要求放弃免税权,应当以书面形式提交放弃免税权声明,报主管税务机关备案。

(4)放弃免税权的纳税人符合一般纳税人认定条件尚未认定为增值税一般纳税人的,当按现行规定认定为增值税一般纳税人,其销售的货物或劳务可开具增值税专用发票。

(5)纳税人一经放弃免税权,其生产销售的全部增值税应税货物或劳务均应按照适用税率征税,不得选择某一免税项目放弃免税权,也不得根据不同的销售对象选择部分货物或劳务放弃免税权。

六、征收管理

(一)纳税期限

(1)纳税期限:1日、3日、5日、10日、15日、1个月、1季度。

以一季度为纳税期限的,适用于小规模纳税人、银行、财务公司、信托投资公司、信用社等。

(2)报缴税款期限:以月(季)纳税,自期满之日起15日内申报纳税。

(3)进口货物:海关填发缴款书之日起15日内缴纳税款。

(二)纳税地点

1. 固定业户

一般为机构所在地;总、分机构不在同一县(市)的,应当分别申报纳税;经批准可由总机构汇总纳税。

到外县(市)销售货物或者提供应税劳务的,向机构所在地报告,并报税;未报告的,向销售地或劳务发生地报税;未报税的,回机构所在地补税。

2. 其他

非固定业户,向销售地或劳务发生地主管税务机关报税;未报税的,由机构所在地或居住地补征。

进口货物,向报关地海关申报纳税。

扣缴义务人,向机构所在地或者居住地的主管税务机关申报。

第二节 纳税人身份选择的税收筹划

一、理论分析

由于不同类别纳税人的税率和征收方法不同,产生了进行纳税人筹划的空间。纳税人可以在一般纳税人或小规模纳税人之间做出选择。

一般纳税人和小规模纳税人在计征增值税时,计算方法和征管要求是不同的。一般纳税人享有税款抵扣权,符合条件的进项税额可以在销项税额中进行抵扣,而小规模纳税人则不能享受税款抵扣权,只能适用简易计税方法计算缴纳增值税。

那么在销售收入相同的情况下,究竟是一般纳税人比小规模纳税人多缴税,还是小规模纳税人比一般纳税人多缴税呢?从税法规定的两类纳税人的计税方法不难看出,在销售额既定的情况下,小规模纳税人应缴税额即已确定。但一般纳税人的应缴税额还需要根据其可抵扣的进项税额来确定,可抵扣的进项税额越大,应纳税额越少;反之,可抵扣的进项税额越小,应纳税额则越多。在对一般纳税人和小规模纳税人两种身份进行税负比较时,增值率或抵扣率就成了一个关键因素。

一般来讲,企业可以根据以下标准来判断一般纳税人和小规模纳税人之间增值税税收负担的差异。

1. 增值率判断法

增值率是增值额占不含税销售额的比例。在一个特定的增值率下,增值税一般纳税人与小规模纳税人应缴税款数额相同,我们把这个特定的增值率称为"无差别平衡点增值率"。当增值率低于无差别平衡点增值率时,增值税一般纳税人税负低于小规模纳税人;当增值率高于这个点时,增值税一般纳税人税负高于小规模纳税人。无差别平衡点增值率的计算可分为含税销售额无差别平衡点增值率的计算与不含税销售额无差别平衡点增值率的计算。

(1) 含税销售额无差别平衡点增值率的计算。

设 X 为增值率,S 为含税销售额,P 为含税购进额,并假定一般纳税人适用税率为 13%,小规模纳税人适用征收率为 3%,其计算公式为:

$$一般纳税人的增值率 X = (S-P) \div S$$

$$一般纳税人应纳增值税 = S \div (1+13\%) \times 13\% - P \div (1+13\%) \times 13\%$$

$$= S \times X \div (1+13\%) \times 13\%$$

$$小规模纳税人应纳增值税 = S \div (1+3\%) \times 3\%$$

当两种纳税人的应纳税额相等时,即：

$$S \times X \div (1+13\%) \times 13\% = S \div (1+3\%) \times 3\%$$

可得：

$$X = 25.32\%$$

当增值率低于无差别平衡点增值率 25.32% 时,一般纳税人的税负低于小规模纳税人,即作为一般纳税人可以节税。当增值率高于无差别平衡点增值率 25.32% 时,一般纳税人的税负高于小规模纳税人,即作为小规模纳税人可以节税。纳税人可以按照本企业的实际经营情况,根据以上标准做出判断和选择。同理,可计算出一般纳税人销售或发生税率为 9% 或 6% 的商品或应税行为与小规模纳税人销售或发生征收率为 3% 或 5% 的商品或应税行为的含税销售额无差别平衡点增值率,如表 2-1 所示。

表 2-1 无差别平衡点增值率(含税销售额)

一般纳税人税率	小规模纳税人征收率	无差别平衡点增值率
13%	3%	25.32%
9%	3%	35.28%
6%	3%	51.46%
13%	5%	41.39%
9%	5%	57.67%
6%	5%	84.13%

(2) 不含税销售额无差别平衡点增值率的计算。

设 X 为增值率,S 为不含税销售额,P 为不含税购进额,并假定一般纳税人适用税率为 13%,小规模纳税人适用征收率为 3%。其计算公式为：

一般纳税人的增值率 $X = (S-P) \div S$

一般纳税人应纳增值税 $= S \times 13\% - P \times 13\% = S \times X \times 13\%$

小规模纳税人应纳增值税 $= S \times 3\%$

当两种纳税人的应纳税额相等时,即：

$$S \times X \times 13\% = S \times 3\%$$

可得：

$$X = 23.08\%$$

当增值率低于无差别平衡点增值率 23.08% 时,一般纳税人的税负低于小规模纳税人,即作为一般纳税人可以节税。当增值率高于无差别平衡点增值率 23.08% 时,一般纳税人的税负高于小规模纳税人,即作为小规模纳税人可以节税。纳税人可以按照本企业的实际经营情况,根据以上标准做出判断和选择。同理,可计算出一般纳税人销售或发生税率为9%或6%的商品或应税行为与小规模纳税人销售或发生征收率为3%或5%的商品或应税行为的不含税销售额无差别平衡点增值率,如表2-2所示。

表 2-2　无差别平衡点增值率(不含税销售额)

一般纳税人税率	小规模纳税人征收率	无差别平衡点增值率
13%	3%	23.08%
9%	3%	33.33%
6%	3%	50.00%
13%	5%	38.46%
9%	5%	55.56%
6%	5%	83.33%

纳税人可以计算出本企业产品的增值率,并按照适用的税率及销售额是否含税查表。若增值率高于无差别平衡点增值率,可以通过企业分立成为小规模纳税人;若增值率低于无差别平衡点增值率,可以通过企业合并成为一般纳税人。

2. 抵扣率判断法

除了增值率,对于一般纳税人和小规模纳税人的缴税孰多孰少这一问题,还可以从抵扣率的角度出发来分析。在销售额既定的情况下,小规模纳税人应缴纳税款已经确定。一般纳税人可抵扣的进项税额越多,即抵扣率越大,其应纳税额越少;反之,抵扣率越小,其应纳税额则越大。在一个特定的抵扣率下,增值税一般纳税人与小规模纳税人应缴税款数额相同,我们把这个特定的抵扣率称为"无差别平衡点抵扣率"。当抵扣率低于无差别平衡点抵扣率时,增值税一般纳税人税负高于小规模纳税人;当抵扣率高于这个点时,增值税一般纳税人税负低于小规模纳税人。无差别平衡点抵扣率的计算同样可分为含税销售额无差别平衡点抵扣率的计算与不含税销售额无差别平衡点抵扣率的计算。

(1) 含税销售额无差别平衡点抵扣率的计算。

设 Y 为抵扣率,S 为含税销售额,P 为含税购进额,并假定一般纳税人适用税率为13%,小规模纳税人适用征收率为3%,其计算公式为:

一般纳税人的抵扣率 $Y = P \div S$

一般纳税人应纳增值税 $= S \div (1+13\%) \times 13\% - P \div (1+13\%) \times 13\%$

$= S \times (1-Y) \div (1+13\%) \times 13\%$

小规模纳税人应纳增值税 $= S \div (1+3\%) \times 3\%$

当两种纳税人的应纳税额相等时,即:

$$S \times (1-Y) \div (1+13\%) \times 13\% = S \div (1+3\%) \times 3\%$$

可得:

$$Y = 74.68\%$$

当抵扣率低于无差别平衡点抵扣率74.68%时,一般纳税人的税负高于小规模纳税人,即作为小规模纳税人可以节税。当抵扣率高于无差别平衡点抵扣率74.68%时,一般纳税人的税负低于小规模纳税人,即作为一般纳税人可以节税。纳税人可以按照本企业的实际经营情况,根据以上标准做出判断和选择。同理,可计算出一般纳税人销售或发生税率为9%或6%的商品或应税行为与小规模纳税人销售或发生征收率为3%或5%的商品或应税行为的含税销售额无差别平衡点抵扣率,如表2-3所示。

表 2-3 无差别平衡点抵扣率(含税销售额)

一般纳税人税率	小规模纳税人征收率	无差别平衡点抵扣率
13%	3%	74.68%
9%	3%	64.72%
6%	3%	48.54%
13%	5%	58.61%
9%	5%	42.33%
6%	5%	15.87%

(2) 不含税销售额无差别平衡点抵扣率的计算。

设 Y 为抵扣率,S 为不含税销售额,P 为不含税购进额,并假定一般纳税人适用税率为13%,小规模纳税人适用征收率为3%,其计算公式为:

$$一般纳税人的抵扣率\ Y = P \div S$$
$$一般纳税人应纳增值税 = S \times 13\% - P \times 13\% = S \times (1-Y) \times 13\%$$
$$小规模纳税人应纳增值税 = S \times 3\%$$

当两种纳税人的应纳税额相等时,即:

$$S \times (1-Y) \times 13\% = S \times 3\%$$

可得:

$$Y = 76.92\%$$

当抵扣率低于无差别平衡点抵扣率76.92%时,一般纳税人的税负高于小规模纳税人,即作为小规模纳税人可以节税。当抵扣率高于无差别平衡点抵扣率76.92%时,一般纳税人的税负低于小规模纳税人,即作为一般纳税人可以节税。纳税人可以按照本企业的实际经营情况,根据以上标准做出判断和选择。同理,可计算出一般纳税人销售或发生税率为9%或6%的商品或应税行为与小规模纳税人销售或发生征收率为3%或5%的商品或应税行为的不含税销售额无差别平衡点抵扣率,如表2-4所示。

表 2-4 无差别平衡点抵扣率(不含税销售额)

一般纳税人税率	小规模纳税人征收率	无差别平衡点抵扣率
13%	3%	76.92%
9%	3%	66.67%
6%	3%	50.00%
13%	5%	61.54%
9%	5%	44.44%
6%	5%	16.67%

增值税纳税人应当根据自身业务的增值率或抵扣率的情况判断哪种身份会减轻增值税税负。可归纳为以下几点：①增值率高或抵扣率低的企业可选择小规模纳税人身份。若企业所从事业务的增值率较高或抵扣率较低，选择做小规模纳税人的税负较轻，纳税人可以通过企业拆分等手段使自己符合小规模纳税人的资格要求。②增值率低或抵扣率高的企业可选择一般纳税人身份。若企业所从事业务的增值率较低或抵扣率较高，选择做一般纳税人的税负较轻，纳税人可以通过企业合并以及提高自身财务核算水平等手段，使自己符合一般纳税人的资格要求。

在进行增值税一般纳税人与小规模纳税人身份筹划时，还需要注意这样的问题：①税法对一般纳税人的登记要求。根据现行税法的规定，对符合一般纳税人条件，但未在规定期限内向主管税务机关办理一般纳税人资格手续的纳税人应按照销售额乘以增值税税率来计算，应纳税额不得抵扣进项税额，也不得使用增值税专用发票。②企业经营的目标是追求利润最大化，这就要求企业根据市场需求，不断扩大生产和经营规模，这种情况限制了企业选择成为小规模纳税人的空间。③一般纳税人要有健全的会计核算制度，因而需要培养和聘用专业会计人员，这样就会增加企业的财务核算成本。一般纳税人的增值税征收管理制度复杂，需要投入的财力、物力和精力会增多，从而增加纳税人的纳税成本。④企业产品的性质及客户的要求决定了企业进行税收筹划的空间大小。如果企业产品的销售对象多为一般纳税人，将使企业受到开具增值税专用发票的制约，因此该企业必须选择成为一般纳税人才有利于产品的销售。如果企业客户多为小规模纳税人或者是消费者个人，不受发票类型的限制，则税收筹划的空间较大。

需要指出的是，这里所考虑的仅仅是企业的增值税税收负担，而不包括其他因素。因此，在决定是选择一般纳税人还是小规模纳税人身份时，不能仅仅以增值率或抵扣率为标准，还要考虑企业对外经济活动的难易程度以及一般纳税人的会计成本等。由于后者难以量化，因此，纳税筹划更多地体现了一种创造性的智力活动，而不是一个简单的计算问题或者数字操作问题。

总的来说，企业为了减轻增值税税负，需要综合考虑各种因素，从而决定如何在一般纳税人和小规模纳税人两种身份之间做出选择。

二、案例分析

【例 2-1】 某食品零售企业年零售含税销售额为 530 万元，会计核算制度比较健全，符合一般纳税人条件,适用13%的税率,年购货金额为220万元(不含税),可取得增值税专用发票。该企业如何进行增值税纳税人身份的筹划?

解析

该企业支付购进食品价税额合计=220×(1+13%)=248.6(万元)

销售食品价税额合计=530(万元)

应缴纳增值税额=530÷(1+13%)×13%-(248.6-220)=60.97-28.6=32.37(万元)

销售利润额(含税且不考虑其他经营成本)=530-248.6=281.4(万元)

增值率(含税)=281.4÷530=53.09%

该企业的增值率(含税)53.09%大于无差别平衡点增值率25.32%(含税增值率),所以按照小规模纳税人可比一般纳税人减少增值税税款缴纳。可以将企业分设成两个零售企业,各自作为独立核算单位。

【例2-2】 甲、乙两个企业均为小规模纳税人,经营加工汽车零配件业务。甲企业年销售额为160万元,年可抵扣购进货物金额58万元。乙企业年销售额190万元,年可抵扣购进货物金额67万元(以上金额均为不含税金额,进项可取得增值税专用发票)。由于两个企业年销售额均达不到一般纳税人标准,税务机关对两企业均按小规模纳税人简易方法征税,征收率为3%。

(1) 计算甲、乙两个企业年应纳增值税额。

(2) 该企业如何进行增值税纳税人身份的筹划?

解析

(1) 甲企业年应纳增值税税额=160×3%=4.8(万元);

乙企业年应纳增值税税额=190×3%=5.7(万元);

两企业年应纳增值税额共为=4.8+5.7=10.5(万元)。

(2) 根据无差别平衡点增值率原理,有:

甲企业增值率(不含税增值率,下同)=(160-58)÷160=63.75%,大于无差别平衡点增值率23.08%(不含税增值率,下同),选择作为小规模纳税人税负较轻。

乙企业增值率=(190-67)÷190=64.74%,同样大于无差别平衡点增值率23.08%,选择作为小规模纳税人税负较轻。

因此,对于甲、乙企业来说,选择保持小规模纳税人身份,增值税税负更低。

第三节 计税方式选择的税收筹划

一、理论分析

增值税的计算方法包括一般计税方法和简易计税方法。对一般纳税人来说,销售货物、提供应税劳务、服务以及销售不动产和转让无形资产,适用一般计税方法。但一般纳税人销售特定货物和提供财政部和国家税务总局规定的特定应税服务等,可以选择适用简易计税方法计税。但一经选择,36个月内不得变更。增值税一般纳税人采用一般计税方法,按照销项税额减去进项税额后的余额作为增值税应纳税额。选择简易计税方法的,按照征收率计算缴纳增值税。

(一)一般纳税人简易计税方法的范围

1. 按照5%征收率

(1)销售、出租2016年4月30日前取得的不动产。(《财政部 国家税务总局关于全面推开营业税改征增值税试点的通知》(财税〔2016〕36号)附件2:《营业税改增值税试点有关事项的规定》)

(2)房地产开发企业出租、销售自行开发的房地产老项目。(《财政部 国家税务总局关于进一步明确全面推开营改增试点有关再保险、不动产租赁和非学历教育等政策的通知》财税〔2016〕68号)

(3)2016年4月30日前签订的不动产融资租赁合同。(《财政部 国家税务总局关于进一步明确全面推开营改增试点有关劳务派遣服务、收费公路通行费抵扣等政策的通知》财税〔2016〕47号)

(4)以2016年4月30日前取得的不动产提供的融资租赁服务。(财税〔2016〕47号)

(5)转让2016年4月30日前取得的土地使用权。(财税〔2016〕47号)

(6)提供劳务派遣服务、安全保护服务(含提供武装守护押运服务)选择差额纳税的。(财税〔2016〕47号、财税〔2016〕68号)

(7)收取试点前开工的一级公路、二级公路、桥、闸通行费。(财税〔2016〕47号)

(8)提供人力资源外包服务。(财税〔2016〕47号)

(9)房地产开发企业中的一般纳税人以围填海方式取得土地并开发的房地产项目,围填海工程建筑工程施工许可证或建筑工程承包合同注明的围填海开工日期在2016年4月30日前的,属于房地产老项目,可以选择适用简易计税方法按照5%的征收率计算缴纳增值税。(《国家税务总局关于国内旅客运输服务进项税抵扣等增值税征管问题的公告》国家税务总局公告2019年第31号)

2. 按照3%征收率

(1)销售自产的用微生物、微生物代谢产物、动物毒素、人或动物的血液或组织制成的生物制品。(《财政部 国家税务总局关于部分货物适用增值税低税率和简易办法征收增值税政策的通知》财税〔2009〕9号、《财政部 国家税务总局关于简并增值税征收率政策的通知》财税〔2014〕57号)

(2)寄售商店代销寄售物品(包括居民个人寄售的物品在内)。(财税〔2009〕9号、财税〔2014〕57号)

(3)典当业销售死当物品。(财税〔2009〕9号、财税〔2014〕57号)

(4)销售自产的县级及县级以下小型水力发电单位生产的电力。(财税〔2009〕9号、财税〔2014〕57号)

(5) 销售自产的自来水。(财税〔2009〕9号、财税〔2014〕57号)

(6) 销售自产的建筑用和生产建筑材料所用的砂、土、石料。(财税〔2009〕9号、财税〔2014〕57号)

(7) 销售自产的以自己采掘的砂、土、石料或其他矿物连续生产的砖、瓦、石灰(不含粘土实心砖、瓦)。(财税〔2009〕9号、财税〔2014〕57号)

(8) 销售自产的商品混凝土(仅限于以水泥为原料生产的水泥混凝土)。(财税〔2009〕9号、财税〔2014〕57号)

(9) 单采血浆站销售非临床用人体血液。(《国家税务总局关于供应非临床用血增值税政策问题的批复》国税函〔2009〕456号、《国家税务总局关于简并增值税征收率有关问题的公告》国家税务总局公告2014年第36号)

(10) 药品经营企业销售生物制品。(《国家税务总局关于药品经营企业销售生物制品有关增值税问题的公告》国家税务总局公告〔2012〕20号)

(11) 兽用药品经营企业销售兽用生物制品。(《国家税务总局关于兽用药品经营企业销售兽用生物制品有关增值税问题的公告》国家税务总局公告2016年第8号)

(12) 光伏发电项目发电户销售电力产品。(《国家税务总局关于国家电网公司购买分布式光伏发电项目电力产品发票开具等有关问题的公告》国家税务总局公告2014年第32号)

(13) 销售自己使用过的固定资产,适用简易办法依照3%征收率减按2%征收增值税政策的,可以放弃减税,按照简易办法依照3%征收率缴纳增值税,并可以开具增值税专用发票。(《国家税务总局关于营业税改征增值税试点期间有关增值税问题的公告》国家税务总局公告2015年第90号)

(14) 公共交通运输服务。包括轮客渡、公交客运、地铁、城市轻轨、出租车、长途客运、班车。(财税〔2016〕36号附件2)

(15) 经认定的动漫企业为开发动漫产品提供的服务,以及在境内转让动漫版权。(《营业税改征增值税试点有关事项的规定》财税〔2016〕36号附件2)

(16) 电影放映服务、仓储服务、装卸搬运服务、收派服务和文化体育服务(含纳税人在游览场所经营索道、摆渡车、电瓶车、游船等取得的收入)。(财税〔2016〕36号附件2、《财政部 国家税务总局关于明确金融 房地产开发 教育辅助服务等增值税政策的通知》财税〔2016〕140号)

(17) 以纳入营改增试点之日前取得的有形动产为标的物提供的经营租赁服务。(财税〔2016〕36号附件2)

(18) 纳入营改增试点之日前签订的尚未执行完毕的有形动产租赁合同。(财税〔2016〕36号附件2)

(19) 公路经营企业收取试点前开工的高速公路的车辆通行费。(财税〔2016〕36号附件2)

(20) 中国农业发展银行总行及其各分支机构提供涉农贷款取得的利息收入。(《财

政部 国家税务总局关于营业税改征增值税试点若干政策的通知》财税〔2016〕39号）

（21）农村信用社、村镇银行、农村资金互助社、由银行业机构全资发起设立的贷款公司、法人机构在县（县级市、区、旗）及县以下地区的农村合作银行和农村商业银行提供金融服务收入。（《财政部 国家税务总局关于进一步明确全面推开营改增试点金融业有关政策的通知》财税〔2016〕46号）

（22）对中国农业银行纳入"三农"金融事业部改革试点的各省、自治区、直辖市、计划单列市分行下辖的县域支行和新疆生产建设兵团分行下辖的县域支行（也称县事业部），提供农户贷款、农村企业和农村各类组织贷款取得的利息收入。（财税〔2016〕46号）

（23）提供非学历教育服务。（财税〔2016〕68号）

（24）提供教育辅助服务。（财税〔2016〕140号）

（25）非企业性单位中的一般纳税人提供的研发和技术服务、信息技术服务、鉴证咨询服务，以及销售技术、著作权等无形资产。（财税〔2016〕140号）

（26）非企业性单位中的一般纳税人提供技术转让、技术开发和与之相关的技术咨询、技术服务。（财税〔2016〕140号）

（27）提供物业管理服务的纳税人，向服务接受方收取的自来水水费，以扣除其对外支付的自来水水费后的余额为销售额，按照简易计税方法依3%的征收率计算缴纳增值税。（《国家税务总局关于物业管理服务中收取的自来水水费增值税问题的公告》国家税务总局公告2016年第54号）

（28）以清包工方式提供、为甲供工程提供的、为建筑工程老项目提供的建筑服务。（财税〔2016〕36号附件2）

（29）纳税人销售活动板房、机器设备、钢结构件等自产货物的同时提供建筑、安装服务，应分别核算货物和建筑服务的销售额，分别适用不同的税率或者征收率。（《国家税务总局关于进一步明确营改增有关征管问题的公告》国家税务总局2017年第11号）

（30）建筑工程总承包单位为房屋建筑的地基与基础、主体结构提供工程服务，建设单位自行采购全部或部分钢材、混凝土、砌体材料、预制构件的，适用简易计税方法计税。（《财政部 国家税务总局关于建筑服务等营改增试点政策的通知》财税〔2017〕58号）

（31）资管产品管理人运营资管产品过程中发生的增值税应税行为，暂适用简易计税方法，按照3%的征收率缴纳增值税。（《财政部 国家税务总局关于资管产品增值税有关问题的通知》财税〔2017〕56号）

（32）销售自产、外购机器设备的同时提供安装服务，已分别核算机器设备和安装服务的销售额，安装服务可以按照甲供工程选择适用简易计税方法计税。（《国家税务总局关于明确中外合作办学等若干增值税征管问题的公告》国家税务总局公告2018年第42号）

（33）自2018年5月1日起，增值税一般纳税人生产销售和批发、零售抗癌药品，可选择按照简易办法依照3%征收率计算缴纳增值税。（《财政部 海关总署 国家税务总局 国家药品监督管理局关于抗癌药品增值税政策的通知》财税〔2018〕47号）

（34）2018年7月1日至2020年12月31日，对中国邮政储蓄银行纳入"三农"金融事业部改革的各省、自治区、直辖市、计划单列市分行下辖的县域支行,提供农户贷款、农村企业和农村各类组织贷款(具体贷款业务清单见附件)取得的利息收入,可以选择适用简易计税方法按照3%的征收率计算缴纳增值税。(《财政部 国家税务总局关于中国邮政储蓄银行三农金融事业部涉农贷款增值税政策的通知》财税〔2018〕97号)

(35) 一般纳税人提供的城市电影放映服务,可以按现行政策规定,选择按照简易计税办法计算缴纳增值税。(《财政部 国家税务总局关于继续实施支持文化企业发展增值税政策的通知》财税〔2019〕17号)

(36) 自2019年3月1日起,增值税一般纳税人生产销售和批发、零售罕见病药品,可选择按照简易办法依照3%征收率计算缴纳增值税。上述纳税人选择简易办法计算缴纳增值税后,36个月内不得变更。(《财政部 国家税务总局关于罕见病药品增值税政策的通知》财税〔2019〕24号)

3. 按照3%征收率减按2%征收

(1) 2008年12月31日以前未纳入扩大增值税抵扣范围试点的纳税人,销售自己使用过的2008年12月31日以前购进或者自制的固定资产。(《财政部 国家税务总局关于全国实施增值税转型改革若干问题的通知》财税〔2008〕170号、财税〔2014〕57号)

(2) 2008年12月31日以前已纳入扩大增值税抵扣范围试点的纳税人,销售自己使用过的在本地区扩大增值税抵扣范围试点以前购进或者自制的固定资产。(财税〔2008〕170号、财税〔2014〕57号)

(3) 销售自己使用过的属于《增值税暂行条例》第十条规定不得抵扣且未抵扣进项税额的固定资产。(财税〔2009〕9号、财税〔2014〕57号)

(4) 纳税人销售旧货。(财税〔2009〕9号、财税〔2014〕57号)

(5) 纳税人购进或者自制固定资产时为小规模纳税人,认定为一般纳税人后销售该固定资产(《国家税务总局关于一般纳税人销售自己使用过的固定资产增值税有关问题的公告》国家税务总局公告2012年第1号、国家税务总局公告2014年第36号)

(6) 发生按照简易办法征收增值税应税行为,销售其按照规定不得抵扣进项税额的固定资产。(国家税务总局公告2012年第1号、国家税务总局公告2014年第36号)

(7) 销售自己使用过的、纳入营改增试点之日前取得的固定资产,按照现行旧货相关增值税政策执行。(财税〔2016〕36号附件2)

一般纳税人选择简易计税方法计算缴纳增值税后,36个月内不得变更。

如果选择简易计税方法计算缴纳增值税,则:

$$应纳增值税额=不含税销售额\times征收率$$

(二) 简要分析

如果选择一般计税方法计算缴纳增值税,那么计算公式为:

$$应纳增值税额=当期销项税额-当期进项税额$$

如果以应纳增值税额为分析标准,假设两种计税方法应纳增值税额相等,那么:

不含税销售额×征收率＝不含税销售额×增值税税率－可抵扣购进额×增值税税率

进而可以计算出:当增值率＝征收率÷增值税税率＝3%÷13%＝23.07%时,两种不同计税方法下应纳增值税额相等;当增值率小于23.07%时,选择一般计税方法计算税负轻,反之则反是。

假设含税销售价格为$P2$,含税购进价格为$P1$,城市维护建设税税率为7%,教育费附加率为3%,所得税税率为25%,不存在纳税调整,其他费用为C。如果以净利润为分析标准,采用简易计税方法,计算缴纳增值税:

$$净利润 = 0.75 \times [P2(1+征收率\times 10\%)\div(1+征收率)-P1-C]$$

采用一般计税方法,计算缴纳增值税,

$$净利润 = 0.75 \times [P2-P1-C\times(1+税率)-(P2-P1)\times 10\%\times 税率]\div(1+税率)$$

当增值率等于26.13%时,两种计税方法下净利润相等;如果增值率小于26.13%,选择一般计税方法计算净利润高,反之则反是。

二、案例分析

【例2-3】 房地产建筑企业开发建筑模式不同的税收筹划

房地产集团往往包含销售公司和施工企业两部分。利用集团产业链进行税收筹划,施工企业采用一般计税方法计税,不采用简易计税方法计税,目的是抵扣施工企业采购辅材的进项税额。假设一项工程总共为20 000万元。

总共有两种方案可供选择。

方案一,由施工企业B全部施工后转让给房地产企业A(销售公司),则B向A开具9%的专票,B需要缴纳销项税额＝20 000×9%＝18 000(万元),A可以抵扣1 800万元的进项税额。

方案二,由A从外采购12 000万元的主材,然后提供给B施工,B公司全部完工后再转让给A。此时,A需要开具给B的专票＝12 000×13%＝1 560(万元),A和B均可以抵扣1 560万元的进项税额。此外,B完工后需要就增值的8 000万元缴税。如果B采用简易计税方法,那么B公司需要缴纳销项税额＝8 000×3%＝240(万元),A公司可以抵扣进项税额也是240万元,A公司合计可以抵扣进项税额＝1 560＋240＝1 800(万元)。

因此,以上两种方案对房地产企业A公司的增值税没有影响。但是从整个集团A、B整体的角度来看,如果B公司采用简易计税方法,那么如果B公司提供的8 000万元的增值建筑服务中有采购辅材的情况,那么这一部分辅材采购的进项税额是没有进行抵扣的。因此,在房地产建筑企业的纳税税收筹划中,施工企业最好是采用一般计税方法来计算增值税。

第四节　合同签订中的节税技巧

一、合同中明确发票虚开责任

如果供应商提供的增值税发票是假的或虚开的,被相关部门查出,一切责任由供应商承担。

二、增加补充条款或注明特定事项

(一)在合同中注明违约金与商品销售量、销售额无关

例如,在采购合同中,根据《国家税务总局关于商业企业向货物供应方收取的部分费用征收流转税问题的通知》(国税发〔2004〕136号)的规定,对商业企业向供货方收取的与商品销售量、销售额挂钩(如以一定比例、金额、数量计算)的各种返还收入,均应按照平销返利行为的有关规定冲减当期增值税进项税金。

因此,采购方在签订采购合同时,对销售方支付的违约金必须在合同中注明与商品销售量、销售额无关,如此可以节省增值税。

(二)受"涨价等因素"影响,增加预算的补充条款

采购合同中已经明确货品采购品种、型号、件数、单价,价格共1 000万元。如果因为供应商涨价等因素,付款时实际支付1 200万元,开具发票也是1 200万元。导致实际发票金额与合同内容不一致。

因此,建筑公司必须与供应商签订一份"关于涨价的补充协议",注明增加的金额及原因。

三、要求供应商明确开具发票的具体时间

一般来讲,发票越早开具越好,但前提是"四流合一",在合同流、物流统一的前提下,钱流和票流可以不同步。增值税专用发票的认证期是180天,没有认证不得抵扣。认证后,如果无销项或销项很少,就需要留抵,而留抵期限无时效规定。但自2020年3月1日起,增值税一般纳税人取得2017年1月1日及以后开具的增值税专用发票、海关进口增值税专用缴款书、机动车销售统一发票、收费公路通行费增值税电子普通发票,取消认证确认、稽核比对、申报抵扣的期限。对于2016年12月31日及以前开具增值税扣税凭证,仍按原规定执行。

四、适用不同税率的服务费用在合同中分别注明

例如,关于广告代理合同,税法规定,广告设计费、策划费、发布费都要按照6%的税率计算增值税,而广告制作费用要按照13%的税率计算增值税。

因此，须在合同中将广告设计费、制作费、占地费、管理费、一次性支付的广告经营权费、网站服务费和广告牌租赁费等非广告发布费与广告发布费分别注明，并在合同中明确广告发布者与经营者必须向广告主开具广告发票和广告发布费发票。对于广告发布者和经营者而言，可以节约文化事业建设费；对于广告主而言，广告制作费用可以抵扣13%的增值税，可以多抵扣增值税。

第五节 不同促销方式选择的纳税筹划

一、折扣销售的方式选择

（一）理论分析

税法规定，销售折扣（现金折扣）方式出售货品，其折扣额发生时应计入财务费用，不得从出售额中扣除；选用折扣销售（商业折扣）办法出售，若是折扣额和出售额在同一张发票列示，可按折扣后的余额作为出售额核算交纳增值税。因而若单纯为了避税，选用商业折扣出售办法比选用现金折扣办法更合算。在实际操作中，应注明折扣额与出售额，不能将折扣额另开发票，否则要计入出售额中核算交税。

根据《增值税若干具体问题的规定》（国税发〔1993〕154号）第二条第（二）款的规定，纳税人采取折扣方式销售货物，如果销售额和折扣额在同一张发票上分别注明的，可按折扣后的销售额征收增值税；如果将折扣额另开发票，不论其在财务上如何处理，均不得从销售额中减除折扣额。根据《国家税务总局关于折扣额抵减增值税应税销售额问题通知》（国税函〔2010〕56号）的规定，纳税人采取折扣方式销售货物，销售额和折扣额在同一张发票上分别注明是指销售额和折扣额在同一张发票上的"金额"栏分别注明的，可按折扣后的销售额征收增值税。未在同一张发票"金额"栏注明折扣额，而仅在发票的"备注"栏注明折扣额的，折扣额不得从销售额中减除。

折扣销售，是指售货方在销售货物或应税劳务时，因购货方购买数量较大或购买行为频繁等原因，给予购货方价格方面的优惠。这种行为在现实经济生活中很普遍，是企业销售策略的一部分。由于税法对上述两种情况规定了差别待遇，这就为企业进行纳税筹划提供了空间。根据《国家税务总局关于纳税人折扣折让行为开具红字增值税专用发票问题的通知》（国税函〔2006〕1279号）的规定，纳税人销售货物并向购买方开具增值税专用发票后，由于购货方在一定时期内累计购买货物达到一定数量，或者由于市场价格下降等原因，销货方给予购货方相应的价格优惠或补偿等折扣、折让行为，销货方可按现行《增值税专用发票使用规定》的有关规定开具红字增值税专用发票。

销售折扣，又称现金折扣，是指企业在销售货物或提供应税劳务的行为发生后，为了尽快收回资金而给予债务方一定的价格上的优惠的形式。销售折扣通常采用3/10、1/20、N/30等符号。这三种符号的含义是：如果债务方在10天内付清款项，则折扣额为

3%;如果在20天内付清款项,则折扣额为1%;如果在30天内付清款项,则应全额支付。由于销售折扣发生在销售货物之后,本身并不属于销售行为,而作为一种融资性的理财行为,因此销售折扣不得从销售额中减除,企业应当按照全部销售额计缴增值税。销售折扣在实际发生时计入财务费用。

从企业税负角度考虑,折扣销售方式优于销售折扣方式。如果企业面对的是一个信誉良好的客户,销售货款回收的风险较小,那么企业可以考虑通过修改合同,将销售折扣方式改为折扣销售方式。

(二)案例分析

【例2-4】 企业与客户签订的合同约定不含税销售额为100 000元,合同中约定的付款期为40天。如果对方可以在20天内付款,将给予对方3%的销售折扣,即3 000元。由于企业采取的是销售折扣方式,折扣额不能从销售额中扣除,企业应按照100 000元的销售额计算增值税销项税额。这样,增值税销项税额=100 000×13%=13 000(元)。请提出该企业的纳税税收筹划方案。

方案一:企业在承诺给予对方3%的折扣的同时,将合同中约定的付款期缩短为20天。

这样就可以在给对方开具增值税专用发票时,将以上折扣额与销售额开在同一张发票上,使企业按照折扣后的销售额计算销项增值税,增值税销项税额=100 000×(1−3%)×13%=12 610(元)。这样,企业收入没有降低,但节省了390元的增值税。当然,这种方法也有缺点,如果对方企业没有在20天之内付款,企业可能会遭受损失。

方案二:企业主动压低该批货物的价格,将合同金额降低为97 000元,相当于给予对方3%折扣之后的金额。同时在合同中约定,对方企业超过20天付款加收3 390元滞纳金(相当于3 000元销售额和390元增值税)。

这样,企业的收入并没有受到实质影响。如果对方在20天之内付款,可以按照97 000元的价款给对方开具增值税专用发票,并计算12 610元的增值税销项税额。如果对方没有在20天之内付款,企业可向对方收取3 000元滞纳金,并以"全部价款和价外费用"100 000元计算增值税销项税额。

二、赠送礼品的促销方式选择

(一)理论分析

税法规定,如果企业将自己的产品用于实物折扣,则用于实物对应的折扣不仅不能从销售额中扣除,而且还需要对实物"视同销售"计征增值税。折扣销售的税收优惠仅适用于对货物价格的折扣,而不适用于实物折扣。如果销售者将资产、委托加工和购买的货物用于实物折扣,则该实物款额不仅不能从货物销售额中扣除,而且还应当对用于折扣的实物按照"视同销售货物"中的"赠送他人"项,计征增值税。因此,企业在选择折扣方式时,尽量不选择实物折扣,在必须采用实物折扣方式时,企业可以在发票上通过适当调整而变为价格折扣。

例如,某企业销售产品,采用实物折扣方式,满十送一,原价1 130元。共销售100件。对于该企业来说,确认收入=1 130÷1.13×100=100 000(元),应缴增值税=1 130÷1.13×(100+10)×13%=14 300(元)。那么,如何进行税收筹划?怎样将实物折扣转化为折扣销售?

方案:按总销售110件,共110 000元,折扣后销售额为100 000元,同时在同一张发票上分别注明销售额和折扣额。

此时,上述案例中的收入100 000元,应缴增值税13 000元。如此,减少税负1 300元。

(二) 案例分析

【例2-5】 某大型商场,增值税一般纳税人,企业所得税实行查账征收方式。假定每销售100元商品,其平均商品成本为60元。年末商场决定开展促销活动,拟定"满100送20",即每销售100元商品,送出20元的优惠。具体方案如表2-5所示。

表2-5 促销方案汇总表

方案1	顾客购物满100元,商场送8折商业折扣的优惠
方案2	顾客购物满100元,商场赠送折扣券20元(不可兑换现金,下次购物可代币结算)
方案3	顾客购物满100元,商场另行赠送价值20元礼品
方案4	顾客购物满100元,商场返还现金"大礼"20元
方案5	顾客购物满100元,商场送加量,顾客可再选购价值20元商品,实行捆绑式销售,总价格不变

现假定商场单笔销售了100元商品,各按以上方案逐一分析各自的税收负担和税后净利情况如下(不考虑城建税和教育费附加等附加税费)。

方案一:满就送折扣。

这一方案企业销售100元商品,收取80元,只需在销售票据上注明折扣额,销售收入可按折扣后的金额计算,假设商品增值税税率为13%,企业所得税税率为25%,则:

应纳增值税=(80÷1.13)×13%−(60÷1.13)×13%=2.30(元)

销售毛利润=80÷1.13−60÷1.13=17.70(元)

应纳企业所得税=17.70×25%=4.42(元)

税后净收益=17.70−4.42=13.28(元)

方案二:满就送赠券。

按此方案企业销售100元商品,收取100元,但赠送折扣券20元,则顾客相当于获得了下次购物的折扣期权,商场本笔业务应纳税及相关获利计算公式为:

应纳增值税=(100÷1.13)×13%−(60÷1.13)×13%=4.60(元)

销售毛利润=100÷1.13−60÷1.13=35.40(元)

应纳企业所得税=35.40×25%=8.85(元)

税后净收益=35.40−8.85=26.55(元)

但当顾客下次使用折扣券时，商场就会出现按方案一计算的纳税及获利情况，因此与方案一相比，方案二仅比方案一多了流入资金增量部分的时间价值而已，也可以说是"延期"折扣。

方案三：满就送礼品。

此方案下，企业的赠送礼品行为是有偿赠送行为，不应视同销售行为，不应计算销项税额（其实礼品的销项税额隐含在企业销售满100元的商品的销项税额当中，只是没有剥离出来而已。因此对于礼品的进项税额应允许其申报抵扣，赠送礼品时也不应该单独再次计算销项税额。）；但根据国税函〔2008〕828号的规定，要计算企业所得税，由于礼品是外购的，其销售收入和成本都是采购成本12元，相关计算如下：

$$应纳增值税=(100\div1.13)\times13\%-(60\div1.13)\times13\%-12\div1.13\times13\%=3.22(元)$$

税法规定，为其他单位和部门的有关人员发放现金、实物等应按规定代扣代缴个人所得税；税款由支付单位代扣代缴。为保证让利顾客20元，商场赠送的价值20元的商品应不含个人所得税额，该税应由商场承担，因此赠送该商品时商场需代顾客偶然所得缴纳的个人所得税额为$=20\div(1+20\%)\times20\%=3.3(元)$，相关计算如下：

$$销售毛利润=100\div1.13-60\div1.13+12\div1.13-12\div1.13=35.40(元)$$
$$应纳企业所得税=35.40\times25\%=8.85(元)$$
$$税后净收益=35.40-8.85-3.3=23.25(元)$$

方案四：满就送现金。

商场返还现金行为亦属商业折扣，所赠送的现金也要缴纳个人所得税，且由商家承担。其与方案一相比只是定率折扣与定额折扣的区别，相关计算如下：

$$应交增值税=(100\div1.13)\times13\%-(60\div1.13)\times13\%=4.60(元)$$
$$应交个人所得税=20\div(1+20\%)\times20\%=3.3(元)$$
$$销售毛利润=100\div1.13-60\div1.13=35.40(元)$$
$$应纳企业所得税=35.40\times25\%=8.85(元)$$
$$企业利润=100\div1.13-60\div1.13-20-3.3=12.10(元)$$
$$税后净收益=12.10-8.85=3.25(元)$$

方案五：满就送加量。

按此方案，商场为购物满100元的商品实行加量不加价的优惠。商场收取的销售收入没有变化，但由于实行捆绑式销售，避免了"无偿赠送"之嫌，因而加量部分成本可以正常列支，相关计算如下：

$$增值税=(100\div1.13)\times13\%-(60\div1.13)\times13\%-(12\div1.13)\times13\%=3.22(元)$$
$$销售毛利润=100\div1.13-60\div1.13-12\div1.13=24.78(元)$$
$$应纳企业所得税=24.78\times25\%=6.20(元)$$
$$税后净收益=24.78-6.20=18.58(元)$$

在以上方案中，方案一与方案五相比，即再把20元的商品（成本是12元）作正常销售,试作相关计算如下：

$$应纳增值税 = (20 \div 1.13) \times 13\% - (12 \div 1.13) \times 13\% = 0.92(元)$$

$$销售毛利润 = 20 \div 1.13 - 12 \div 1.13 = 7.08(元)$$

$$应纳企业所得税 = 7.08 \times 25\% = 1.77(元)$$

$$税后净收益 = 7.08 - 1.77 = 5.31(元)$$

按上面的计算方法,方案一可最终获税后净利 $= (13.28 + 5.31) = 18.59(元)$,与方案五大致相等。若仍作折扣销售,则税后净收益还是有一定差距,所以方案五优于方案一。且方案一的再销售能否及时实现具有不确定性,因此还得考虑存货占用资金的时间价值。

综上所述,商场"满就送"的最佳方案为"满就送赠券"促销方式,其次为赠送礼品方案,再次为"满就送加量"的方式,最后是"满就送打折",而"满就送现金"的方式不可取。

第六节 供应商选择的纳税筹划

一、供应商选择小规模纳税人还是一般纳税人的涉税分析

（一）理论分析

增值税一般纳税人和小规模纳税人不仅会影响自身的增值税负担,而且会影响采购它们的产品的企业的增值税负担,因为,增值税一般纳税人可以开具增值税专用发票,从一般纳税人处采购货物的纳税人可以抵扣其中所包含的增值税,增值税小规模纳税人只能开具普通发票,从小规模纳税人处采购货物的纳税人无法抵扣其中所包含的增值税,但是,增值税一般纳税人的产品相对价格较高,这就有一个选择和比较的问题。

很多企业都会遇到这样的问题：本厂需要的某材料一直由某一家企业供货,该企业属于增值税一般纳税人。同时,另外一家企业（属于工业小规模纳税人）也能够供货,而且愿意给予价格优惠,但不能提供增值税专用发票,因此该企业就想知道价格降到多少合适。与此相反的情况也会存在。问题的实质是：增值税一般纳税人产品的价格与增值税小规模纳税人产品的价格之比达到什么程度就会导致采购某种类型企业的产品比较合算。取得13%增值税税率专用发票与取得普通发票税收成本如何换算。

如果增值税一般纳税义务人将其货物都销售给相同的购买者,那么可以考虑的是不同的进货对象,进货对象可以分为两种类型,分别是一般纳税义务人和小规模纳税义务人,假设不管从哪一类型主体购货,货物质量都一样,购货均能取得增值税专用发票,购进货物不含税价格为 P,从一般纳税义务人处购进货物含税价格为 $1.13P$,从小规模纳税义务人处购进货物含税价格为 $1.03P$,销货价格为 P_2(含税),货物适用增值税税率为13%,其他费用为 C,城市维护建设税税率为7%,教育费附加率为3%,企业所得税税率为25%,不存在纳税调整。

从一般纳税义务人处购货,应纳增值税额的计算公式为:

$$应纳增值税额 = (P2 \div 1.13 - P) \times 13\%$$

从小规模纳税义务人处购货,应纳增值税额的计算公式为:

$$应纳增值税额 = (P2 \div 1.13) \times 13\% - 0.03P > (P2 \div 1.13 - P) \times 13\%$$

如果以应纳增值税额为分析标准,应该选择从一般纳税义务人处购货,增值税负较轻。

假设不考虑附加税费,从一般纳税义务人处购货,其相关计算公式为:

$$净利润 = 0.75(P2 \div 1.13 - P - C)$$
$$现金净流量 = 0.75(P2 \div 1.13 - P - C)$$

从小规模纳税义务人处购货,其相关计算公式为:

$$净利润 = 0.75(P2 \div 1.13 - P - C)$$
$$现金净流量 = 0.75(P2 \div 1.13 - P - C)$$

如果以净利润为分析标准,两者净利润相等,选择从哪一个主体购货都一样;如果以现金净流量为分析标准,两者现金净流量相等,但从一般纳税义务人处购货,购货时现金流出多,纳税时现金流出少,考虑货币时间价值,应该选择从小规模纳税义务人处购货。

假设考虑附加税费,从一般纳税义务人处购货,其相关计算公式为:

$$净利润 = 0.75[(P2 \div 1.13 - P - C) - (P2 \div 1.13 - P) \times 13\% \times 10\%]$$

从小规模纳税义务人处购货,其相关计算公式为:

$$净利润 = 0.75[(P2 \div 1.13 - P - C) - (13\% \times P2 \div 1.13 - 0.03P) \times 10\%]$$

如果以净利润为分析标准,应该选择从一般纳税义务人处购货,净利润较大。由于从一般纳税义务人处购货,应纳增值税额较小,导致附加税费较小,这样导致现金净流量较大。

(二)案例分析

【例2-6】 某企业为增值税一般纳税人,适用13%的增值税税率,预计每年实现含税销售收入500万元,需外购原料200吨。现有A、B、C三个供应商。其中,A为一般纳税人,能够出具增值税专用发票,适用税率13%;B为小规模纳税人,能够委托主管税务局代开增值税征收率为3%的专用发票;C为个体工商户,仅能提供普通发票。但是含税价格却不同,分别每吨为2万元、1.55万元、1.45万元,作为企业应当如何选择供应商?

向A购买资金净流出量=2−2÷1.13×0.13=1.7794(万/吨);向B购买资金净流出量=1.55−1.55÷1.03×0.03=1.5049(万/吨);向C购买的资金净流量=1.45(万/吨)。所以向C购买的资金净流出量最少,虽然C只是个体户,因此,采购时不能仅仅考虑进项税额的抵扣问题,还得从价格、质量、何时何种方式付款(考虑资金时间价值)等方面综合考虑。

如果C公司不肯开具任何发票，可以另外成立一家D个体户经营企业。由于个体户采用核定征收的形式来征收个人所得税，那么D公司的采购成本可以税前列支，而其再向企业开具3%的增值税专用发票，那么企业就可以按发票金额在计算企业所得税前列支，此外还可以抵扣3%的进项税额。

二、案例解析小规模纳税人采购价格的优惠临界点

假设公司为一般纳税人，从一般纳税人处采购货物的含税价格为A，从小规模纳税人处采购货物的含税价格为B，含税销售价均为X。一般纳税人适用的增值税税率为13%，小规模纳税人适用的增值税税率为3%，城市维护建设税税率为7%，教育费附加率为3%，地方教育附加率为2%，企业所得税税率为25%。

(1) 从一般纳税人处采购货物的净现金流量（假设现金流是实时出入，则净现金流量与净利润一样），相关计算公式为：

进项税额 $= A \div (1+13\%) \times 13\%$

销项税额 $= X \div (1+13\%) \times 13\%$

税金及附加 $=$ (销项税额 $-$ 进项税额) $\times (7\% + 3\% + 2\%)$

现金净流量 $=$ 现金流入量 $-$ 现金流出量

$\quad =$ (含税售价 $-$ 含税进价) $-$ (销项税额 $-$ 进项税额) $-$ 税金及附加 $-$ 企业所得税

$\quad = (X-A) - [X \div (1+13\%) \times 13\% - A \div (1+13\%) \times 13\%] \times (1+12\%) - \{X \div (1+13\%) - A \div (1+13\%) - [X \div (1+13\%) \times 13\% - A \div (1+13\%) \times 13\%] \times 12\%\} \times 25\%$

$\quad = (X-A) - (X-A) \div (1+13\%) \times 13\% \times (1+12\%) - [(X-A) \div (1+13\%) - (X-A) \div (1+13\%) \times 13\% \times 12\%] \times 25\%$

$\quad = (X-A) \times [1 - 1 \div (1+13\%) \times 13\% \times (1+12\%) - 1 \div (1+13\%) \times 25\% + 1 \div (1+13\%) \times 13\% \times 12\% \times 25\%]$

$\quad = 0.6534X - 0.6534A$

(2) 从小规模纳税人处采购货物的净现金流量，相关计算公式为：

进项税额 $= B \div (1+3\%) \times 3\%$

销项税额 $= X \div (1+13\%) \times 13\%$

税金及附加 $=$ (销项税额 $-$ 进项税额) $\times (7\% + 3\% + 2\%)$

现金净流量 $=$ 现金流入量 $-$ 现金流出量

$\quad =$ (含税售价 $-$ 含税进价) $-$ (销项税额 $-$ 进项税额) $-$ 税金及附加 $-$ 企业所得税

$\quad = (X-B) - [X \div (1+13\%) \times 13\% - B \div (1+3\%) \times 3\%] \times (1+12\%) - \{X \div (1+13\%) - B \div (1+3\%) - [X \div (1+13\%) \times 13\% - B \div (1+3\%) \times 3\%] \times 12\%\} \times 25\%$

$\quad = X[1 - 1 \div (1+13\%) \times 13\% \times (1+12\%) - 1 \div (1+13\%) \times 25\% + 1 \div (1+13\%) \times 13\% \times 12\% \times 25\%] - B[1 - 1 \div (1+3\%) \times 3\% \times (1+12\%) - 1 \div (1+3\%) \times 25\% + 1 \div (1+3\%) \times 3\% \times 12\% \times 25\%]$

$\quad = 0.653362832X - 0.725533981B$

(3) 现金净流量相等。

只有从小规模纳税人处购货的优惠折扣低至一定数值时,现金净流量才与从一般纳税人处购货相等。

从上述计算可知,从一般纳税人处采购货物时现金净流量为 $0.6534X-0.6534A$,从小规模纳税人处采购货物时现金净流量为 $0.6534X-0.7255$。假设从不同供应商采购货物现金净流量相等,即 $0.6534X-0.6534A=0.6534X-0.7255B$,$B\div A\times100\%=90.05\%$。

从上式可以看出,计算现金净流量相等的含税采购价时,与本企业适用的增值税税率无关,但与采购价格、采购发票中的税率、附加税率、企业所得税率都有关系(本文不考虑企业所得税的优惠政策)。

(4) 采购货物无发票的净现金流量。其相关计算公式为:

进项税额$=0$

销项税额$=X\div(1+13\%)\times13\%$

税金及附加$=$(销项税额$-$进项税额)$\times(7\%+3\%+2\%)$

现金净流量$=$现金流入量$-$现金流出量

$\quad\quad\quad=$(含税售价$-$含税进价)$-$(销项税额$-$进项税额)$-$税金及附加$-$企业所得税

$\quad\quad\quad=(X-B)-[X\div(1+13\%)\times13\%-0]\times(1+12\%)-\{X\div(1+13\%)-[X\div(1+13\%)\times13\%-0]\times12\%\}\times25\%$

$\quad\quad\quad=X[1-1\div(1+13\%)\times13\%\times(1+12\%)-1\div(1+13\%)\times25\%+1\div(1+13\%)\times13\%\times12\%\times25\%]-B$

$\quad\quad\quad=0.6534X-B$

$B\div A\times100\%=65.34\%$

此处不考虑国家税务总局的核定扣除,暂按照无发票、计算所得税时不得扣除成本处理。

复习思考题

1. 简述增值税一般纳税人与小规模纳税人身份选择税收筹划的基本原理。
2. 简述混合销售与兼营行为进行税收筹划的方法?纳税人为什么要进行税收筹划?
3. 合同签订中有哪些节税技巧?

第三章

消费税的税收筹划

第一节 消费税概述

消费税是对我国境内从事生产、委托加工和进口应税消费品的单位和个人就其销售额或销售数量,在特定环节征收的一种税。

消费税具有"五性":征税项目具有选择性;征税环节具有单一性;征收方法具有多样性;税收调节具有特殊性;消费税具有转嫁性。

消费税的征税原则主要有两点:①征税范围确定的原则,主要有引导消费、保护环境、持续发展。②税率设计的原则,主要有体现国家产业政策和消费政策;正确引导消费方向,有效地抑制超前消费倾向,调节供求关系;适应消费者的货币支付能力和心理承受能力;适当考虑消费品的原有税收负担水平。

一、纳税人

纳税人是指在中华人民共和国境内生产、委托加工和进口条例规定的消费品的单位和个人,以及国务院确定的销售应税消费品的其他单位和个人,为消费税的纳税义务人。

(一)生产(含视为生产)应税消费品的单位和个人

1. 自产销售

纳税人销售时纳税。

2. 自产自用

(1)纳税人自产的应税消费品,用于连续生产应税消费品的,不纳税。

(2)用于其他方面的,于移送使用时纳税。

工业企业以外的单位和个人的下列行为视为应税消费品的生产行为,按规定征收消费税:①将外购的消费税非应税产品以消费税应税产品对外销售的。②将外购的消费税低税率应税产品以高税率应税产品对外销售的。

(二)进口应税消费品的单位和个人

进口报关单位或个人为消费税的纳税人,进口消费税由海关代征。

(三)委托加工应税消费品的单位和个人

委托加工的应税消费品,除受托方为个人外,由受托方在向委托方交货时代收代缴税款。

(四)零售金银首饰、钻石、钻石饰品、铂金首饰、超豪华小汽车的单位和个人

(1)生产、进口和批发金银首饰、钻石、钻石饰品、铂金首饰时不征收消费税,纳税人在零售时纳税。

(2)对超豪华小汽车(不含增值税零售价格130万元及以上),在生产(进口)环节按

现行税率征收消费税基础上,在零售环节加征消费税,税率为10%。

(五)从事卷烟批发业务的单位和个人

纳税人(卷烟批发商)销售给纳税人以外的单位和个人的卷烟于销售时纳税。纳税人(卷烟批发商)之间销售的卷烟不缴纳消费税。

二、税目税率

各税目税率如表3-1所示。

表3-1 税目税率表

税目	子目	税率 生产(进口)环节	税率 批发环节	税率 零售环节
烟	1.卷烟 (1)甲类卷烟	56%加0.003元/支	11%加0.005元/支	
烟	1.卷烟 (2)乙类卷烟	36%加0.003元/支	11%加0.005元/支	
烟	2.雪茄烟	36%		
烟	3.烟丝	30%		
酒	1.白酒	20%加0.5元/500克(或者500毫升)		
酒	2.黄酒	240元/吨		
酒	3.啤酒 (1)甲类啤酒	250元/吨		
酒	3.啤酒 (2)乙类啤酒	220元/吨		
酒	4.其他酒	10%		
高档化妆品(2016年10月1日起)	高档美容、修饰类化妆品、高档护肤类化妆品和成套化妆品(10元/毫升或15元/片及以上)	15%		
高档手表		20%		
贵重首饰及珠宝玉石	1.金银首饰、铂金首饰和钻石及钻石饰品			5%
贵重首饰及珠宝玉石	2.其他贵重首饰和珠宝玉石	10%		
高尔夫球及球具		10%		
游艇		10%		
鞭炮焰火	火药接药引线制成的爆炸品	15%		
摩托车	1.气缸容量250毫升	3%		
摩托车	2.气缸容量250毫升	10%		

（续表）

税目	子目	税率		
		生产（进口）环节	批发环节	零售环节
成品油	1. 汽油	1.52元/升		
	2. 柴油	1.2元/升		
	3. 石脑油	1.2元/升		
	4. 溶剂油	1.52元/升		
	5. 航空煤油	1.52元/升		
	6. 润滑油	1.52元/升		
	7. 燃料油	1.2元/升		
小汽车	1. 乘用车	(1) 气缸容量（排气量，下同）在1.0升（含1.0升）以下的	1%		
		(2) 气缸容量在1.0升以上至1.5升（含1.5升）的	3%		
		(3) 气缸容量在1.5升以上至2.0升（含2.0升）的	5%		
		(4) 气缸容量在2.0升以上至2.5升（含2.5升）的	9%		
		(5) 气缸容量在2.5升以上至3.0升（含3.0升）的	12%		
		(6) 气缸容量在3.0升以上至4.0升（含4.0升）的	25%		
		(7) 气缸容量在4.0升以上的	40%		
	2. 中轻型商用客车	5%		
	3. 超豪华小汽车（零售不含增值税价格130万元及以上）	按子税目1和子税目2的规定征收		10%
木制一次性筷子		5%		

(续表)

税目	子目	税率		
		生产(进口)环节	批发环节	零售环节
实木地板		5%		
电池	1. 原电池 2. 蓄电池 3. 燃料电池 4. 太阳能电池 5. 其他电池	4%		
涂料		4%		

三、应纳税额的计算

（一）计税依据

消费税实行从价定率、从量定额，或者从价定率和从量定额复合计税三种计征办法，计税依据为销售额、销售量。

1. 从价定率计征的计税依据

从价定率计征的计税计算公式为：

$$应纳税额 = 销售额 \times 比例税率$$

（1）销售额的一般规定。

销售额包括销售应税消费品从购买方收取的全部价款和价外费用，不包括向购买方收取的增值税额。销售额的计算公式为：

$$销售额 = 含增值税的销售额 \div (1 + 税率或征收率)$$

一般情形下，计算消费税的销售额与计算增值税的销售额是一致的。

但不包括下列项目：①同时符合两个条件的代垫运输费用：承运部门的运输费用发票开具给购买方的；纳税人将该项发票转交给购买方的。②同时符合三个条件代为收取的政府性基金或者行政事业性收费：由国务院或者财政部批准设立的政府性基金，由国务院或者省级人民政府及其财政、价格主管部门批准设立的行政事业性收费；收取时开具省级以上财政部门印制的财政票据；所收款项全额上缴财政。

白酒生产企业向商业销售单位收取的"品牌使用费"属于应税白酒销售价款的组成部分，均应并入白酒的销售额中缴纳消费税。

（2）包装物的规定。

作价随同销售应并入销售额中征收消费税、增值税。

一般消费品包装物押金（非酒类、非成品油）未逾期且未超过1年的，不征收消费税、增值税；逾期未退还或1年以上的，征收消费税、增值税。

酒类产品包装物押金(啤酒、黄酒除外)无论押金是否返还及会计上如何核算,均应并入酒类产品销售额中征收消费税、增值税。

啤酒、黄酒、成品油未逾期且未超过1年的,不征收消费税、增值税;逾期未退还或1年以上,征收增值税,不征消费税(从量计征,与价格无关)。

啤酒的包装物押金不计算消费税,但是它影响啤酒适用税率的判断。

消费税从量计征时,无论包装物逾期与否,均不计征消费税。

2. 从量定额计征的计税依据

销售应税消费品的计税依据为应税消费品的销售数量。自产自用应税消费品的计税依据为移送使用应税消费品的数量。委托加工应税消费品的计税依据为纳税人收回应税消费品的数量。进口的应税消费品的计税依据为海关核定的应税消费品的进口征税数量。其计算公式为:

$$应纳税额＝销售数量×单位税额$$

3. 从价定率和从量定额复合计征的计税依据

(1) 适用范围:卷烟和白酒。

(2) 计税依据:从量定额计税依据为实际销售数量,从价定率计税依据为销售额。

4. 计税依据的若干特殊规定

(1) 卷烟最低计税价格的核定。

核定范围:卷烟生产企业在生产环节销售的所有牌号、规格的卷烟。

计税价格:国家税务总局按照卷烟批发环节销售价格扣除卷烟批发环节批发毛利核定并发布。

核定公式:某牌号、规格卷烟计税价格＝批发环节销售价格×(1－适用批发毛利率)。

计税销售额:未经国家税务总局核定计税价格的新牌号、新规格卷烟,生产企业应按卷烟调拨价格申报纳税;已经国家税务总局核定计税价格的卷烟,实际销售价格高于核定计税价格的卷烟,按照实际销售价格征收消费税;反之,按计税价格征税。

(2) 白酒最低计税价格的核定。

核定范围:白酒生产企业销售给销售单位的白酒,生产企业消费税计税价格低于销售单位对外销售价格(不含增值税)70%以下的,税务机关应核定消费税最低计税价格。

计税价格:①由白酒生产企业自行申报,税务机关核定。②国家税务总局核定消费税计税价格的白酒,核定比例统一确定为60%。③已核定最低计税价格的白酒,销售单位对外销售价格持续上涨或下降时间达到3个月以上,累计上涨或下降幅度在20%(含)以上的白酒,税务机关重新核定最低计税价格。

计税价格的适用:已核定最低计税价格的白酒,生产企业实际销售价格高于消费税最低计税价格的,按照实际销售价格申报纳税;实际销售价格低于消费税最低计税价格的,按最低计税价格申报纳税。白酒生产企业未按规定上报销售单位销售价格的,主管税务机关按照销售单位销售价格征收消费税。

(3) 自设非独立核算门市部计税的规定。

为防止税款流失，纳税人通过自设非独立核算门市部销售的自产应税消费品，应按门市部对外销售额或者销售数量征收消费税。

(4) 纳税人用于换取生产资料和消费资料，投资入股和抵偿债务等方面的应税消费品，应当以纳税人同类应税消费品的最高销售价格作为计税依据计算消费税。

(5) 套装产品的计税依据：纳税人将资产的应税消费品与外购或自产的非应税消费品组成套装销售的，以套装产品的销售额为计税依据计算消费税（从高计税）。

(6) 计税价格的核定权限：卷烟、小汽车由国家税务总局核定，财政部备案；其他应税消费品由省、自治区、直辖市税务局核定；进口应税消费品由海关核定。

(二) 应纳税额的计算

1. 三种计税方法及对应的税额计算公式

方法一，从价定率计税，计算公式为：

$$应纳税额 = 销售额 \times 比例税率$$

方法二，从量定额计税（啤酒、黄酒、成品油），计算公式为：

$$应纳税额 = 销售数量 \times 定额税率$$

方法三，复合计税（白酒、卷烟），计算公式为：

$$应纳税额 = 销售额 \times 比例税率 + 销售数量 \times 定额税率$$

2. 自产自用应税消费品应纳税额的计算

(1) 用于连续生产应税消费品的——不纳消费税。

如卷烟厂生产的烟丝，用于本厂连续生产卷烟，只对生产销售的卷烟征收消费税，用于连续生产卷烟的烟丝不缴纳消费税。

(2) 用于其他方面——于移送使用时缴纳消费税。

用于其他方面是指：连续生产非应税消费品；在建工程、管理部门、非生产机构、提供劳务；馈赠、赞助、集资、广告、样品、职工福利、奖励等方面。

自 2020 年 1 月 1 日起，单位和个体工商户将自产、委托加工或购买的货物，通过公益性社会组织和县级以上人民政府及其部门等国家机关，或者直接向承担疫情防治任务的医院，无偿捐赠用于应对新型冠状病毒肺炎（以下简称新冠肺炎）疫情的，免征消费税。

成品油生产企业在生产成品油过程中，作为燃料、动力及原料消耗掉的自产成品油，免征消费税；用于其他用途或直接对外销售的成品油照章征收消费税。

(3) 自产自用应税消费品的计税依据和应纳税额计算。

有同类消费品销售价格的——按售价（加权平均售价）。

没有同类应税消费品销售价格的——按组成计税价格：

一是从价定率征收消费税，计算公式为：

$$组成计税价格 = [成本 \times (1 + 成本利润率)] \div (1 - 消费税税率)$$

$$应纳消费税 = 组成计税价格 × 消费税税率$$

二是复合计征消费税——自产自用白酒、卷烟,计算公式为:

$$应纳消费税 = 从价消费税 + 从量消费税$$
$$= 组成计税价格 × 比例税率 + 自用数量 × 定额税率$$
$$组成计税价格 = (成本 + 利润 + 从量消费税) ÷ (1 - 消费税税率)$$

3. 委托加工应税消费品应纳税额的计算

(1) 委托加工应税消费品的确定。

委托加工应税消费品是指委托方提供原料和主要材料,受托方只收取加工费和代垫部分辅助材料加工的应税消费品。

如果出现下列情形,无论纳税人在财务上如何处理,都不得作为委托加工应税消费品,而应按销售自产应税消费品缴纳消费税:①受托方提供原材料生产的应税消费品。②受托方先将原材料卖给委托方,然后再接受加工的应税消费品。③受托方以委托方名义购进原材料生产的应税消费品。

(2) 受托方代收代缴消费税款。

基本规定:受托方加工完毕向委托方交货时代收代缴消费税。委托方为纳税人,受托方为扣缴义务人。如果受托方是个体经营者,委托方须在收回加工应税消费品后向委托方所在地主管税务机关缴纳消费税。

非正常情况:受托方未代收代缴消费税,委托方要补税。

对委托方补征税款的计税依据是:①如果收回的应税消费品直接销售,按销售额计税补征。②如果收回的应税消费品尚未销售或用于连续生产等,按组成计税价格计税补征。

对受托方未代收代缴消费税,行政处罚未代收税款 0.5~3 倍的罚款。

受托方代收代缴消费税的计算基本原则是,受托方代收代缴消费税按顺序组价计税依据。

一是受托方有同类消费品销售价格的,按照受托方的同类消费品的销售价格计算纳税。如果当月同类消费品各期销售价格高低不同,应按销售数量加权平均计算,其计算公式为:

$$应纳税额 = 同类消费品销售额 × 比例税率(从价定率)$$
$$应纳税额 = 同类消费品销售额 × 比例税率 + 委托加工数量 × 定额税率(复合计税)$$

二是受托方没有同类消费品销售价格的,按组成计税价格计税,计算公式为:

$$从价定率组成计税价格 = (材料成本 + 加工费) ÷ (1 - 消费税比例税率)$$
$$复合计税组成计税价格 = (材料成本 + 加工费 + 委托加工数量 × 定额税率) ÷ (1 - 消费税比例税率)$$

"材料成本"是指委托方所提供加工材料的实际成本。如果委托方提供的原材料是免税农产品,则材料成本 = 买价 ×(1 - 扣除率)。如果加工合同上未如实注明材料成本的,受托方所在地主管税务机关有权核定其材料成本。

"加工费"是指受托方加工应税消费品向委托方所收取的全部费用(包括代垫辅助材料的实际成本),但不包括随加工费收取的销项税额,这样组成的价格才是不含增值税但含消费税的价格。

(3) 委托方收回应税消费品后的处理。

直接出售:委托方以不高于受托方的计税价格出售的,不再缴纳消费税;既有自产卷烟,同时又委托联营企业加工与自产卷烟牌号、规格相同卷烟的工业企业(回购企业),从联营企业购进后再直接销售的卷烟,对外销售时不论是否加价,凡是符合条件的,不再征收消费税。

加价出售:委托方以高于受托方的计税价格出售的,需按照规定申报缴纳消费税,在计税时准予扣除受托方已代收代缴的消费税。

连续生产应税消费品:税法规定,对委托加工收回消费品已纳的消费税,可按当期生产领用数量从当期应纳消费税税额中扣除。

4. 进口环节应纳消费税的计算

纳税人:进口或代理进口应税消费品的单位和个人。

征收管理:报关时由海关代征,自海关填发缴款书之日 15 日内。

从价定率计税的计算公式为:

$$应纳税额=组成计税价格\times 消费税税率$$
$$组成计税价格=(关税完税价格+关税)\div(1-消费税税率)$$

从量定额计税的计算公式为:

$$应纳税额=应税消费品数量\times 消费税单位税额$$

复合计税的计算公式为:

$$应纳税额=应税消费品数量\times 消费税单位税额+组成计税价格\times 消费税税率$$
$$组成计税价格=(关税完税价格+关税+进口数量\times 消费税定额率)\div(1-比例税率)$$

小汽车进口环节消费税:自 2016 年 12 月 1 日起,对我国驻外使领馆工作人员、外国驻华机构及人员、非居民常住人员、政府间协议规定等应税(消费税)进口自用,且完税价格 130 万元及以上的超豪华小汽车消费税,按照生产(进口)环节税率和零售环节税率(10%)加总计算,由海关代征。

税收优惠政策:

(1) 暂时进境的货物。

经海关批准暂时进境的下列货物,在进境时纳税义务人向海关缴纳相当于应纳税款的保证金或者提供其他担保的,可以暂不缴纳进口环节增值税和消费税,并应当自进境之日起 6 个月内复运出境;经纳税义务人申请,海关可以根据海关总署的规定延长复运出境的期限:①在展览会、交易会、会议及类似活动中展示或者使用的货物。②文化、体育交流活动中使用的表演、比赛用品。③进行新闻报道或者摄制电影、电视节目使用的仪器、设备及用品。④开展科研、教学、医疗活动使用的仪器、设备及用品。⑤在上述所列活动中使用的交通工具及特种车辆。⑥货样。⑦供安装、调试、检测设备时使用的仪器、工具。⑧盛装货物的容器。⑨其他用于非商业目的的货物。

上述所列暂准进境货物在规定的期限内未复运出境的,海关应当依法征收进口环节增值税和消费税。其他暂准进境货物,应当按照该货物的组成计税价格和其在境内滞留时间与折旧时间的比例分别计算征收进口环节增值税和消费税。

(2) 无代价抵偿物。

(3) 税额在50元以下的一票货物。进口环节增值税税额在人民币50元以下的一票货物,免征进口环节增值税;消费税税额在人民币50元以下的一票货物,免征进口环节消费税。

(4) 无商业价值的广告品和货样免征进口环节增值税和消费税。

(5) 外国政府、国际组织无偿赠送的物资免征进口环节增值税和消费税。

(6) 在海关放行前损失的进口货物免征进口环节增值税和消费税。

(7) 进境运输工具装载的途中必需的燃料、物料和饮食用品免征进口环节增值税和消费税。

(8) 有关法律、行政法规规定进口货物减征或者免征进口环节海关代征税的,海关按照规定执行。

(9) 2020年1月1日至3月31日,实行更优惠的进口税收政策(2020年新增):适度扩大《慈善捐赠物资免征进口税收暂行办法》(财政部 海关总署 国家税务总局公告2015年第102号)规定的免税进口范围,对捐赠用于疫情防控的进口物资,免征进口关税和进口环节消费税。《关于防控新型冠状病毒感染的肺炎疫情进口物资免税政策的公告》(财政部 海关总署 国家税务总局公告2020年第6号)规定的免税进口物资,已征收的应免税款予以退还。

跨境电子商务零售进口税收政策:自2016年4月8日起,跨境电子商务零售进口商品按照货物征收关税和进口环节增值税、消费税(进口三税)。

(1) 纳税人与扣缴义务人。纳税人是指购买跨境电子商务零售进口商品的个人;代收代缴义务人是指电子商务企业、电子商务交易平台企业或物流企业。

(2) 完税价格是指实际交易价格(包括货物零售价格、运费和保险费)。

(3) 税率。①限值以内:单次交易限值为人民币5 000元,个人年度交易限值为人民币26 000元。进口关税:0(限值以内进口)。进口环节增值税、消费税:法定应纳税额的70%征收。②完税价格超过5 000元单次交易限值但低于26 000元年度交易限值,且订单下仅一件商品时,可以自跨境电商零售渠道进口,按照货物税率全额征收关税和进口环节增值税、消费税,交易额计入年度交易总额,但年度交易总额超过年度交易限值的,应按一般贸易管理。

(4) 跨境电子商务零售进口商品自海关放行之日起30日内退货的,可申请退税,并相应调整个人年度交易总额。

(5) 跨境电子商务零售进口商品购买人(订购人)的身份信息应进行认证；未进行认证的，购买人(订购人)身份信息应与付款人一致。

5. 已纳消费税扣除的计算

(1) 外购应税消费品已纳税款的扣除：用外购已税消费品连续生产应税消费品销售时，按当期生产领用数量计算准予扣除外购应税消费品已纳的消费税税款。

(2) 扣除范围——准予扣除的项目：①外购已税烟丝生产的卷烟。②外购已税高档化妆品生产的高档化妆品。③外购已税珠宝玉石生产的贵重首饰及珠宝玉石。④外购已税鞭炮、焰火生产的鞭炮、焰火。⑤对外购已税汽油、柴油、石脑油、燃料油、润滑油用于连续生产应税成品油。⑥外购已税杆头、杆身和握把生产的高尔夫球杆。⑦外购已税木制一次性筷子生产的木制一次性筷子。⑧外购已税实木地板生产的实木地板。⑨外购葡萄酒连续生产应税葡萄酒。⑩啤酒生产集团内部企业间用啤酒液连续灌装生产的啤酒。

(3) 准予扣除的已纳税款的计算方法：按当期生产领用量抵扣，不同于增值税的购进扣税。

方法一，实行从价定率办法计算已纳税额计算公式为：

$$当期准予扣除的外购应税消费品已纳税款 = 当期准予扣除的外购应税消费品买价 \times 外购应税消费品的适用税率$$

当期准予扣除的外购应税消费品买价＝期初库存的买价＋当期购进的买价－期末库存的买价

外购已税消费品的买价是指外购已税消费品增值税专用发票上注明的销售额(不包括增值税税额)；如果是取得普通发票，不可以抵扣消费税(增值税也不可以抵扣)。

方法二，实行从量定额办法计算已纳税额，计算公式为：

$$当期准予扣除的外购应税消费品已纳税款 = 当期准予扣除的外购应税消费品数量 \times 外购应税消费品的适用税额$$

当期准予扣除的外购应税消费品数量＝期初库存的数量＋当期购进的数量－期末库存的数量

方法三，外购应税消费品后销售已纳税款的扣除。

对既有自产应税消费品，同时又购进与自产应税消费品同样的应税消费品进行销售的工业企业，对其销售的外购应税消费品应当征收消费税，同时可以扣除外购应税消费品的已纳税款。

上述允许扣除已纳税款的外购应税消费品仅限于烟丝、高档化妆品、珠宝玉石、鞭炮、焰火和摩托车。

对自己不生产应税消费品，而只是购进后再销售应税消费品的工业企业，其销售的高档化妆品、鞭炮、焰火和珠宝玉石，凡不能构成最终消费品直接进入消费品市场，而需进一步生产加工的(如需进行深加工、包装、贴标、组合的珠宝玉石、高档化妆品、鞭炮、焰火等)，应当征收消费税，同时允许扣除上述外购应税消费品的已纳税款。

允许扣除已纳税款的应税消费品包括从工业企业购进的应税消费品和商业企业购进应税消费品。

(4) 外购成品油已纳税款抵扣或退税的管理。

自2018年3月1日起,施行外购、进口和委托加工收回的汽油、柴油、石脑油、燃料油、润滑油用于连续生产应税成品油的,应凭通过增值税发票综合服务平台确认的成品油专用发票、海关进口消费税专用缴款书以及税收缴款书(代扣代收专用),按规定计算扣除已纳消费税税款,其他凭证不得作为消费税扣除凭证。

纳税人以外购石脑油、燃料油用于生产乙烯、芳烃类化工产品的,应凭取得的成品油专用发票所载明的石脑油、燃料油的数量,按规定计算退还消费税,其他发票或凭证不得作为计算退还消费税的凭证。

(5) 委托加工收回的应税消费品已纳税款的扣除:对委托加工收回应税消费品已纳的消费税,可按当期生产领用数量从当期应纳消费税税额中扣除。

这种扣税方法与外购已税消费品连续生产应税消费品的扣税方法、扣税环节相同,范围同外购已税消费品连续生产应税消费品的前8项(无葡萄酒和啤酒)。

6. 消费税征(免、退)税的特殊规定

(1) 关于金银首饰征收消费税的若干规定。

纳税义务人:①境内从事金银首饰零售业务的单位和个人。②委托加工(除另有规定外)、委托代销金银首饰的,受托方也是纳税人。

零售环节征收消费税的金银首饰范围:①仅限于金、银和金基、银基合金首饰,以及金、银和金基、银基合金的镶嵌首饰;铂金首饰、钻石及钻石饰品在零售环节征税。②不属于零售环节征税范围:镀金、包金首饰。③不属于消费税征税范围:修理、清洗金银首饰。

税率:5%。

计税依据:①纳税人销售金银首饰,其计税依据为不含增值税的销售额,计算公式为:金银首饰的销售额=含增值税的销售额÷(1+增值税税率或征收率)。②金银首饰连同包装物销售的,无论包装物是否单独计价,也无论会计上如何核算,均应并入金银首饰的销售额,计征消费税。③带料加工的金银首饰:按受托方销售同类金银首饰的销售价格确定计税依据征收消费税;无同类售价,按组价计税。组成计税价格的计算公式为(材料成本+加工费)÷(1-金银首饰消费税税率)。④以旧换新(含翻新改制)销售金银首饰:按实际收取的不含增值税的全部价款确定计税依据征收消费税。(此时金银首饰增值税计税依据也照此计算)⑤生产、批发、零售单位用于馈赠、赞助、集资、广告、样品、职工福利、奖励等方面的金银首饰:按纳税人销售同类金银首饰的价格计征消费税;没有同类金银首饰售价的,按组成计税价格,组成计税价格的计算公式为[购进原价×(1+利润率)]÷(1-金银首饰消费税税率)。纳税人为生产企业时,公式中的"购进原价"为生产成本,公式中的"利润率"一律定为6%。⑥金银首饰消费税改变纳税环节后,用已税珠宝玉石生产的金银镶嵌首饰,不得扣除已纳的消费税税款。

申报与缴纳:①纳税环节:纳税人零售的金银首饰(含以旧换新),于销售时纳税;用于馈赠、赞助、广告、样品、职工福利、奖励等方面的金银首饰,于移送时纳税;带料加工、翻新改制的金银首饰,于受托方交货时纳税;经营单位进口金银首饰,进口环节不缴消费税,改为零售环节征收;出口金银首饰不退消费税。②纳税义务发生时间——基本规定同增值税;用于馈赠、赞助、集资、广告、样品、职工福利、奖励等方面的金银首饰,其纳税义务发生时间为移送的当天;带料加工、翻新改制的金银首饰,其纳税义务发生时间为受托方交货的当天。③纳税地点:纳税人核算地。

(2) 卷烟批发环节征收消费税的规定。

纳税人:境内从事卷烟批发业务的单位和个人。纳税人销售给纳税人以外的单位和个人的卷烟于销售时纳税,纳税人(批发商)之间销售的卷烟不缴纳消费税。

征收范围:批发销售的所有牌号规格的卷烟。

计税依据:批发卷烟的销售额(不含增值税)、销售数量。

税率:11%加 0.005 元/支。

税额计算:应纳消费税＝销售额×11%＋销售数量×单位税额;纳税人应将卷烟销售额与其他商品销售额分开核算,未分开核算的,一并征收消费税;卷烟消费税在生产和批发两个环节征收后,批发企业在计算纳税时不得扣除已含的生产环节的消费税税款。

纳税义务发生时间:收讫销售款或者取得索取销售款凭据的当天。

纳税地点:卷烟批发企业的机构所在地,总机构与分支机构不在同一地区的,由总机构申报纳税。

(3) 超豪华小汽车零售环节征收消费税的规定。

概念界定:不含增值税零售价 130 万元以上。

纳税人:将超豪华小汽车销售给消费者的单位和个人。

纳税环节及税率:零售环节,10%。

加征消费税计算:应纳税额＝零售环节不含增值税销售额×10%。

国内汽车生产企业直接销售给消费者的超豪华小汽车,消费税税率按照生产环节税率和零售环节税率加总计算:应纳税额＝不含增值税销售额×(生产环节税率＋10%)。

(4) 石脑油、燃料油消费税征(免、退)政策。

石脑油、燃料油消费税征(免、退)基本规定及应退税额计算:①自 2011 年 10 月 1 日起,对生产石脑油、燃料油的企业(以下简称生产企业)对外销售的用于生产乙烯、芳烃类化工产品的石脑油、燃料油,恢复征收消费税。②自 2011 年 10 月 1 日起,生产企业自产石脑油、燃料油用于生产乙烯、芳烃类化工产品的,按实际耗用数量暂免征收消费税。③自 2011 年 10 月 1 日起,对使用石脑油、燃料油生产乙烯、芳烃的企业(以下简称使用企业)购进并用于生产乙烯、芳烃类化工产品的石脑油、燃料油,按实际耗用数量暂退还所含消费税。退还石脑油、燃料油所含消费税计算公式为:

应退还消费税税额＝石脑油、燃料油实际耗用数量×石脑油、燃料油消费税单位税额

石脑油、燃料油消费税征(免、退)管理:我国境内使用石脑油、燃料油(简称油品)生产乙烯、芳烃类化工产品(简称化工产品)的企业,仅以自营或委托方式进口油品生产化工产

品,向进口消费税纳税地海关申请退还已缴纳的消费税。企业仅以国产油品生产化工产品,向主管税务机关申请退税。

(5) 其他视同应税消费品生产行为的规定。

工业企业以外单位和个人应税消费品的视同生产行为:将外购的消费税非应税产品以消费税应税产品对外销售的。将外购的消费税低税率应税产品以高税率应税产品对外销售的。

外购电池、涂料大包装改成小包装或者外购电池、涂料不经加工只贴商标的行为,视同应税消费税品的生产行为(贴标视为生产)。

发生上述生产行为的单位和个人应按规定申报缴纳消费税。

7. 出口应税消费品的税收政策

(1) 免税并退税。

适用范围:有出口经营权的外贸企业购进应税消费品直接出口,以及外贸企业受其他外贸企业委托代理出口应税消费品。

退税依据:按购进出口货物的消费税专用缴款书和海关进口消费税专用缴款书确定,为已征且未在内销应税消费品应纳税额中抵扣的购进出口货物金额或(和)数量。

税额计算:应退税额=退税依据×税率。

(2) 免税但不退税。

适用范围:有出口经营权的生产性企业自营出口或生产企业委托外贸企业代理出口自产的应税消费品。

税收政策:按实际出口数量免征消费税,不办理退税。

(3) 不免税也不退税。

适用范围:除生产企业、外贸企业外的其他企业(指一般商贸企业),委托外贸企业代理出口应税消费品一律不予退(免)税。

纳税人直接出口的应税消费品办理退税后,发生退关或者国外退货,复进口时已予以免税的,可暂不办理补税,待其转为国内销售的当月申报缴纳消费税。

四、征收管理

(一) 纳税义务发生时间

消费税特有规定:纳税人委托加工应税消费品的,为纳税人提货的当天。除此之外,消费税纳税义务发生时间与增值税基本一致。

(二) 纳税地点

销售及自产自用应税消费品的,为机构所在地或者居住地的主管税务机关。

委托加工应税消费品的,为受托方所在地主管税务机关(受托方为个人除外)。委托个人加工的应税消费品,由委托方向其机构所在地或者居住地主管税务机关申报纳税。

进口应税消费品的,由进口人或代理人向报关地海关纳税。

到外县销售或委托外县代销自产消费品的,销售后,向纳税人机构所在地或者居住地纳税。

纳税人总、分机构不在同一县市但在同一省的,应分别向各自机构所在地主管税务机关申报纳税,经批准,可以由总机构汇总向总机构所在地的主管税务机关申报缴纳消费税。

卷烟批发企业的消费税,总机构与分支机构不在同一地区的,由总机构申报纳税。

(三)纳税环节

生产环节(委托加工)、进口环节、零售环节(金银首饰;超豪华小汽车加征)、批发环节(卷烟加征)、移送使用环节(视同销售)。

(四)纳税期限

同增值税,详见本书第二章第一节内容。

第二节 关联企业转让定价的税收筹划

一、关联企业转让定价

根据《中华人民共和国消费税暂行条例》(以下简称《消费税暂行条例》)的规定,消费税是按不同产品分别设计高低不同的税率,税率层次较多。纳税人可以利用这种多层次的税率进行纳税筹划,即将分散的企业联合成企业集团,或者将独立的企业分解成由若干分公司或者子公司组成的企业联合体,进而通过合理确定企业内部定价,从整体上减轻企业的税收负担。

当企业为一个大的联合企业或企业集团时,内部各分厂及所属的商店、劳动服务公司等,在彼此间购销商品,进行连续加工或销售时,通过内部定价,便可以巧妙而有效地达到减轻整个联合企业税负的目的。当适用高税率的分厂将其产品卖给适用低税率的分厂时,通过制定较低的内部价,便把商品原有的一部分价值由税率高的部门转到税率低的部门。适用高税率的企业,销售收入减少,应纳税额减少;而适用低税率的企业,产品收入不变,应纳税额不变,但由于它得到了低价的原材料,就可以降低成本,增加利润。

《中华人民共和国税收征管法实施细则》(以下简称《税收征管法实施细则》)第五十一条规定,所谓关联企业是指有下列关系之一的公司、企业和其他经济组织:①在资金、经营、购销等方面,存在直接或者间接的拥有或者控制关系。②直接或者间接地同为第三者所拥有或者控制。③在利益上具有相关联的其他关系。

《税收征收管理法》第三十六条也规定,企业或者外国企业在中国境内设立的从事生产、经营的机构、场所与其关联企业之间的业务往来,应当按照独立企业之间的业务往来收取或者支付价款、费用;不按照独立企业之间的业务往来收取或者支付价款、费用,而减少其应纳税的收入或者所得额的,税务机关有权进行合理调整。

关联公司之间偏离市场标准价格的内部交易定价,一般被称为转让定价(Transfer Pricing)。转让定价又称转移价格,是企业进行纳税筹划的基本方法之一,广泛地被各企业运用于各税种的纳税筹划中,并不仅限于消费税方面。

企业自行生产、委托加工而进口的应税消费品可以直接对外销售,并按照销售价格计算缴纳消费税,也可以在不违反公平交易原则的前提下,按低于直接对外销售的价格销售给其独立核算的销售部门,并按照此价格计算缴纳消费税,而处在销售环节的独立核算销售部门,不须再缴纳消费税,可使关联企业整体消费税税负下降。因此关联企业可考虑是否成立独立核算的销售部门来进行纳税筹划。

二、税收筹划方案

(一)税收筹划方案设计

关联企业转让定价的纳税筹划方案主要有:设置独立核算的销售部门和不设置独立核算的销售部门。

方案一:设置独立核算的销售部门。

假设销售数量为1 000标准箱,售价单位为25 000元/箱。

从量定额=1 000×150=150 000(元)

从价定率=25 000×1 000×45%=11 250 000(元)

应纳消费税=150 000+11 250 000=11 400 000(元)

应纳城建税及附加=11 400 000×10%=1 140 000(元)

税费合计=11 400 000+1 140 000=12 540 000(元)

方案二:不设置独立核算的销售部门。

假设销售数量为1 000标准箱,单位售价为30 000元/箱。

从量定额=1 000×150=150 000(元)

从价定率=30 000×1 000×45%=13 500 000(元)

应纳消费税=150 000+13 500 000=13 650 000(元)

应纳城建税及附加=13 650 000×10%=1 365 000(元)

税费合计=13 650 000+1 365 000=15 015 000(元)

(二)税收筹划方案分析

可以看出,方案一所交纳的消费税明显低于方案二。

因为企业设置独立核算的销售公司后,产品从生产企业向销售公司转移的销售价格低于直接对外销售的价格,从而计算消费税的税基较低,交纳的消费税也较少。同时,销售公司属于流通领域,不需要交纳消费税。但设置独立核算的销售部门后,可能会增加一些费用,企业应权衡节约的税款和增加的费用,以决定是否设置独立核算的销售部门。

另外,《税收征收管理法》规定:企业或者外国企业在中国境内设立的从事生产、经营的机构、场所与其关联企业之间的业务往来,应当按照独立企业之间的业务往来收取或者支付价款、费用,不按照独立企业之间的业务往来收取或者支付价款、费用。而减少其应纳税的收入或所得额的,税务机关有权进行合理调整。因此,企业在进行纳税筹划时,应注意独立销售部门的费用和销售价格的确定。

第三节　兼营和带包装物销售的税收筹划

一、兼营不同税率应税消费品的税收筹划

（一）政策依据与筹划思路

消费税的兼营行为,是指纳税人同时经营两种或两种以上不同税率的应税消费品的行为。

税法规定,纳税人兼营不同税率应税消费品,应当分别核算不同税率应税消费品的销售额、销售数量;未分别核算其销售额或者销售数量,或者将不同税率的应税消费品组成成套消费品销售的,从高适用税率。因此,企业在兼营不同税率应税消费品的情况下,应选择合适的销售方式和核算方式,通过适用较低税率,达到降低税负的目的。

比如,有些化妆品生产企业并不是只生产销售高档化妆品,往往会兼营的普通化妆品和高档化妆品。对于这种情况的企业要把普通化妆品和高档化妆品分开进行核算;未分别核算或者将普通化妆品和高档化妆品作为成套消费品进行销售的,仍然按全部销售额征收15%的消费税。特别在一些中小企业当中,商品相对杂乱无章,并且会计人员对税法不了解,往往会把不同税率的应税消费品或者把非应税消费品不区分开来,增加企业的税负。

（二）案例分析

【例3-1】 甲企业是一酒厂,既生产税率为10%的药酒,又生产税率为25%的粮食白酒。20××年8月份,该厂对外销售20 000千克粮食白酒,单价为28元/千克;销售11 000千克药酒,单价为58元/千克。

1. 不单独核算

若两种酒不进行单独核算,就应采用税率从高的原则,则：

$$应纳消费税 = (20\,000 \times 28 + 11\,000 \times 58) \times 25\% = 299\,500(元)$$

2. 单独核算

如果将两种酒单独核算,则：

$$白酒应纳消费税 = 28 \times 20\,000 \times 25\% = 140\,000(元)$$
$$药酒应纳消费税 = 58 \times 11\,000 \times 10\% = 63\,800(元)$$
$$总应纳消费税 = 140\,000 + 63\,800 = 203\,800(元)$$

由此可以看出，如果企业将两种酒分别单独核算，可减少应纳消费税＝299 500－203 800＝95 700(元)。

二、带包装物销售的税收筹划

(一) 政策依据与筹划思路

根据《中华人民共和国消费税暂行条例实施细则》(以下简称《消费税暂行条例实施细则》)第十三条的规定，应税消费品连同包装物销售的，无论包装物是否单独计价及在会计上如何核算，均应并入应税消费品的销售额中缴纳消费税。如果包装物不作价随同产品销售，而是收取押金，此项押金则不应并入应税消费品的销售额中征税。但对因逾期未收回的包装物不再退还的或者已收取的时间超过12个月的押金，应并入应税消费品的销售额，按照应税消费品的适用税率缴纳消费税。对既作价随同应税消费品销售，又另外收取押金的包装物的押金，凡纳税人在规定的期限内没有退还的，均应并入应税消费品的销售额，按照应税消费品的适用税率缴纳消费税。

因此，企业如果想在包装物上节省消费税，关键是包装物不能作价随同产品出售，而应采取收取"押金"的形式，这样"押金"就不并入销售额计算消费税额。即使在经过1年以后，需要将押金并入应税消费品的销售额，按照应税消费品的适用税率征收消费税，也使企业获得了该笔消费税的1年的免费使用权。

包装物租金应视为价外费用，并入应税消费品销售额征税。

包装物押金则应视不同情况加以区分：一般消费品包装物押金(非酒类、非成品油)，包装物无论作价与否，随同产品销售并收取押金的，如果在规定期限内(一般为1年)收回包装物并退还押金的，此项押金可暂不并入应税消费品销售额中征税；如果逾期未收回包装物并不再退还或已收取1年以上的押金，应并入应税消费品销售额按所包装货物的适用税率计征消费税。

根据《财政部 国家税务总局关于酒类产品包装物押金征税问题的通知》(财税〔1995〕53号)及《国家税务总局关于印发〈消费税问题解答〉的通知》(国税函发〔1997〕306号)的规定，从1995年6月1日起，对销售除啤酒、黄酒外的其他酒类产品而收取的包装物押金，无论是否返还以及会计上如何核算，均应并入当期销售额征税。之所以将啤酒和黄酒除外，是因为对酒类包装物押金征税的规定只适用于实行从价定率办法征收消费税的酒类，而啤酒和黄酒产品是实行从量定额办法征收消费税的，因此，无法适用这一规定。这在一定程度上限制了经营酒类产品的企业利用包装物纳税筹划的可能性。同时，财政部和税务总局的上述规定也从反面说明了企业大量使用这种纳税筹划方法，导致企业节约了大量税款，相应导致国家税款流失。

啤酒、黄酒、成品油包装物押金，未逾期且未超过1年不征收消费税，逾期未退还或1年以上不征消费税(从量计征，与价格无关)。啤酒的包装物押金不计算消费税，但是它影响啤酒适用税率的判断。

消费税从量计征时，无论包装物逾期与否，均不计征消费税。

关于包装物的筹划思路就在于如何将包装物的价值排除在税基(产品售价)之外,并使这部分包装物既能全部或部分收回,同时又不具备纳税条件。因此,啤酒、黄酒、成品油及一般消费品应该采取包装物押金的方式,此项押金收入不并入应税消费品的销售额中纳税。尽管一般消费品押金超过1年以上的,无论是否退还都应并入销售额计税,但由于其缴纳时限延缓了1年,获得了资金的时间价值,增加了企业的运营资金,为企业生产经营提供了便利。

此外,企业可通过先销售、后包装的形式以降低应税销售额,从而降低消费税税额。

比如,化妆品公司将包装物连同高档化妆品一同销售的,就实现的全部销售收入缴纳15%的高档化妆消费税。降低税负的解决方法是将包装物与高档化妆品分离。如果包装物是通过收取押金的形式销售高档化妆品的,此押金不征收消费税。此外,没有归还包装物或者押金时间已经超过1年的,包装物视同连同化妆品一同销售,补缴押金并入销售额的消费税。这种方式往往适合销售价格高的或者大批量的高档化妆品,因为价格越高、数量越大,销售额就越高,需要的包装物数量就越大,一般价值就越贵重,最终所能产生的效用就越大。

再如,成套化妆品价格往往低于单品组合价格,因此消费者更愿意购买成套化妆品。企业也往往愿意采用这种销售方式来迎合他们的需求。成套化妆品中有属于非高档化妆品的,企业应该分别核算;没有分别核算的,对全部销售额仍然征收15%的消费税。企业采用先销售再包装销售成套化妆品的,生产销售时应将不同类别的化妆品分别开具发票,在核算时应该对不同的化妆品分别核算销售额,非高档化妆品不需要缴纳消费税。

(二)案例分析

【例3-2】 某焰火厂生产一批焰火共10 000箱,每箱单价200元,其中包含包装物单价15元,该月销售额=200×10 000=2 000 000(元)。焰火的消费税税率为15%。请计算该厂该月应当缴纳的消费税,并提出纳税筹划方案。

根据《消费税暂行条例实施细则》第十三条的规定,该月应纳消费税税额=200×15%=30(万元)。

根据《消费税暂行条例实施细则》第十三条的规定,如果包装物不作价随同产品销售,而是收取押金,此项押金则不应并入应税消费品的销售额中征税。但对因逾期未收回的包装物不再退还的和已收取1年以上的押金,应并入应税消费品的销售额,按照应税消费品的适用税率征收消费税。

通过纳税筹划,该焰火厂以每箱185元的价格销售,并收取15元押金,同时规定,包装物如有损坏则从押金中扣除相应修理费用直至全部扣除押金(这种规定与直接销售包装物大体相当),这样,该厂应纳消费税降低277 500元(10 000×185×15%)。1年以后,如果该批包装物的押金没有退回,则该企业应当补缴消费税=10 000×15×15%=22 500(元)。对于企业来讲,相当于获得了22 500元的1年无息贷款。

【例3-3】 某酒厂生产各种类型的酒,以适应不同消费者需求。春节来临,大部分消费者都以酒作为馈赠亲朋好友的礼品,针对这种市场情况,该酒厂于1月月初推出"组合装礼品酒"的促销活动,将白酒、白兰地酒和葡萄酒各一瓶组成价值115元的成套礼品酒进行销售,三种酒的出厂价分别为50元/瓶、40元/瓶、25元/瓶,白酒消费税税率是0.5元/斤加上出厂价的20%,白兰地酒和葡萄酒消费税税率是销售额的10%。假设这三种酒每瓶均为1斤装,该月共销售10 000套礼品酒。该企业采取先包装后销售的方式促销。请计算该企业应当缴纳的消费税,并提出纳税筹划方案。

由于该企业采取先包装后销售的方式促销,属于混合销售行为,应当按照较高的税率计算消费税额,应纳消费税额=10 000×(3×0.5+115×20%)=245 000(元)。

由于三种酒的税率不同,因此,采取混合销售的方式增加了企业的税收负担。该企业可以采取先销售后包装的方式进行促销,应纳消费税额=10 000×(1×0.5+50×20%)+40×10 000×10%+25×10 000×10%=170 000(元)。减轻企业税负额=245 000−170 000=75 000(元)。

第四节 生产加工方式的税收筹划

一、委托加工应税消费品

根据《消费税暂行条例》第四条的规定,委托加工的应税消费品,除受托方为个人外,由受托方在向委托方交货时代收代缴税款。根据《消费税暂行条例实施细则》第七条的规定,委托加工的应税消费品,是指由委托方提供原料和主要材料,受托方只收取加工费和代垫部分辅助材料加工的应税消费品。

对于由受托方提供原材料生产的应税消费品,或者受托方先将原材料卖给委托方,然后再接受加工的应税消费品,以及由受托方以委托方名义购进原材料生产的应税消费品,不论在财务上是否作销售处理,都不得作为委托加工应税消费品,而应当按照销售自制应税消费品缴纳消费税。委托加工的应税消费品直接出售的,不再缴纳消费税。

委托个人加工的应税消费品,由委托方收回后缴纳消费税。根据《国家税务总局关于消费税若干征税问题的通知》(国税发〔1994〕130号)的规定,对消费者个人委托加工的金银首饰及珠宝玉石,可暂按加工费征收消费税。纳税人可根据上述规定,采取与受托方联营的方式,改变受托与委托关系,从而节省此项消费税。

在其他条件相同的情况下,自行加工方式的税后利润最少,税负最重。而彻底的委托加工方式又比委托加工后再自行加工后销售税负更低。原因在于:委托加工的应税消费品与自行加工的应税消费品的税基不同,委托加工时,受托方代收代缴税款,税基为组成计税价格或同类产品销售价格;自行加工时,计税的税基为产品销售价格。在通常情况下,委托方收回委托加工的应税消费品,要以高于成本的价格售出以求盈利。不论委托加工费大于或小于自行加工成本,只要收回的应税消费品的计税价格低于收回后的直接出售价格,委托加工应税消费品的税负就会低于自行加工的税负。对委托方而言,其产品对外售价高于收回委托加工应税消费品的计税价格部分,实际上并未纳税。另外,消费税是价内税,在计算应税所得时,可以作为扣除项目。因此,消费税的多少,又会进一步影响所得税,进而影响企业的税后利润和所有者权益。

二、税收筹划方案

(一)税收筹划方案设计

假设应税半成品的税率为30%,应税产成品的税率为45%;假设按照组成计税价格计算应代扣代缴的消费税;委托加工产成品受托方还应根据代扣代缴的消费税计算应纳城建税及附加,假设城建税及附加的税率为应纳流转税的10%。加工应税消费品的纳税筹划方案有三套:

方案一:委托其他企业加工应税半成品收回后,再生产为产成品对外销售。

假设,投入材料1 000元,加工费470元,生产费用400元,代扣代缴税率30%。

代扣代缴消费税=(1 000+470)÷(1-30%)×30%=630(元)

代扣代缴城建税及附加=630×10%=63(元)

售价6 000元,产成品税率45%。

应纳消费税=6 000×45%-630=2 070(元)

应纳城建税及附加=2 070×10%=207(元)

经营利润=6 000-1 000-470-400-630-63-2 070-207=1 160(元)

方案二:委托其他企业加工产成品收回后直接对外销售。

假设,投入材料1 000元,加工费1 090元,代扣代缴税率45%。

代扣代缴消费税=(1 000+1 090)÷(1-45%)×45%=1 710(元)

代扣代缴城建税及附加=1 710×10%=171(元)

售价6 000元。

经营利润=6 000-1 000-1 090-1 710-171=2 029(元)

方案三:自行生产应税消费品对外销售。

假设,投入材料1 000元,生产费用900元,售价6 000元,产成品税率45%。

应纳消费税=6 000×45%=2 700(元)

应纳城建税及附加=2 700×10%=270(元)

经营利润=6 000-1 000-900-2 700-270=1 130(元)

(二)税收筹划方案分析

可以看出,加工方式不同,经营利润也会不同。在销售收入一定的情况下,方案二实现的经营利润最大。

因为在各种因素相同的情况下,委托加工的应税消费品收回后直接销售,不再计算缴纳消费税、城建税及附加,且委托加工应税产成品按照组成计税价格计税,其税基低于应税消费品的销售价格,即使加工费较高,也可获得较高的经营利润。

因此,企业在选择应税消费品加工方式时,宜采用委托加工产成品的方式。当然,在选择加工方式时,需综合考虑企业的生产能力、产品质量等多种因素,不能单纯从税款缴纳的角度进行决策。

第五节 以应税消费品换货、入股和抵债的税收筹划

一、政策依据与筹划思路

根据税法规定,从价计征的应税消费品用于以物易物、以物抵债、以物投资时应当以纳税人同类消费品的最高销售价格作为计税依据计算消费税。

该环节的筹划思路就在于如何改变纳税依据,降低销售价格,从而减少应纳消费税。

因为按照同类应税消费品的最高销售价格作为计税依据将加重纳税人的税收负担,所以在实际操作中,一般都采用先销售后换货、先销售后入股、先销售后抵债的方法,按照双方确定的协议价进行交易。协议价一般为市场平均价,这样就低于厂家的最高销售价,达到了减轻税负的目的。

二、案例分析

【例3-4】 某摩托车生产企业,当月对外销售同型号的摩托车时共有三种价格,以4 000元的单价销售50辆,以4 500元的单价销售10辆,以4 800元的单价销售5辆。当月以20辆同型号的摩托车与甲企业换取原材料。双方按当月的加权平均销售价格确定摩托车的价格,摩托车的消费税税率为10%。税法规定,纳税人自产的应税消费品用于换取生产资料和消费资料、投资入股或抵偿债务等,应当按照纳税人同类应税消费品的最高销售价格作为计税依据。

应纳消费税 = 4 800 × 20 × 10% = 9 600(元)

如果该企业按照当月的加权平均单价将这20辆摩托车销售后,再购买原材料,则:

应纳消费税 = (4 000 × 50 + 4 500 × 10 + 4 800 × 5) ÷ (50 + 10 + 5) × 20 × 10% = 8 276.92(元)

节税额 = 9 600 − 8 276.92 = 1 323.08(元)

【例3-5】 本月裕丰汽车厂以20辆小汽车向豫南出租汽车公司进行投资。按双方协议每辆汽车折价16万元。该类型汽车的正常销售价格为16万元,裕丰汽车厂上月销售该种小汽车的最高售价为17万元。以上价格均为不含税价,适用消费税税率为5%。

直接以小汽车作为投资,则裕丰汽车厂应纳消费税税额 = 17 × 20 × 5% = 17(万元)。

裕丰汽车厂首先向豫南出租汽车公司出售小汽车20辆,每辆16万元,共320万元,

再以收到的320万元向豫南出租汽车公司投资。

此时裕丰汽车厂应纳消费税税额＝16×20×5%＝16(万元)，可以达到节约税款1万元的筹划效果。

复习思考题

1. 简述消费税税收筹划的基本思路有哪些？
2. 如何利用消费税纳税环节的特点进行税收筹划？

第四章

企业所得税的税收筹划

第一节　企业所得税概述

企业所得税是对我国境内的企业和其他取得收入的组织的生产经营所得和其他所得征收的所得税。具有以下几个特点：通常以净所得为征税对象；通常以经过计算得出的应纳税所得额为计税依据；纳税人和实际负担人通常是一致的，因而可以直接调节纳税人的所得。

所得税的计税依据是应纳税所得额，而非收入。应纳税所得额的计算涉及纳税人的收入、成本、费用、税金、损失和其他支出等各个方面，因此所得税计税依据的计算较为复杂。

企业所得税的作用主要体现在：促进企业改善经营管理活动，提升企业的盈利能力；调节产业结构，促进经济发展；为国家建设筹集财政资金（税收的首要职能就是筹集财政收入）。

一、纳税人

企业所得税纳税人包括企业和其他取得收入的组织（事业单位、社会团体、非企事业单位和从事经营活动的其他组织）。

（一）纳税人与非纳税人的划分

个人独资企业及合伙企业不具有法人资格，不纳企业所得税；个人投资者按"经营所得"缴纳个人所得税（所得形成时缴纳）；合伙企业是以合伙人为纳税主体，合伙人是自然人的，缴纳个人所得税，合伙人是法人的，缴纳企业所得税。

公司制企业具有法人资格，企业缴纳企业所得税；一人有限公司缴纳企业所得税；个人投资者分得的股息、红利按照"利息、股息、红利所得"缴纳个人所得税。

个人独资企业投资者和合伙企业（非法人）合伙人缴纳个人所得税，不是企业所得税的纳税人。

一人有限公司有法人资格，缴纳企业所得税。

个人独资企业、合伙企业是指依据中国法律、行政法规的规定成立在中国境内的个人独资企业和合伙企业，不包括境外依据外国法律成立的个人独资企业和合伙企业。

（二）居民企业与非居民企业的划分

1. 居民企业认定双标准

居民企业认定标准中，注册地标准是主要标准，实际管理机构标准是附加标准（符合一个，即可认定为居民企业）。

2. 实际管理机构

企业的实际管理机构是指对企业的生产经营、人员、账务、财产等实施实质性全面管理和控制的机构。这里的企业包括国有企业、集体企业、私营企业等，也包括有生产、经营所得和其他所得的其他组织(如事业单位、社会团体等)。

3. 居民企业(两个标准,符合一个)

(1) 境内注册的企业。

(2) 境外注册、境内实际管理的企业。

4. 非居民企业(两个标准都不符合的)

(1) 境外注册、境内设立机构(非实际管理机构)的企业。

(2) 境外注册、境内无机构,但有来源中国境内所得的企业。

5. 机构、场所

(1) 管理机构、营业机构、办事机构。

(2) 工厂、农场、开采自然资源的场所。

(3) 提供劳务的场所。

(4) 从事建筑、安装、装配、修理、勘探等工程作业的场所。

(5) 其他从事生产经营活动的机构、场所。

(6) 非居民企业委托营业代理人在中国境内从事生产经营活动的,包括委托单位或者个人经常代其签订合同,或者储存、交付货物等,该营业代理人视为非居民企业在中国境内设立的机构、场所。

二、征税对象

(1) 居民企业——来源境内、境外的所得(无限纳税)。

(2) 非居民企业——来源境内的所得及部分境外所得(有限纳税)。

在中国设立机构、场所的——境内所得+境外所得(仅限于与设在中国境内的机构、场所有实际联系的部分)。

未在中国设立机构、场所的——境内所得(一般代扣代缴)。

(3) 所得来源地的确定。

销售货物所得:按照交易活动发生地确定所得来源地。

提供劳务所得:按照交易活动发生地确定所得来源地。

财产转让所得:不动产转让所得,按照不动产所在地确定;动产转让所得,按照转让动产的企业或者机构、场所所在地确定;权益性投资资产转让所得,按照被投资企业所在地确定。

股息、红利等权益性投资所得:按照分配所得的企业所在地确定所得来源地。

利息所得、租金所得、特许权使用费所得:按照负担、支付所得的企业或者机构、场所所在地确定,或者按照负担、支付所得的个人的住所地确定所得来源地。

其他所得来源地由国务院财政、税务主管部门确定。

三、税率

(一) 基本税率:25%

适用于居民企业及中国境内设有机构、场所且所得与机构、场所有联系的非居民企业

(有机构且有联系)。

（二）两档优惠税率

（1）减按20%：符合条件的小型微利企业。

（2）减按15%：国家重点扶持的高新技术企业；经认定的技术先进型服务企业；西部地区鼓励类产业企业(2021年1月1日至2030年12月31日)；从事污染防治的第三方企业。

（三）预提所得税税率：20%（暂按10%征收）

（1）在中国境内未设立机构、场所的但从境内取得所得的非居民企业（无机构）。

（2）虽设立机构、场所但取得的境内所得与其所设机构、场所没有实际联系的非居民企业(有机构、无联系)。

（四）非居民企业税率

（1）在境内未设立机构、场所的非居民企业：境内所得税率按10%征收，境外所得无需纳税。

（2）在境内设有机构、场所且所得与机构、场所有实际联系的非居民企业按25%征收。

（3）在中国境内设立机构、场所但取得的所得与其所设机构、场所没有实际联系的非居民企业：境内所得税率按10%征收，境外所得无需纳税。

四、应纳税额的计算

（一）应纳税所得额的计算

企业应纳税所得额的计算，以权责发生制为原则，属于当期的收入和费用，不论款项是否收付，均作为当期收入和费用；不属于当期的收入和费用，即使款项已经在当期收付，均不作为当期的收入和费用。应纳税所得额的计算公式为：

应纳税所得额＝收入总额－不征税收入－免税收入－各项扣除－允许弥补的以前年度亏损

1. 收入总额

（1）范围。

企业的收入总额包括以货币形式和非货币形式从各种来源取得的收入，具体有：销售货物收入，提供劳务收入，转让财产收入，股息、红利等权益性投资收益，利息收入，租金收入，特许权使用费收入，接受捐赠收入及其他收入。

（2）形式。

货币形式：现金、存款、应收账款、应收票据、准备持有至到期的债券投资及债务的豁免。非货币形式：固定资产、生物资产、无形资产、股权投资、存货、不准备持有到期的债券投资、劳务及权益。

（3）确认时间。

一是，一般收入的确认。

销售货物收入,是指企业销售商品、产品、原材料、包装物、低值易耗品以及其他存货取得的收入。

转让财产收入,是指企业转让固定资产、生物资产、无形资产、股权、债权等财产取得的收入。

除另有规定外,企业销售收入的确认,必须遵循权责发生制原则和实质重于形式原则。①企业销售商品同时满足下列条件的,应确认收入的实现:商品销售合同已经签订;企业已将商品所有权相关的主要风险和报酬转移给购货方;企业对已售出的商品既没有保留通常与所有权相联系的继续管理权,也没有实施有效控制;收入的金额能够可靠地计量;已发生或将发生的销售方的成本能够可靠地核算。②符合上款收入确认条件,采取下列商品销售方式的,应按以下规定确认收入实现时间:托收承付的,为办妥托收手续时;预收款的,为发出商品时;需要安装和检验的,为购买方接受商品以及安装和检验完毕时,如果安装程序比较简单,可在发出商品时确认收入;支付手续费方式委托代销的,为收到代销清单时。

提供劳务收入,是指企业从事建筑安装、修理修配、交通运输、仓储租赁、金融保险、邮电通信、咨询经纪、文化体育、科学研究等其他劳务服务活动取得的收入。①收入确认方法:企业在各个纳税期末,提供劳务交易的结果能够可靠估计的,应采用完工进度法(完工百分比)确认提供劳务收入。②完工进度的确定方法:已完工作的测量;已提供劳务占劳务总量的比例;发生成本占总成本的比例。③劳务收入的具体计算方法:

当期劳务收入＝合同或协议价款总额×完工进度－以前年度累计已确认劳务收入

当期劳务成本＝劳务估计总成本×完工进度－以前年度累计已确认劳务成本

二是,特殊收入的确认。分期收款方式销售货物,按照合同约定的收款日期确认收入的实现;企业受托加工制造大型机械设备、船舶、飞机,以及从事建筑、安装、装配工程业务或者提供其他劳务等,持续时间超过 12 个月,按照纳税年度内完工进度或者完成的工作量确认收入的实现;采取产品分成方式取得收入,按企业分得产品的日期确认收入的实现,其收入额按产品的公允价值确定。

(4) 确认金额。

商业折扣,是指扣除商业折扣后的金额确定销售商品收入金额。

现金折扣,是指扣除现金折扣前的金额确定销售商品收入金额,现金折扣在实际发生时作为财务费用扣除。

销售折让,是指在发生当期冲减当期销售商品收入。

以旧换新,是指销售商品按收入确认条件确认收入,回收商品作为购进商品处理。

售后回购,是指销售的商品按售价确认收入,回购的商品作为购进商品处理;有证据表明不符合销售收入确认条件的,如以销售商品方式进行融资,收到的款项确认为负债,回购价格大于原售价的,差额在回购期间确认利息费用。

买一赠一,不属于捐赠,是指将总的销售金额按各商品公允价值的比例来分摊确认各项的销售收入。

转让股权收入,转让股权收入扣除为取得该股权所发生的成本后,为股权转让所得企业在计算股权转让所得时,不得扣除被投资企业未分配利润等股东留存收益中按该项股权所可能分配的金额。

清算所得,是指被清算企业的股东分得的剩余资产的金额,其中相当于被清算企业累计未分配利润和累计盈余公积中按该股东所占股份比例计算的部分,应确认为股息所得;剩余资产减除股息所得后的余额,超过或低于股东投资成本的部分,应确认为股东的投资转让所得或损失。

2. 不征税收入

（1）范围。

财政拨款,是指各级人民政府对纳入预算管理的事业单位、社会团体等组织拨付的财政资金。

社保基金投资收益,是指对社保基金取得的直接股权投资收益,股权投资基金收益,作为企业所得税不征税收入。

依法收取并纳入财政管理的行政事业性收费、政府性基金:企业按照规定缴纳的,由规定机关批准设立的政府性基金和行政事业性收费,准予在计算应纳税所得额时扣除;企业收取的各种基金、收费,应计入企业当年收入总额;对企业依照有关规定收取并上缴财政的政府性基金和行政事业性收费,准予作为不征税收入,于上缴财政的当年在计算应纳税所得额时从收入总额中减除;未上缴财政的部分,不得从收入总额中减除。

国务院规定的其他不征税收入,是指企业取得的由国务院财税主管部门规定专项用途并经国务院批准的财政性资金。财政性资金,是指企业取得的来源于政府及其有关部门的财政补助、补贴、贷款贴息,以及其他各类财政专项资金,包括直接减免的增值税和即征即退、先征后退、先征后返的各种税收,但不包括企业按规定取得的出口退税款。

（2）专项用途财政性资金企业所得税处理。

财政性资金作为不征税收入的条件:

企业从县级以上各级人民政府财政部门及其他部门取得的应计入收入总额的财政性资金,凡同时符合以下条件的作为不征税收入,在计算应纳税所得额时从收入总额中减除:①企业能够提供规定资金专项用途的资金拨付文件。②财政部门或其他拨付资金的政府部门对该资金有专门的资金管理办法或具体管理要求。③企业对该资金以及以该资金发生的支出单独进行核算。

不征税收入的财政性资金的后续管理:①不征税收入用于支出所形成的费用,不得在计算应纳税所得额时扣除;用于支出所形成的资产,其计算的折旧、摊销不得在计算应纳税所得额时扣除。②企业将符合条件的财政性资金作不征税收入处理后,在5年(60个月)内未发生支出且未缴回财政部门或其他拨付资金的政府部门的部分,应计入取得该资金第六年的应税收入总额;计入应税收入总额的财政性资金发生的支出,允许在计算应纳税所得额时扣除。③未按照规定进行管理的,应作为企业应税收入计入应纳税所得额依法缴纳企业所得税。

3. 免税收入

（1）国债利息收入。

（2）符合条件的居民企业之间的股息、红利等权益性收益，是指居民企业直接投资于其他居民企业的投资收益。

（3）在中国境内设立机构、场所的非居民企业从居民企业取得与该机构、场所有实际联系的股息、红利等权益性投资收益。

（4）对企业取得的2009年及以后年度发行的地方政府债券利息所得，免征企业所得税。

（5）符合条件的非营利组织的下列收入。

符合条件的非营利组织是指：①依法履行非营利组织登记手续。②从事公益性或者非营利性活动。③取得的收入除用于与该组织有关的、合理的支出外，全部用于登记核定或者章程规定的公益性或者非营利性事业。④财产及其孳息不用于分配。⑤按照登记核定或者章程规定，该组织注销后的剩余财产用于公益性或者非营利性目的，或者由登记管理机关转赠给与该组织性质、宗旨相同的组织，并向社会公告。⑥投入人对投入该组织的财产不保留或者享有任何财产权利。⑦工作人员工资福利开支控制在规定的比例内，不变相分配该组织的财产。⑧国务院财政、税务主管部门规定的其他条件。

非营利组织的下列收入为免税收入：①接受其他单位或者个人捐赠的收入。②除《中华人民共和国企业所得税法》（以下简称《企业所得税法》）第七条规定的财政拨款以外的其他政府补助收入，但不包括因政府购买服务取得的收入。③按照省级以上民政、财政部门规定收取的会费。④不征税收入和免税收入产生的银行存款利息收入。⑤财政部、国家税务总局规定的其他收入。

（6）自2020年1月1日起，跨境电子商务综合试验区内实行核定征收的跨境电商企业取得的收入属于《企业所得税法》第二十六条规定的免税收入，可享受免税收入优惠政策。

（7）对企业投资者转让创新企业境内发行存托凭证（以下称创新企业CDR）取得的差价所得和持有创新企业CDR取得的股息红利所得，按转让股票差价所得和持有股票的股息红利所得政策规定征免企业所得税。

（8）对公募证券投资基金（封闭式证券投资基金、开放式证券投资基金）转让创新企业CDR取得的差价所得和持有创新企业CDR取得的股息红利所得，按公募证券投资基金税收政策规定暂不征收企业所得税。

（9）对合格境外机构投资者（QFII）、人民币合格境外机构投资者（RQFII）转让创新企业CDR取得的差价所得和持有创新企业CDR取得的股息红利所得，视同转让或持有据以发行创新企业CDR的基础股票取得的权益性资产转让所得和股息红利所得征免企业所得税。

4. 税前扣除

第一，扣除项目及其标准（26项）：

(1) 企业发生的合理的工资、薪金支出准予据实扣除。

合理的工资、薪金,是指企业按照规定实际发放给员工的工资、薪金。税务机关在对工资、薪金进行合理性确认时,可按以下原则掌握:①企业制定了较为规范的员工工资、薪金制度。②企业所制定的工资、薪金制度符合行业及地区水平。③企业在一定时期发放的工资、薪金是相对固定的,工资、薪金的调整是有序进行的。④企业对实际发放的工资、薪金,已依法履行了代扣代缴个人所得税义务。⑤有关工资、薪金的安排,不以减少或逃避税款为目的。

属于国有性质的企业,其工资、薪金,不得超过政府有关部门给予的限定数额;超过部分,不得计入企业工资、薪金总额,也不得在计算企业应纳税所得额时扣除。

企业因雇用季节工、临时工、实习生、返聘离退休人员以及接受外部劳务派遣用工所实际发生的费用,应区分为工资薪金支出和职工福利费支出,并按《企业所得税法》规定在企业所得税税前扣除。其中属于工资薪金支出的,准予计入企业工资薪金总额的基数作为计算其他各项相关费用扣除的依据。

企业接受外部劳务派遣用工所实际发生的费用,应分两种情况按规定在税前扣除:按照协议(合同)约定直接支付给劳务派遣公司的费用,应作为劳务费支出;直接支付给员工个人的费用,应作为工资薪金支出和职工福利费支出。其中属于工资薪金支出的费用,准予计入企业工资薪金总额的基数,作为计算其他各项相关费用扣除的依据。

(2) 职工福利费、工会经费和职工教育经费。

职工福利费不超过工资薪金总额14%的部分,准予扣除。

工会经费不超过工资薪金总额2%的部分,准予扣除。

职工教育经费不超过工资薪金总额8%的部分,准予在计算企业所得税应纳税所得额时扣除;超过部分,准予在以后纳税年度结转扣除。

企业职工福利费包括:①为职工卫生保健、生活等发放的各项补贴和非货币性福利,包括职工因公外地就医费用、未实行医疗统筹企业职工医疗费用、职工供养直系亲属医疗补贴、供暖费补贴、职工防暑降温费、职工困难补贴、救济费、职工食堂经费补贴、职工交通补贴等。②企业尚未分离的内设集体福利部门所发生的设备、设施和人员费用,包括职工食堂、职工浴室、理发室、医务所、托儿所、疗养院、集体宿舍等集体福利部门设备、设施的折旧、维修保养费用以及集体福利部门工作人员的工资薪金、社会保险费、住房公积金、劳务费等人工费用。③职工困难补助,或者企业统筹建立和管理的专门用于帮助、救济困难职工的基金支出。④企业重组涉及的离退休人员统筹外费用,按照规定执行。⑤按规定发生的其他职工福利费,包括丧葬补助费、抚恤费、职工异地安家费、独生子女费、探亲假路费,以及符合企业职工福利费定义但没有包括在上述各条款项目中的其他支出。

(3) 保险费。

财产保险:企业参加财产保险,按规定缴纳的保险费,准予扣除。

责任保险:企业参加雇主责任险、公众责任险,按照规定缴纳的保险费,准予扣除。

社会保险:合规的"四险一金",准予扣除;"补充养老保险费、补充医疗保险费",分别在不超过工资薪金总额5%内的部分,准予扣除。

商业保险:依规定为特殊工种职工支付的"人身安全保险费",准予扣除;职工因公出差乘坐交通工具的人身意外保险费,准予扣除。

(4) 利息费用。

据实扣除:非金融企业向金融企业借款的利息支出;金融企业的各项存款利息支出、同业拆借利息;企业经批准发行债券的利息支出。

禁止扣除:非银行企业内营业机构之间支付的利息。

限额扣除:非金融企业向非金融企业借款、向内部职工借款(不超过按照金融企业同期同类贷款利率计算的数额的部分可据实扣除,超过部分不允许扣除);关联企业(包括本企业的股东)借款。具体内容包括以下三点:

一是,关联企业的利息扣除。能够证明相关交易活动符合独立交易原则的;或者该企业的实际税负不高于境内关联方的,其实际支付给境内关联方的利息支出,在计算应纳税所得额时准予扣除。从其关联方接受的债权性投资与权益性投资的比例超过规定标准而发生的利息支出不得在计算应纳税所得额时扣除,接受关联方债权性投资与其权益性投资比例为:金融企业,为5∶1;其他企业,为2∶1。企业同时从事金融业务和非金融业务,其实际支付给关联方的利息支出,应按照合理方法分开计算;没有按照合理方法分开计算的,一律按关联企业的规定计算利息扣除。

二是,企业投资者投资未到位而发生的利息支出。投资者在规定期限内未缴足其应缴资本额的,企业对外借款所发生的利息,相当于实缴资本额与在规定期限内应缴资本额的差额应计付的利息,不得在计算应纳税所得额时扣除。具体计算不得扣除的利息,应以企业一个年度内每一账面实收资本与借款余额保持不变的期间作为一个计算期:

每一计算期不得扣除的借款利息=该期间借款利息额×该期间未缴足注册资本额÷该期间借款额

三是,金融企业的同期同类贷款利率情况说明。企业在按照合同要求首次支付利息并进行税前扣除时,应提供金融企业的同期同类贷款利率情况说明,以证明其利息支出的合理性。金融企业的同期同类贷款利率情况说明中,应包括在签订该借款合同当时,本省任何一家金融企业(包括银行、财务公司、信托公司等金融机构)提供同期同类贷款利率情况。同期同类贷款利率既可以是金融企业公布的同期同类平均利率,也可以是金融企业对某些企业提供的实际贷款利率。

(5) 借款费用。

费用化:企业在生产经营活动中发生的合理的不需要资本化的借款费用,准予扣除。

资本化或费用化:企业为购置、建造固定资产、无形资产和经过12个月以上的建造才能达到预定可销售状态的存货发生借款的,在有关资产购置、建造期间发生的合理的借款费用,应予以资本化,作为资本性支出计入有关资产的成本。有关资产交付使用后发生的借款利息,可在发生当期扣除。发行债券、取得贷款、吸收保户储金等方式融资发生的合理费用支出符合资本化条件的,应计入相关资产成本;不符合资本化条件的,应作为财务费用,准予在企业所得税前据实扣除。

(6) 汇兑损失:已计入有关资产成本以及向所有者进行利润分配外,准予扣除。

(7) 业务招待费:实际发生额的60%小于或等于当年销售(营业)收入的5‰,取小。

(8) 广告费和业务宣传费:不超过当年销售(营业)收入15%的部分,准予扣除;超过部分,准予结转以后纳税年度扣除。

销售(营业)收入包括主营业务收入、其他业务收入、视同销售收入。

对从事股权投资业务的企业(包括集团公司总部、创业投资企业等),其从被投资企业所分配的股息、红利以及股权转让收入,可以按规定的比例计算业务招待费扣除限额。

烟草企业的广告费和业务宣传费,一律不得税前扣除。化妆品制造与销售、医药制造、饮料制造(不含酒类制造)企业发生的广告费和业务宣传费支出,不超过当年销售(营业)收入30%的部分,准予扣除;超过部分,准予结转以后纳税年度扣除。

企业在筹建期间,发生的广告费和业务宣传费,可按实际发生额计入企业筹办费,并按有关规定在税前扣除。筹建期间发生的业务招待费,可按实际发生额的60%计入企业筹办费,并按规定扣除。

对签订广告费和业务宣传费分摊协议的关联企业,其中一方发生的不超过当年销售(营业)收入税前扣除限额比例内的广告费和业务宣传费支出可以在本企业扣除,也可以将其中的部分或全部按照分摊协议归集至另一方扣除。另一方在计算本企业广告费和业务宣传费支出企业所得税税前扣除限额时,可将按照上述办法归集至本企业的广告费和业务宣传费不计算在内。

(9) 环境保护专项资金。

企业依法提取的用于环境保护、生态恢复等方面的专项资金准予扣除;上述专项资金提取后改变用途的,不得扣除。

(10) 租赁费。

经营租入:以经营租赁方式租入固定资产发生的租赁费支出,按照租赁期限均匀扣除。

融资租入:以融资租赁方式租入固定资产发生的租赁费支出,按规定构成融资租入固定资产价值的部分应当提取折旧费用,分期扣除。

(11) 劳动保护费。

企业发生的合理的劳动保护支出,准予扣除;自2011年7月1日起,企业根据其工作性质和特点,由企业统一制作并要求员工工作时统一着装所发生的工作服饰费用,可以作为企业合理的支出给予税前扣除。

(12) 公益性捐赠支出。

公益性捐赠,是指企业通过公益性社会组织或县级以上人民政府及其部门,用于《中华人民共和国公益事业捐赠法》规定的慈善活动、公益事业的捐赠。

不得扣除:直接向受赠人的捐赠。

据实扣除:用于目标脱贫地区的扶贫捐赠支出;自2020年1月1日起,捐赠用于应对新型冠状病毒感染的肺炎疫情的现金和物品;直接向承担疫情防治任务的医院捐赠用于应对新型冠状病毒感染的肺炎疫情的物品;直接向承担疫情防治任务的医院捐赠的现金不在可扣除范围。

限额扣除:其他情况,不超过年度利润总额12%的部分,准予扣除。超标准的公益性捐赠,可结转以后年度扣除,从捐赠次年起最多不超过三年;年度利润总额是指企业依国家统一会计制度的规定计算的年度会计利润;企业在对公益性捐赠支出计算扣除时,应先扣除以前年度结转的捐赠支出,再扣除当年发生的捐赠支出。

捐赠资产的价值,按以下原则确认:①受捐赠的货币性资产,应当按照实际收到的金额计算。②接受捐赠的非货币性资产,应当以其公允价值计算。

(13) 总机构分摊的费用。

非居民企业在中国境内设立的机构、场所,就其中国境外总机构发生的与该机构、场所生产经营有关的费用,能提供总机构出具的费用汇集范围、定额、分配依据和方法等证明文件,并合理分摊的,准予扣除。

(14) 资产损失。

企业当期发生的固定资产和流动资产盘亏、毁损净损失,由其提供清查盘存资料经申报后,准予扣除。企业发生非正常损失时,不得从销项税额中抵扣的进项税额,应视同企业财产损失,申报后在所得税前按规定扣除。

(15) 其他项目。

会员费、合理的会议费、差旅费、违约金、诉讼费用等,准予扣除。

(16) 手续费及佣金支出。

不得扣除:委托非个人代理,企业以现金等非转账方式支付的手续费及佣金不得在税前扣除;企业为发行权益性证券支付给有关证券承销机构的手续费及佣金不得在税前扣除。

据实扣除:从事代理服务、主营业务收入为手续费、代理费的企业,其为取得该类收入而实际发生的营业成本(包括手续费和佣金支出)准予在企业所得税据实扣除。

限额扣除:自2019年1月1日起,保险企业发生与其经营活动有关的手续费及佣金支出,不超过当年全部保费收入扣除退保金等后余额的18%(含本数)的部分,在计算应纳税所得额时准予扣除;超过部分,允许结转以后年度扣除。电信企业在发展客户、拓展业务等过程中,向经纪人、代办商支付手续费及佣金的,其实际发生的相关手续费及佣金支出,不超过企业当年收入总额5%的部分,准予在企业所得税前据实扣除。其他企业按与具有合法经营资格中介服务机构或个人(不含交易双方及其雇员、代理人和代表人等)所签订服务协议或合同确认的收入金额的5%计算限额。

企业不得将手续费及佣金支出计入回扣、业务提成、返利、进场费等费用。企业已计入固定资产、无形资产等相关资产的手续费及佣金支出,应通过折旧、摊销等方式分期扣除,不得在发生当期直接扣除。企业支付的手续费及佣金不得直接冲减服务协议或合同金额,并如实入账。

(17) 航空企业空勤训练费、核电厂操纵员培训费。

实际发生的飞行员养成费、飞行训练费、乘务训练费、空中保卫员训练费等空勤训练费用,可以作为航空企业运输成本在税前扣除;为培养核电厂操纵员发生的培养费用,依据规定,可作为企业的发电成本在税前扣除。企业应将核电厂操纵员培养费与员工的职工教育经费严格区分,单独核算,员工实际发生的职工教育经费支出不得计入核电厂操纵员培养费直接扣除。

(18) 投资企业撤回或减少投资。

投资收回可扣除相当于初始出资的部分;股息所得可扣除相当于被投资企业累计未分配利润和累计盈余公积按减少实收资本比例计算的部分;转让所得可扣除其余部分。被投资企业发生的经营亏损,由被投资企业按规定结转弥补;投资企业不得调整减低其投资成本,也不得将其确认为投资损失。

(19) 保险公司缴纳的保险保障基金。

保险公司有下列情形之一的,其缴纳的保险保障基金不得在税前扣除:①财产保险公司的保险保障基金余额达到公司总资产6%的。②人身保险公司的保险保障基金余额达到公司总资产1%的。

保险公司按下列规定缴纳的保险保障基金,准予据实税前扣除:①不得超过保费收入的0.8%:短期健康保险;非投资型财产保险;非投资型意外伤害保险。②不得超过业务收入的0.08%:投资型财产保险(有保证收益);投资型意外伤害保险(有保证收益)。③不得超过业务收入的0.05%:投资型财产保险(无保证收益);人寿保险业务(无保证收益);投资型意外伤害保险(无保证收益)。④不得超过业务收入的0.15%:人寿保险业务(有保证收益);长期健康保险。

保险公司按规定提取的未到期责任准备金、寿险责任准备金、长期健康险责任准备金、已发生已报案未决赔款准备金和已发生未报案未决赔款准备金,准予在税前扣除。①未到期责任准备金、寿险责任准备金、长期健康险责任准备金依据经中国银保监会核准任职资格的精算师或出具专项审计报告的中介机构确定的金额提取。②已发生已报案未决赔款准备金,按最高不超过当期已经提出的保险赔款或者给付金额的100%提取;已发生未报案未决赔款准备金按不超过当年实际赔款支出额的8%提取。③保险企业按规定提取的未到期责任准备金、寿险责任准备金、长期健康险责任准备金、已发生已报案未决赔款准备金和已发生未报案未决赔款准备金,准予在税前扣除。保险企业在计算扣除上述各项准备金时,凡未执行财政部有关会计规定仍执行中国银保监会有关监管规定的,应将两者之间的差额调整当期应纳税所得额。

保险公司实际发生的各种保险赔款、给付,应先冲抵按规定提取的准备金,不足冲抵部分,准予在当年税前扣除。

(20) 居民企业股权激励企业所得税的税务处理。

对股权激励计划实行后立即可以行权的,可根据实际行权时该股票的公允价格与激励对象实际行权支付价格的差额和数量,计算确定作为当年上市公司工资薪金支出,依税

法规定进行税前扣除,其计算公式为:

工资薪金支出=(实际行权时该股票的公允价格-实际行权支付价格)×行权数量

有等待期的:等待期内会计上计算确认的相关成本费用,不得在对应年度计算缴纳企业所得税时扣除;在股权激励计划可行权后,上市公司方可根据该股票实际行权时的公允价格与当年激励对象实际行权支付价格的差额及数量,计算确定作为当年上市公司工资薪金支出,依照税法规定进行税前扣除。

(21) 企业参与政府统一组织的棚户区改造有关企业所得税政策。

企业参与政府统一组织的工矿棚户区改造、林区棚户区改造、垦区危房改造并同时符合条件的棚户区改造支出,准予在企业所得税前扣除。

(22) 以前年度应扣未扣支出的税务处理。

以前年度实际发生的、按照税收规定应在企业所得税前扣除而未扣除或者少扣除的支出,专项申报及说明后,准予追补至该项目发生年度计算扣除,但追补确认期限不得超过5年。

上述原因多缴的税款,可在追补确认年度企业所得税应纳税款中抵扣,不足抵扣的,可以向以后年度递延抵扣或申请退税。

亏损企业追补确认以前年度未在企业所得税前扣除的支出,或盈利企业经过追补确认后出现亏损的,应先调整该项支出所属年度的亏损额,然后再按照弥补亏损的原则计算以后年度多缴的企业所得税款,并按前款规定处理。

(23) 税前扣除规定与企业实际会计处理的税务处理。

企业依照财务会计制度规定,并实际在财务会计处理上已确认的支出,凡没有超过税法规定的税前扣除范围和标准的,可按实际会计处理确认的支出,在企业所得税前扣除,计算其应纳税所得额。

(24) 雇主责任险、公众责任险。

企业参加雇主责任险、公众责任险,按照规定缴纳的保险费,准予在企业所得税税前扣除。

(25) 金融企业涉农贷款和中小企业贷款损失准备金税前扣除政策(2020年调整)。

2019年1月1日至2023年12月31日,金融企业涉农贷款和中小企业贷款损失准备金的企业所得税税前扣除政策如下:

金融企业根据《贷款风险分类指导原则》,对其涉农贷款和中小企业贷款进行风险分类后,按照以下比例计提的贷款损失准备金,准予在计算应纳税所得额时扣除:关注类贷款计提比例为2%;次级类贷款计提比例为25%;可疑类贷款计提比例为50%;损失类贷款计提比例为100%。

涉农贷款,是指《涉农贷款专项统计制度》统计的以下贷款:①农户贷款;②农村企业及各类组织贷款。

中小企业贷款,是指金融企业对年销售额和资产总额均不超过2亿元的企业的贷款。

金融企业发生的符合条件的涉农贷款和中小企业贷款损失,应先冲减已在税前扣除的贷款损失准备金,不足冲减部分可据实在计算应纳税所得额时扣除。

(26) 金融企业贷款损失准备金企业所得税税前扣除政策。

2019年1月1日至2023年12月31日,政策性银行、商业银行、财务公司、城乡信用社和金融租赁公司等金融企业提取的贷款损失准备金的企业所得税税前扣除政策如下:

准予税前提取贷款损失准备金的贷款资产范围包括:①贷款(含抵押、质押、保证、信用等贷款)。②银行卡透支、贴现、信用垫款(含银行承兑汇票垫款、信用证垫款、担保垫款等)、进出口押汇、同业拆出、应收融资租赁款等具有贷款特征的风险资产。③由金融企业转贷并承担对外还款责任的国外贷款,包括国际金融组织贷款、外国买方信贷、外国政府贷款、日本国际协力银行不附条件贷款和外国政府混合贷款等资产。

金融企业准予当年税前扣除的贷款损失准备金计算公式如下:

$$\text{准予当年税前扣除的贷款损失准备金} = \text{本年末准予提取贷款损失准备金的贷款资产余额} \times 1\% - \text{截至上年末已在税前扣除的贷款损失准备金的余额}$$

金融企业按上述公式计算的数额如为负数,应当相应调增当年应纳税所得额。

金融企业的委托贷款、代理贷款、国债投资、应收股利、上交央行准备金以及金融企业剥离的债权和股权、应收财政贴息、央行款项等不承担风险和损失的资产,以及除上述第一条列举资产之外的其他风险资产,不得提取贷款损失准备金在税前扣除。

金融企业发生的符合条件的贷款损失,应先冲减已在税前扣除的贷款损失准备金,不足冲减部分可据实在计算当年应纳税所得额时扣除。

金融企业涉农贷款和中小企业贷款损失准备金的税前扣除政策,凡按照《财政部 国家税务总局关于金融企业涉农贷款和中小企业贷款损失准备金税前扣除有关政策的公告》(财政部 税务总局公告2019年第85号)的规定执行的,不再适用本公告第一条至第四条的规定。

第二,不得扣除的项目(9项):

(1) 向投资者支付的股息、红利等权益性投资收益款项。

(2) 企业所得税税款。

(3) 税收滞纳金。

(4) 罚金、罚款和被没收财物的损失。

(5) 超过规定标准的捐赠支出。

(6) 赞助支出,具体是指企业发生的与生产经营活动无关的各种非广告性质的赞助支出。

(7) 未经核定的准备金支出。

(8) 企业之间支付的管理费、企业内营业机构之间支付的租金和特许权使用费,以及非银行企业内营业机构之间支付的利息。

(9) 与取得收入无关的其他支出。

第三,扣除凭证:

扣除凭证是指企业（居民企业和非居民企业）在计算企业所得税应纳税所得额时，证明与取得收入有关的、合理的支出实际发生，并据以税前扣除的各类凭证。

依据《企业所得税税前扣除凭证管理办法》（国家税务总局公告2018年第28号），自2018年7月1日起，按如下规定执行：

（1）原则。企业税前扣除金额记载的凭证应遵循真实性、合法性、关联性原则。企业应将与税前扣除凭证相关的资料，包括合同协议、支出依据、付款凭证等留存备查，以证实税前扣除凭证的真实性。

（2）时间。企业发生支出，应取得税前扣除凭证，作为计算企业所得税应纳税所得额时扣除相关支出的依据。企业应在当年度企业所得税法规定的汇算清缴期结束前取得税前扣除凭证。

（3）种类。税前扣除凭证按照来源分为内部凭证和外部凭证：①内部凭证是指企业自制用于成本、费用、损失和其他支出核算的会计原始凭证。内部凭证的填制和使用应当符合国家会计法律、法规等相关规定。②外部凭证是指企业发生经营活动和其他事项时，从其他单位、个人取得的用于证明其支出发生的凭证，包括但不限于发票（包括纸质发票和电子发票）、财政票据、完税凭证、收款凭证、分割单等。

（4）企业在境内发生的支出项目属于增值税应税项目。对方为已办理税务登记的增值税纳税人，其支出以发票（包括按照规定由税务机关代开的发票）作为税前扣除凭证。对方为依法无需办理税务登记的单位或者从事小额零星经营业务的个人，其支出以税务机关代开的发票或者收款凭证及内部凭证作为税前扣除凭证，收款凭证应载明相关信息。税务总局对应税项目开具发票另有规定的，以规定的发票或者票据作为税前扣除凭证。

（5）企业在境内发生的支出项目不属于应税项目的。对方为单位的，以对方开具的发票以外的其他外部凭证作为税前扣除凭证；对方为个人的，以内部凭证作为税前扣除凭证；按税务总局规定可以开具发票的，可以发票作为税前扣除凭证。

（6）企业从境外购进货物或者劳务发生的支出。以对方开具的发票或者具有发票性质的收款凭证、相关税费缴纳凭证作为税前扣除凭证。

（7）不合规发票。企业取得私自印制、伪造、变造、作废、开票方非法取得、虚开、填写不规范等不符合规定的发票，以及取得不符合国家法律、法规等相关规定的其他外部凭证，不得作为税前扣除凭证。

（8）补开、换开发票。企业应当取得而未取得发票、其他外部凭证或者取得不合规发票、不合规其他外部凭证的，若支出真实且已实际发生，应当在当年度汇算清缴期结束前，要求对方补开、换开发票、其他外部凭证。补开、换开后的发票、其他外部凭证符合规定的，可以作为税前扣除凭证。

企业在补开、换开发票、其他外部凭证过程中，因对方注销、撤销、依法被吊销营业执照、被税务机关认定为非正常户等特殊原因无法补开、换开发票、其他外部凭证的，可凭以下资料证实支出真实性后，其支出允许税前扣除：无法补开、换开发票、其他外部凭证原因的证明资料(包括工商注销、机构撤销、列入非正常经营户、破产公告等证明资料)(必备资料);相关业务活动的合同或者协议(必备资料);采用非现金方式支付的付款凭证(必备资料);货物运输的证明资料;货物入库、出库内部凭证;企业会计核算记录以及其他资料。

汇算清缴期结束后,税务机关发现企业应当取得而未取得发票、其他外部凭证或者取得不合规发票、不合规其他外部凭证并且告知企业的,企业应当自被告知之日起60日内补开、换开符合规定的发票、其他外部凭证。其中,因对方特殊原因无法补开、换开发票、其他外部凭证的,企业应当按照上述的规定,自被告知之日起60日内提供可以证实其支出真实性的相关资料。

企业在规定的期限未能补开、换开符合规定的发票、其他外部凭证,并且未能按照上述的规定提供相关资料证实其支出真实性的,相应支出不得在发生年度税前扣除。

(9) 追补扣除。除发生上述补开、换开规定情形外,企业以前年度应当取得而未取得发票、其他外部凭证,且相应支出在该年度没有税前扣除的,在以后年度取得符合规定的发票、其他外部凭证或按照补开、换开的相关规定提供可以证实其支出真实性的相关资料,相应支出可以追补至该支出发生年度税前扣除,但追补年限不得超过5年。

(10) 共同接受增值税劳务(应税或非应税)。企业与其他企业(包括关联企业)、个人在境内共同接受应纳增值税劳务(以下简称应税劳务)发生的支出,采取分摊方式的,应当按照独立交易原则进行分摊,企业以发票和分割单作为税前扣除凭证,共同接受应税劳务的其他企业以企业开具的分割单作为税前扣除凭证。企业与其他企业、个人在境内共同接受非应税劳务发生的支出,采取分摊方式的,企业以发票外的其他外部凭证和分割单作为税前扣除凭证,共同接受非应税劳务的其他企业以企业开具的分割单作为税前扣除凭证。

(11) 企业租用资产发生的费用。企业租用(包括企业作为单一承租方租用)办公、生产用房等资产发生的水、电、燃气、冷气、暖气、通讯线路、有线电视、网络等费用,出租方作为应税项目开具发票的,企业以发票作为税前扣除凭证;出租方采取分摊方式的,企业以出租方开具的其他外部凭证作为税前扣除凭证。

5. 亏损

(1) 计算:每一纳税年度收入总额－不征税收入－免税收入－各项扣除<0。

(2) 处理:企业某一纳税年度发生的亏损,可以用下一年度的所得弥补,下一年度的所得不足以弥补的,可以逐年延续弥补,但最长不得超过5年。

企业筹办期间不计算为亏损年度,企业自开始生产经营的年度,为开始计算企业损益的年度。企业从事生产经营之前进行筹办活动期间发生筹办费用支出,不得计算为当期的亏损,企业可以在开始经营之日的当年一次性扣除,也可以按照长期待摊费用的规定处理,但一经选定,不得改变。

(3) 时间规定。

一般企业:最长不得超过5年;当年具备高新技术企业或科技型中小企业资格的企业,其具备资格年度之前5个年度发生的尚未弥补完的亏损,准予结转以后年度弥补,最长结转年限由5年延长至10年;受疫情影响较大的困难行业企业2020年度发生的亏损,最长结转年限由5年延长至8年。

困难行业企业,包括交通运输、餐饮、住宿、旅游(指旅行社及相关服务、游览景区管理两类)四大类,具体判断标准按照现行《国民经济行业分类》执行。困难行业企业2020年度主营业务收入须占收入总额(剔除不征税收入和投资收益)的50%以上。

(4) 不得弥补亏损:境外营业机构的亏损不得抵减境内营业机构的盈利。

(5) 其他规定:税务机关对企业以前年度纳税情况进行检查时调增的应纳税所得额,凡企业以前年度发生亏损、且该亏损属于企业所得税法规定允许弥补的,应允许调增的应纳税所得额弥补该亏损。弥补该亏损后仍有余额的,按规定计算缴纳企业所得税。对检查调增的应纳税所得额应依有关规定进行处理或处罚。

(二) 应纳税额的计算

1. 居民企业应纳税额的计算

(1) 直接计算法:应纳税所得额＝收入总额－不征税收入－免税收入－各项扣除金额－弥补亏损。

(2) 间接计算法:应纳税所得额＝会计利润总额±纳税调整项目金额;应纳税额＝应纳税所得额×税率－减免税额－抵免税额。

纳税调增:超标的三项经费、超标的社会保险费、超标的利息费用、超标的业务招待费、超标的广告费和业务宣传费、捐赠、手续费及佣金、税收滞纳金、罚金、罚款、被没收财务的损失、未经核定的准备金支出。

纳税调减:免税收入、减计收入、技术转让所得、铁路债券利息收入、加计扣除、加速折旧。

2. 境外所得抵扣税额的计算

(1) 抵免范围:居民企业就其取得的境外所得直接缴纳和间接负担的境外企业所得税性质的税额进行抵免;在中国境内设立的机构(场所)的非居民企业,可以就其取得的发生在境外,但与其有实际联系的所得直接缴纳的境外企业所得税性质的税额进行抵免。

(2) 抵免办法:直接抵免(分国不分项、不分国不分项)、间接抵免(国际税收)。

(3) 抵免限额。

分国不分项:抵免限额＝来源于某国(地区)的应纳税所得额×中国企业所得税税率。

不分国不分项:抵免限额＝境外应纳税所得额×中国企业所得税税率。

(4) 抵免税额。抵免限额与境外所得已纳额的较小者。超过抵免限额的部分,可以在以后5个纳税年度(从超过抵免限额的当年的次年起连续5个纳税年度)内,用每年度抵免限额抵免当年应抵税额后的余额进行抵补。

3. 居民企业核定征收应纳税额计算

(1) 核定征收范围。居民纳税人具有下列情形之一:依照法律、行政法规的规定可以不设置账簿的;依照法律、行政法规的规定应当设置但未设置账簿的;擅自销毁账簿或者拒不提供纳税资料的;虽设置账簿,但账目混乱或者成本资料、收入凭证、费用凭证残缺不全,难以查账的;发生纳税义务,未按规定期限申报,税务机关责令限期申报,逾期仍不申报的;申报计税依据明显偏低,又无正当理由的。

(2) 不能核定征收的范围:享受优惠政策的企业(不包括仅享受免税收入的企业、符合条件的小型微利企业);汇总纳税企业;上市公司;金融企业;经济鉴证类社会中介机构;国家税务总局规定的其他企业。

(3) 核定征收的办法:核定应税所得率;其他方法。

(4) 核定应税所得率。具有下列情形之一的,核定其应税所得率:能正确核算(查实)收入总额,但不能正确核算(查实)成本费用总额的;能正确核算(查实)成本费用总额,但不能正确核算(查实)收入总额的;通过合理方法,能计算和推定纳税人收入总额或成本费用总额的。核定计算公式为:

应纳税所得额＝应税收入额×应税所得率;应税收入额＝收入总额－不征税收入－免税收入

应纳税所得额＝成本(费用)支出额÷(1－应税所得率)×应税所得率

4. 非居民企业应纳税额的计算

非居民企业在中国境内未设立机构、场所的,或者虽设立机构、场所但取得的所得与其所设机构、场所没有实际联系的,应当就其来源于中国境内的所得缴纳企业所得税。

股息、红利等权益性投资收益和利息、租金、特许权使用费所得,以收入全额为应纳税所得额。转让财产所得,以收入全额减除财产净值后的余额为应纳税所得额。

5. 非居民企业所得税核定征收办法

(1) 应纳税所得额。

按收入总额核定应纳税所得额:应纳税所得额＝收入总额×经税务机关核定的利润率。

按成本费用核定应纳税所得额:应纳税所得额＝成本费用总额÷(1－经税务机关核定的利润率)×经税务机关核定的利润率。

按经费支出换算收入核定应纳税所得额:应纳税所得额＝经费支出总额÷(1－经税务机关核定的利润率)×经税务机关核定的利润率。

(2) 税务机关可以按照下列标准确定非居民企业的利润率。

从事承包工程作业、设计和咨询劳务,利润率为15%～30%;从事管理服务,利润率为30%～50%;从事其他劳务或劳务以外经营活动,利润率不低于15%。

采取核定征收方式征收企业所得税的非居民企业,在中国境内从事适用不同核定利润率的经营活动,并取得应税所得的,应分别核算并适用相应的利润率计算缴纳企业所得税;凡不能分别核算的,应从高适用利润率,计算缴纳企业所得税。

非居民企业与中国居民企业签订机器设备或货物销售合同,同时提供设备安装、装配、技术培训、指导、监督服务等劳务,其销售货物合同中未列明提供上述劳务服务收费金额,或者计价不合理的,主管税务机关可以根据实际情况,参照相同或相近业务的计价标准核定劳务收入。无参照标准的,以不低于销售货物合同总价款的10%为原则,确定非居民企业的劳务收入。

主管税务机关应及时向非居民企业送达《非居民企业所得税征收方式鉴定表》,非居民企业应在收到《非居民企业所得税征收方式鉴定表》后10个工作日内,完成《非居民企业所得税征收方式鉴定表》的填写并送达主管税务机关,主管税务机关在受理《非居民企业所得税征收方式鉴定表》后20个工作日内,完成该项征收方式的确认工作。

6. 外国企业常驻代表机构税收管理

外国企业常驻代表机构是指按照国务院有关规定,在工商行政管理部门登记或经有关部门批准,设立在中国境内的外国企业(包括港、澳、台企业)及其他组织的常驻代表机构。

(1) 办理税务登记的时间:代表机构应当自领取工商登记证件(或有关部门批准)之日起30日内,持有关资料,向其所在地主管税务机关申报办理税务登记。

(2) 申报缴纳税款的时间:代表机构在季度终了之日起15日内向主管税务机关据实申报缴纳企业所得税。

(3) 核定征收情形:账簿不健全,不能准确核算收入或成本费用,以及无法按照规定据实申报的代表机构,由税务机关核定征收。

(4) 核定方式。

按经费支出换算收入:①收入额=本期经费支出额÷(1-核定利润率)。②应纳企业所得税=收入额×核定利润率×企业所得税税率。

按收入总额核定应纳税所得额:应纳企业所得税=收入总额×核定利润率×企业所得税税率。

代表机构的核定利润率不应低于15%。

(5) 经费支出的范围。

经费支出包括:①在中国境内、外支付给工作人员的工资薪金、奖金、津贴、福利费、物品采购费(包括汽车、办公设备等固定资产)、通讯费、差旅费、房租、设备租赁费、交通费、交际费、其他费用(为总机构从中国境内购买样品所支付的样品费和运输费用;国外样品运往中国发生的中国境内的仓储费用、报关费用;总机构人员来华访问聘用翻译的费用;总机构为中国某个项目投标由代表机构支付的购买标书的费用)。②购置固定资产所发生的支出,以及代表机构设立时或者搬迁等原因所发生的装修费支出,应在发生时一次性作为经费支出额换算收入计税。③利息收入不得冲抵经费支出额;发生的交际应酬费,以实际发生数额计入经费支出额。

经费支出不包括:以货币形式用于我国境内的公益、救济性质的捐赠、滞纳金、罚款,以及为其总机构垫付的不属于其自身业务活动所发生的费用,不应作为代表机构的经费支出额。

7. 企业转让上市公司限售股有关所得税问题

企业转让代个人持有的限售股:企业转让限售股取得的收入,应作为企业应税收入计算纳税，计算公式为：

$$限售股转让所得＝转让收入－限售股原值－合理税费$$

不能准确计算限售股原值的，主管税务机关一律按该限售股转让收入的15%，核定为该限售股原值和合理税费。将完成纳税义务后的限售股转让收入余额转付给实际所有人时不再纳税。依法院判决、裁定等原因，通过证券登记结算公司，企业将其代持的个人限售股直接变更到实际所有人名下的，不视同转让限售股。

解禁前转让：企业应按减持在证券登记结算机构登记的限售股取得的全部收入，计入企业当年应税收入计算纳税。企业持有的限售股在解禁前已签订协议转让给受让方，但未变更股权登记，仍由企业持有的，企业实际减持该限售股取得的收入，按上述规定纳税后，其余额转付给受让方的，受让方不再纳税。

五、税收优惠

(一) 免征与减征优惠

1. 从事农、林、牧、渔业项目的所得

免征（8项）：蔬菜、谷物、薯类、油料、豆类、棉花、麻类、糖料、水果、坚果的种植；中药材的种植；林木的培育和种植；农作物新品种的选育；林产品的采集；牲畜、家禽的饲养（含猪、兔的饲养，饲养牲畜、家禽产生的分泌物、排泄物）；灌溉、农产品的初加工、兽医、农技推广、农机作业和维修等；远洋捕捞。

减半（2项）：花卉、茶以及其他饮料作物和香料作物的种植（含观赏性作物的种植）；海水养殖、内陆养殖。

2. 从事国家重点扶持的公共基础设施项目投资经营的所得

从事国家重点扶持的公共基础设施项目投资经营的所得，自项目取得第一笔生产经营收入所属纳税年度起，第1年至第3年免征企业所得税，第4年至第6年减半征收企业所得税。国家重点扶持的公共基础设施项目，是指规定的港口码头、机场、铁路、公路、电力、水利等项目。

企业承包经营、承包建设和内部自建自用上述规定的项目，不得享受上述企业所得税优惠。具体情况如下：

(1) 企业投资经营符合规定条件和标准的公共基础设施项目，采用一次核准、分批次（如码头、泊位、航站楼、跑道、路段、发电机组等）建设的，凡同时符合下列条件的，可按每一批次为单位计算所得，并享受企业所得税"三免三减半"优惠。①不同批次在空间上相互独立。②每一批次自身具备取得收入的功能。③以每一批次为单位进行会计核算，单独计算所得，并合理分摊期间费用。

(2) 对企业电网新建项目，暂以资产比例法，即以企业新增输变电固定资产原值占企业总输变电固定资产原值的比例，合理计算电网新建项目的应纳税所得额，并据此享受"三免三减半"的企业所得税优惠政策。

3. 从事符合条件的环境保护、节能节水项目的所得

环境保护、节能节水项目的所得,自项目取得第一笔生产经营收入所属纳税年度起,"三免三减半"。符合条件的环境保护、节能节水项目包括公共污水处理、公共垃圾处理、沼气综合开发利用、节能减排技术改造、海水淡化等。对饮水工程运营管理单位从事规定的饮水工程新建项目投资经营的所得,自项目取得第一笔生产经营收入所属纳税年度起,"三免三减半"。

以上规定享受减免税优惠的项目,减免税期限之内转让的,受让方自受让之日起,可以在剩余期限内享受规定的减免税优惠,减免税期限届满后转让的,受让方不得就该项目重复享受减免税优惠。

4. 符合条件的技术转让所得

1个纳税年度内,居民企业转让技术所有权所得不超过500万元的部分,免征企业所得税;超过500万元的部分,减半征收企业所得税。技术转让应签订技术转让合同。其中,境内的技术转让须经省级以上(含省级)科技部门认定登记,跨境的技术转让须经省级以上(含省级)商务部门认定登记,涉及财政经费支持产生技术的转让,须省级以上(含省级)科技部门审批。

(1) 技术转让的范围:①包括居民企业转让专利技术、计算机软件著作权、集成电路布图设计权、植物新品种、生物医药新品种、5年(含)以上非独占许可使用权,以及财政部和国家税务总局确定的其他技术。②居民企业取得禁止出口和限制出口技术转让所得,不享受技术转让减免企业所得税优惠政策。③居民企业从直接或间接持有股权之和达到100%的关联方取得的技术转让所得,不享受技术转让减免企业所得税优惠政策。

(2) 技术转让所得:①技术转让所得=技术转让收入-技术转让成本-相关税费(其他的技术转让)。②技术转让所得=技术转让收入-无形资产摊销费用-相关税费-应分摊期间费用(5年,含5年以上非独占许可使用权)。

(3) 技术转让收入:①技术转让收入不包括销售或转让设备非技术性收入,不属于与技术转让项目密不可分的技术咨询、技术服务、技术培训等收入。②可以计入技术转让收入的技术咨询、技术服务、技术培训收入,是指转让方为使受让方掌握所转让的技术投入使用、实现产业化而提供的必要的技术咨询、技术服务、技术培训所产生的收入,并应同时符合以下条件:在技术转让合同中约定的与技术转让相关的技术咨询、技术服务、技术培训;技术咨询、技术服务、技术培训收入与该技术转让项目收入一并收取价款。

(4) 技术转让成本,是指转让的无形资产的净值,即该无形资产的计税基础减除在资产使用期间按照规定计算的摊销扣除额后的余额。

(5) 相关税费,是指技术转让过程中实际发生的有关税费,包括除企业所得税和允许抵扣的增值税以外的各项税金及其附加、合同签订费用、律师费等。

5. QFII和RQFII取得中国境内的股票等权益性投资资产转让所得

从2014年11月17日起,对合格境外机构投资者(QFII)、人民币合格境外机构投资者(RQFII)取得来源于中国境内的股票等权益性投资资产转让所得,暂免征收企业所得

税。在2014年11月17日之前取得的上述所得依法征税。

上述规定适用于在中国境内未设立机构、场所,或者在中国境内虽设立机构、场所,但取得的上述所得与其所设机构、场所没有实际联系的QFII、RQFII。

6. 深港股票市场交易、内地与香港基金互认税收政策

香港联交所上市股票:①转让差价所得,计入收入总额,依法征收企业所得税。②股息红利所得,连续持有满12个月,免税;不满12个月,征税。

香港基金份额:①转让差价所得,计入收入总额,依法征收企业所得税。②基金分配取得的收益,计入收入总额,依法征收企业所得税。

香港联交所上市H股公司应向中国结算提出申请,由中国结算向H股公司提供内地企业投资者名册,H股公司对内地企业投资者不代扣股息红利所得税款,应纳税款由企业自行申报缴纳;内地企业投资者自行申报缴纳企业所得税时,对香港联交所非H股上市公司已代扣代缴的股息红利所得税,可依法申请税收抵免。

7. 文化事业单位转制为企业有关税收政策

经营性文化事业单位转制为企业,自转制注册之日起5年内免征企业所得税。2018年12月31日之前已完成转制的企业,自2019年1月1日起可继续免征5年企业所得税。

8. 重点群体创业就业有关税收政策

企业招用建档立卡贫困人口,以及在人力资源社会保障部门公共就业服务机构登记失业半年以上且持《就业创业证》或《就业失业登记证》(注明"企业吸纳税收政策")的人员,与其签订1年以上期限劳动合同并依法缴纳社会保险费的,自签订劳动合同并缴纳社会保险当月起,在3年内按实际招用人数予以定额依次扣减企业所得税优惠。

(二)高新技术企业优惠

1. 国家需要重点扶持的高新技术企业减按15%的税率征收企业所得税

已获得高新技术企业资格的企业后续管理及重新认定前的税收问题:

(1)企业获得高新技术企业资格后,自高新技术企业证书注明的发证时间所在年度起申报享受税收优惠,并按规定向主管税务机关办理备案手续。

(2)企业的高新技术企业资格期满当年,在通过重新认定前,其企业所得税暂按15%的税率预缴,在年底前仍未取得高新技术企业资格的,应按规定补缴相应期间的税款。

(3)对取得高新技术企业资格且享受税收优惠的高新技术企业,税务部门如在日常管理过程中发现其在高新技术企业认定过程中或享受优惠期间不符合《高新技术企业认定管理办法》第十一条规定的认定条件的,应提请认定机构复核。复核后确认不符合认定条件的,由认定机构取消其高新技术企业资格,并通知税务机关追缴其证书有效期内自不符合认定条件年度起已享受的税收优惠。

(4)享受税收优惠的高新技术企业,应妥善保管以下资料留存备查:①高新技术企业资格证书。②高新技术企业认定资料。③知识产权相关材料。④年度主要产品(服务)发

挥核心支持作用的技术属于《国家重点支持的高新技术领域(2016年修订)》规定范围的说明,高新技术产品(服务)及对应收入资料。⑤年度职工和科技人员情况证明材料。⑥当年和前两个会计年度研发费用总额及占同期销售收入比例、研发费用管理资料以及研发费用辅助账,研发费用结构明细表[具体格式见《高新技术企业认定管理工作指引》(国科发火〔2016〕195号附件)]。⑦省税务机关规定的其他资料。

2. 经济特区和上海浦东新区新设立高新技术企业过渡性税收优惠

对经济特区和上海浦东新区内在2008年1月1日(含)之后完成登记注册的国家需要重点扶持的高新技术企业,在经济特区和上海浦东新区内取得的所得,自取得第一笔生产经营收入所属纳税年度起,第1年至第2年免征企业所得税,第3年至第5年按照25%的法定税率减半征收企业所得税。

3. 技术先进性服务企业所得税优惠

自2017年1月1日起,对经认定的技术先进型服务企业,减按15%的税率征收企业所得税。自2018年1月1日起,对经认定的技术先进型服务企业(服务贸易类),减按15%的税率征收企业所得税。

(三) 小型微利企业优惠

1. 身份界定

从事国家非限制和禁止行业,并同时符合以下条件:

(1) 年度应纳税所得额≤300万元。

(2) 从业人数≤300人。

(3) 资产总额≤5 000万元。

2. 税率

税率20%。

3. 应纳税所得额

(1) 年度应纳税所得额≤100万元的部分,减按25%计入应纳税所得额(实际税负=$25\% \times 20\% = 5\%$)。

(2) 100万元<年度应纳税所得额≤300万元的部分,减按50%计入应纳税所得额(实际税负=$50\% \times 20\% = 10\%$)。

4. 征收管理

(1) 符合规定条件的小型微利企业,无论采取查账征收还是核定征收方式均可按照规定享受小型微利企业所得税优惠政策。

(2) 自2020年1月1日起,跨境电子商务综合试验区内实行核定征收的跨境电商企业符合小型微利企业优惠政策条件的,可享受小型微利企业所得税优惠政策。

(3) 小型微利企业优惠政策只适用于全部生产经营活动产生的所得均负有我国企业所得税纳税义务的企业。仅就来源于我国所得负有我国纳税义务的非居民企业,不适用上述规定。

(4) 小型微利企业所得税统一实行按季度预缴。

(四)加计扣除优惠

1. 企业研发活动中发生的研发费用

企业开展研发活动实际发生的研究开发费,未形成无形资产计入当期损益的,在按照规定据实扣除的基础上,按照研究开发费用的75%加计扣除;形成无形资产的,按照无形资产成本的175%摊销。

企业应对研发费用和生产经营费用分别核算,准确、合理地归集各项费用支出,对划分不清的,不得实行加计扣除。

研发费用的具体范围包括:①人员人工费用:指直接从事研发活动人员的工资薪金、基本养老保险费、基本医疗保险费、失业保险费、工伤保险费、生育保险费和住房公积金以及外聘研发人员的劳务费用。②直接投入费用。③折旧费用。④无形资产摊销。⑤新产品设计费、新工艺规程制定费、新药研制的临床试验费、勘探开发技术的现场试验费。⑥其他相关费用。此项费用总额不得超过可加计扣除研发费用总额的10%。⑦财政部和国家税务总局规定的其他费用。

特别事项的处理:①企业委托外部机构或个人进行研发活动所发生的费用,按照费用实际发生额的80%计入委托方研发费用并计算加计扣除。受托方不得再进行加计扣除。委托外部的研发费用实际发生额应按照独立交易原则确定。②企业共同合作开发的项目,由合作各方就自身实际承担的研发费用分别计算加计扣除。

委托境外进行研发活动:企业委托境外的研发费用按照费用实际发生额的80%计入委托方的委托境外研发费用,不超过境内符合条件的研发费用2/3的部分,可以按规定在企业所得税前加计扣除。

委托境外进行研发活动不包括委托境外个人进行的研发活动。

下列行业不适用税前加计扣除政策:①烟草制造业。②住宿和餐饮业。③批发和零售业。④房地产业。⑤租赁和商务服务业。⑥娱乐业。⑦财政部和国家税务总局规定的其他行业。

下列活动不适用税前加计扣除政策:①企业产品(服务)的常规性升级。②对某项科研成果的直接应用,如直接采用公开的新工艺、材料、装置、产品、服务或知识等。③企业在商品化后为顾客提供的技术支持活动。④对现存产品、服务、技术、材料或工艺流程进行的重复或简单改变。⑤市场调查研究、效率调查或管理研究。⑥作为工业(服务)流程环节或常规的质量控制、测试分析、维修维护。⑦社会科学、艺术或人文学方面的研究。

新增规定:①企业取得作为不征税收入处理的财政性资金用于研发活动所形成的费用或无形资产,不得计算加计扣除或摊销。②已计入无形资产但不属于允许加计扣除研发费用范围的,企业摊销时不得计算加计扣除。③法律、行政法规和国务院财税主管部门规定不允许企业所得税前扣除的费用和支出项目不得计算加计扣除。

2. 企业安置残疾人员所支付的工资

企业安置残疾人员所支付的工资,在按照支付给残疾职工工资据实扣除的基础上,按照支付给残疾职工工资的100%加计扣除。

(五) 创业投资企业优惠

1. 创业投资企业税收政策

创业投资企业采取股权投资方式投资于未上市的中小高新技术企业2年以上的,可按其投资额的70%在股权持有满2年的当年抵扣该创业投资企业的应纳税所得额;当年不足抵扣的,可在以后纳税年度结转抵扣。

享受税收政策的投资,仅限于通过向被投资初创科技型企业直接支付现金方式取得的股权投资,不包括受让其他股东的存量股权。

公司制创业投资企业采取股权投资方式直接投资于种子期、初创期科技型企业(以下简称初创科技型企业)满2年(24个月,下同)的,可以按照投资额的70%在股权持有满2年的当年抵扣该公司制创业投资企业的应纳税所得额;当年不足抵扣的,可以在以后纳税年度结转抵扣。

有限合伙制创业投资企业(以下简称合伙创投企业)采取股权投资方式直接投资于初创科技型企业满2年的,该合伙创投企业的合伙人是法人合伙人的,可以按照对初创科技型企业投资额的70%抵扣法人合伙人从合伙创投企业分得的所得;当年不足抵扣的,可以在以后纳税年度结转抵扣。

享受税收政策的创业投资企业,应同时符合以下条件:①在中国境内(不含港澳、台地区)注册成立、实行查账征收的居民企业或合伙创投企业,且不属于被投资初创科技型企业的发起人。②符合《创业投资企业管理暂行办法》规定或者《私募投资基金监督管理暂行办法》关于创业投资基金的特别规定,按照规定完成备案且规范运作。③投资后2年内,创业投资企业及其关联方持有被投资初创科技型企业的股权比例合计应低于50%。

初创科技型企业,应同时符合以下条件:①在中国境内(不包括港、澳、台地区)注册成立、实行查账征收的居民企业。②接受投资时,从业人数不超过300人,其中具有大学本科以上学历的从业人数不低于30%;资产总额和年销售收入均不超过5 000万元。③接受投资时设立时间不超过5年(60个月)。④接受投资时以及接受投资后2年内未在境内外证券交易所上市。⑤接受投资当年及下一纳税年度,研发费用总额占成本费用支出的比例不低于20%。

2. 管理事项及管理要求

上述所称从业人数,包括与企业建立劳动关系的职工人员及企业接受的劳务派遣人员。从业人数和资产总额指标,按照企业接受投资前连续12个月的平均数计算,不足12个月的,按实际月数平均计算。

上述所称销售收入,包括主营业务收入与其他业务收入;年销售收入指标,按照企业接受投资前连续12个月的累计数计算,不足12个月的,按实际月数累计计算。

(六) 加速折旧优惠

1. 一般性加速折旧

适用固定资产:由于技术进步,产品更新换代较快的固定资产;常年处于强震动、高腐蚀状态的固定资产。

方法：缩短折旧年限（最低折旧年限不得低于规定折旧年限的60%）；加速折旧方法（双倍余额递减法或年数总和法）。

2. 特殊性加速折旧

对全部制造业新购进的固定资产，可缩短折旧年限或采取加速折旧的方法。

对全部制造业的小型微利企业新购进的研发和生产经营共用的仪器、设备，单位价值不超过100万元的，允许一次性计入当期成本费用在计算应纳税所得额时扣除，不再分年度计算折旧；单位价值超过100万元的，可缩短折旧年限或采取加速折旧的方法。

对所有行业企业新购进的专门用于研发的仪器、设备，单位价值不超过100万元的，允许一次性计入当期成本费用在计算应纳税所得额时扣除，不再分年度计算折旧；单位价值超过100万元的，可缩短折旧年限或采取加速折旧的方法。

对所有行业企业持有的单位价值不超过5 000元的固定资产，允许一次性计入当期成本费用在计算应纳税所得额时扣除，不再分年度计算折旧。

企业在2018年1月1日至2020年12月31日期间新购进的设备、器具，单位价值不超过500万元的，允许一次性计入当期成本费用在计算应纳税所得额时扣除，不再分年度计算折旧。

政策说明：①所称设备、器具，是指除房屋、建筑物以外的固定资产；所称购进，包括以货币形式购进或自行建造，其中以货币形式购进的固定资产包括购进的使用过的固定资产。②固定资产在投入使用月份的次月所属年度一次性税前扣除。③企业根据自身生产经营核算需要，可自行选择享受一次性税前扣除政策。未选择享受一次性税前扣除政策的，以后年度不得再变更。④固定资产购进时点的资料包括：货币形式购进固定资产的发票；分期付款、赊销方式购进固定资产的到货时间说明；自行建造固定资产的竣工决算情况说明。

3. 疫情防控设备扣除

自2020年1月1日起（截止日期视疫情情况另行公告），对疫情防控重点保障物资生产企业为扩大产能新购置的相关设备，允许一次性计入当期成本费用在企业所得税税前扣除。

（七）减计收入优惠

(1) 企业综合利用资源，生产国家非限制和禁止并符合国家和行业相关标准的产品取得的收入，减按90%计入收入总额。

(2) 自2019年6月1日至2025年12月31日，提供社区养老、托育、家政服务取得的收入，在计算应纳税所得额时，减按90%计入收入总额。

（八）税额抵免优惠

企业购置并实际使用《优惠目录》规定的环境保护、节能节水、安全生产等专用设备的，该专用设备的投资额的10%可以从企业当年的应纳税额中抵免；当年不足抵免的，可以在以后 5 个纳税年度结转抵免。

进行税额抵免时,如增值税进项税额允许抵扣,其专用设备投资额不再包括增值税进项税额;如增值税进项税额不允许抵扣,其专用设备投资额应为增值税专用发票上注明的价税合计金额。企业购买专用设备取得普通发票的,其专用设备投资额为普通发票上注明的金额。

企业购置上述专用设备在 5 年内转让、出租的,应当停止享受企业所得税优惠、并补缴已经抵免的企业所得税税款。

(九)非居民企业优惠

1. 10%税率的适用范围

(1)在我国境内未设机构场所的非居民企业,取得的境内所得。

(2)非居民企业在我国境内设立机构、场所,但取得的境内所得与其所设机构、场所没有实际联系。

2. 免税所得

(1)外国政府向中国政府提供贷款取得的利息所得。

(2)国际金融组织向中国政府和居民企业提供优惠贷款取得的利息所得。

(十)促进节能服务产业发展的优惠

对符合条件的节能服务公司实施合同能源管理项目,符合《企业所得税法》有关规定的,自项目取得第一笔生产经营收入所属纳税年度起,第一年至第三年免征企业所得税,第四年至第六年按照 25%的法定税率减半征收企业所得税("三免三减半")。

(十一)其他有关行业的优惠

1. 软件产业和集成电路产业

自获利年度起"两免三减半":集成电路线宽小于 0.8 微米(含)的集成电路生产企业;境内新办的集成电路设计企业和符合条件的软件企业。

经营期 10 年以上,二免三减半:集成电路线宽小于 130 纳米。

如当年未享受免税优惠,可减按 10%:国家税收筹划布局内的重点软件企业和集成电路设计企业。

15%的税率;其中经营期在 15 年以上的,"五免五减半"(25%):集成电路线宽小于 0.25 微米或投资额超过 80 亿元。

经营期在 15 年以上的,"五免五减半"(25%):集成电路线宽小于 65 纳米或投资额超过 150 亿元。

政策规定:

(1)符合条件的软件企业按照规定取得的即征即退增值税款,由企业专项用于软件产品研发和扩大再生产并单独进行核算,可作为不征税收入,在计算时从收入总额中减除。

(2)企业外购的软件,凡符合固定资产或无形资产确认条件的,可以按照固定资产或无形资产进行核算,其折旧或摊销年限可以适当缩短,最短可为 2 年(含)。

(3) 集成电路生产企业的生产设备,其折旧年限可以适当缩短,最短可为3年(含)。

2. 鼓励证券投资基金发展

对证券投资基金从证券市场中取得的收入,包括买卖股票、债券的差价收入,股权的股息红利,债券的利息收入及其他收入,暂不征收企业所得税;对投资者从证券投资基金分配中取得的收入,暂不征收企业所得税;对证券投资基金管理人运用基金买卖股票、债券的差价收入,暂不征收企业所得税。

3. 西部大开发的税收优惠

对设在西部地区的鼓励类产业企业减按15%的税率征收企业所得税。

4. 从事污染防治的第三方企业所得税优惠

自2019年1月1日起至2021年12月31日止,对符合条件的从事污染防治的第三方企业减按15%的税率征收企业所得税。

第三方防治企业是指受排污企业或政府委托,负责环境污染治理设施(包括自动连续监测设施,下同)运营维护的企业。

第三方防治企业应当同时符合以下条件。注册地:在中国境内(不包括港、澳、台地区)依法注册的居民企业。实践能力:具有1年以上连续从事环境污染治理设施运营实践,且能够保证设施正常运行。人员要求:具有至少5名从事本领域工作且具有环保相关专业中级及以上技术职称的技术人员,或者至少2名从事本领域工作且具有环保相关专业高级及以上技术职称的技术人员。收入:从事环境保护设施运营服务的年度营业收入占总收入的比例不低于60%。其他要求:具备检验能力,拥有自有实验室,仪器配置可满足运行服务范围内常规污染物指标的检测需求;保证其运营的环境保护设施正常运行,使污染物排放指标能够连续稳定达到国家或者地方规定的排放标准要求;具有良好的纳税信用,近三年内纳税信用等级未被评定为C级或D级。

第三方防治企业,自行判断其是否符合上述条件,符合条件的可以申报享受税收优惠,相关资料留存备查。税务部门依法开展后续管理过程中,可转请生态环境部门进行核查,生态环境部门可以委托专业机构开展相关核查工作,具体办法由税务总局会同国家发展改革委、生态环境部制定。

5. 企业混合性投资业务企业所得税处理

企业混合性投资业务,是指兼具权益和债权双重特性的投资业务。

同时符合下列条件的混合性投资业务,按下列方法进行企业所得税处理:

(1) 被投资企业接受投资后,需按投资合同或协议约定的利率定期支付利息(保底利息、固定利润、固定股息,下同)。

(2) 有明确的投资期限或特定的投资条件,并在投资期满或者满足特定投资条件后,被投资企业需要赎回投资或偿还本金。

(3) 投资企业对被投资企业净资产不拥有所有权。

(4) 投资企业不具有选举权和被选举权。

(5) 投资企业不参与被投资企业日常生产经营活动。

符合规定的混合性投资业务,按下列规定进行企业所得税处理:

(1) 投资企业应于被投资企业应付利息的日期,确认收入的实现,并计入当期应纳税所得额。

(2) 被投资企业应于应付利息的日期,确认利息支出,按规定进行税前扣除。

(3) 对于被投资企业赎回的投资,投资双方应于赎回时将赎价与投资成本之间的差额确认为债务重组损益,分别计入当期应纳税所得额。

6. 企业发行永续债的企业所得税政策

永续债是指经国家发改委、中国人民银行、银保监会、证监会核准,或经中国银行间市场交易商协会注册、中国证券监督管理委员会授权的证券自律组织备案,依照法定程序发行、附赎回(续期)选择权或无明确到期日的债券,包括可续期企业债、可续期公司债、永续债务融资工具(含永续票据)、无固定期限资本债券等。自2019年1月1日起,企业发行永续债按以下规定执行:

(1) 企业发行的永续债,可以适用股息、红利企业所得税政策。

投资方取得的永续债利息收入属于股息、红利性质,按照现行企业所得税政策相关规定进行处理,其中,发行方和投资方均为居民企业的,永续债利息收入可以适用企业所得税法规定的居民企业之间的股息、红利等权益性投资收益免征企业所得税规定;发行方支付的永续债利息支出不得在企业所得税税前扣除。

(2) 企业发行符合规定条件的永续债,也可以按照债券利息适用企业所得税政策,即发行方支付的永续债利息支出准予在其企业所得税税前扣除;投资方取得的永续债利息收入应当依法纳税。

(3) 上述第(2)条所称符合规定条件的永续债,是指符合下列条件中5条(含)以上的永续债:①被投资企业对该项投资具有还本义务。②有明确约定的利率和付息频率。③有一定的投资期限。④投资方对被投资企业净资产不拥有所有权。⑤投资方不参与被投资企业日常生产经营活动。⑥被投资企业可以赎回,或满足特定条件后可以赎回。⑦被投资企业将该项投资计入负债。⑧该项投资不承担被投资企业股东同等的经营风险。⑨该项投资的清偿顺序位于被投资企业股东持有的股份之前。

(4) 企业发行永续债,应当将其适用的税收处理方法在证券交易所、银行间债券市场等发行市场的发行文件中向投资方予以披露。

(5) 发行永续债的企业对每一永续债产品的税收处理方法一经确定,不得变更。企业对永续债采取的税收处理办法与会计核算方式不一致的,发行方、投资方在进行税收处理时须作出相应纳税调整。

六、征收管理

(一) 纳税地点

1. 居民企业

(1) 除另有规定外:企业登记注册地。

(2) 登记注册地在境外的：实际管理机构所在地。

2. 非居民企业

(1) 境内设立机构场所且所得有实际联系：机构场所所在地。

(2) 境内设立两个以上机构场所：可以选择由其主要的机构场所汇总缴纳。

(3) 境内未设立机构场所或境内设立机构场所，但取得的所得与其所设机构、场所设有实际联系的：扣缴义务人所在地。

汇总纳税的非居民企业应在汇总纳税的年度中持续符合下列所有条件：①汇总纳税的各机构、场所已在所在地主管税务机关办理税务登记，并取得纳税人识别号。②主要机构、场所符合《企业所得税法实施条例》第一百二十六条规定，汇总纳税的各机构、场所不得采用核定方式计算缴纳企业所得税。③汇总纳税的各机构、场所能够按照规定准确计算本机构、场所的税款分摊额，并按要求向所在地主管税务机关办理纳税申报。

(二) 纳税期限、纳税申报

1. 总体原则

按年计征，分月或分季预缴，年终汇算清缴，多退少补。

2. 预缴税款

企业应自月份或季度终了之日起15日内，向税务机关报送预缴企业所得税纳税申报表，预缴税款。

3. 汇算清缴

企业应自年度终了之日起5个月内，向税务机关报送年度企业所得税纳税申报表，并汇算清缴，结清应缴应退税款。

企业在年度中间终止经营活动的，应当自实际经营终止之日起60日内，向税务机关办理当期企业所得税汇算清缴。

4. 报送资料

企业在纳税年度内无论盈利或亏损，都应报送预缴企业所得税纳税申报表、年度企业所得税纳税申报表、财务会计报告等资料。

5. 纳税年度

(1) 纳税年度自公历1月1日起至12月31日止。

(2) 企业在一个纳税年度中间开业，或终止经营活动，使实际经营期不足12个月的，实际经营期为1个纳税年度。

(3) 企业依法清算时，清算期间作为1个纳税年度。

(三) 跨地区经营汇总纳税企业所得税征收管理

(1) 居民企业在中国境内跨地区（指跨省、自治区、直辖市和计划单列市）设立不具有法人资格分支机构的，应当汇总计算并缴纳企业所得税。

(2) 基本原则：统一计算、分级管理、就地预缴、汇总清算、财政调库。

(3) 母子公司的盈亏不能汇总计算，总分公司的盈亏可以汇总计算。

(4) 企业在汇总计算缴纳企业所得税时,其境外营业机构的亏损不得抵减境内营业机构的营利。

(5) 汇总纳税企业按照《企业所得税法》规定汇总计算的企业所得税,包括预缴税款和汇算清缴应缴应退税款,50%在各分支机构间分摊,各分支机构根据分摊税款就地办理缴库或退库;50%由总机构分摊缴纳,其中25%就地办理缴库或退库,25%就地全额缴入中央国库或退库。

(6) 总分机构分摊税款的计算公式为:

总机构分摊税款＝汇总纳税企业当期应纳所得税额×50%

所有分支机构分摊税款总额＝汇总纳税企业当期应纳所得税额×50%

某分支机构分摊税款＝所有分支机构分摊税款总额×该分支机构分摊比例

总机构按照上年度分支机构的营业收入、职工薪酬和资产总额三个因素计算各分支机构分摊所得税款的比例;三级及以下分支机构,其营业收入、职工薪酬和资产总额统一计入二级分支机构;三因素的权重依次为0.35、0.35、0.30。其计算公式为:

$$某分支机构分摊比例 = \frac{该分支机构营业收入}{各分支机构营业收入之和} \times 0.35 + \frac{该分支机构职工薪酬}{各分支机构职工薪酬之和} \times 0.35 + \frac{该分支机构资产总额}{各分支机构资产总额之和} \times 0.30$$

(四) 企业政策性搬迁所得税管理

政策性搬迁,是指由于社会公共利益的需要,在政府主导下企业进行整体搬迁或部分搬迁。

1. 政策性搬迁

企业由于下列需要之一,提供相关文件证明资料的,属于政策性搬迁:

(1) 国防和外交的需要。

(2) 由政府组织实施的能源、交通、水利等基础设施的需要。

(3) 由政府组织实施的科技、教育、文化、卫生、体育、环境和资源保护、防灾减灾、文物保护、社会福利、市政公用等公共事业的需要。

(4) 由政府组织实施的保障性安居工程建设的需要。

(5) 由政府依照《中华人民共和国城乡规划法》有关规定组织实施的对危房集中、基础设施落后等地段进行旧城区改建的需要。

(6) 法律、行政法规规定的其他公共利益的需要。

2. 搬迁所得

$$搬迁所得 = 搬迁收入 - 搬迁支出$$

(1) 搬迁收入＝搬迁补偿收入(货币性和非货币性)＋搬迁处置资产收入。

搬迁补偿收入:对被征用资产价值的补偿;因搬迁、安置而给予的补偿;对停产停业形成的损失而给予的补偿;资产搬迁过程中遭到毁损而取得的保险赔款;其他补偿收入。

搬迁处置资产收入：由于搬迁而处置企业各类资产所取得的收入。企业由于搬迁处置存货而取得的收入，应按正常经营活动取得的收入进行所得税处理，不作为企业搬迁收入。

（2）搬迁支出＝搬迁费用支出＋搬迁资产处置支出。

搬迁费用支出：安置职工实际发生的费用；停工期间支付给职工的工资及福利费；临时存放搬迁资产而发生的费用；各类资产搬迁安装费用。

搬迁资产处置支出：变卖及处置各类资产的净值；处置过程中所发生的税费等支出；企业由于搬迁而报废的资产（如无转让价值，其净值作为企业的资产处置支出）。

3. 搬迁税收政策

企业在搬迁期间发生的搬迁收入和搬迁支出，可以暂不计入当期应纳税所得额，而在完成搬迁的年度，对搬迁收入和支出进行汇总清算。

（1）下列情形之一的，为搬迁完成年度，企业应进行搬迁清算，计算搬迁所得：①从搬迁开始，5年内（包括搬迁当年度）任何一年完成搬迁的。②从搬迁开始，搬迁时间满5年（包括搬迁当年度）的年度。

（2）企业同时符合下列条件的，视为已经完成搬迁：①搬迁规划已基本完成。②当年生产经营收入占规划搬迁前年度生产经营收入50%以上。

（3）企业搬迁收入扣除搬迁支出后为负数的，应为搬迁损失。搬迁损失可在下列方法中选择其一进行税务处理：①在搬迁完成年度，一次性作为损失进行扣除。②自搬迁完成年度起分3个年度，均匀在税前扣除。

上述方法由企业自行选择，但一经选定，不得改变。

（4）企业边搬迁、边生产的，搬迁年度应从实际开始搬迁的年度计算。

（5）企业以前年度发生尚未弥补的亏损的，凡企业由于搬迁停止生产经营无所得的，从搬迁年度次年起，至搬迁完成年度前一年度止，可作为停止生产经营活动年度，从法定亏损结转弥补年限中减除。企业边搬迁、边生产的，其亏损结转年度应连续计算。

（6）企业应当自搬迁开始年度，至次年5月31日前，向主管税务机关报送政策性搬迁依据、搬迁规划等相关材料。逾期未报的，除特殊原因并经主管税务机关认可外，按非政策性搬迁处理，不得执行《企业政策性搬迁所得税管理办法》的规定。

（7）企业迁出地和迁入地主管税务机关发生变化的，由迁入地主管税务机关负责企业搬迁清算。

4. 搬迁资产税务处理

简单安装的资产及不需要安装的资产，资产重新投入使用后，净值按尚未折旧或摊销的年限，继续计提折旧或摊销。

需要进行大修理的资产，资产的净值，加上大修理过程所发生的支出，在资产重新投入使用后，按尚可使用的年限，计提折旧或摊销。

土地置换的，换入土地的计税成本＝被征用土地的净值＋换入土地投入使用前所发生的各项费用支出，在该换入土地投入使用后，按规定年限摊销。

资产置换的被征用资产,企业政策性搬迁被征用的资产,采取资产置换的,换入资产的计税成本＝被征用资产的净值＋换入资产所支付的税费＋加上补价款。

新购置的各类资产,按规定计算确定资产的计税成本及折旧或摊销年限,企业发生的购置资产支出,不得从搬迁收入中扣除。

（五）企业清算的所得税处理

1. 企业应进行清算的所得税处理

(1) 按《中华人民共和国公司法》（以下简称《公司法》）、《中华人民共和国企业破产法》（以下简称《企业破产法》）等规定需要进行清算的企业。

(2) 企业重组中需要按清算处理的企业。

2. 企业清算的所得税处理内容

(1) 全部资产均应按可变现价值或交易价格,确认资产转让所得或损失。

(2) 确认债权清理、债务清偿的所得或损失。

(3) 改变持续经营核算原则,对预提或待摊性质的费用进行处理。

(4) 依法弥补亏损,确定清算所得。其计算公式为：

清算所得＝全部资产可变现价值或交易价格－资产的计税基础－清算费用－相关税费＋债务清偿损益

(5) 计算并缴纳清算所得税。其计算公式为：

应纳税所得＝清算所得－不征税收入－免税收入－亏损

企业应将整个清算期作为一个独立的纳税年度计算清算所得。

(6) 确定可向股东分配的剩余财产、应付股息等。其计算公式为：

可向所有者分配的剩余资产 ＝ 全部资产的可变现价值或交易价格 － 清算费用 － 职工的工资、社会保险费用和法定补偿金 － 结清清算所得税 － 以前年度欠税等税款 － 清偿企业债务

被清算企业的股东分得的剩余资产的金额,其中相当于被清算企业累计未分配利润和累计盈余公积中按该股东所占股份比例计算的部分,应确认为股息所得;剩余资产减除股息所得后的余额,超过或低于股东投资成本的部分,应确认为股东的投资转让所得或损失。

（六）源泉扣缴

1. 扣缴义务人

(1) 对非居民企业在中国境内未设立机构、场所,或者虽设立机构、场所,但取得的所得与其所设机构、场所没有实际联系的,应缴纳的所得税,实行源泉扣缴,以支付人为扣缴义务人。

(2) 对非居民企业在中国境内取得工程作业和劳务所得应缴纳的所得税,税务机关可以指定工程价款或者劳务费的支付人为扣缴义务人。

2. 入库申报时间

扣缴义务人每次代扣的税款,应自代扣之日起 7 日内缴入国库,并向所在地的税务机关报送扣缴企业所得税报告表。

3. 非居民承包工程作业和提供劳务税收管理

(1)非居民企业在中国境内承包工程作业或提供劳务的,应当自项目合同签订之日起 30 日内,向项目所在地主管税务机关办理税务登记手续。

(2)依照法律、行政法规规定负有税款扣缴义务的境内机构和个人,应当自扣缴义务发生之日起 30 日内,向所在地主管税务机关办理扣缴税款登记手续。

(3)境内机构和个人向非居民发包工程作业或劳务项目合同发生变更的,发包方或劳务受让方应自变更之日起 10 日内向所在地主管税务机关报送《非居民项目合同变更情况报告表》。

(4)非居民企业在中国境内承包工程作业或提供劳务的,应当在项目完工后 15 日内,办理注销税务登记。

第二节　企业设立业务的税收筹划

一、企业纳税人身份的筹划

(一)居民企业与居民企业纳税人

1. 居民企业的概念

《企业所得税法》第二条规定:企业分为居民企业和非居民企业。居民企业,是指依法在中国境内成立,或者依照外国(地区)法律成立但实际管理机构在中国境内的企业居民企业包括两大类:一类是依照中国法律、行政法规在中国境内成立的企业、事业单位、社会团体以及其他取得收入的组织;另一类是依照外国(地区)法律成立的企业和其他取得收入的组织。需要解释的是,"依法在中国境内成立的企业"中的"法"是指中国的法律、行政法规。目前我国法人实体中各种企业及其他组织类型分别由各个领域的法律、行政法规规定。如《中华人民共和国公司法》《中华人民共和国全民所有制工业企业法》《中华人民共和国乡镇企业法》《事业单位登记管理暂行条例》《社会团体登记管理条例》《基金会管理办法》等,都是有关企业及其他取得收入的组织成立的法律、法规依据。居民企业如果是依照外国法律成立的,必须具备其实际管理机构在中国境内这一条件。所谓"实际管理机构",是指对企业的生产经营、人员、账务、财产等实施实质性全面管理和控制的机构。我国借鉴国际惯例,对实际管理机构做出了明确的界定,这里所指的"实际管理机构"通常要求符合以下三个条件:

(1)对企业有实质性管理和控制的机构。实际管理机构与名誉上的企业行政中心不同,是企业真实的管理中心。一个企业在利用资源和取得收入方面往往和其经营活动的管理中心联系密切。国际私法中对法人所在地的判断标准,通常采取"最密切联系地"的标准,也符合实质重于形式的原则。税法将实质性管理和控制作为认定实际管理机构的标准之一,有利于防止外国企业逃避税收征管,从而保障我国的税收主权。

(2) 对企业实行全面的管理和控制的机构。如果该机构只是对该企业的一部分或非关键的生产经营活动进行管理和控制,比如只是对在中国境内的某一个生产车间进行管理,则不被认定为实际管理机构。只有对企业的整体或者主要的生产经营活动进行实际管理和控制,对本企业的生产经营活动负总体责任的管理控制机构,才符合实际管理机构标准。

(3) 管理和控制的内容是企业的生产经营、人员、账务、财产等。这是界定实际管理的最关键标准,在控制时特别强调人事权和财务权的控制。比如,到中国投资外国企业,如果其设在中国的管理机构冠以"亚太区总部""亚洲区总部"等,一般都被认定为实际管理机构,即对企业具有实质性管理和控制的权利。

2. 居民企业的税收政策

居民企业负有全面的纳税义务。居民企业应当就其来源于中国境内、境外的所得缴纳企业所得税。居民企业承担全面的纳税义务,对本国居民企业的一切所得纳税,即居民企业应当就其在中国境内、境外的所得缴纳企业所得税。这里所指的所得,包括销售货物所得、提供劳务所得、转让财产所得、股息红利等权益性投资所得、利息所得、租金所得、特许权使用费所得、接受捐赠所得和其他所得。

3. 属于居民企业的公司制企业的税收政策

公司制企业属于法人实体,有独立的法人财产,享有法人财产权。公司以其全部财产对公司的债务承担有限责任。公司制企业一般分为有限责任公司和股份有限公司两大类。《公司法》还规定了两种特殊形式的有限责任公司:一人有限公司和国有独资公司。

无论是有限责任公司(包括一人有限责任公司和国有独资公司)还是股份有限公司,作为法人实体,我国税法作了统一规定,即公司制企业应对其实现的利润总额作相应的纳税调整后缴纳企业所得税,如果向自然人投资者分配股利或红利,还要代扣投资者20%的个人所得税,其中上市公司派发股息、红利时,对个人持股1年以内(含1年)的,上市公司暂不扣缴个人所得税。待个人转让股票时,证券登记结算公司根据其持股期限计算应纳税额,由证券公司等股份托管机构从个人资金账户中扣收并划付证券登记结算公司。个人从公开发行和转让市场取得的上市公司股票,持股期限在1个月以内(含1个月)的,其股息、红利所得全额计入应纳税所得额;持股期限在1个月以上至1年(含1年)的,暂减按50%计入应纳税所得额;持股期限超过1年的,股息、红利所得暂免征收个人所得税。

国有独资公司是指国家单独出资、由国务院或者地方人民政府授权本级人民政府国有资产监督管理机构履行出资人职责的有限责任公司。目前,由于中国还处于社会转型期,国有独资公司作为拥有大量国有资产的国有企业还享受一些税收优惠政策。例如,对国有独资公司之间划拨资产、国有独资公司改制等情况,对涉及的契税和企业所得税等进行减免。

就税收负担而言,公司形式以股份有限公司为佳,其原因有二:①世界各国税中鼓励投资的有关税收减免条款一般针对股份有限公司。②有利于股东降低税收。《国家税务总局关于股份制企业转增资本和派发红股征免个人所得税的通知》(国税发〔1997〕198号)规定:股份制企业用资本公积金转增股本不属于股息、红利性质的分配,对个人取得的转增股本数额,不作为个人所得,不征收个人所得税。

(二)非居民企业与非居民纳税人

1. 非居民企业的概念

非居民企业,是指依照外国(地区)法律成立且实际管理机构不在中国境内,但在中国境内设立机构、场所的,或者在中国境内未设立机构、场所,但有来源于中国境内所得的企业。这里所说的机构、场所,是指在中国境内从事生产经营活动的机构、场所,它包括以下情形:

(1)管理机构、营业机构、办事机构。管理机构是指对企业生产经营活动做出决策的机构;营业机构是指企业开展日常生产经营活动的固定场所;办事机构是指企业在当地设立的从事联络和宣传等活动的机构,如外国企业在中国设立的代表处,往往为开拓中国市场进行调查和宣传等工作,为企业到中国开展经营活动打下基础。

(2)工厂、农场、开采自然资源的场所。这三类场所属于企业开展生产经营活动的场所。工厂是工业企业,如制造业的生产厂房、车间所在地;农场是农业、牧业等生产经营的场所;开采自然资源的场所主要是采掘业的生产经营活动场所,如矿山、油田等。

(3)提供劳务的场所。提供劳务的场所包括从事交通运输、仓储租赁、咨询、经纪、科学研究、技术服务、教育培训、餐饮住宿、中介代理、旅游、娱乐、加工以及其他劳务服务活动的场所。

(4)从事建筑、安装、装配、修理、勘探等工程作业的场所,包括建筑工地、港口、码头、地质勘探场地等工程作业场所。

(5)其他从事生产经营活动的机构、场所。

(6)非居民企业委托营业代理人在中国境内从事生产经营活动的,包括委托单位和个人经常代其签订合同,或者储存、交付货物等,该营业代理人视为非居民企业在中国境内设立的机构、场所。

2. 非居民纳税人的税收政策

(1)非居民企业在中国境内设立机构、场所的,应当就其所设机构、场所取得的来源于中国境内的所得,以及发生在中国境外但与其所设机构、场所有实际联系的所得缴纳企业所得税。这里所说的实际联系,是指非居民企业在中国境内设立的机构、场所拥有据以取得所得的股权、债权,以及拥有、管理、控制据以取得所得的财产等。

(2)非居民企业在中国境内未设立机构、场所的,或者虽设立机构、场所,但取得的所得与其所设机构、场所没有实际联系的,应当就其来源于中国境内的所得缴纳企业所得税。

居民企业和非居民企业都属于企业所得税的纳税人,我国之所以对居民企业与非居民企业进行合理划分,关键是为了区分纳税义务的不同,当然,这对纳税主体的税收实践将会产生深远影响。

二、企业注册的组织形式的选择

(一) 组织形式选择

1. 法人企业——公司制企业

出资者以其出资额为限承担有限责任。

公司的营业利润在企业环节缴纳企业所得税,税后利润以股息的形式分配给投资者,投资者又要缴纳一次个人所得税。

2. 自然人企业

(1) 合伙企业。出资者需要承担无限责任。

营业利润不缴纳企业所得税,只缴纳各个合伙人分得收益的个人所得税。

(2) 个人独资企业。出资者需要承担无限责任。

(二) 对比分析

我国对个人独资企业、合伙企业从 2000 年 1 月 1 日起,比照个体工商户的生产、经营所得,适用五级超额累进税率仅征收个人所得税。而公司制企业需要缴纳企业所得税。如果向个人投资者分配股息、红利的,还要按照 20% 的税率代扣其个人所得税。

一般来说,对于投资经营规模很大,管理水平要求很高的大中型企业,一般以采用公司企业的组织形式为宜,以利于筹集大量资金,并降低经营风险,从而实现利润最大化。对于投资或经营规模不大,管理水平要求不高的小型企业,一般以采用合伙企业或个人独资企业为宜,这样可以避免成为企业所得税的纳税人。

从总体税负角度考虑,个人独资企业、合伙企业的税负一般要低于公司制企业,因为前者不存在重复征税问题,而后者一般涉及重复征税问题。在个人独资企业、合伙企业与公司制企业的选择中,要充分考虑税基、税率和税收优惠政策等多种因素,最终税负的高低是多种因素起作用的结果,不能只考虑一种因素。

(三) 案例分析

【例 4-1】 李先生准备设立一个企业,预计该企业年盈利 500 万元。李先生原计划创办一家有限责任公司,公司的税后利润全部分配给股东。请对此提出纳税筹划方案。

如果设立有限责任公司,该公司需要缴纳企业所得税 $=500\times25\%=125$(万元)。税后利润 $=500-125=375$(万元)。如果税后利润全部分配,李先生需要缴纳个人所得税 $=375\times20\%=75$(万元),获得税后利润 $=375-75=300$(万元)。综合税负 $=(125+75)\div500=40\%$。

李先生可以考虑设立个人独资企业,该企业本身不需要缴纳企业所得税,李先生需要缴纳个人所得税＝500×35％－6.55＝168.45（万元），税后纯利润＝500－168.45＝331.55（万元）。综合税负＝168.45÷500＝33.69％。

三、设立子公司和分公司的税收筹划

《公司法》第十四条规定：子公司具有法人资格，依法独立承担民事责任；分公司不具有法人资格，其民事责任由公司承担。子公司和分公司存在较大差别，下面我们分析两者的特征及其税收政策。

(1) 子公司是企业所得税的独立纳税人。

子公司是对应母公司而言的，是指被另一家公司（母公司）有效控制的下属公司或者是母公司直接或间接控制的一系列公司中的一家公司。子公司是一个独立企业，具有独立的法人资格。

子公司因其具有独立法人资格而被设立的所在国视为居民企业，通常要履行与该国其他居民企业一样的全面纳税义务，同时也能享受所在国为新设公司提供的免税期或其他税收优惠政策。但建立子公司一般需要复杂的手续，财务制度较为严格，必须独立开设账簿，并需要复杂的审计和证明，经营亏损不能冲抵母公司利润，与母公司的交易往往是税务机关反避税审查的重点内容。

(2) 分公司不是企业所得税的独立纳税人。

分公司是指公司独立核算的、进行全部或部分经营业务的分支机构，如分厂、分店等。分公司是企业的组成部分，不具有独立的法人资格。《企业所得税法》第五十条规定：居民企业在中国境内设立不具有法人资格的营业机构的，应当汇总计算并缴纳企业所得税。汇总纳税是指一个企业总机构和其分支机构的经营所得，通过汇总纳税申报的办法实现所得税的汇总计算和缴纳。我国实行法人所得税制度，不仅是引入和借鉴国际惯例的结果，也是实现所得税调节功能的必然选择。法人所得税制要求总、分公司汇总计算缴纳企业所得税。因此，设立分支机构，使其不具有法人资格，就可由总公司汇总缴纳所得税。这样可以实现总、分公司之间盈亏互抵，从而合理减轻税收负担。

《跨地区经营汇总纳税企业所得税征收管理暂行办法》（国家税务总局公告〔2012〕57号）规定：汇总纳税企业实行"统一计算、分级管理、就地预缴、汇总清算、财政调库"的企业所得税征收管理办法。上述管理办法的基本内容是：企业总机构统一计算包括企业所属各个不具有法人资格的营业机构、场所在内的全部应纳税所得额、应纳税额。但总机构、分支机构所在地的主管税务机关都有对当地机构进行企业所得税管理的责任，总机构和分支机构应分别接受机构所在地主管税务机关的管理。在每个纳税期间，总机构、分支机构应分月或分季分别向所在地主管税务机关申报预缴企业所得税。等年度终了后，总机构负责进行企业所得税的年度汇算清缴，统一计算企业的年度应纳所得税税额，抵减总机构、分支机构当年已就地分期预缴的企业所得税款后，多退少补税款。

（一）子公司与分公司的比较

表 4-1　子公司与分公司的比较

子公司	分公司
全面纳税义务	有限纳税义务
子公司是独立法人，其所得税计征独立进行。子公司可享受东道国给其居民公司包括免税期在内的税收优惠待遇	分公司不是独立法人，只就流转税在所在地缴纳，对利润所得由总公司合并纳税。在经营初期，分公司往往出现亏损，但其亏损可以冲抵总公司的利润，减轻税收负担
许多国家对子公司向母公司支付的股息规定减征或免征预提税	分公司交付给总公司的利润通常不必缴纳预提税
母公司的投资所得、资本利得可以滞留在子公司，或者可经选择税负较轻的时候汇回，得到额外的税收利益 东道国适用税率低于居住国时，子公司的累积利润可得到递延纳税的好处	分公司与总公司之间的资本转移，因不涉及所有权变动，不必负担税收

（二）对比分析

子公司与分公司这两种组织形式最重要的区别在于，子公司是独立的法人实体，在设立国被视为居民纳税人，通常要承担与该国其他公司一样的全面纳税义务。分公司不是独立的法人实体，在设立分公司的所在国被视为非居民纳税人，只承担有限的纳税义务。分公司发生的利润与亏损要与总公司合并计算，即合并报表。

我国税法也规定，公司的下属分支机构缴纳所得税有两种形式：①独立申报纳税。②合并到总公司汇总纳税。而采用哪种形式缴税则取决于公司下属分支机构的性质——是否为企业所得税独立的纳税义务人。

此外，境外分公司与总公司利润合并计算，所影响的是居住国的税收负担，至于作为分公司所在的东道国，往往照样要对归属于分公司本身的收入课税，这就是实行收入来源的税收管辖权。而设立在境内的分公司则不存在这个问题，对这一点在进行税收筹划时应加以关注。

在具体税收筹划公司形式时，还有许多可考虑因素，如公司的发展规律，当地税率的高低，税基的宽窄以及税收的优惠条件等。

对于初期创业阶段较长，无法在短时间内盈利的行业，如果当地没有税收优惠政策，最好设置为分公司形式，这样可以利用公司扩张成本、抵冲总公司的利润，从而减轻税负。对于扭亏为盈快速的行业，如果能够享受税收优惠，则可以设立子公司，这样可以享受税法中的优惠待遇，在优惠期间内的盈利无需纳税。

对于税收优惠条件而言，一般都是独立公司优惠政策多，但优惠条件相对复杂；分支公司享受优惠少，但优惠条件要求不如独立公司高。

所以，在考虑设立分公司或子公司时，应充分对比税收筹划成本和优惠获利的大小。

除了在开办初期要对下属企业的组织形式精心选择外,在企业的经营、运作过程中,随着整个集团或下属企业的业务发展、盈亏情况的变化,总公司仍有必要通过资产的转移、兼并等方式,对下属分支机构进行调整,以获得更多的税收利益。

例如,某公司在经营初期,下属分支机构出现亏损,分公司亏损可与总公司合并计算,于是公司总部开始时选择了建立分公司的组织形式。经营几年后,分公司转亏为盈,为了享受税收递延的好处,决定把分公司的生产经营业务逐步转移到另一家子公司去,或者干脆把分公司兼并到子公司中去,如果是整个分公司转移给子公司,那就必须考虑:是否要缴纳财产转移税,有没有税收优惠的规定?全面衡量子公司有哪些好处和坏处,尤其是税收总负担的比较;假定产权转移没有多大好处,而子公司的生产规模需要扩大,是否可以采取把分公司的资产所有权不转移,只是租赁给子公司使用;存货也可以采取委托代销的方式,这样在受托方未销售之前可以不缴税;要特别了解一下,居住国与收入来源国对分公司与子公司亏损结转抵补的税收待遇。假定分公司的亏损可冲抵总公司的利润,在分公司未转亏为盈时,不宜转移给子公司。

(三)案例分析

【例4-2】 某公司准备设立一个分支机构,原计划设立全资子公司。预计该子公司从2017年度至2020年度的应纳税所得额分别为-1 000万元、-500万元、1 000万元、2 000万元。该子公司4年分别缴纳企业所得税为0、0、0、375万元。请对此提出纳税筹划。

由于该子公司前期亏损、后期盈利,因此,可以考虑先设立分公司,第三年再将分公司转变为子公司。由于分公司和全资子公司的盈利能力大体相当,可以认为该公司形式的变化不会影响该公司的盈利能力。因此,该分公司在2017年度和2018年度将分别亏损1 000万元和500万元,上述亏损可以弥补总公司的应纳税所得。由此,总公司在2017年度和2018年度将分别少纳企业所得税250万元和125万元。从第三年开始,该分公司变为子公司,需要独立纳税。2019年度和2020年度,该子公司应纳税额分别为250万元、500万元。从2017年度到2020年度,该分支机构无论是作为子公司还是分公司,纳税总额是相同的,都是375万元,但设立分公司可以在2017年度和2018年度弥补亏损,而设立子公司只能等到2019年度和2020年度再弥补亏损。设立分公司,使得该公司提前两年弥补了亏损,相当于获得了250万元和125万元的两年期无息贷款,其所节省的利息就是该纳税筹划的收益。

【例4-3】 某运输公司共有10个运输车队,每个运输车队有员工70人,资产总额为800万元,每个车队年均盈利100万元,整个运输公司年盈利1 000万元。请对该运输公司提出税收筹划方案。

该运输公司可以将10个运输车队分别注册为独立的子公司,这样,每个子公司都符合小型微利企业的标准,可以享受小型微企业的优惠税率。如果不进行税收筹划,该运输公司需要缴纳企业所得税=1 000×25%=250(万元)。税收筹划后,该运输公司集团需要缴纳企业所得税=100×25%×20%×10=50(万元)。减轻税收负担=250-50=200(万元)。如果某车队的盈利能力超过了100万元,该运输公司可以考虑设立更多子公司,从而继续享受小型微利企业的税收优惠政策。

【例4-4】 某公司投资1 000万元,设立一子公司。该子公司从事符合条件的环境保护、节能节水项目,可以享受自项目取得第一笔生产经营收入的纳税年度起,第一年至第三年免征企业所得税,第四年至第六年减半征收企业所得税的税收优惠待遇。由于设立初期需要大量投资和研究开发费用,该子公司第一年亏损500万元,第二年亏损200万元,第三年亏损100万元,第四年盈利200万元,第五年盈利400万元,第六年盈利600万元。《企业所得税法》第十八条规定:企业纳税年度发生的亏损,准予向以后年度结转,用以后年度的所得弥补,但结转年限最长不得超过5年。因此,该公司前3年发生的亏损可以在5年内予以弥补。弥补亏损后,该子公司第四年、第五年应纳税所得额均为0,第六年应纳税所得额为400万元。由于该子公司可以享受减半征税的优惠,因此,该企业6年应纳企业所得税额=400×25%×50%=50(万元)。请针对该公司情况提出纳税筹划方案。

假设该公司在设立分支机构之前进行纳税筹划,预计到分支机构在设立前几年会发生较大亏损,而企业在第四年以后则有可能开始盈利,该公司就可以先设立分公司。设立分公司的费用相对设立子公司还要低一些。无论是设立子公司,还是设立分公司,企业在设立初期所需要的投资和开发费用是大体相当的,在生产经营方面也不会有大的差异。因此,我们可以假设,该分公司前3年的状况与上述子公司的状况一致,即分别亏损500万元、200万元和100万元,但从第四年起,该公司将这一分公司组建为子公司,组建过程中会发生一些费用,但费用远远低于新设立一家子公司的费用。由于这一分支机构在生产、经营等方面都是连续的,只是在性质上发生了变更,因此,可以假设这一变更不会对这一分支机构的生产经营构成较大影响,那么,这一子公司前3年的盈利状况大约就分别为200万元、400万元和600万元。通过这一纳税筹划,我们可以计算该分支机构所实际负担的企业所得税额。前3年,该分支机构是分公司,其亏损可以抵免总公司的应税所得,我们假设总公司的盈利远远高于分公司的亏损,那么,3年期间,分支机构为总公司节约企业所得税额=(500+200+100)×25%=200(万元)。后3年,由于前3年的所得可以免征企业所得税,因此,该子公司应纳企业所得税额为0。如果把分支机构和总公司视为一个整体的话,后一种方案比前一种方案为企业整体节约所得税额=200+50=250(万元)。前面已经指出,后一种方案在变更过程中会涉及一些费用,但只要这些费用低于通过税收筹划所节约的所得税额,税收筹划就是有利的。

四、企业设立地点的税收筹划

(一)政策分析与筹划思路

不同地区设立企业所享受的税收政策以及其他方面的政策是不同的。税收政策的不同也就意味着设立企业的税收成本是不同的,在进行投资决策的过程中应当将税收成本作为重要因素予以考虑。目前地区性的税收优惠政策主要包括经济特区和西部地区。

根据现行企业所得税政策,法律设置的发展对外经济合作和技术交流的特定地区内,以及国务院已规定执行上述地区特殊政策的地区内新设立的国家需要重点扶持的高新技术企业,可以享受过渡性税收优惠。

法律设置的发展对外经济合作和技术交流的特定地区,是指深圳、珠海、汕头、厦门和海南经济特区;国务院已规定执行上述地区特殊政策的地区,是指上海浦东新区。对经济特区和上海浦东新区内在2008年1月1日(含)之后完成登记注册的国家需要重点扶持的高新技术企业(简称新设高新技术企业),在经济特区和上海浦东新区内取得的所得,自取得第一笔生产经营收入所属纳税年度起,第一年至第二年免征企业所得税,第三年至第五年按照25%的法定税率减半征收企业所得税。国家需要重点扶持的高新技术企业,是指拥有核心自主知识产权,同时符合《中华人民共和国企业所得税法实施条例》第九十三条规定的条件,并按照《高新技术企业认定管理办法》认定的高新技术企业。经济特区和上海浦东新区内新设高新技术企业同时在经济特区和上海浦东新区以外的地区从事生产经营的,应当单独计算其在经济特区和上海浦东新区内取得的所得,并合理分摊企业的期间费用;没有单独计算的,不得享受企业所得税优惠。经济特区和上海浦东新区内新设高新技术企业在按照本通知的规定享受过渡性税收优惠期间,由于复审或抽查不合格而不再具有高新技术企业资格的,从其不再具有高新技术企业资格年度起,停止享受过渡性税收优惠;以后再次被认定为高新技术企业的,不得继续享受或者重新享受过渡性税收优惠。

2011年1月1日至2020年12月31日,对设在西部地区以《西部地区鼓励类产业目录》中规定的产业项目为主营业务,并且其当年度主营业务收入占企业收入总额70%以上的企业,经企业申请,主管税务机关审核确认后,可减按15%税率缴纳企业所得税。上述所称收入总额,是指《企业所得税法》第六条规定的收入总额。企业应当在年度汇算清缴前向主管税务机关提出书面申请并附送相关资料。第一年须报主管税务机关审核确认,第二年及以后年度实行备案管理。各省、自治区、直辖市和计划单列市税务机关可结合本地实际制定具体审核、备案管理办法,并报国家税务总局(所得税司)备案。凡对企业主营业务是否属于《西部地区鼓励类产业目录》难以界定的,税务机关应要求企业提供省级(含副省级)政府有关行政主管部门或其授权的下一级行政主管部门出具的证明文件。企业主营业务属于《西部地区鼓励类产业目录》范围的,经主管税务机关确认,可按照15%税率预缴企业所得税。年度汇算清缴时,其当年度主营业务收入占企业总收入的比例达不到规定标准的,应按税法规定的税率计算申报并进行汇算清缴。

在《西部地区鼓励类产业目录》公布前,企业符合《产业结构调整指导目录(2005年版)》《产业结构调整指导目录(2011年版)》《外商投资产业指导目录(2007年修订)》和《中西部地区优势产业目录(2008年修订)》范围的,经税务机关确认后,其企业所得税可按照15%税率缴纳。《西部地区鼓励类产业目录》公布后,已按15%税率进行企业所得税汇算清缴的企业,若不符合上述规定的条件,可在履行相关程序后,按税法规定的适用税率重新计算申报。

2010年12月31日前新办的交通、电力、水利、邮政、广播电视企业,凡已经按照《国家税务总局关于落实西部大开发有关税收政策具体实施意见的通知》(国税发〔2002〕47号)第2条第2款规定,取得税务机关审核批准的,其享受的企业所得税"两免三减半"优惠可以继续享受到期满为止;凡符合享受原西部大开发税收优惠规定条件,但由于尚未取得收入或尚未进入获利年度等原因,2010年12月31日前尚未按照国税发〔2002〕47号第2条规定完成税务机关审核确认手续的,可按照上述规定,履行相关手续后享受原税收优惠。

根据《财政部 国家税务总局关于执行企业所得税优惠政策若干问题的通知》(财税〔2009〕69号)第一条及第二条的规定,企业既符合西部大开发15%优惠税率条件,又符合《企业所得税法》及其实施条例和国务院规定的各项税收优惠条件的,可以同时享受。在涉及定期减免税的减半期内,可以按照企业适用税率计算的应纳税额减半征税。

总机构设在西部大开发税收优惠地区的企业,仅就设在优惠地区的总机构和分支机构(不含优惠地区外设立的二级分支机构在优惠地区内设立的三级以下分支机构)的所得确定适用15%优惠税率。在确定该企业是否符合优惠条件时,以该企业设在优惠地区的总机构和分支机构的主营业务是否符合《西部地区鼓励类产业目录》及其主营业务收入占其收入总额的比重加以确定,不考虑该企业设在优惠地区以外分支机构的因素。该企业应纳所得税额的计算和所得税缴纳,按照《国家税务总局关于印发〈跨地区经营汇总纳税企业所得税征收管理暂行办法〉的通知》(国税发〔2008〕28号)第16条和《国家税务总局关于跨地区经营汇总纳税企业所得税征收管理若干问题的通知》(国税函〔2009〕221号)第2条的规定执行。有关审核、备案手续向总机构主管税务机关申请办理。

总机构设在西部大开发税收优惠地区外的企业,其在优惠地区内设立的分支机构(不含仅在优惠地区内设立的三级以下分支机构),仅就该分支机构所得确定适用15%优惠税率。在确定该分支机构是否符合优惠条件时,仅以该分支机构的主营业务是否符合《西部地区鼓励类产业目录》及其主营业务收入占其收入总额的比重加以确定。该企业应纳所得税额的计算和所得税缴纳,按照国税发〔2008〕28号第16条和国税函〔2009〕221号第2条的规定执行。有关审核、备案手续向分支机构主管税务机关申请办理,分支机构主管税务机关需将该分支机构享受西部大开发税收优惠情况及时函告总机构所在地主管税务机关。

根据《财政部 国家税务总局关于赣州市执行西部大开发税收政策问题的通知》(财税〔2013〕4号)的规定,对赣州市内资鼓励类产业、外商投资鼓励类产业及优势产业的项目在投资总额内进口的自用设备,在政策规定范围内免征关税。自2012年1月1日起至2020年12月31日,对设在赣州市的鼓励类产业的内资企业和外商投资企业减按15%的税率征收企业所得税。鼓励类产业的内资企业是指以《产业结构调整指导目录》中规定的鼓励类产业项目为主营业务,且其主营业务收入占企业收入总额70%以上的企业。鼓励类产业的外商投资企业是指以《外商投资产业指导目录》中规定的鼓励类项目和《中西部地区外商投资优势产业目录》中规定的江西省产业项目为主营业务,并且其主营业务收入占企业收入总额70%以上的企业。

某些地区性的税收优惠政策也值得关注。例如,根据《新疆维吾尔自治区促进股权投资类企业发展暂行办法》(新政办发〔2010〕187号)的规定,合伙制股权投资类企业的投资收益,依法可采取"先分后税"的方式,由合伙人分别依法缴纳个人所得税或企业所得税。合伙制股权投资类企业的合伙人应缴纳的个人所得税,由合伙制股权投资类企业代扣代缴。合伙制股权投资类企业的合伙人为自然人的,合伙人的投资收益,按照"利息、股息、红利所得"或者"财产转让所得"项目征收个人所得税,税率为20%。合伙人是法人或其他组织的,其投资收益按有关规定缴纳企业所得税。

根据《新疆金融工作办公室、经济和信息化委员会、工商行政管理局、国家税务局、地方税务局关于鼓励股权投资类企业迁入我区的通知》(新金函〔2010〕87号)的规定,为加快落实《新疆维吾尔自治区促进股权投资类企业发展暂行办法》(新政办发〔2010〕187号,以下简称《暂行办法》),鼓励股权投资类企业迁入我区发展,现就有关操作问题解释并通知如下:股权投资类企业迁入我区,是指我区以外的企业,为参与国家西部大开发和新疆跨越式发展,享受国家规定的鼓励政策,将企业迁入新疆,并将法定工商注册地变更至《暂行办法》第4条规定的喀什经济开发区、霍尔果斯经济开发区、乌鲁木齐经济技术开发区、乌鲁木齐高新技术开发区或者石河子经济技术开发区。迁入我区的公司制或者合伙制股权投资类企业,符合《暂行办法》规定的备案条件的,2010年至2020年,按照《暂行办法》第21条的规定,纳入自治区支持中小企业社会化服务体系,依法享受国家西部大开发各项优惠政策和《暂行办法》规定的各项鼓励政策。迁入我区的公司制股权投资类企业,公司的股权70%以上由自然人持有且自然人承诺选择我区作为其个人所得税缴纳地的,按照中发〔2010〕9号文件和自治区人民政府的有关规定,2010年至2020年,享受企业所得税"两免三减半"优惠政策。享受企业所得税"两免三减半"政策的公司向股东分红时,自然人股东缴纳个人所得税后,不再给予《暂行办法》第21条第(2)项规定的财政奖励。迁入我区的公司制股权投资类企业申请变更为合伙企业的,按照《自治区工商行政管理局关于有限责任公司变更为合伙企业的指导意见》(新工商企登〔2010〕172号)办理。迁入的公司符合企业所得税"两免三减半"政策条件的,迁入时可以直接变更登记为合伙企业。不符合企业所得税"两免三减半"政策条件的,先办理公司迁入手续,再按国家有关规定办理有限责任公司变更为合伙企业。

为推进新疆跨越式发展和长治久安,根据中共中央、国务院关于支持新疆经济社会发展的指示精神,新疆困难地区有关企业所得税优惠政策如下:

(1) 2010年1月1日至2020年12月31日,对在新疆困难地区新办的属于《新疆困难地区重点鼓励发展产业企业所得税优惠目录》(简称《目录》)范围内的企业,自取得第一笔生产经营收入所属纳税年度起,第一年至第二年免征企业所得税,第三年至第五年减半征收企业所得税。

(2) 新疆困难地区包括南疆三地州、其他国家扶贫开发重点县和边境县市。

（3）属于《目录》范围内的企业，是指以《目录》中规定的产业项目为主营业务，其主营业务收入占企业收入总额70%以上的企业。

（4）第一笔生产经营收入，是指新疆困难地区重点鼓励发展产业项目已建成并投入运营后所取得的第一笔收入。

（5）按照上述规定享受企业所得税定期减免税政策的企业，在减半期内，按照企业所得税25%的法定税率计算的应纳税额减半征税。

（6）财政部国家税务总局会同有关部门研究制定《目录》，经国务院批准后公布实施，并根据新疆经济社会发展需要及企业所得税优惠政策实施情况适时调整。

（7）对难以界定是否属于《目录》范围的项目，税务机关应当要求企业提供省级以上（含省级）有关行业主管部门出具的证明文件，并结合其他相关材料进行认定。

为推进新疆跨越式发展和长治久安，贯彻落实《中共中央国务院关于推进新疆跨越式发展和长治久安的意见》（中发〔2010〕9号）和《国务院关于支持喀什霍尔果斯经济开发区建设的若干意见》（国发〔2011〕33号）精神，新疆喀什、霍尔果斯两个特殊经济开发区有关企业所得税优惠政策如下（详见表4-2）：

（1）2010年1月1日至2020年12月31日，对在新疆喀什、霍尔果斯两个特殊经济开发区内新办的属于《新疆困难地区重点鼓励发展产业企业所得税优惠目录》（以下简称《目录》）范围内的企业，自取得第1笔生产经营收入所属纳税年度起，五年内免征企业所得税。第1笔生产经营收入，是指产业项目已建成并投入运营后所取得的第1笔收入。

（2）属于《目录》范围内的企业，是指以《目录》中规定的产业项目为主营业务，其主营业务收入占企业收入总额70%以上的企业。

（3）对难以界定是否属于《目录》范围的项目，税务机关应当要求企业提供省级以上（含省级）有关行业主管部门出具的证明文件，并结合其他相关材料进行认定。

表4-2　新疆特殊经济开发区有关企业所得税政策汇总表

类型	筹划说明
特区外商企业减税	特区内外商投资企业和设立机构、场所从事生产经济的外国企业，减按15%税率征收企业所得税
特区企业减免税	特区各类企业，从事生产性行业，经营期10年以上的，从获利年度起，第一年和第二年免征企业所得税，第三年至第五年减半征收企业所得税
高新技术企业减税	高新技术产业开发区内设立的高新技术企业，减按15%征收所得税
新办高新技术企业免税	新办高新技术内资企业，从生产经营之日起免征所得税2年
销售国产设备物资退免税	对出口加工区外企业销售给出口加工区内企业，并运入出口加工区供区内企业使用的国产设备、原材料、零部件、元器件、包装物料，以及建造基础设施、加工企业和行政管理部门生产、办公用房的基建物资（不包括水、电、气），区外企业可向税务机关申报办理退（免）税

(续表)

类型	筹划说明
出口加工区出口货物免税	对出口加工区内企业在区内加工生产的货物,凡属于货物直接出口和销售给区内企业的,免征增值税、消费税。对区内企业出口的货物,不予办理退税
保税区减税	区内从事加工出口的生产性外商投资企业,减按15%征收企业所得税
保税区出口产品免税	区内企业加工产品出口,免征出口关税

(二) 案例分析

【例4-5】 某企业原计划在广州设立一高科技企业,该企业预计年盈利1 000万元。经过市场调研,该企业设在广州和深圳对于企业的盈利能力没有实质影响,该企业在深圳预计年盈利900万元。请对该企业的投资计划提出纳税筹划方案。

该企业可以在深圳设立高科技企业,因为高科技企业在经济特区内取得的所得,可以享受下列税收优惠政策:自取得第1笔生产经营收入所属纳税年度起,第一年至第二年免征企业所得税,第三年至第五年按照25%的法定税率减半征收企业所得税。按照该企业年盈利1 000万元计算,设在广州,该企业5年需要缴纳企业所得税$=1\,000\times25\%\times5=1\,250$(万元),税后利润$=1\,000\times5-1\,250=3\,750$(万元)。如果设在深圳,该企业5年需要缴纳企业所得税$=900\times25\%\times50\%\times3=337.5$(万元),税后利润$=900\times5-337.5=4\,162.5$(万元)。故应当设立在深圳。

通过纳税筹划增加税后利润$=4\,162.5-3\,750=412.5$(万元)。

【例4-6】 新疆股权投资企业优惠政策于2010年8月25日实施,当年主要进行宣传,迁移新疆和新注册的企业很少。2011年以后迁移入驻新疆的股权投资企业逐步增多,2013年形成了热潮。

亚太科技2013年1月13日的限售股份上市流通公告表明,公司第六大股东湖南唯通资产管理有限公司、第七大股东深圳兰石创业投资有限公司,已分别于2011年9月和2011年3月变更为新疆唯通股权投资管理合伙企业(有限合伙)与新疆兰石创业投资有限合伙企业,两企业分持亚太科技538.2万股和292.5万股,均已解禁流通。

长信科技第二大股东2011年3月进驻新疆,名称由芜湖润丰科技有限公司变更为新疆润丰股权投资企业(有限合伙)。

东方电热第四大股东上海东方世纪企业管理有限公司,根据3月8日公告,其名称已变更为新疆东方世纪股权投资合伙企业,其所持占东方电热9.9%的890万股,将于2012年5月18日解禁上市流通。

请分析上述企业迁移所带来的税收筹划利益。

根据上述新疆税收优惠政策,上述企业迁移前税负40%,迁移后税负28%,税负降低12%。

个人持有上市公司限售股,解禁后转让,需要就差价缴纳20%的个人所得税。投资公司持有上市公司限售股,解禁后转让,需要就差价缴纳25%的企业所得税,个人股东从该投资公司取得股息还要缴纳20%的个人所得税,综合税率为40%。

个人持有新疆合伙企业股权,合伙企业持有上市公司股权,解禁后个人按照5%～35%的税率缴纳个人所得税。地方退税20%。综合税率低于28%。

个人持有新疆公司股权,新疆公司持有上市公司股权,解禁转让后,新疆公司享受"两免三减半"优惠不纳税,个人取得股息缴纳20%个人所得税,地方退税20%,实际税负16%。

与个人直接持股上市公司相比:税负降低4%。

与个人通过公司间接持有上市公司相比:税负降低24%。

全国多数影视公司均在霍尔果斯设立了子公司,有超过一半的公司注册在了同一个地方:霍尔果斯市北京路以西、珠海路以南合作中心配套区查验业务楼8楼,同一楼层里超过100家公司办公。在霍尔果斯能享受如此优惠政策的不仅仅是影视传媒公司,凡是被列入《新疆困难地区重点鼓励发展产业企业所得税优惠目录》的行业都能享受以上优惠政策。

第三节 企业所得税收入确认的税收筹划

一、跨期一次性收取租金的税收筹划

以分期收款方式销售货物的,按照合同约定的收款日期确认收入的实现;企业受托加工制造大型机械设备、船舶、飞机,以及从事建筑、安装、装配工程业务或者提供其他劳务等,持续时间超过12个月的,按照纳税年度内完工进度或者完成的工作量确认收入的实现。

因此,纳税人对长期业务往来客户在不能及时收到货款的情况下,采用分期收款结算方式,与对方订立分期收款合同或者协议,以便延期纳税。纳税人也可以通过对纳税年度内完工进度或者完成的工作量的合理分配调节来推迟收入的实现,从而延期纳税。

二、利用关联企业转移利润的税收筹划

(一)理论框架

转让定价又称"转移定价",是指有关联的企业之间进行产品交易和劳务供应时为均摊利润或转移利润,根据双方的意愿,制定低于或高于市场价格的价格,以实现避税。它是企业进行纳税筹划的最基本的方法之一(见图4-1)。

常见的转让定价避税手段主要有以下几种。

(1)商品交易中的转让定价。其主要方法是"高进低出",即中方企业向外商关联企

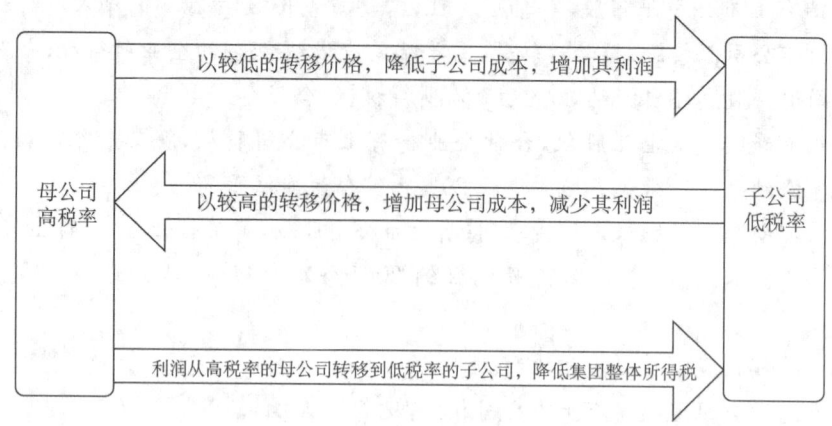

图 4-1 转移利润的税收筹划框架

业高价支付材料款、或低价销售产品,将中方企业的利润转移到国外,从而达到在我国避税的目的。这种手法对"两头在外"的企业特别有效:原材料以高价格进口,产成品以低价出口,于是在国内的加工企业利润趋于零甚至亏损,而实际上企业利润已经被转移到境外去了。

(2) 贷款业务中的转让定价。关联企业中的外方企业利用贷款利率的高低,将利润转移到国外。例如,某国财团担保,其内部金融机构向中方关联企业贷款年利率10%,而在本国的正常贷款年利率为4%,通过提高贷款利率的方式将中方企业的利润转移出去。

(3) 提供劳务、转让专利和专用技术中的转让定价。关联企业在相互间提供劳务、转让专利和专用技术时,利用收费标准的高低,将我国企业的利润转移到国外。由于专利和专用技术具有独此一家的特点,缺乏可比性,难以确定其真实价格,而且关联企业在收取这种费用时,既可单独计算收费,也可隐藏在其他价格中,所以在资金流量较大的交易中极易用它来避税。

(4) 利用投资的机械设备转让定价。关联企业往往利用中方企业对国际市场上机械设备的价格无法掌握,利用高价格的机械设备进行投资的方式来转移利润,利用虚报设备价款,增加股权的方法,既多列了折旧额又可多分到股利。

(5) 利用避税地进行避税。避税地可以减轻税负,积累资金,外商利用我国税收优惠政策,在经济特区或经济技术开发区设立生产性投资企业,在其他地区设立分支机构,将利润合并到总机构缴纳所得税。转让定价一般是由高税区向低税区转移,由合资企业向独资企业转移。但个别情况下,也会出现由低税区向高税区转移的现象,主要原因是高税区亏损,低税区向高税区转移利润以弥补亏损,达到两地都不出现利润而避税的目的。

转让定价方法主要有可比非受控价格法、再销售价格法、成本加成法、交易净利润法和利润分割法等。具体情况如下:

(1) 可比非受控价格法重点考虑的是,关联交易与非关联交易在交易资产或劳务的特性、合同条款及经济环境上的差异。如果关联交易与非关联交易存在重大差异时,应就所产生差异对价格的影响进行合理调整,无法合理调整的,再选择其他合理的转让定价方法进行调整。

(2) 再销售价格法重点考虑的是,关联交易与非关联交易在功能风险及合同条款上的差异以及影响毛利率的其他因素。当纳税人的关联交易与非关联交易在销售、广告及服务功能,存货风险,机器、设备的价值及使用年限,无形资产的使用及价值,批发或零售环节,商业经验,会计处理及管理效率等方面存在重大差异时,应就差异对毛利率的影响进行合理调整,无法合理调整的,再选择其他合理的转让定价方法进行调整。

(3) 成本加成法重点考虑的是,关联交易与非关联交易在功能风险及合同条款上的差异以及影响成本加成率的其他因素。如果关联交易与非关联交易在制造、加工、安装及测试功能,市场及汇兑风险,机器、设备的价值及使用年限,无形资产的使用及价值,商业经验,会计处理及管理效率等方面存在重大差异时,应就差异对成本加成率的影响进行合理调整,无法合理调整的,再选择其他合理的转让定价方法进行调整。

(4) 交易净利润法重点考虑的是,关联交易与非关联交易之间在功能风险及经济环境上的差异以及影响营业利润的其他因素。

如果关联交易与非关联交易在执行功能、承担风险和使用资产,行业和市场情况,经营规模,经济周期和产品生命周期,成本、费用、所得和资产在各交易间的分摊,会计处理及经营管理效率等方面存在重大差异时,应该就差异对营业利润的影响进行合理调整,无法合理调整的,再选择其他合理的转让定价方法进行调整。

(5) 利润分割法重点考虑的是,交易各方执行的功能、承担的风险。如果关联交易与非关联交易在使用资产,成本、费用、所得和资产在各交易方之间的分摊,会计处理,确定交易各方对剩余利润贡献所使用信息和假设条件的可靠性等方面存在重大差异时,应该就差异对利润的影响进行合理调整,无法合理调整的,再选择其他合理的转让定价方法进行调整。

就实务而言,对于既适用 25% 税率也适用 20% 税率以及 15% 税率的企业集团,可以适当将适用 25% 税率的企业的收入转移到适用 20% 税率或 15% 税率的企业中,从而适当降低企业集团的所得税负担。如果企业集团中没有适用较低税率的企业,企业可以通过专门设立高新技术企业或者小型微利企业的方式来增加适用较低税率的企业。

企业之间利润转移主要有关联交易和业务转移两种方法。通过关联交易转移利润应注意幅度的把握,明显的利润转移会受到税务机关的关注和反避税调查。业务转移是将甲公司的某项业务直接交给乙公司承担,通过这种方式转移利润,目前尚不受税法规制,税务风险比较小。

(二) 案例分析

【例 4-7】 一家企业集团下属甲、乙两个企业。其中,甲企业适用 25% 的企业所得税税率,乙企业属于需要国家扶持的高新技术企业,适用 15% 的企业所得税税率。2020 纳税年度,甲企业的应纳税所得额为 800 万元,乙企业的应纳税所得额为 900 万元,甲企业 2020 纳税年度应当缴纳企业所得税 = 800×25% = 200 (万元)。乙企业 2020 纳税年度应当缴纳企业所得税=900×15%=135(万元)。该企业集团合计缴纳企业所得税=2 000+1 350=335(万元)。如何把税率降到最低呢?

由于甲企业的企业所得税税率高于乙企业的税率,因此可以考虑通过业务调整、转移支付等方式将甲企业的部分收入转移到乙企业。

假设该企业集团通过税收筹划将甲企业的应纳税所得额降低为700万元,乙企业的应纳税所得额相应增加为1 000万元。

甲企业2020纳税年度应当缴纳企业所得税=700×25%=175(万元)

乙企业2020纳税年度应当缴纳企业所得税=10 000×15%=150(万元)

该企业集团2020纳税年度合计缴纳企业所得税=175+150=325(万元)

由此可见,通过税收筹划,该企业集团可以少缴企业所得税=335-325=10(万元)。

【例4-8】 某公司A设在沿海经济特区,享受15%的企业所得税税率。其产品生产是由A公司设在内陆的B公司完成,B公司适用25%的企业所得税税率。A公司每年从B公司购进产品100万件对国外销售,进价每件6元,售价每件7.5元。若该产品生产成本每件4元,则有:

A公司年利润额=(7.5-6)×100=150(万元)
A公司应纳所得税=150×15%=22.5(万元)
B公司年利润额=(6-4)×100=200(万元)
B公司应纳所得税=200×25%=50(万元)
A、B两公司共纳所得税=22.5+50=72.5(万元)

为了合理降低税负,可以使税率高的B公司将部分利润转移到A公司。假设A公司从B公司购进产品单价为5元,仍以7.5元售出。则:

A公司年利润额=(7.5-5)×100=250(万元)
A公司应纳所得税=250×15%=37.5(万元)
B公司年利润额=(5-4)×100=100(万元)
B公司应纳所得税=100×25%=25(万元)
A、B两公司共纳所得税=37.5+25=62.5(万元)

利润转移前后,A、B公司年利润总和都为350万元,而通过优化转移定价后,两公司减少应纳所得税=72.5-62.5=10(万元)。

关联企业转移利润存在的风险,税务部门的《税收征收管理法实施细则》第四十七条、《企业所得税法》第四十四条及《企业所得税法实施条例》第一百一十五条规定,关联企业利润转移有核定条款的,对关联企业的应纳税所得额税务机关可以进行核定调整。

【例4-9】 甲集团公司共有10家子公司,集团全年实现应纳税所得额8 000万元,由于均不符合高新技术企业的条件,均适用25%的税率,合计缴纳企业所得税2 000万元。该集团中的乙公司与高新技术企业的条件比较接近,年应纳税所得额为1 000万元,请为甲集团公司提出税收筹划方案。

甲集团公司可以集中力量将乙公司打造成高新技术企业,再将其他公司的盈利项目整合到乙公司,使得乙公司应纳税所得额提高至 3 000 万元,则集团可以少缴纳企业所得税 $=3\,000\times(25\%-15\%)=300$(万元)。

三、公益慈善事业捐赠要选对部门

(一)政策规定

《企业所得税法》第九条规定:企业发生的公益性捐赠支出,在年度利润总额 12% 以内的部分,准予在计算应纳税所得额时扣除;超过年度利润总额 12% 的部分,准予结转以后 3 年内在计算应纳税所得额时扣除。《财政部 国家税务总局关于公益性捐赠支出企业所得税税前结转扣除有关政策的通知》(财税〔2018〕15 号)进一步规定,企业通过公益性社会组织或者县级(含县级)以上人民政府及其组成部门和直属机构,用于慈善活动、公益事业的捐赠支出,在年度利润总额 12% 以内的部分,准予在计算应纳税所得额时扣除;超过年度利润总额 12% 的部分,准予结转以后,3 年内在计算应纳税所得额时扣除。

根据《企业所得税法实施条例》第五十一条、第五十二条的规定,公益性捐赠是指企业通过公益性社会团体或者县级以上人民政府及其部门,用于《中华人民共和国公益事业捐赠法》规定的公益事业的捐赠。

根据《中华人民共和国企业所得税法实施条例释义》(以下简称《企业所得税法实施条例释义》),公益、救济性的捐赠是指纳税人通过中国境内非营利的社会团体、国家机关向教育、民政等公益事业和遭受自然灾害地区、贫困地区的捐赠;纳税人直接向受赠人的捐赠不允许扣除。企业发生的直接捐赠支出,不能税前扣除。如基于政府帮扶解困的定向性,企业根据政府及相关部门扶贫计划,直接向贫困村、农户、城市生活困难的居民、农村小学和特困学生等捐赠。虽然这种行为具有公益性,但不符合税法规定的公益性捐赠条件。如果受赠单位是乡级人民政府或街道办事处,也不能税前扣除,需要纳税调整。

根据《关于公益性捐赠税前扣除有关问题的通知》(财税〔2008〕160 号)第三条的规定,公益事业具体包括:①救助灾害、救济贫困、扶助残疾人等困难的社会群体和个人的活动。②教育、科学、文化、卫生、体育事业。③环境保护、社会公共设施建设。④促进社会发展和进步的其他社会公共和福利事业。

根据《企业所得税法实施条例》第五十二条的规定,公益性社会团体应为同时符合下列条件的基金会、慈善组织等社会团体:①依法登记,具有法人资格。②以发展公益事业为宗旨,且不以营利为目的。③全部资产及其增值为该法人所有。④收益和营运结余主要用于符合该法人设立目的的事业。⑤终止后的剩余财产不归属任何个人或者营利组织。⑥不经营与其设立目的无关的业务。⑦有健全的财务会计制度。⑧捐赠者不以任何形式参与社会团体财产的分配。⑨国务院财政、税务主管部门会同国务院民政部门等登记管理部门规定的其他条件。

根据《关于通过公益性群众团体的公益性捐赠税前扣除有关问题的通知》(财税

〔2009〕124号）第四条的规定，除了应当符合《企业所得税法实施条例》第五十二条第（一）款—第（八）款规定的条件外，公益性社会团体还应当符合以下条件：①依据国务院发布的《基金会管理条例》和《社会团体登记管理条例》的规定，经民政部门依法登记。②申请前3年内未受到行政处罚。③基金会在民政部门依法登记3年以上（含3年）的，应当在申请前连续2年年度检查合格，或最近1年年度检查合格且社会组织评估等级在3A以上（含3A），登记3年以下1年以上（含1年）的，应当在申请前1年度检查合格或社会组织评估等级在3A以上（含3A），登记1年以下的基金会具备上述第①项、第②项规定的条件。④公益性社会团体（不含基金会）在民政部门依法登记3年以上，净资产不低于登记的活动资金数额，申请前连续2年年度检查合格，或最近1年年度检查合格且社会组织评估等级在3A以上（含3A），申请前连续3年每年用于公益活动的支出不低于上年总收入的70%（含70%），同时需达到当年总支出的50%以上（含50%）。所称年度检查合格是指民政部门对基金会、公益性社会团体（不含基金会）进行年度检查，作出年度检查合格的结论；社会组织评估等级在3A以上（含3A）是指社会组织在民政部门主导的社会组织评估中被评为3A、4A、5A级别，且评估结果在有效期内。

根据《财政部 国家税务总局 民政部关于公益性捐赠税前扣除资格确认审批有关调整事项的通知》（财税〔2015〕141号）的规定，财政、税务、民政等部门结合社会组织登记注册、公益活动情况联合确认公益性捐赠税前扣除资格，并以公告形式发布名单。

目前，对于慈善组织取得公益性捐赠税前扣除资格的相关问题，《财政部 国家税务总局 民政部关于公益性捐赠税前扣除有关事项的公告》（财政部公告2020年第27号）规定，在民政部门依法登记的慈善组织和其他社会组织（以下统称社会组织），取得公益性捐赠税前扣除资格应当同时符合以下规定：①符合《企业所得税法实施条例》第五十二条第一款—第八款规定的条件。②每年应当在3月31日前按要求向登记管理机关报送经审计的上年度专项信息报告。报告应当包括财务收支和资产负债总体情况、开展募捐和接受捐赠情况、公益慈善事业支出及管理费用情况（包括本条第③项、第④项规定的比例情况）等内容。首次确认公益性捐赠税前扣除资格的，应当报送经审计的前两个年度的专项信息报告。③具有公开募捐资格的社会组织，前两年度每年用于公益慈善事业的支出占上年总收入的比例均不得低于70%。计算该支出比例时，可以用前3年收入平均数代替上年总收入。不具有公开募捐资格的社会组织，前两年度每年用于公益慈善事业的支出占上年末净资产的比例均不得低于8%。计算该比例时，可以用前3年年末净资产平均数代替上年末净资产。④具有公开募捐资格的社会组织，前2年度每年支出的管理费用占当年总支出的比例均不得高于10%。不具有公开募捐资格的社会组织，前2年每年支出的管理费用占当年总支出的比例均不得高于12%。⑤具有非营利组织免税资格，且免税资格在有效期内。⑥前2年度未受到登记管理机关行政处罚（警告除外）。⑦前2年度未被登记管理机关列入严重违法失信名单。⑧社会组织评估等级为3A以上（含3A）且该评估结果在确认公益性捐赠税前扣除资格时仍在有效期内。

《财政部 国家税务总局 民政部关于公益性捐赠税前扣除有关事项的公告》（财政部公

告2020年第27号)规定,公益性社会组织、县级以上人民政府及其部门等国家机关在接受捐赠时,应当按照行政管理级次分别使用由财政部或省、自治区、直辖市财政部门监(印)制的公益事业捐赠票据,并加盖本单位的印章。企业或个人将符合条件的公益性捐赠支出进行税前扣除,应当留存相关票据备查。

公益性社会组织登记成立时的注册资金捐赠人,在该公益性社会组织首次取得公益性捐赠税前扣除资格的当年进行所得税汇算清缴时,可按规定对其注册资金捐赠额进行税前扣除。

除另有规定外,公益性社会组织、县级以上人民政府及其部门等国家机关在接受企业或个人捐赠时,按以下原则确认捐赠额:①接受的货币性资产捐赠,以实际收到的金额确认捐赠额。②接受的非货币性资产捐赠,以其公允价值确认捐赠额。捐赠方在向公益性社会组织、县级以上人民政府及其部门等国家机关捐赠时,应当提供注明捐赠非货币性资产公允价值的证明;不能提供证明的,接受捐赠方不得向其开具捐赠票据。

(二)案例分析

【例4-10】 假定纳税人有两种方案进行捐赠(捐赠支出在税法规定的扣除限额内):一种是对外捐赠20 000元人民币;另一种是对外捐赠公允价值相当于20 000元人民币(不含增值税)的商品(其对应的成本费用中允许扣除的进项税额为2 500元)。该纳税人适用的企业所得税率为25%,不考虑其他因素。

$$捐赠实物应纳增值税 = 20\,000 \times 13\% - 2\,500 = 100(元)$$

由于是公益性捐赠,不可能向对方收取销项税额,所以销项税额2 600元(20 000×13%)应在营业外支出中列支。

捐赠实物由于在扣除限额内,实际减少了所得税的缴纳。

$$少缴纳的所得税 = (20\,000 + 2\,600) \times 25\% = 5\,650(元)$$
$$捐赠实物的现金流出 = 20\,000 + 100 + 2\,500 - 5\,650 = 17\,850(元)$$
$$捐赠现金的现金流出 = 20\,000 - 20\,000 \times 25\% = 15\,000(元)$$

由此可知,现金捐赠对企业更有利,减少了现金流出2 850元,同时也能避免企业为减少损失而向外捐赠伪劣、过期产品情况的发生。

第四节 用好各种成本费用税前扣除的税收筹划

一、业务招待费税前扣除的筹划

(一)理论分析

1. 政策规定

企业发生的与生产经营活动有关的业务招待费支出,按照发生额的60%扣除,但最高不得超过当年销售(营业)收入的5‰。

2. 简要分析

假设企业当年销售(营业)收入为 X,业务招待费为 Y,则当年允许税前扣除的业务招待费为 $Y\times 60\% \leqslant X\times 5‰$。

临界点:$Y=X\times 8.3‰$。

当企业的实际业务招待费大于销售(营业)收入的8.3‰时,超过部分60%的限额不能够充分利用,需要全部作纳税调整处理。

当企业的实际业务招待费小于销售(营业)收入的8.3‰时,60%的限额可以充分利用,只需要就40%部分作纳税调整处理。

3. 筹划方法

(1) 合理分流业务招待费:业务招待费与业务宣传费合理划分;业务招待费与误餐费合理划分。

例如,因业务开展的需要,招待客户就餐,会计核算上列"招待费";员工食堂就餐、活动聚餐、加班聚餐,会计核算上列"职工福利费";员工出差就餐,在标准内的餐费,会计核算上列"差旅费";企业组织员工职业培训,培训期间就餐,会计核算上列"职工教育经费";公司在酒店召开会议,会议期间就餐,会计核算上列"会议费";公司筹建期间发生的餐费,会计核算上列"开办费";以现金形式发放的员工餐费补贴,会计核算上列"工资薪金";企业召开董事会,董事会期间发生的餐费,会计核算上列"董事会费";工会组织员工活动,活动期间发生的餐费,会计核算上列"工会经费"。

按照税法规定,业务宣传费的扣除限额为销售(营业)收入的15%(特定行业为30%),是业务招待费的30倍(特定行业的60倍),具有更大的限额空间。业务招待费的目的是通过开展必要的招待活动,以达到维护企业与客户的关系与形象,从而促进销售,然而,业务宣传费也具有与此类似的动机。如果能够有效搭配,业务招待费与业务宣传费之间的开支,将会起到很好的节税作用。例如,企业经常向客户赠送烟酒、茶叶、土特产等礼品,这部分开支应纳入业务招待费的范畴。但如果企业改为赠送自行生产或委托加工的产品,则这些礼品起到了推广宣传的作用,可作为业务宣传费列支。

(2) 充分发挥扣税基数的效应:临界点为本年度实际发生的业务招待费占销售收入的8.3‰左右。

根据《企业所得税法实施条例》相关规定,企业发生非货币性资产交换,以及将货物、财产、劳务用于捐赠、偿债、赞助、集资、广告、样品、职工福利或者利润分配等用途的,应当视同销售货物、转让财产或者提供劳务。

例如,企业将资产移送他人的下列情形,因资产所有权属已发生改变而不属于内部处置资产,应按规定视同销售确定收入:用于市场推广或销售;用于交际应酬;用于职工奖励或福利;用于股息分配;用于对外捐赠;其他改变资产所有权属的用途。

上述的这些项目在会计核算中更多地体现在费用支付项目中。比如,用于市场推广或销售的资产,一般计入销售费用;用于对外捐赠的资产,计入营业外支出;用于职工奖励或福利的资产,计入应付职工薪酬等。企业应足额、正确地将这些项目按视同销售收入,在汇算清缴申报时加入销售(营业)收入,可作为业务招待费的计提基数。因企业瞒报或漏报的收入被税务机关查增的收入,不得作为业务招待费的计提基数。因此,企业应如实申报视同销售收入,避免瞒报漏报带来的纳税风险,准确核定业务招待费的扣除基数。

业务招待费是以销售(营业)收入作为扣除基数,企业可通过下设独立核算的分支机构的方式来提高费用限额的扣除基数。例如,将销售部门设立成一个独立核算的销售公司,通过将产品销售给销售公司,再由销售公司实现对外销售,可以直接带来近倍的销售收入,费用限额扣除的基数可获得提高。设立独立核算分支机构可直接起到节税作用,但也会给企业带来额外的管理成本,并可能影响企业的整体战略布局。因而是否要设立这样的分支机构,需要综合决策。

(二)案例分析

【例 4-11】 2019 年某企业营业收入 2 000 万元,则允许税前扣除的业务招待费最高不超过 10 万元(2 000×5‰),业务招待费最大程度可以为 16.7 万元(2 000×8.3‰)。

如果企业实际发生业务招待费 40 万元,允许税前列支额度=40×60%=24(万元),但允许扣除的最高不超过 10 万元。

根据《企业所得税法》规定需要纳税调增额=40－10=30(万元),需要计算的企业所得税=30×25%=7.5(万元),即消费 40 万元,实际付出 47.5 万元的代价。

二、广告宣传费税前扣除的筹划

(一)理论分析

1. 政策规定

企业发生的符合条件的广告费和业务宣传费支出,除国务院财政、税务主管部门另有规定外,不超过当年销售(营业)收入 15% 的部分,准予扣除;超过部分,准予在以后纳税年度结转扣除;其销售(营业)收入额应包括《企业所得税法实施条例》第二十五条规定的视同销售(营业)收入额。

2. 筹划方法

(1) 设立独立核算的销售公司可提高扣除费用额度。

将集团公司的销售部门设立成一个独立核算的销售公司,将集团公司产品销售给销售公司,再由销售公司实现对外销售。这样就增加了一道营业收入,在整个利益集团的利润总额并未改变的前提下,费用限额扣除的标准可同时获得提高。

(2) 广告宣传费与业务招待费的合理转化。

考虑将部分业务招待费转为业务宣传费,比如,可以将若干次餐饮招待费改为宣传产品用的赠送礼品。

(二)案例分析

【例 4-12】 某生产企业某年度实现销售净收入 20 000 万元,企业当年发生业务招待费160万元。发生广告费和业务宣传费3 500万元。

解析

1. 筹划前税负分析

根据税收政策规定的扣除限额计算如下：

$$业务招待费 = 20\ 000 \times 5‰ = 100(万元),160 \times 60\% = 96(万元)$$

$$应纳税所得额调增 = 160 - 96 = 64(万元)$$

$$广告费和业务宣传费 = 20\ 000 \times 15\% = 3\ 000(万元)$$

$$应纳税所得额调增 = 3\ 500 - 3\ 000 = 500(万元)$$

$$应纳税额 = (64 + 500) \times 25\% = 141(万元)$$

如果通过税收筹划将企业的销售部门分离出去，成立一个独立核算的销售公司。把企业生产的产品以18 000万元卖给销售公司，销售公司再以20 000万元对外销售。费用在两个公司间分配：生产企业与销售公司的业务招待费各分80万元，广告费和业务宣传费分别为1 500万元和2 000万元。由于增加了独立核算的销售公司这样一个新的组织形式，也就增加了扣除限额；而因最后对外销售仍是20 000万元，没有增值，所以不会增加增值税的税负。

2. 筹划后税负分析

经过税收筹划后，在整个利益集团的利润总额不变的情况下，业务招待费、广告费和业务宣传费分别以两家企业的销售收入为依据计算扣除限额，相关结果如下：

生产企业业务招待费 = 80 × 60% = 48(万元)，18 000 × 5‰ = 90(万元)；应纳税额调增 = 80 - 48 = 32(万元)。

生产企业广告费和业务宣传费 = 18 000 × 15% = 2 700 > 1 500(万元)，不用纳税调整。

销售公司业务招待费 = 80 × 60% = 48(万元)，18 000 × 5‰ = 90(万元)；应纳税额调增80 - 48 = 32(万元)。

销售公司广告费和业务宣传费 = 20 000 × 15% = 3 000 > 2 000(万元)，不用纳税调整。

两个企业调增应纳税所得额64万元，应纳税额为 = 64 × 25% = 16(万元)。

通过税收筹划，两个企业比一个企业节约企业所得税 = 141 - 16 = 125(万元)。

三、利用好分割单进行税前扣除

（一）政策规定

企业与其他企业（包括关联企业）、个人在境内共同接受劳务（含应税劳务及非应税劳务）发生的支出，采取分摊方式的，应当按照独立交易原则进行分摊，企业以发票（或发票外的其他外部凭证）和分割单作为税前扣除凭证，共同接受应税劳务的其他企业以企业开具的分割单作为税前扣除凭证。

企业租用(包括企业作为单一承租方租用)办公、生产用房等资产发生的水、电、燃气、冷气、暖气、通讯线路、有线电视、网络等费用,出租方作为应税项目开具发票的,企业以发票作为税前扣除凭证;出租方采取分摊方式的,企业以出租方开具的其他外部凭证作为税前扣除凭证。原始凭证分割单在满足上述条件下可以作为税前扣除凭证。

这里所说的税前扣除是指企业在计算企业所得税应纳税所得额时作为允许税前扣除的支出,但是并不能以原始凭证分割单作为进项税的抵扣凭证;接受分割单的单位,应该向出具分割单的单位索要收款企业开具的发票或其他收款凭证的复印件作为分割单的附件;约定采取分摊方式的支出,应该按照独立交易原则进行。

应税劳务的包含范围。此时需要注意,《企业所得税税前扣除凭证管理办法》(以下简称《管理办法》)提及的"劳务"不能等同于增值税相关规定中的"加工、修理修配劳务"。国家税务总局在对"应纳增值税劳务是否包括应税服务?"问题的留言中回复说明:《管理办法》第九条、第十条、第十八条均提及"劳务"概念,是一个相对宽泛的概念,原则上包含了所有劳务服务活动,即《管理办法》所说应税劳务既包括了加工、修理修配等劳务,也包括了建筑安装、交通运输、金融服务、教育培训等所有销售服务。

共同接受应税劳务行为和转售行为的区别。从政策规定看,分割单可作为税前扣除凭证的前提条件是多家企业共同接受应税劳务,即多家企业共同承担某项应税劳务支出,并委托其中一家企业作为代表与劳务提供方签订合同并获取增值税发票。

(二)案例分析

【例4-13】 有A、B、C三家企业共同聘请讲师D对公司员工进行培训,由A企业代表三家企业与D签订相关协议,并获取增值税发票。此时A、B、C三家企业属于共同接受应税劳务行为,可以采用分割单的形式对培训服务费用进行分割入账处理,其中,A企业以发票和分割单作为税前扣除凭证,而B、C企业以分割单作为税前扣除凭证。

但是如果是由A企业与D先签订相关协议,然后A企业将多余的培训名额转让给B、C企业,则此时由于B、C企业与D并未有直接的服务关系,所以不属于共同接受应税劳务行为,而是属于A企业的转售行为,因此A企业需要分别开具增值税发票给B、C企业,作为其税前扣除凭证。

此外,共同接受应税劳务与转售行为的另一个主要差别,是对划分的费用是否形成差额。例如,在共同接受应税劳务情形下,A、B、C企业事先约定好分割比例,三家企业各自承担的费用金额合计等于培训服务费总额。而在转售行为下,A企业对划分的费用有自主定价权,如果加价转售给B、C企业,则三家企业各自承担的费用金额合计超过培训服务费总额,形成差额。

在采取分割单形式下,如果A企业获取增值税专用发票,同时将分割给B、C企业的费用计入其他应收款,并未确认为增值税应税收入。根据《增值税暂行条例》第十条的规定,用于非增值税应税项目的进项税额不得在销项税额中抵扣,因此A企业需要将对应不属于自己抵扣部分的税款做进项税转出处理。同时B、C企业获取分割单,由于不属于增值税中凭票抵扣或计算抵扣的情形,因此无法抵扣进项税额。

第五节　企业开办费的税收筹划

一、政策规定

筹建期是指企业被批准筹建之日起至开始生产、经营(包括试生产、试营业)之日的期间。目前主要有三种说法，分别是领取营业执照之日、取得第一笔收入之日、开始投入生产经营之日。结合不同的行业，有不同的特点，应当具体把握。

工业企业，由于需要建设厂房等基础设施，所以生产设施建设完毕，并且购进原材料进行生产之前的时间，都是筹建期间；商业性质的企业，装修好商场、购进商品之前的时间，都是筹建期间；服务性质的企业，由于没有具体形式上的商品，开始经营之前的时间，可以视为筹建期间。新税法中开(筹)办费未明确列作长期待摊费用，企业可以在开始经营之日的当年一次性扣除，也可以按照新税法有关长期待摊费用的处理规定处理，但一经选定，不得改变。其他应当作为长期待摊费用的支出，自支出发生月份的次月起，分期摊销，摊销年限不得低于3年。

筹建期开办费是指企业在筹建期间发生的费用，包括筹建期人员工资、办公费、培训费、差旅费、印刷费、注册登记费、企业登记公证费用、企业资产的摊销报废和毁损、不计入固定资产和无形资产购建成本的汇兑损益和利息支出和其他费用。

企业发生的下列费用，不得计入开办费：①取得各项资产所发生的费用，包括购建固定资产和无形资产是支付的运输费、安装费、保险费和购建时发生的相关人工费用。②规定应由投资各方负担的费用，如投资各方为筹建企业进行了调查、洽谈发生的差旅费、咨询费、招待费等支出。我国政府还规定，中外合资进行谈判时，要求外商洽谈业务所发生的招待费用不得列作企业开办费，由提出邀请的企业负担。③为培训职工而购建的固定资产、无形资产等支出不得列作开办费。④投资方因投入资本自行筹措款项所支付的利息，不得计入开办费，应由出资方自行负担。⑤以外币现金存入银行而支付的手续费，该费用应由投资者负担。

筹建期间增值税发票的抵扣。新设立的企业，从办理税务登记，到开始生产经营，往往要经过一定的筹建期，在此期间，企业也会取得一定数量的增值税扣税凭证。如：进行基础建设、购买办公和生产设备、建账建制、招聘员工、联系进销渠道等。有些情况下，企业在筹建期间未能及时认定为一般纳税人，在税务机关的征管系统中存在一段时期的小规模纳税人状态，导致其取得的增值税扣税凭证在抵扣进项税额时遇到障碍。

《国家税务总局关于纳税人认定或登记为一般纳税人前进项税额抵扣问题的公告》(国家税务总局公告2015年第59号)规定，纳税人自办理税务登记至认定或登记为一般纳税人期间，未取得生产经营收入，未按照销售额和征收率简易计算应纳税额申报缴纳增值税的，其在此期间取得的增值税扣税凭证，可以在认定或登记为一般纳税人后抵扣进项税额。取得的增值税专用发票，对于无法抵扣的，由销售方纳税人开具红字增值税专用发票后重新开具蓝字增值税专用发票。取得的海关进口增值税专用缴款书，经国家税务总局稽核比对相符后抵扣进项税额。

筹建期间费用的扣除。《国家税务总局关于企业所得税应纳税所得额若干税务处理问题的公告》（国家税务总局公告2012年第15号）规定，企业在筹建期间，发生的与筹办活动有关的业务招待费支出，可按实际发生额的60%计入企业筹办费，并按有关规定在税前扣除；发生的广告费和业务宣传费，可按实际发生额计入企业筹办费，并按有关规定在税前扣除。

筹建期间的开办费的处理。《国家税务总局关于企业所得税若干税务事项衔接问题的通知》（国税函〔2009〕98号）规定，新税法中开（筹）办费未明确列作长期待摊费用，企业可以在开始经营之日的当年一次性扣除，也可以按照新税法有关长期待摊费用的处理规定处理，但一经选定，不得改变。根据《企业所得税法实施条例》第七十条规定：企业所得税法第十三条第（四）项所称其他应当作为长期待摊费用的支出，自支出发生月份的次月起，分期摊销，摊销年限不得低于3年。

筹建期间的纳税申报。《国家税务总局关于贯彻落实企业所得税法若干税收问题的通知》（国税函〔2010〕79号）规定，企业自开始生产经营的年度，为开始计算企业损益的年度。企业从事生产经营之前进行筹办活动期间发生筹办费用支出，不得计算为当期的亏损。

二、筹划方法

1. 亏损年度的税收筹划

根据税法规定生产经营之前所进行筹办活动期间发生的筹办费用支出，不得计算为当期的亏损。

如果不按税法规定，仍然计算为亏损年度，很有可能在未来的5年内无法得到弥补。

如果按税法规定，不计算亏损年度，则可以将开办费用在企业所得税前的扣除时间向后递延，有利于亏损抵扣期限的调节。

2. 摊销期限的税收筹划

根据税法规定企业发生的开办费用可以在开始经营之日的当年一次性扣除，也可以作为长期待摊费用的支出，自支出发生月份的次月起，分期摊销，摊销年限不得低于3年。

如果企业采用一次性扣除开办费用，前期形成的亏损，则很有可能在未来的5年内无法得到弥补。

如果企业采用分期摊销，则可以将开办费用在企业所得税前的扣除时间向后递延，有利于亏损抵扣期限的调节。

如果企业投产后，前期盈利较多，很显然应当采用一次性扣除开办费用，有利于利润的调节，实现递延纳税。

第六节 股权转让方式的税收筹划

一、直接转让股权的涉税分析

（一）政策规定

转让股权收入扣除为取得该股权所发生的成本后，为股权转让所得。企业在计算股权转让所得时，不得扣除被投资企业未分配利润等股东留存收益中按该项股权所可能分配的金额。

（二）案例分析

【例4-14】 A企业2013年9月以1 000万元投资于甲公司。因投资战略调整，2015年9月，A企业决定将持有的甲公司的股权转让给境内另一居民企业。2015年9月，甲公司的资产负债表中，资产总计10 000万元，负债总计5 000万元，所有者权益总计5 000万元，其中实收资本2 000万元，未分配利润2 200万元、盈余公积800万元。假设被投资企业的账面价值与公允价值相同，直接股权转让涉税分析如下：

(1) A企业按公允价值将其所持甲公司50%股权直接转让，转让价格为2 500万元。

(2) A企业的股权转让所得＝2 500－1 000＝1 500（万元）。

(3) 应缴纳企业所得税＝1 500×25%＝375（万元）。

(4) 净收益＝2 500－1 000－375＝1 125（万元）。

二、先分配利润再转让股权涉税分析

（一）政策规定

符合条件的居民企业之间的股息、红利等权益性投资收益，为免税收入。其中，所称符合条件的居民企业之间的股息、红利等权益性投资收益是指居民企业直接投资于其他居民企业取得的投资收益，不包括连续持有居民企业公开发行并上市流通的股票不足12个月取得的投资收益。

（二）案例分析

【例4-15】 A企业2013年9月以1 000万元投资于甲公司。因投资战略调整，2015年9月，A企业决定将持有的甲公司的股权转让给境内另一居民企业。2015年9月，甲公司的资产负债表中，资产总计10 000万元，负债总计5 000万元，所有者权益总计5 000万元，其中实收资本2 000万元，未分配利润2 200万元、盈余公积800万元。假设被投资企业的账面价值与公允价值相同，先分配利润再转让股权的涉税分析如下：

(1) A企业分得的股息1 100万元属于免税收入。

(2) 甲公司分配利润后，所有者权益＝5 000－2 200＝2 800（万元）。

(3) 此时 A 企业对所持甲公司股权进行转让。

股权的公允价值＝2 800×50%＝1 400(万元)

转让所得＝1 400－1 000＝400(万元)

应缴纳企业所得税＝400×25%＝100(万元)

净收益为＝1 100＋400－100＝1 400(万元)

三、先转增资本再转让股权的涉税分析

(一) 政策规定

法定公积金(公司公积金)用于弥补公司的亏损、扩大公司生产经营或者转为增加公司资本。法定公积金转为资本时,所留存的该项公积金不得少于转增前公司注册资本的 25%。

(二) 案例分析

【例 4-16】 A 企业 2013 年 9 月以 1 000 万元投资于甲公司,因投资战略调整,2015 年 9 月,A 企业决定将持有的甲公司的股权转让给境内另一居民企业。2015 年 9 月,甲公司的资产负债表中,资产总计 10 000 万元,负债总计 5 000 万元,所有者权益总计 5 000 万元,其中实收资本 2 000 万元,未分配利润 2 200 万元、盈余公积 800 万元。假设被投资企业的账面价值与公允价值相同,先转增资本再股权转让涉税分析如下:

(1) 转增资本后,盈余公积的留存额至少应＝2 000×25%＝500(万元),甲公司用以转增资本的盈余公积限额＝800－500＝300(万元)。

甲公司实收资本＝2 000＋2 200＋300＝4 500(万元),属于 A 企业的份额＝4 500×50%＝2 250(万元)。

盈余公积变为 500 万元,所有者权益仍为 5 000 万元。

(2) A 企业取得甲公司视同分配的股利 1 100 万元。

盈余公积＝300×50%＝150(万元)(属免税收入)

股权转让所得＝2 500－2 250＝250(万元)

应缴纳企业所得税＝250×25%＝62.5(万元)

净收益＝1 100＋150＋2 500－2 250－62.5＝1 437.5(万元)

四、直接撤资的涉税分析

(一) 政策规定

投资企业从被投资企业撤回或减少投资,其取得的资产中,相当于初始出资的部分,应确认为投资收回;相当于被投资企业累计未分配利润和累计盈余公积按减少实收资本比例计算的部分,应确认为股息所得;其余部分确认为投资资产转让所得。

(二) 案例分析

【例 4-17】 A 企业 2013 年 9 月以 1 000 万元投资于甲公司,因投资战略调整,2015

年9月,A企业决定将持有的甲公司的股权转让给境内另一居民企业。2015年9月,甲公司的资产负债表中,资产总计10 000万元,负债总计5 000万元,所有者权益总计5 000万元,其中实收资本2 000万元,未分配利润2 200万元、盈余公积800万元。假设被投资企业的账面价值与公允价值相同,撤回投资涉税分析如下:

A企业持有甲公司50%的股权,享有的净资产份额=5 000×50%=2 500(万元),只能撤回2 500万元的资金。

其中,1 000万元属于初始投资成本;1 100+400=1 500(万元),属于股利所得,为免税收入,股权转让所得为0。因此净收益为1 500万元。

五、方案对比

股权转让方案对比如表4-3所示。

表4-3　股权转让方案对比表　　　　　　　　　　单位:万元

方案	企业所得税	净收益	原因
直接股权转让	375	1 125	A企业对应的未分配利润1 100万元和盈余公积400万元均未享受免税待遇
先分配利润再股权转让	100	1 400	A企业对应的未分配利润1 100万元享受到了免税待遇,对应部分的盈余公积400万元未享受免税待遇
先转增资本再股权转让	62.5	1 437.5	A企业对应的未分配利润1 100万元享受了免税待遇,盈余公积中有150万元也享受到了免税待遇
撤回投资	0	1 500	A企业对应的未分配利润1 100万元和盈余公积400万元均享受免税待遇

第七节　存货计价方法的税收筹划

一、各种存货计价方式的对比分析

1. 先进先出法

可以随时结转存货发出成本,但较繁琐;如果存货收发业务较多、且存货单价不稳定时,其工作量较大。

在物价持续上升时,期末存货成本接近于市价,而发出成本偏低,会高估企业当期利润和库存存货价值;反之,会低估企业存货价值和当期利润。

2. 月末一次加权平均法

只在月末一次计算加权平均单价,比较简单,有利于简化成本计算工作,但由于平时无法从账上提供发出和结存存货的单价及金额,因此不利于存货成本的日常管理与控制。

3. 移动加权平均法

能够使企业管理当局及时了解存货的结存情况,计算的平均单位成本以及发出和结存的存货成本比较客观。

但由于每次收货都要计算一次平均单价,计算工作量较大,对收发货较频繁的企业不适用。

4. 个别计价法

成本计算准确,符合实际情况,但在存货收发频繁情况下,其发出成本分辨的工作量较大。

适用于一般不能替代使用的存货、为特定项目专门购入或制造的存货以及提供的劳务,如珠宝、名画等贵重物品。

二、案例分析

【例4-18】 山东济南钢板厂2019年3月1日结存黑铁3万吨,每吨实际成本为1 000元;3月6日和3月21日分别购进黑铁9万吨和6万吨,每吨实际成本分别为1 100元和1 200元;3月11日和3月26日生产领用分别发出黑铁10.50万吨和6万吨。2006年该厂共有16.50万吨钢板出售,市场售价每吨钢板为2 000元。此外,加工钢板发生的其他费用每吨为500元。分析采用哪种计算方法对企业纳税最为有利。

从以上资料看出,材料价格不断上涨,具体分析如表4-4所示。

表4-4 存货计价方法分析表(一)   单位:元

科目	先进先出法	月末一次加权平均法	移动加权平均法
材料成本	3×1 000+7.50×1 100+1.50×1 100+4.50×1 200=18 300	16.50×1 116.67=18 425.06	10.50×1 075+6×1 175=18 337.50
营业成本	18 300+16.50×500=26 550	18 425.06+16.50×500=26 675.06	18 337.50+16.50×500=26 587.50
销售收入	16.50×2 000=33 000	16.50×2 000=33 000	16.50×2 000=33 000
利润	33 000−26 550=6 450	33 000−26 675.06=6 324.94	33 000−26 587.50=6 412.50
应纳税额	6 450×25%=1 612.5	6 324.94×25%=1 581.24	6 412.50×25%=1 603.13

通过以上分析可以看出,当材料价格不断上涨时,采用月末一次加权平均法计价,营业成本提高,从而使企业应税利润相对减少,能够减轻企业所得税负担,移动加权平均法次之,而采用先进先出法会增加企业所得税的负担。

如果材料价格不断下降,接前例,山东济南钢板厂3月6日和3月21日分别购进黑铁9万吨和6万吨,如果每吨实际成本分别为900元和800元,那么采用哪种计算方法对企业纳税最为有利?

具体分析如表 4-5 所示。

表 4-5　存货计价方法分析表(二)　　　　　　　　　　单位:元

	如果材料价格不断下降		
	先进先出法	月末一次加权平均法	移动加权平均法
材料成本	3×1 000＋7.50×900＋1.50×900＋4.50×800＝14 700	16.50×883.33＝14 574.95	10.50×925＋6×825＝14 662.50
营业成本	14 700＋16.50×500＝22 950	14 574.95＋16.50×500＝22 824.95	14 662.50＋16.50×500＝22 912.50
销售收入	16.50×2 000＝33 000(万元)	16.50×2 000＝33 000	16.50×2 000＝33 000
利润	33 000－22 950＝10 050	33 000－22 824.95＝10 175.05	33 000－22 912.50＝10 087.50
应纳税额	10 050×25％＝2 512.50	10 175.05×25％＝2 543.76	10 087.50×25％＝2 521.88

通过分析可以看出,当材料价格不断下降时,采用先进先出法计价,营业成本提高,从而减少应税利润,达到"节税"目的,移动加权平均法次之,而月末一次加权平均法会增加企业所得税的负担。

因此,企业利用存货计价方法进行税收筹划时,应该在会计年度的末期根据经济运行的状况做出正确的评价,选择下一年度对企业"节税"的存货计价方法。一般情况下,如果物价表现为上涨,采用月末一次加权平均法计价"节税";而在物价表现为下降时,则应采用先进先出法"节税";当物价上下波动幅度较大时,企业则应选择移动加权平均法或月末一次加权平均法对存货进行计价,从而避免因销货成本的波动而影响各期利润的均衡性,使企业合理安排资金的使用。

第八节　企业融资环节的税收筹划

一、融资决策的筹划

(一)政策分析及筹划思路

融资决策是任何企业都需要面临的问题,也是企业生存和发展的关键问题之一。融资决策需要考虑众多因素,税收因素是其中之一。利用不同融资方式、不同融资条件对税收的影响,精心设计企业融资项目,以实现企业税后利润或者股东收益最大化,是纳税筹划的任务和目的。

融资在企业的生产经营过程中占据着非常重要的地位,融资是企业一系列生产经营活动的前提条件,融资决策的优劣直接影响到企业生产经营的业绩。融资作为一项相对独立的企业活动,其对经营收益的影响主要是借助于因资本结构变动产生的杠杆作用进行的。资本结构是企业长期债务资本与权益资本之间的比例构成关系。企业在融资过程中应当考虑以下几方面：

(1) 融资活动对于企业资本结构的影响。

(2) 资本结构的变动对于税收成本和企业利润的影响。

(3) 融资方式的选择在优化资本结构和减轻税负方面对于企业和所有者税后利润最大化的影响。

在市场经济体制下，企业的融资渠道主要包括从金融机构借款、从非金融机构借款、发行债券、发行股票、融资租赁、企业自我积累和企业内部集资等。不同融资方式的税法待遇及其所造成的税收负担的不同为纳税筹划创造了空间。

企业各种融资渠道大致可以划分为负债和资本金两种方式。两种融资方式在税法上的待遇是不同的，《企业所得税法》第八条规定：企业实际发生的与取得收入有关的、合理的支出，包括成本、费用、税金、损失和其他支出，准予在计算应纳税所得额时扣除。纳税人在生产经营期间，向金融机构借款的利息支出，按照实际发生数扣除；向非金融机构借款的利息支出，不高于按照金融机构同类、同期贷款利率计算的数额以内的部分，准予扣除。通过负债的方式融资，负债的成本——借款利息可以在税前扣除，从而减轻了企业的税收负担。《企业所得税法》第十条规定：在计算应纳税所得额时，向投资者支付的股息、红利等权益性投资收益款项不得扣除。由此可见，企业通过增加资本金的方式进行融资所支付的股息或者红利是不能在税前扣除的，因此，仅仅从节税的角度来讲，负债融资方式比权益融资方式更优。但由于各种融资方式还会涉及其他一些融资成本，因此，不能仅仅从税收负担角度来考虑各种融资成本的优劣。下面我们分别分析以下几种最常见的融资方式的各种成本：

(1) 发行债券越来越成为大公司融资的主要方案。债券是经济主体为筹集资金而发行的，用以记载和反映债权债务关系的有价证券。由企业发行的债券称为企业债或公司债券。发行债券的筹资方式，由于筹资对象广、市场大，比较容易寻找降低融资成本、提高整体收益的方法。另外，由于债券的持有者人数众多，有利于企业利润的平均分担，避免利润过分集中所带来的较重税收负担。

(2) 向金融机构借款也是企业较常使用的融资方式。由于这种方式只涉及企业和金融机构两个主体，因此，如果二者存在一定的关联关系，就可以通过利润的平均分摊来减轻税收负担。当然，这种方式需要控制在合理的范围之内，否则有可能受到关联企业转移定价的规制。但绝大多数企业和金融机构之间是不存在关联关系的，很难利用关联关系来取得税收上的利息。但由于借款利息可以在税前扣除，因此，这一融资方式比企业自我积累资金的方式在税收待遇上要优越。

(3) 企业以自我积累的方式进行筹资，所需要的时间比较长，无法满足绝大多数企业的生产经营的需要。另外，从税收的角度来看，自我积累的资金由于不属于负债，因此，也不存在利息抵扣所得额的问题，无法享受税法上的优惠待遇。再加上资金的占用和使用融为一体，企业所承担的风险也比较高。

(4)发行股票仅仅属于上市公司融资的选择方案之一,非上市公司没有权利选择这一融资方式,因此,其适用范围相对比较狭窄。发行股票所支付的股息与红利是在税后利润中进行的,因此,无法像债券利息或借款利息那样享受抵扣所得额的税法优惠待遇。而且发行股票融资的成本相对来讲也比较高,并非绝大多数企业所能选择的融资方案。当然,发行股票融资也有众多优点,比如,发行股票不用偿还本金,没有债务压力。成功发行股票对于企业来讲也是一次非常好的宣传自己的机会,往往会给企业带来其他方面的诸多好处。

一般来讲,企业以自我积累方式筹资所承受的税收负担要重于向金融机构借款所承受的税收负担,贷款融资所承受的税收负担要重于企业间拆借所承受的税收负担,企业间借贷的税收负担要重于企业内部集资的税收负担。

另外,企业还可以通过联合经营来进行纳税筹划,即以一个主体厂为中心,与有一定生产设备基础的若干企业联合经营。比如由主体厂提供原材料,成员厂加工零配件,再卖给主体厂,主体厂组装完成产品并负责销售。这样可以充分利用成员厂的场地、劳动力、设备和资源进行规模生产,提高效率,另外适当利用各成员厂之间的关联关系,可以减轻整体的税收负担。世界性的大公司都是通过这种全球经营的方式来获得最佳的经营效益的。国内企业也可以适当借鉴这种联合经营的方式。

(二)案例分析

【例4-19】 某公司计划投资100万元用于一项新产品的生产,在专业人员的指导下制订了三个方案。假设公司的资本结构如表4-6所示,三个方案的债务利率均为10%,企业所得税税率为25%。那么,其权益资本投资利润率如表4-6所示。

表4-6 权益资本投资利润率 单位:万元

项目	方案A	方案B	方案C
债务资本:权益资本	0:100	20:80	60:40
息税前利润	30	30	30
利率	10%	10%	10%
税前利润	30	28	24
纳税额(25%)	7.5	7	6
税后利润	22.5	21	18
权益资本利润率	22.5%	26.25%	45%

由以上A、B、C三种方案的对比可以看出,在息税前利润和贷款利率不变的条件下,随着企业负债比例的提高,权益资本利润率在不断增加。通过比较不同资本结构带来的权益资本利润率的不同,选择融资所要采取的融资组合,实现股东收益最大化。我们可以选择方案C作为该公司投资该项目的融资方案。

二、长期借款融资的筹划

(一) 政策分析及筹划思路

企业的资金来源除权益资金外,主要就是负债。负债一般包括长期负债和短期负债。长期负债资本和权益资本的比例关系一般称为资本构成。长期负债融资的好处:一方面债务的利息可以抵减应税所得,减少应纳所得税额;另一方面还体现在通过财务杠杆作用增加权益资本收益率上。假设企业负债经营,债务利息不变,当利润增加时,单位利润所负担的利息就会相对降低,从而使投资者收益有更大幅度的提高,这种债务对投资收益的影响就是财务杠杆作用。

仅仅从节税角度考虑,企业负债比例越大,节税效果越明显。但由于负债比例升高会相应影响将来的融资成本和财务风险,因此,并不是负债比例越高越好。长期负债融资的杠杆作用体现在提高权益资本的收益率以及普通股的每股收益额方面,这可以从下面的公式中得到反映:权益资本收益率(税前)=息税前投资收益率+负债÷权益资本×(息税前投资收益率−负债成本率)。

因此,只要企业息税前投资收益率高于负债成本率,增加负债额度,提高负债的比例就会带来权益资本收益率提高的效应。但这种权益资本收益率提高的效应会被企业的财务风险以及融资的风险成本的逐渐加大所抵销,当二者达到一个大体的平衡时,也就达到了增加负债比例的最高限额。超过这个限额,财务风险以及融资风险成本就会超过权益资本收益率提高的收益,也就会从整体上降低企业的税后利润,从而降低权益资本收益率。

(二) 案例分析

【例 4-20】 某股份有限公司的资本结构备选方案如表 4-7 所示。

表 4-7 资本结构方案　　　　　　　　　　　　　　单位:万元

项目	A	B	C	D	E
负债比例	0	1∶1	2∶1	3∶1	4∶1
负债成本率	—	6%	7%	9%	10.5%
投资收益率	10%	10%	10%	10%	10%
负债额	0	3 000	4 000	4 500	4 800
权益资本额	6 000	3 000	2 000	1 500	1 200
普通股股数/万股	60	30	20	15	12
年息税前利润额	600	600	600	600	600
减:负债利息成本	—	180	280	405	504

(续表)

项目	A	B	C	D	E
年税前利润	600	420	320	195	96
所得税税率	25%	25%	25%	25%	25%
应纳所得税额	150	105	80	48.75	24
年息税后利润	450	315	240	146.25	72
权益资本收益率	7.5%	10.5%	12%	9.75%	6%
普通股每股收益额/元	7.5	10.5	12	9.75	6

从五套选择方案可以看出,方案B、C、D利用了负债融资的方式,由于其负债利息可以在税前扣除,因此,降低了所得税的税收负担,产生了权益资本收益率和普通股每股收益额均高于完全靠权益资金融资的方案A。

上述方案中假设随着企业负债比例的不断提高,企业融资的成本也在不断提高,反映在表格中是负债成本率不断提高,这一假设是符合现实的。正是由于负债成本率的不断提高,增加的债务融资成本逐渐超过因其抵税作用带来的收益,这时,通过增加负债比例进行纳税筹划的空间就走到尽头了。上述5套方案所带来的权益资本收益率和普通股每股收益额的变化充分说明了这一规律。从方案A到方案C,随着企业负债比例的不断提高,权益资本收益率和普通股每股收益额也在不断提高,说明税收效应处于明显的优势,但从方案C到方案D则出现了权益资本收益率和普通股每股收益额逐渐下降的趋势,这就说明了此时起主导作用的因素已经开始向负债成本转移,债务成本抵税作用带来的收益增加效应已经受到削弱与抵消,但与完全采用股权性融资的方案相比,仍是有利可图的。但到方案E时,债务融资税收挡板作用带来的收益就完全被负债成本的增加所抵消,而且负债成本已经超过节税的效应了,因此,方案E的权益资本收益率和普通股每股收益额已经低于完全不进行融资时(方案A)的收益了。此时融资所带来的就不是收益而是成本了。

这一案例再次说明了前面的结论:只有当企业息税前投资收益率高于负债成本率时,增加负债比例才能提高企业的整体效益,否则,就会降低企业的整体效益。

在长期借款融资的纳税筹划中,借款偿还方式的不同也会导致不同的税收待遇,从而同样存在纳税筹划的空间。比如某公司为了引进一条先进的生产线,从银行贷款1 000万元,年利率为10%,年投资收益率为18%,5年内还清全部本息。经过纳税筹划,该公司可选择的方案主要有四种:

(1) 期末一次性还本付息。
(2) 每年偿还等额的本金和利息。
(3) 每年偿还等额的本金200万元及当期利息。
(4) 每年支付等额利息100万元,并在第五年末一次性还本。

在以上各种不同的偿还方式下,年偿还额、总偿还额、税额以及企业的整体收益均是不同的。

一般来讲,方案A给企业带来的节税额最大,但它给企业带来的经济效益却是最差的,企业最终所获利润低,而且现金流出量大,因此是不可取的。方案C尽管使企业缴纳了较多的所得税,但其税后收益却是最高的,而且现金流出量也是最小的,因此,它是最优的方案。方案B是次优的,它给企业带来的经济利益小于方案C,但大于方案D。长期借款融资偿还方式的一般原则是分期偿还本金和利息,尽量避免一次性偿还本金或者本金和利息。

三、借款费用利息的筹划

（一）政策分析及筹划思路

根据现行企业所得税政策,企业实际发生的与取得收入有关的合理的支出,包括成本、费用、税金、损失和其他支出,准予在计算应纳税所得额时扣除。企业在生产经营活动中发生的合理的、不需要资本化的借款费用,准予扣除。企业为购置、建造固定资产、无形资产和经过12个月以上的建造才能达到预定可销售状态的存货发生借款的,在有关资产购置、建造期间发生的合理的借款费用,应当作为资本性支出计入有关资产的成本,并依照《企业所得税法实施条例》的规定扣除。

企业在生产经营活动中发生的下列利息支出,准予扣除:

(1) 非金融企业向金融企业借款的利息支出、金融企业的各项存款利息支出和同业拆借利息支出、企业经批准发行债券的利息支出。

(2) 非金融企业向非金融企业借款的利息支出,不超过按照金融企业同期同类贷款利率计算的数额的部分。

根据《国家税务总局关于企业向自然人借款的利息支出企业所得税税前扣除问题的通知》(国税函〔2009〕777号)的规定,企业向股东或其他与企业有关联关系的自然人借款的利息支出,应根据《企业所得税法》第四十六条及《财政部 国家税务总局关于企业关联方利息支出税前扣除标准有关税收政策问题的通知》(财税〔2008〕121号)的规定,计算企业所得税扣除额。企业向除股东或其他与企业有关联关系的自然人以外的内部职工或其他人员借款的利息支出,其借款情况同时符合以下条件的,其利息支出在不超过按照金融企业同期同类贷款利率计算的数额的部分,根据《企业所得税法》第八条和《企业所得税法实施条例》第二十七条的规定,准予扣除:

(1) 企业与个人之间的借贷是真实、合法、有效的,并且不具有非法集资目的或其他违反法律、法规的行为。

(2) 企业与个人之间签订了借款合同。

根据《国家税务总局关于企业所得税若干问题的公告》(国家税务总局公告2011年第34号)的规定,非金融企业向非金融企业借款的利息支出,不超过按照金融企业同期同类贷款利率计算的数额的部分,准予税前扣除。企业在按照合同要求首次支付利息并进行税前扣除时,应提供"金融企业的同期同类贷款利率情况说明",以证明其利息支出的合理性。"金融企业的同期同类贷款利率情况说明"中,应包括在签订该借款合同当时,本省任何一家金融企业提供同期同类贷款利率情况。该金融企业应为经政府有关部门批准成立的可以从事贷款业务的企业,包括银行、财务公司、信托公司等金融机构。"同期同类贷款利率",是指在贷款期限、贷款金额、贷款担保以及企业信誉等条件基本相同下,金融企业提供贷款的利率,既可以是金融企业公布的同期同类平均利率,也可以是金融企业对某些企业提供的实际贷款利率。

企业在扣除借款利息时应注意不能超过同期同类贷款利率;如果超过,应考虑通过纳税筹划转化为其他可以扣除的成本或费用。

(二)案例分析

【例4-21】 甲公司2019年度向10位自然人借款1 000 000元,约定年利率为15%。甲公司可以提供的当地最高同期同类贷款利率为6%。请计算甲公司多缴纳的企业所得税以及应当代扣代缴的个人所得税并提出纳税筹划方案。

甲公司需要支付年度利息=1 000 000×15%=150 000(元),允许在税前扣除的利息=1 000 000×6%=60 000(元),不得在税前扣除的利息=150 000-60 000=90 000(元)。该利息在以后年度也不能扣除,因此,企业需要为此多缴纳企业所得税=90 000×25%=22 500(元)。

甲公司需要代扣代缴个人所得税=150 000×20%=30 000(元)。

如果甲公司将借款利率降低为6%,此时支付的60 000元利息可以全部税前扣除,少纳企业所得税22 500元。同时,需要代扣代缴个人所得税=60 000×20%=12 000(元),少纳个人所得税=30 000-12 000=18 000(元)。债权人少取得90 000元利息,对于该利息,可以采取其他方式转移给债权人。如甲公司与债权人签订劳务合同,债权人为甲公司提供咨询劳务或者其他劳务,每人每月领取800元劳务报酬,一年即可领取=800×12×10=96 000(元)。这已经超过了90 000元,因此,甲公司完全可以在一年内将少付的90 000元利息以不需要缴纳个人所得税的劳务报酬的形式发放给债权人,则可以避免多缴纳企业所得税,同时也为债权人少代扣代缴个人所得税18 000元。

四、增加负债降低投资的筹划

(一)政策分析及筹划思路

根据现行税法的规定,公司借款的利息在符合税法规定的限额的情况下可以在计算企业所得税时予以税前扣除,而公司股东的股息则必须在缴纳企业所得税以后才能予以扣除。因此,当公司需要一笔资金时,采取借债的方式显然比股东投资的方式在税法上有利,股东可以利用这一制度设计将部分资金采取借贷的方式投入公司,以减轻税收负担。

当然,这种纳税筹划的方法必须保持在一定的限度内,否则税务机关有权进行调整。《企业所得税法》第四十六条规定:企业从其关联方接受的债权性投资与权益性投资的比例超过规定标准而发生的利息支出,不得在计算应纳税所得额时扣除。债权性投资,是指企业直接或者间接从关联方获得的,需要偿还本金和支付利息或者需要以其他具有支付利息性质的方式予以补偿的融资。企业间接从关联方获得的债权性投资,包括:

(1) 关联方通过无关联第三方提供的债权性投资。

(2) 无关联第三方提供的、由关联方担保且负有连带责任的债权性投资。

(3) 其他间接从关联方获得的具有负债实质的债权性投资。

权益性投资,是指企业接受的不需要偿还本金和支付利息,投资人对企业净资产拥有所有权的投资。

根据《财政部 国家税务总局关于企业关联方利息支出税前扣除标准有关税收政策问题的通知》(财税〔2008〕121号)的规定,在计算应纳税所得额时,企业实际支付给关联方的利息支出,不超过以下规定比例和《企业所得税法》及其实施条例有关规定计算的部分,准予扣除,超过的部分不得在发生当期和以后年度扣除。企业实际支付给关联方的利息支出,其接受关联方债权性投资与其权益性投资比例为:①金融企业,为5∶1;②其他企业,为2∶1。

企业如果能够按照《企业所得税法》及其实施条例的有关规定提供相关资料,并证明相关交易活动符合独立交易原则的;或者该企业的实际税负不高于境内关联方的,其实际支付给境内关联方的利息支出,在计算应纳税所得额时准予扣除。

企业同时从事金融业务和非金融业务,其实际支付给关联方的利息支出,应按照合理方法分开计算;没有按照合理方法分开计算的,一律按其他企业的比例计算准予税前扣除的利息支出。企业自关联方取得的不符合规定的利息收入应按照有关规定缴纳企业所得税。

(二) 案例分析

【例4-22】 某股份有限公司计划筹措1 000万元资金用于某高科技产品生产线的建设,相应制订了A、B、C三套筹资方案。假设该公司的资本结构(负债筹资与权益筹资的比例)如下:三套方案的借款年利率都为8%,企业所得税税率都为25%,三套方案扣除利息和所得税前的年利润都为100万元。

方案A:全部1 000万元资金都采用权益筹资方式,即向社会公开发行股票,每股计划发行价格为2元,共计500万股。

方案B:采用负债筹资与权益筹资相结合的方式,向商业银行借款融资200万元,向社会公开发行股票400万股,每股计划发行价格为2元。

方案C:采用负债筹资与权益筹资相结合的方式,但二者适当调整,向银行借款600万元,向社会公开发行股票200万股,每股计划发行价格为2元。

请给出最佳纳税筹划方案。具体资料如表4-8所示。

表 4-8　资本结构分析表　　　　　　　　　单位:万元

项目	A 0∶100	B 20∶80	C 60∶40
权益资本额	1 000	800	400
息税前利润	100	100	100
利息	0	16	48
税前利润	100	84	52
所得税税率	25%	25%	25%
应纳所得税额	25	21	13
税后利润	75	63	39
税前投资利润率	10%	10.5%	13%
税后投资利润率	7.5%	7.89%	9.75%

通过以上分析,可以发现,随着负债筹资比例的提高,企业应纳所得税额呈递减趋势(从 25 万元减为 21 万元,再减至 13 万元),从而显示负债筹资具有节税的效应。在上述三套方案中,方案 C 无疑是最佳的纳税筹划方案。

五、融资租赁的筹划

租赁合同是企业经营过程中经常使用的一种合同,《合同法》第二百一十二条规定:租赁合同是出租人将租赁物交付承租人使用、收益,承租人支付租金的合同。租赁可以分为经营租赁和融资租赁。《中华人民共和国民法典》(以下简称《民法典》)中的租赁合同就是经营租赁。根据《民法典》第七百三十五条的规定:融资租赁合同是出租人根据承租人对出卖人、租赁物的选择,向出卖人购买租赁物,提供给承租人使用,承租人支付租金的合同。融资租赁一方面具有租赁的一般特点,另一方面具有融资的特点。它是通过"融物"的形式来达到融资的目的,因此,融资租赁也是企业融资的一种重要方式。

典型的融资租赁由三方当事人和两个合同组成,即由出租人与供货人签订的购货合同和出租人与承租人签订的租赁合同组成。在实际操作中,一般把符合下列条件之一的租赁,认定为融资租赁:

(1) 租赁期满,租赁物的所有权无偿转移给承租人,或者承租人有权按照象征性的低于正常价值的价格购买租赁物。

(2) 租赁期超过租赁物寿命的 75%。

(3) 租金的现值不超过租赁物合理价值的 90%。

对于企业来讲,要引进一项新设备,主要有三种方式:用自有资金购买、用长期贷款购买和融资租赁。三种方式均能实现增加生产设备的目的,这一点效果相同,但不同融资方式所引起的净现金流量不同。

除了典型的融资租赁方式以外,企业在纳税筹划时还可以考虑一些特殊的融资租赁方式。特殊的融资租赁是在典型的融资租赁的基础之上加上一些特殊的做法演化而来的,如转租赁、回租租赁、卖方租赁、营业合成租赁、项目融资租赁、综合租赁和杠杆租赁。其中在国际经济活动中应用最为普遍的是杠杆租赁。杠杆租赁,也称平衡租赁,是指租赁物购置成本的小部分(一般为20%~40%)由出租人出资,大部分(一般为60%~80%)由银行等金融机构提供贷款的一种租赁方式。

20世纪60年代以来,西方许多国家为了鼓励设备投资,给予设备购买人投资抵扣、加速折旧等税收优惠。对于出租人而言,采用杠杆租赁,既可以获得贷款人的信贷支持,又可以取得税收优惠待遇;对贷款人而言,其收回贷款的权利优先于出租人取得租金的权利,而且有租赁物作为担保,因此,贷款风险大大降低;对于承租人而言,由于出租人和贷款人都可以获得较普通租赁和贷款较高的利润,因此,它们往往将这部分收益通过降低租金的方式部分转移给承租人,这样,承租人也就获得了利益。正由于杠杆租赁具有众多优势,因此,得以在国际租赁市场上迅速推广。国内企业也可以借鉴这种融资方式,来获得最佳的融资收益。

六、职工融资的筹划

(一)政策分析及筹划思路

根据现行企业所得税政策,企业发生的合理的工资、薪金支出,准予扣除。企业在生产经营活动中发生的下列利息支出,准予扣除:

(1)非金融企业向金融企业借款的利息支出、金融企业的各项存款利息支出和同业拆借利息支出、企业经批准发行债券的利息支出。

(2)非金融企业向非金融企业借款的利息支出,不超过按照金融企业同期同类贷款利率计算的数额的部分。

职工是企业融资的一个重要渠道,通过职工进行融资可以通过提高工资、薪金的方式间接支付部分利息,使得超过银行贷款利率部分的利息能够得以扣除。

根据《国家税务总局关于企业向自然人借款的利息支出企业所得税税前扣除问题的通知》(国税函〔2009〕777号)的规定,企业向股东或其他与企业有关联关系的自然人借款的利息支出,应根据《企业所得税法》第四十六条及《财政部 国家税务总局关于企业关联方利息支出税前扣除标准有关税收政策问题的通知》(财税〔2008〕121号)的规定,计算企业所得税扣除额。

企业向除上述规定以外的内部职工或其他人员借款的利息支出,其借款情况同时符合以下条件的,其利息支出在不超过按照金融企业同期同类贷款利率计算的数额的部分,根据《企业所得税法》第八条和《企业所得税法实施条例》第二十七条的规定,准予扣除:①企业与个人之间的借贷是真实、合法、有效的,并且不具有非法集资目的或其他违反法律、法规的行为。②企业与个人之间签订了借款合同。

(二) 案例分析

【例 4-23】 某企业在生产经营中需要 1 000 万元贷款,贷款期限为 3 年,由于各种原因难以继续向银行贷款。企业财务主管提出三种融资方案:一是,向其他企业贷款,贷款利率为 10%,需提供担保;二是,向社会上的个人贷款,贷款利率为 12%,不需要提供担保;三是,向本企业职工集资,利率为 12%。同期银行贷款利率为 7%。该企业应当如何决策?

虽然向其他企业贷款的利率较低,但需要提供担保,贷款条件和银行基本相当,并非最佳选择。如果选择向社会上的个人贷款,企业所支付的超过银行同期贷款利率的利息不能扣除,增加了企业的税收负担。

如果向本企业职工集资,则可以通过提供职工工资的方式支付部分利息,从而使得全部贷款利息均可以在税前扣除。通过职工集资,可以多扣除利息 = 1 000 × (12% - 7%) × 3 = 150(万元)。减轻税负 = 150 × 25% = 37.5(万元)。

复习思考题

1. 简述居民企业与非居民企业有何区别?
2. 简述子公司和分公司在纳税人身份选择上如何进行税收筹划?
3. 企业如何进行收入的筹划?
4. 纳税人如何进行企业所得税税前扣除项目的筹划?

第五章

个人所得税的税收筹划

第一节　个人所得税概述

个人所得税是以个人(含个体工商户、个人独资企业、合伙企业中的个人投资者、承租承包者个人)取得的各项应税所得为征税对象所征收的一种税。

个人所得税的立法原则:调节收入分配,体现社会公平;增强纳税意识,树立义务观念;扩大聚财渠道,增加财政收入。

一、纳税人

个人所得税的纳税义务人包括中国公民、个体工商户、个人独资企业、合伙企业个人投资者(先分后税)、在中国境内有所得的外籍人员(包括无国籍人员)和中国香港、澳门、台湾同胞。上述纳税义务人根据住所和居住时间两个标准,来区分为居民个人和非居民个人。

(一) 范围

(1) 自然人,包括中国公民,外籍个人,无国籍个人,中国香港、澳门、台湾同胞。
(2) 个体工商户。
(3) 个人独资企业的个人投资者。
(4) 合伙企业的自然人合伙人。

(二) 分类

1. 标准

个人所得税的纳税义务人分类标准有住所标准和居住时间标准。

2. 分类

(1) 居民个人。居民个人是指在中国境内有住所和在中国境内无住所而一个纳税年度内在中国境内居住累计满183天的个人。

(2) 非居民个人。非居民个人是指在中国境内无住所又不居住和在中国境内无住所而一个纳税年度内在中国境内居住累计不满183天的个人。

3. 相关规定

(1) 在中国境内有住所,是指因户籍、家庭、经济利益关系而在中国境内习惯性居住。比如个人因学习、工作、探亲、旅游等原因而在中国境外居住的,当该境外居住的原因消除之后,则必须回到中国境内居住。

(2) 纳税年度,是指自公历1月1日至12月31日。

(3) 中国现行税法关于"中国境内",是指中国大陆地区,目前还不包括我国香港、澳门和台湾地区(2020年新增)。

(4) 个人所得税法所称在中国境内居住满183天,是指在一个纳税年度内,在中国境内累计居住满183天。在计算居住天数时,按其一个纳税年度内在境内实际居住的天数确定,取消了原来的临时离境规定。即在中国境内无住所的个人在一个纳税年度内无论出境多少次,只要在我国境内累计住满183天,就可判定为我国的居民个人。

(5) 在中国境内无住所的个人一个纳税年度内在中国境内累计居住天数,按照个人在中国境内累计停留的天数计算。在中国境内停留的当天满24小时的,计入中国境内居住天数;在中国境内停留的当天不足24小时的,不计入中国境内居住天数。

(三) 纳税义务

(1) 居民个人——无限纳税。居民个人从中国境内和境外取得的所得缴纳个人所得税。

(2) 非居民个人——有限纳税。对中国境内无住所的个人征税规定。

纳税人纳税义务的具体情况如表5-1所示。

表5-1 纳税人纳税义务情况表(一)

居住时间	纳税人性质	境内所得		境外所得	
		境内支付	境外支付	境内支付	境外支付
小于90日	非居民	√	免税	×(高管交)	×
90日至183日	非居民	√	√	×(高管交)	×
183日至6年	居民	√	√	√	免税
累计满183天的年度连续满6年(期间的单次离境不超过30日)	居民	√	√	√	√

(四) 所得来源的确定

除国务院财政、税务主管部门另有规定外,下列所得,不论支付地点是否在中国境内,均为来源于中国境内的所得。

提供劳务的,为因任职、受雇、履约等在中国境内提供劳务取得所得。

出租财产的,为将财产出租给承租人在中国境内使用取得的所得。

特许权使用费所得,为许可各种特许权在中国境内使用而取得的所得。

转让财产的,转让不动产的为转让中国境内的不动产取得的所得,转让其他财产的为在中国境内转让其他财产取得的所得。

利息、股息、红利所得,为从中国境内企业、事业单位、其他组织以及居民个人取得的利息、股息、红利所得。

(五) 扣缴义务人

除"经营所得"税目外,扣缴义务人在向纳税人支付各项应纳税所得时,必须履行代扣代缴税款的义务。

二、征税对象

(一) 工资、薪金所得

工资、薪金所得是指个人因任职或者受雇而取得的工资、薪金、奖金、年终加薪、劳动分红、津贴、补贴以及与任职或者受雇有关的其他所得。

1. 属于的项目

(1) 单位以误餐补助名义发给职工的补助、津贴。

(2) 个人因公务用车和通信制度改革而取得的公务用车、通信补贴收入。

(3) 非独立董事：个人在公司(包括关联公司)任职、受雇，同时兼任董事、监事的，应将董事费、监事费与个人工资收入合并，统一按工资、薪金所得项目缴纳个人所得税。

(4) 出租汽车经营单位对出租车驾驶员采取单车承包或承租方式运营，出租车驾驶员从事客货营运取得的收入，属于"工资、薪金"。

(5) 对商品营销活动中，企业和单位对其营销业绩突出的雇员以培训班、研讨会、工作考察等名义组织旅游活动，通过免收差旅费、旅游费对个人实行的营销业绩奖励(包括实物、有价证券等)，应根据所发生费用的全额并入营销人员当期的工资收入，按照"劳务报酬所得"项目征收个人所得税。

2. 不属于的项目

(1) 独生子女补贴。

(2) 执行公务员工资制度未纳入基本工资总额的补贴、津贴差额和家属成员的副食品补贴。

(3) 托儿补助费。

(4) 差旅费津贴、误餐补助。

(二) 劳务报酬所得

劳务报酬所得是指个人独立从事劳务所取得的所得。

(1) 个人兼职取得的收入。

(2) 在校学生因参与勤工俭学活动(包括参与学校组织的勤工俭学活动)而取得属于《个人所得税法》规定的应税所得项目的所得。

(3) 独立董事：个人担任公司董事、监事，且不在公司任职、受雇的，属于劳务报酬所得。

(4) 对商品营销活动中，企业和单位对其营销业绩突出的非雇员以培训班、研讨会、工作考察等名义组织旅游活动，通过免收差旅费、旅游费对个人实行的营销业绩奖励(包括实物、有价证券等)，应根据所发生费用的全额作为该营销人员当期的劳务收入，按照"劳务报酬所得"项目征收个人所得税，并由提供上述费用的企业和单位代扣代缴。

(三) 稿酬所得

稿酬所得，是指个人因其作品以图书、报刊形式出版、发表而取得的所得。作品包括文学作品、书画作品、摄影作品,及其他作品。

(1) 作者去世后,财产继承人取得的遗作稿酬,应征个人所得税。

(2) 任职、受雇于报纸、杂志等单位的记者、编辑等专业人员,在本单位的报纸、杂志上发表的作品取得的所得,属于任职、受雇所得,按照"工资、薪金"所得征税。

(3) 出版社的专业作者撰写、编写或翻译的作品,由本社以图书形式出版而取得的稿费收入,应按"稿酬所得"征税。

(四) 特许权使用费所得

特许权使用费所得,是指个人提供专利权、商标权、著作权、非专利技术以及其他特许权的使用权取得的所得。

(1) 个人取得特许权的经济赔偿收入,属于"特许权使用费所得"。

(2) 编剧从电视剧的制作单位取得的剧本使用费,属于"特许权使用费所得"。

(3) 作者将自己的文字作品手稿原件或复印件公开拍卖(竞价)取得的所得,按特许权使用费所得计税。

(五) 经营所得

经营所得,主要包括个体工商户从事生产、经营活动取得的所得;个人独资企业投资人、合伙企业的个人合伙人来源于境内注册的个人独资企业、合伙企业生产、经营的所得;个人依法从事办学、医疗、咨询以及其他有偿服务活动取得的所得;个人对企业、事业单位承包经营、承租经营以及转包、转租取得的所得;个人从事其他生产、经营活动取得的所得。

1. 属于的项目

(1) 从事个体出租车运营的出租车驾驶员取得的收入。

(2) 出租车属个人所有,但挂靠出租汽车经营单位或企事业单位,驾驶员向挂靠单位缴纳管理费的。

(3) 出租汽车经营单位将出租车所有权转移给驾驶员的,出租车驾驶员从事客货运营取得的收入。

(4) 个人因从事彩票代销业务而取得的所得。

(5) 个人独资企业、合伙企业的个人投资者以企业资金为本人、家庭成员及其相关人员支付与企业生产经营无关的消费性支出及购买汽车、住房等财产性支出,视为企业对个人投资者的利润分配,并入投资者个人的生产经营所得,依照"经营所得"项目计征个人所得税。

2. 不属于的项目

个体工商户、个人独资企业和合伙企业或个人从事种植业、养殖业、饲养业、捕捞业取得的所得,暂不征收个人所得税。

(六) 利息、股息、红利所得

利息、股息、红利所得是指个人拥有债权、股权而取得的利息、股息、红利所得。

(1) 个人储蓄存款利息所得暂免征收个人所得税。

(2) 企业购买车辆并将车辆所有权办到股东个人名下,其实质为企业对股东进行了红利性质的实物分配,应按"利息、股息、红利所得"项目征收个人所得税(2020年新增)。

(3) 企业在改革过程中个人取得量化资产。①对职工个人以股份形式取得的仅作为分红依据、不拥有所有权的企业量化资产,不征收个人所得税。②拥有所有权的企业量化资产,暂缓征收个人所得税。③职工个人以股份形式取得的企业量化资产参与企业分配而获得的股息、红利,属于"利息、股息、红利所得"。④个人将股份转让时,就其转让收入额,减除个人取得该股份时实际支付的费用支出和合理转让费用后的余额,按"财产转让所得"项目计征个人所得税。

(七) 财产租赁所得

财产租赁所得,是指个人出租建筑物、土地使用权、机器设备、车船以及其他财产取得的所得。

个人取得的财产转租收入,属于"财产租赁所得"。在确定纳税义务人时,应以产权凭证为依据,对无产权凭证的,由主管税务机关根据实际情况确定;产权所有人死亡,在未办理产权继承手续期间,该财产出租而有租金收入的,以领取租金的个人为纳税义务人。

房地产开发企业与商店购买者个人签订协议,以优惠价格出售其开发的商店给购买者个人,购买者个人在一定期限内必须将购买的商店无偿提供给房地产开发企业对外出租使用。该行为实质上是购买者个人以所购商店交由房地产开发企业出租而取得的房屋租赁收入支付了部分购房价款。对购买者个人少支出的购房价款,应视同个人财产租赁所得,按照"财产租赁所得"项目征收个人所得税。每次财产租赁所得的收入额,按照少支出的购房价款和协议规定的租赁月份数平均计算确定。

(八) 财产转让所得

财产转让所得,是指个人转让有价证券、股权、合伙企业中的财产份额、不动产、机器设备、车船以及其他财产取得的所得。

对境内上市公司股票转让所得暂不征收个人所得税。

企业量化资产中的股份转让,按"财产转让所得"项目计征个人所得税。

个人转让自用5年以上,并且是家庭唯一生活用房取得的所得,免征个人所得税。

(九) 偶然所得

偶然所得是指个人得奖、中奖、中彩以及其他偶然性质的所得。

个人为单位或他人提供担保获得收入,按"偶然所得"纳税。

企业在业务宣传、广告等活动中,随机向本单位以外的个人赠送礼品(包括网络红包),以及企业在年会、座谈会、庆典以及其他活动中向本单位以外的个人赠送礼品,个人取得的礼品收入,按照"偶然所得"项目计算缴纳个人所得税,但企业赠送的具有价格折扣或折让性质的消费券、代金券、抵用券、优惠券等礼品除外。

三、预扣率和税率

预扣率和税率的具体情况如表5-2所示。

表 5-2 预扣率和税率情况表

	形式	适用情况	
预扣率	3%~45%的七级超额累进税率	居民个人(预缴税款)	工资薪金所得
	20%~40%的三级超额累进预扣率		劳务报酬
	20%的预扣率		稿酬所得、特许权使用费
税率	3%~45%的七级超额累进税率	居民个人,综合所得汇算清缴 非居民个人,前四项所得	
	5%~35%的五级超额累进税率	经营所得	
	20%的税率	财产租赁所得、财产转让所得、利息、股息、红利所得、偶然所得	

四、应纳税额的计算

(一)预扣预缴

1. 工资、薪金所得

$$本期应预扣预缴税额 = (累计预扣预缴应纳税所得额 \times 预扣率 - 速算扣除数) - 累计减免税额 - 累计已预扣预缴税额$$

其中,

$$累计预扣预缴应纳税所得额 = 累计收入 - 累计免税收入 - 累计减除费用 - 累计专项扣除 - 累计专项附加扣除 - 累计依法确定的其他扣除$$

2. 劳务报酬所得

(1) 每次收入不超过 4 000 元的,减除费用按 800 元计算。其计算公式为:

$$应预扣预缴税额 = (每次收入 - 800) \times 预扣率 - 速算扣除数$$

(2) 每次收入 4 000 元以上的,减除费用按 20% 计算。其计算公式为:

$$应预扣预缴税额 = (每次收入 - 每次收入 \times 20\%) \times 预扣率 - 速算扣除数$$

3. 特许权使用费所得

(1) 每次收入不超过 4 000 元的,减除费用按 800 元计算。其计算公式为:

$$应预扣预缴税额 = (每次收入 - 800) \times 20\%$$

(2) 每次收入 4 000 元以上的,减除费用按 20% 计算。其计算公式为:

$$应预扣预缴税额 = (每次收入 - 每次收入 \times 20\%) \times 20\%$$

4. 稿酬所得

(1) 每次收入不超过 4 000 元的,减除费用按 800 元计算。其计算公式为:

$$应预扣预缴税额＝（每次收入－800）×70\%×20\%$$

（2）每次收入 4 000 元以上的，减除费用按 20% 计算。其计算公式为：

$$应预扣预缴税额＝（每次收入－每次收入×20\%）×70\%×20\%$$

（二）汇算清缴

$$应纳税所得额＝纳税年度综合收入额－基本费用60\,000元－专项扣除－专项附加扣除－依法确定的其他扣除$$

1. 纳税年度的综合收入额

$$工资、薪金所得的收入额＝100\%的工资－不征税收入－免税收入$$

$$劳务报酬所得、特许权使用费所得的收入额＝收入×（1－20\%）$$

$$稿酬所得的收入额＝收入×（1－20\%）×70\%$$

2. 专项扣除

居民个人按规定缴纳的基本养老保险、基本医疗保险、失业保险等（基本）社会保险费和住房公积金。

3. 专项附加扣除

（1）子女教育。包括：学前教育（包括年满 3 岁至小学入学前教育）和学历教育。学历教育包括义务教育（小学和初中）、高中阶段教育（普通高中、中等职业、技工教育）、高等教育（大学专科、大学本科、硕士研究生、博士研究生教育）。

扣除金额为 1 000 元/子女/月，扣除方式为父母各扣 50% 或一方扣 100%。

（2）继续教育。学历（学位）继续教育。

扣除金额为 400 元/月，不能超过 48 个月；且个人接受本科及以下学历（学位）继续教育，可以选择由其父母扣除，也可以选择由本人扣除。

职业资格继续教育，在取得相关证书的当年，3 600 元定额扣除，且只能扣除一次。

（3）大病医疗。扣除范围为与基本医保相关的医药费用支出，扣除医保报销后个人负担（指医保目录范围内的自付部分）累计超过 15 000 元的部分。以 80 000 元为限额据实扣除，纳税人发生的医药费用支出可以选择由本人或者其配偶扣除；未成年子女发生的医药费用支出可以选择由其父母一方扣除。

（4）住房贷款利息。住房是指纳税人本人或配偶使用商业银行或住房公积金为本人或其配偶购买首套境内住房。

扣除金额为 1 000 元/月，扣除期限最长不超过 240 个月。可以选择由夫妻其中一方扣除；夫妻双方婚前分别购买住房的首套住房贷款：其中一套购买的住房，由购买方 100% 扣除，夫妻双方对各自购买的住房分别按扣除标准的 50% 扣除。

（5）住房租金。扣除范围为本人及配偶在主要工作城市没有自有住房；已经实际发生了住房租金支出；本人及配偶在同一纳税年度内，没有享受住房贷款利息专项附加扣除政策。夫妻双方主要工作城市相同的，只能由一方扣除住房租金支出，由签订租赁住房合同的承租人扣除。

扣除标准：直辖市、省会(首府)城市、计划单列市以及国务院确定的其他城市，1 500元/月；除上述所列城市以外，市辖区户籍人口超过100万，1 100元/月；市辖区户籍人口不超过100万，800元/月。

(6) 赡养老人。被赡养人年满60周岁(含)；被赡养人为父母(生父母、继父母、养父母)，以及子女均已去世的祖父母、外祖父母。

扣除标准：纳税人为独生子女的，2 000元/月；纳税人为非独生子女的，由其与兄弟姐妹分摊每月2 000元的扣除额度，每人分摊的额度不能超过每月1 000元。可以由赡养人均摊或者约定分摊，也可以由被赡养人指定分摊；指定分摊优先于约定分摊。

4. 依法确定的其他扣除

(1) 个人缴付符合国家规定的企业年金、职业年金。

(2) 个人购买符合国家规定的商业健康保险、税收递延型商业养老保险的支出。

(3) 国务院规定可以扣除的其他项目。

专项扣除、专项附加扣除和依法确定的其他扣除，以居民个人一个纳税年度的应纳税所得额为限额；一个纳税年度扣除不完的，不结转以后年度扣除。

(三) 非居民个人四项所得的计税方法

(1) 当月取得工资、薪金所得，劳务报酬所得，稿酬所得和特许权使用费所得的计税方法。非居民个人取得工资、薪金所得，劳务报酬所得，稿酬所得和特许权使用费所得，有扣缴义务人的，由扣缴义务人按以下方法按月或者按次代扣代缴个人所得税：

工资、薪金所得应纳税所得额＝每月收入－5 000

劳务报酬所得，特许权使用费所得应纳税所得额＝每次收入×(1－20%)

稿酬所得应纳税所得额＝每次收入×(1－20%)×70%

应纳税额＝应纳税所得额×税率－速算扣除数

(2) 无住所个人工资、薪金所得收入额的确定。

无住所个人为非高管，工资、薪金所得收入额的确定。纳税人纳税义务的具体情况如表5-3所示。

表5-3 纳税人纳税义务情况表(二)

居住时间	纳税人	境内所得		境外所得	
		境内支付	境外支付	境内支付	境外支付
累计不超过90天	非居民	√	免税	×	×
累计90～183天	非居民	√	√	×	×
累计满183天的年度连续不满6年	居民	√	√	√	免税
累计满183天的年度连续满6年	居民	√	√	√	√

无住所个人为高管，工资、薪金所得收入额的确定。纳税人纳税义务的具体情况如表5-4所示。

表 5-4 纳税人纳税义务情况表(三)

居住时间	纳税人	境内所得		境外所得	
		境内支付	境外支付	境内支付	境外支付
累计不超过 90 天	非居民	√	免税	√	×
累计 90~183 天	非居民	√	√	√	×
累计满 183 天的年度连续不满 6 年	居民	√	√	√	免税
累计满 183 天的年度连续满 6 年	居民	√	√	√	√

(3) 一个月内取得数月奖金的计税方法。

数月奖金,是指一次取得归属于数月的奖金(包括全年奖金)、年终加薪、分红等工资薪金所得,不包括每月固定发放的奖金及一次性发放的数月工资。

单独计算当月收入额,不与当月其他工资薪金合并,按 6 个月分摊计税,不减除费用,适用月度税率表计算应纳税额,在一个公历(纳税)年度内,对每一个非居民个人,该计税办法只允许适用一次。当月取得数月奖金的人应纳税额计算公式为:

当月取得数月奖金的人应纳税额=[(数月奖金收入额÷6)×适用税率-速算扣除数]×6

(4) 一个月内取得股权激励所得的计税方法。不与当月其他工资薪金合并,按 6 个月分摊计税(一个公历年度内的股权激励所得应合并计算),不减除费用,适用月度税率表计算应纳税额。当月股权激励所得应纳税额计算公式为:

$$当月股权激励所得应纳税额=\left[\left(\frac{本公历年度内股权激励所得合计额}{}\div 6\right)\times 适用税率-速算扣除数\right]\times 6-本公历年度内股权激励所得已纳税额$$

(5) 无住所个人预计境内居住时间的规定。

无住所个人在一个纳税年度内首次申报时,当根据合同约定等情况预计一个纳税年度内境内居住天数以及在税收协定规定的期间内境内停留天数,按照预计情况计算缴纳税款。

(四) 分类所得的计税方法

1. 利息、股息、红利所得

$$应纳税额=应纳税所得额\times 20\%$$

(1) 每次取得的收入额,不得扣除任何费用。

(2) 派发红股,以派发红股的股票票面金额为收入额。

(3) 企业购买车辆并将车辆所有权办到股东个人名下,应按照"利息、股息、红利所得"项目征收个人所得税,在计算收入额时,允许合理减除部分所得,减除的具体数额由主管税务机关合理确定。

2. 财产租赁所得

$$应纳税额 = 应纳税所得额 \times 20\% 或 10\%$$

（1）每次（月）收入不超过 4 000 元的应纳税所得额计算公式为：

$$应纳税所得额 = 每次（月）收入额 - 准予扣除项目 - 修缮费用（800 为限） - 800 元$$

（2）每次（月）收入超过 4 000 元的应纳税所得额计算公式为：

$$应纳税所得额 = [每次（月）收入额 - 准予扣除项目 - 修缮费用（800 为限）] \times (1 - 20\%)$$

3. 财产转让所得

$$应纳税额 = (收入总额 - 财产原值 - 合理费用) \times 20\%$$

$$应纳税所得额 = 每次收入额 - 财产原值 - 合理费用$$

（1）合理费用，是指卖出财产时按照规定支付的有关税费。

（2）财产原值的确定，包括：①建筑物，为建造费或者购进价格以及其他有关税费。②土地使用权，为取得土地使用权所支付的金额、开发土地的费用以及其他有关税费。③机器设备、车船，为购进价格、运输费、安装费，以及其他有关费用。④有价证券。其计算公式为：

$$\begin{aligned}一次卖出某一种类债券\\允许扣除的买入价和费用\end{aligned} = \left(\begin{aligned}纳税人购进的该种类债券买入价\\和买进过程中缴纳的税费总和\end{aligned} \div \begin{aligned}纳税人购进的该\\种类债券总数量\end{aligned}\right)$$

$$\times \begin{aligned}一次卖出的该种\\类债券的数量\end{aligned} + \begin{aligned}卖出该种类债券\\过程中缴纳的税费\end{aligned}$$

（3）纳税义务人未提供完整、准确的财产原值凭证，不能正确计算财产原值的，由主管税务机关核定其财产原值。

4. 偶然所得

$$应纳税额 = 收入额 \times 20\%$$

每次取得的收入额为应纳税所得额，不扣除任何费用。

（五）经营所得的计税方法

1. 个体工商户生产、经营所得的计税办法

个体工商户生产、经营所得的应纳税额实行按年计算、分月或分季预缴、年终汇算清缴、多退少补的方法。相关税额的计算公式为：

本月应预缴税额 = 本月累计应纳税所得额 × 适用税率 - 速算扣除数 - 上月累计已预缴税额

全年应纳税额 = 全年应纳税所得额 × 适用税率 - 速算扣除数

汇算清缴税额 = 全年应纳税额 - 全年累计已预缴税额

应纳税额 = (收入总额 - 成本 - 费用 - 损失 - 其他 - 允许弥补的以前年度亏损) × 税率 - 速算扣除数

收入总额：货币形式和非货币形式的各项收入，包括销售货物收入、提供劳务收入、转让财产收入、利息收入、租金收入、接受捐赠收入、其他收入。

成本:销售成本、销货成本、业务支出以及其他耗费。

费用:销售费用、管理费用和财务费用。

税金:除个人所得税和允许抵扣的增值税外的税金及附加。

损失:生产经营活动中发生的固定资产和存货的盘亏、毁损、报废损失、转让财产损失,坏账损失,自然灾害等不可抗力因素造成的损失以及其他损失。

其他:除成本、费用、税金、损失外,个体工商户在生产经营活动中发生的与生产经营活动有关的、合理的支出。

亏损:个体工商户依照规定计算的应纳税所得额小于零的数额。

第一,不得扣除的项目:

(1) 个人所得税税款。

(2) 税收滞纳金。

(3) 罚金、罚款和被没收财物的损失。

(4) 不符合扣除规定的捐赠支出。

(5) 赞助支出,是指个体工商户发生的与生产经营活动无关的各种非广告性质支出。

(6) 用于个人和家庭的支出。

个体工商户生产经营活动中,应当分别核算生产经营费用和个人、家庭费用。对于生产经营与个人、家庭生活混用难以分清的费用,其40%视为与生产经营有关费用,准予扣除。

(7) 与取得生产经营收入无关的其他支出。

(8) 国家税务总局规定不准扣除的支出。

第二,允许扣除项目:

(1) 工资、薪金:①实际支付给从业人员的、合理的工资、薪金支出,准予扣除。②业主的工资、薪金支出不得税前扣除。

(2) 劳动保护支出:发生的合理的劳动保护支出,准予扣除。

(3) 保险费:①财产保险:参加财产保险,按照规定缴纳的保险费,准予扣除。②基本社会保险:个体工商户按照国务院有关主管部门或者省级人民政府规定的范围和标准为其业主和从业人员缴纳的基本养老保险费、基本医疗保险费、失业保险费、生育保险费、工伤保险费和住房公积金,准予扣除。③补充保险:个体工商户为从业人员缴纳的补充养老保险费、补充医疗保险费,分别在不超过从业人员工资总额5%标准内的部分据实扣除;超过部分,不得扣除。个体工商户业主本人缴纳的补充养老保险费、补充医疗保险费,以当地(地级市)上年度社会平均工资的3倍为计算基数,分别在不超过该计算基数5%标准内的部分据实扣除;超过部分,不得扣除。

(4) 三项经费:①个体工商户向当地工会组织拨缴的工会经费、实际发生的职工福利费支出、职工教育经费支出分别在工资薪金总额的2%、14%、2.5%的标准内据实扣除。②个体工商户业主本人向当地工会组织缴纳的工会经费、实际发生的职工福利费支出、职工教育经费支出,以当地(地级市)上年度社会平均工资的3倍为计算基数,在前款规定比例内据实扣除。

（5）汇兑损失：除已计入有关资产成本以及向所有者进行利润分配外，准予扣除。

（6）利息：个体工商户在生产经营活动中发生的下列利息支出，准予扣除：①向金融企业借款的利息支出。②向非金融企业和个人借款的利息支出，不超过按照金融企业同期同类贷款利率计算的数额的部分。

（7）业务招待费（与生产经营活动有关）：按照实际发生额的60%扣除，但最高不得超过当年销售（营业）收入的5‰。

（8）广告费和业务宣传费（与生产经营活动有关）：不超过当年销售（营业）收入15%的部分，可据实扣除；超过部分，可以在以后纳税年度结转扣除。

（9）代他人负担的税款：个体工商户代其从业人员或其他个人负担的税款，不得税前扣除。

（10）摊位费、行政性收费、协会会费：个体工商户按规定缴纳的摊位费、行政性收费、协会会费等，按实际发生数额扣除。

（11）租赁费：①以经营租赁方式租入固定资产发生的租赁费支出，按照租赁期限均匀扣除。②以融资租赁方式租入固定资产发生的租赁费支出，按照构成（融资租入）固定资产价值的部分应当提取折旧费用，分期扣除。

（12）借款费用：为购置、建造固定资产、无形资产和经过12个月以上的建造才能达到预定可销售状态的存货发生借款的，在有关资产购置、建造期间发生的合理的借款费用，应予以资本化，作为资本性支出计入有关资产的成本，按规定扣除。

（13）开办费：个体工商户自申请营业执照之日起至开始生产经营之日止所发生符合规定的费用，除为取得固定资产、无形资产的支出，以及应计入资产价值的汇兑损益、利息支出外，作为开办费，个体工商户可以选择在开始生产经营的当年一次性扣除，也可自生产经营月份起在不短于3年期限内摊销扣除，但一经选定，不得改变。

（14）捐赠：①个体工商户直接对受益人的捐赠不得扣除。②个体工商户通过公益性社会团体或者县级以上人民政府及其部门，用于规定的公益事业的捐赠，捐赠额不超过其应纳税所得额30%的部分可以据实扣除。

（15）"三新"费用：个体工商户研究开发新产品、新技术、新工艺所发生的开发费用，以及研究开发新产品、新技术而购置单台价值在10万元以下的测试仪器和试验性装置的购置费准予直接扣除；单台价值在10万元以上（含10万元）的测试仪器和试验性装置，按固定资产管理，不得在当期直接扣除。

2. 个人独资企业和合伙企业投资者的计税方法

（1）纳税人义务人的确定：①个人独资企业以投资者为纳税义务人。②合伙企业以每一个合伙人为纳税义务人。

（2）征税方法：①查账征收。②核定征收。

（3）税率：①查账征收：5%~35%的五级超额累进税率。②核定征收：定额征收、核定应税所得率、其他方式。

(4) 应纳税所得额是指每一纳税年度的收入总额减除成本、费用以及损失后的余额。应纳税所得额的确定原则：①按合伙协议约定的分配比例确定。②按合伙人协商决定的分配比例确定。③按照合伙人实缴出资比例确定。④按照合伙人数量平均计算确定。

(5) 扣除项目：①比照个体工商户相关规定执行。②投资者的工资不得在税前直接扣除。投资者本人的费用扣除标准，应按照其实际经营月份数，以每月5 000元的减除标准确定。③投资者兴办两个或两个以上企业的，其费用扣除标准由投资者选择在其中一个企业的生产经营所得中扣除。④投资者及其家庭发生的生活费用不允许在税前扣除。⑤投资者及其家庭发生的生活费用与企业生产经营费用混合在一起，并且难以划分的，全部视为投资者个人及其家庭发生的生活费用不允许在税前扣除。⑥企业生产经营和投资者及其家庭生活共用的固定资产，难以划分的，由主管税务机关根据企业的生产经营类型、规模等具体情况，核定准予在税前扣除的折旧费用的数额或比例。

(6) 应纳税额的计算方法：①应纳税所得额＝Σ各个企业的经营所得。②应纳税额＝应纳税所得额×税率－速算扣除数。③本企业应纳税额＝应纳税额×本企业的经营所得÷各个企业的经营所得。④本企业应补缴的税额＝本企业应纳税额－本企业预缴的税额。

(7) 核定征收：①核定征收的范围。有下列情形之一的，主管税务机关应采取核定征收方式征收个人所得税：一是，企业依照国家有关规定应当设置但未设置账簿的；二是，企业虽设置账簿但账目混乱或者成本资料收入凭证、费用凭证残缺不全，难以查账的；三是，纳税人发生纳税义务，未按照规定的期限办理纳税申报，经税务机关责令限期申报逾期仍不申报的。②核定征收方式有定额征收、核定应税所得率征收和其他合理的征收方式。③应纳税所得额＝收入总额×应税所得率或＝成本费用支出额÷(1－应税所得率)×应税所得率。④应纳所得税额＝应纳税所得额×适用税率。⑤实行核定征税的投资者不能享受个人所得税的优惠政策。⑥企业的年度亏损，允许用本企业下一年度的生产经营所得弥补，下一年度所得不足弥补的，允许逐年延续弥补，但最长不得超过5年。⑦投资者兴办两个或两个以上企业的、企业的年度经营亏损不能跨企业弥补。⑧实行查账征税方式的个人独资企业和合伙企业改为核定征收方式后、在查账方式下认定的年度经营亏损未弥补完的部分、不得再继续弥补。

3. 对企事业单位承包、承租经营所得的计税方法

$$对企事业单位承包承租经营所得 = 个人承包、承租经营收入总额 - 每月费用扣除标准 \times 实际承包或承租月数$$

$$应纳税额 = 应纳税所得额 \times 适用税率 - 速算扣除数$$

(六) 特殊情形下个人所得税的计税方法

1. 居民个人全年一次性奖金的计税方法

(1) 适用范围：年终加薪、实行年薪制和绩效工资办法的单位根据考核情况兑现的年

薪和绩效工资。

（2）计税方法：①在2021年12月31日前，可选择两种方法计税：一是不并入当年综合所得，二是并入当年综合所得计算纳税。②自2022年1月1日起，应并入当年综合所得计算缴纳个人所得税。

不并入综合所得的计税过程：第一步，将全年一次性奖金，除以12个月，按其商数依照按月换算后的综合所得税率表确定适用税率和速算扣除数；第二步，全年一次性奖金×税率－速算扣除数。

居民个人取得除全年一次性奖金以外的其他各种名目奖金，如半年奖、季度奖、加班奖、先进奖、考勤奖等，一律与当月工资、薪金收入合并，按税法规定缴纳个人所得税。

2. 单位低价向职工出售住房的个人所得税政策

单位按低于购置或建造成本价格出售住房给职工，职工因此而少支出的差价部分，符合规定的，不并入当年综合所得，以差价收入除以12个月得到的数额，按照月度税率表确定适用税率和速算扣除数，单独计算纳税。计算公式为：

应纳税额＝职工实际支付的购房价款低于该房屋的购置
或 建造成本价格的差额×适用税率－速算扣除数

其中"差价部分"，是指职工实际支付的购房价款低于该房屋的购置或建造成本价格的差额。

3. 远洋船员的个人所得税政策

2019年1月1日至2023年12月31日，一个纳税年度内在船航行时间累计满183天的远洋船员，其取得的工资、薪金收入减按50%计入应纳税所得额，依法缴纳个人所得税。

远洋运输船员可以选择在预扣预缴税款或者次年个人所得税汇算清缴时享受上述优惠政策。

4. 个人取得股权激励的计税方法

（1）适用范围：股票期权、股票增值权、限制性股票、股权奖励。

（2）计税方法：①在2021年12月31日前，不并入当年综合所得，全额单独适用税率表，计算纳税。②应纳税额＝股权激励收入×适用税率－速算扣除数。③居民个人一个纳税年度内取得两次以上（含两次）股权激励的，应合并按上述规定计算纳税。2022年1月1日之后的股权激励政策另行明确。

5. 解除劳动关系、提前退休、内部退养的一次性补偿收入的个人所得税政策

（1）个人与用人单位解除劳动关系取得一次性补偿收入（包括用人单位发放的经济补偿金、生活补助费和其他补助费），在当地上年职工平均工资3倍数额以内的部分，免征个人所得税；超过3倍数额的部分，不并入当年综合所得，单独适用综合所得税率表计算纳税。

（2）个人办理提前退休手续而取得的一次性补贴收入，应按照办理提前退休手续至法定离退休年龄之间实际年度数平均分摊，确定适用税率和速算扣除数，单独适用综合所

得税率表,计算纳税。计算公式为:

$$应纳税额=\left\{\left[\left(\frac{一次性补贴收入}{办理提前退休手续至法定退休年龄的实际年度数}\right)-费用扣除标准\right]\times 适用税率-速算扣除数\right\}\times 办理提前退休手续至法定退休年龄的实际年度数$$

(3) 个人办理内部退养手续而取得的一次性补贴收入,按照《国家税务总局关于个人所得税有关政策问题的通知》(国税发〔1999〕58号)规定计算纳税。

6. 年金的个人所得税政策

缴费环节:①单位按有关规定缴费部分,暂不纳税。②个人缴费不超过本人缴费工资计税基数4%标准的部分,暂从应纳税所得额中扣除。③超过规定标准年金单位缴费和个人缴费部分,纳税。④个人缴费工资计税基数:职工上一年度月平均工资和职工工作所在地城市上一年度职工月平均工资300%,取低位为计税基数;职工岗位工资和薪级工资之和与职工工作地所在设区城市上一年度职工月平均工资300%,取低位为计税基数。

运营收益环节:企业年金或职业年金基金投资运营收益分配计入个人账户时,暂不征收个人所得税。

领取环节:①达到退休年龄,领取年金时,不并入综合所得,全额单独计算税款;按月领取,综合所得月度税率表;按季领取,平均分摊计入各月,综合所得月度税率表;三是按年领取,综合所得税率表。②一次性领取年金:个人因出境定居而一次性领取年金个人账户资金,综合所得税率表;个人死亡后其指定的受益人或法定继承人一次性领取年金个人账户余额,综合所得税率表;其他情形,综合所得月度税率表。

7. 商业健康保险的个人所得税政策

个人购买符合规定的商业健康保险产品的支出,允许在当年(月)计算应纳税所得额时予以税前扣除,扣除限额为200元/月,即2 400元/年。

单位统一为员工购买符合规定的商业健康保险产品的支出,应分别计入员工个人工资薪金,视同个人购买,按上述限额予以扣除。

8. 保险营销员、证券经纪人佣金收入的计税方法

征税所得:劳务报酬所得。

计税规则:以不含增值税的收入减除20%的费用后的余额为收入额,收入额减去展业成本以及附加税费后,并入当年综合所得,计算缴纳个人所得税。保险营销员、证券经纪人展业成本按照收入额的25%。

9. 以企业资金为个人购置财产的个人所得税政策

个人投资者以企业资金为本人、家庭成员及其相关人员购买汽车、住房等财产性支出,如果是个人独资企业、合伙企业的个人,按个体工商户的生产、经营所得纳税;如果是其他企业的个人投资者,按利息、股息、红利所得纳税。

企业出资购买房屋及其他财产,将所有权登记为投资者个人、投资者家庭成员或企业其他人员的,如果是个人独资企业、合伙企业的个人,按个体工商户的生产、经营所得纳

税;如果是其他企业的个人投资者,按利息、股息、红利所得纳税;如果是其他人员,按工资、薪金所得纳税。

10. 律师事务所从业人员的个人所得税政策

律师个人出资兴办的独资和合伙性质的律师事务所的年度经营所得,比照"个体工商户的生产、经营所得"纳税。

律师事务所支付给雇员(包括律师及行政辅助人员,但不包括律师事务所的投资者)的所得;兼职律师从律师事务所取得工资、薪金性质的所得,按工资、薪金所得纳税。

律师以个人名义再聘请其他人员为其工作而支付的报酬、律师从接受法律事务服务的当事人处取得的法律顾问费或其他酬金,按劳务报酬所得纳税。

律师个人出资兴办的独资和合伙性质的律师事务所年度经营所得:①计算经营所得时,出资律师本人的工资、薪金不得扣除。②合伙制律师事务所应将年度经营所得全额作为基数,按出资比例或者事先约定的比例计算各合伙人应分配的所得,据以征收个人所得税。

律师分成收入的计税方法:①作为律师事务所雇员的律师与律师事务所按规定的比例对收入分成,律师事务所不负担律师办理案件支出的费用(如交通费、资料费、通讯费及聘请人员等费用),律师当月的分成收入按规定扣除办理案件支出的费用后,余额与律师事务所发给的工资合并按"工资、薪金所得"项目计征个人所得税。②律师从其分成收入中扣除办理案件支出费用的标准,由各省级税务局根据当地律师办理案件费用支出的一般情况、律师与律师事务所之间的收入分成比例及其他相关参考因素,在律师当月分成收入的30%比例内确定。③对作为律师事务所雇员的律师,其办案费用或其他个人费用在律师事务所报销的,在计算其收入时不得再扣除上述规定的其收入30%以内的办理案件支出费用。

兼职律师从律师事务所取得工资、薪金性质的所得:律所在代扣代缴个人所得税时,不再减除税法规定的费用扣除标准,以收入全额(取得分成收入的为扣除办理案件支出费用后的余额)直接确定适用税率,计算扣缴个人所得税。

11. 建筑安装业从业人员的个人所得税政策

纳税人:从事建筑安装业并取得个人所得的工程承包人、个体工商户及其他个人。

税目:①对经营成果归承包人个人所有的所得,或按合同(协议)规定,将一部分经营成果留归承包人个人的所得:对企事业单位的承包经营、承租经营所得。②承包人以其他方式取得的所得:工资、薪金所得。③从事建筑安装业的个体工商户和未领取营业执照承揽建筑安装业工程作业的建筑安装队和个人,以及建筑安装企业实行个人承包后,工商登记改变为个体经济性质的,其从事建筑安装业取得的收入:个体工商户的生产、经营所得。④对从事建筑安装业工程作业的其他人员取得的所得,分别按"工资、薪金"和"劳务报酬所得"计征个人所得税。

12. 个人购买和处置债权的所得税政策

个人通过招标、竞拍或其他方式购置债权以后,通过相关司法或行政程序主张债权而

取得的所得,应按照"财产转让所得"项目缴纳个人所得税,其应纳税额计算公式为:

$$应纳税额＝应纳税所得额×适用税率$$

个人通过上述方式取得"打包"债权,只处置部分债权的,其应纳税所得额按以下方式确定:①以每次处置部分债权的所得,作为一次财产转让所得征税。②其应税收入按照个人取得的货币资产和非货币资产的评估价值或市场价值的合计数确定。③所处置债权成本费用(即财产原值),按下列公式计算:当次处置债权成本费用＝个人购置"打包"债权实际支出×当次处置债权账面价值(或拍卖机构公布价值)÷"打包"债权账面价值(或拍卖机构公布价值)。④个人购买和处置债权过程中发生的拍卖招标手续费、诉讼费、审计评估费以及缴纳的税金等合理税费,在计算个人所得税时允许扣除。

13. 个人取得拍卖收入所得税政策

税目:①作者将自己的文字作品手稿原件或复印件拍卖取得的所得,按照"特许权使用费"所得项目纳税。②个人拍卖除文字作品原稿及复印件外的其他财产,应以其转让收入额减除财产原值和合理税费后的余额为应纳税所得额,按照"财产转让所得"项目适用20%税率缴纳个人所得税,其应纳税所得额的计算公式为:

$$应纳税所得额＝转让收入额－财产原值－合理税费$$

财产原值,是指售出方个人取得该拍卖品的价格(以合法有效凭证为准),具体为:通过商店、画廊等途径购买的,为购买该拍卖品时实际支付的价款;通过拍卖行拍得的,为拍得该拍卖品实际支付的价款及缴纳的相关税费;通过祖传收藏的,为收藏该拍卖品而发生的费用;通过赠送取得的,为受赠该拍卖品时发生的相关税费;通过其他形式取得的,参照以上原则确定财产原值。

纳税人不能提供合法、完整、准确的财产原值凭证,不能正确计算财产原值的:①一般情况:按转让收入额的3%征收率计算缴纳个人所得税。②拍卖品为经文物部门认定是海外回流文物的,按转让收入额的2%征收率计算缴纳个人所得税。

14. 个人住房转让的所得税政策

转让收入:①以实际成交价格为转让收入。②纳税人申报的住房成交价格明显低于市场价格且无正当理由的,征收机关依法有权根据有关信息核定其转让收入,但必须保证各税种计税价格一致,其应纳税所得额的计算公式为:

$$应纳税所得额＝转让收入－房屋原值－转让住房过程中缴纳的税金及有关合理费用$$

纳税人未提供完整、准确的房屋原值凭证,不能正确计算房屋原值和应纳税额的,税务机关可根据规定,对其实行核定征税,即按纳税人住房转让收入的一定比例核定应纳个人所得税额。

转让住房过程中缴纳的税金是指纳税人在转让住房时实际缴纳的城市维护建设税、教育费附加、土地增值税、印花税等税金。

合理费用是指纳税人按照规定实际支付的住房装修费用、住房贷款利息、手续费、公证费等费用。

装修费用:纳税人能提供实际支付装修费用的税务统一发票,并且发票上所列付款人姓名与转让房屋产权人一致的,经税务机关审核,其转让的住房在转让前实际发生的装修费用,可在以下规定比例内扣除:已购公有住房、经济适用房,最高扣除限额为房屋原值的15%;商品房及其他住房,最高扣除限额为房屋原值的10%。纳税人原购房为装修房,即合同注明房价款中含有装修费(铺装了地板、装配了洁具、厨具等)的,不得再重复扣除装修费用。

支付的住房贷款利息。纳税人出售以按揭贷款方式购置的住房的,其向贷款银行实际支付的住房贷款利息,凭贷款银行出具的有效证明据实扣除。

纳税人按照有关规定实际支付的手续费、公证费等,凭有关部门出具的有效证明据实扣除。

房屋原值具体为:①商品房:购置该房屋时实际支付的房价款及交纳的相关税费。②自建住房:实际发生的建造费用及建造和取得产权时实际交纳的相关税费。③经济适用房(含集资合作建房、安居工程住房):原购房人实际支付的房价款及相关税费,以及按规定交纳的土地出让金。④城镇拆迁安置住房:房屋拆迁取得货币补偿后购置房屋的,为购置该房屋实际支付的房价款及交纳的相关税费;房屋拆迁采取产权调换方式的:一是所调换房屋原值为《房屋拆迁补偿安置协议》注明的价款及交纳的相关税费;二是被拆迁人除取得所调换房屋,又取得部分货币补偿的,所调换房屋原值为《房屋拆迁补偿安置协议》注明的价款和交纳的相关税费,减去货币补偿后的余额;三是被拆迁人取得所调换房屋,又支付部分货币的,所调换房屋原值为《房屋拆迁补偿安置协议》注明的价款,加上所支付的货币及交纳的相关税费。

15. 个人转让离婚析产房屋的所得税政策

通过离婚析产的方式分割房屋产权是夫妻双方对共同共有财产的处置,个人因离婚办理房屋产权过户手续,不征收个人所得税。

个人转让离婚析产房屋所取得的收入,符合家庭生活自用5年以上唯一住房的,可以申请免征个人所得税。

个人转让离婚析产房屋所取得的收入,允许扣除其相应的财产原值和合理费用后,余额按照规定的税率缴纳个人所得税;其相应的财产原值,为房屋初次购置全部原值和相关税费之和乘以转让者占房屋所有权的比例。

16. 个人无偿受赠房屋产权的所得税政策

以下情形的房屋产权无偿赠与,对当事双方不征收个人所得税:①房屋产权所有人将房屋产权无偿赠与配偶、父母、子女、祖父母、外祖父母、孙子女、外孙子女、兄弟姐妹。②房屋产权所有人将房屋产权无偿赠与对其承担直接抚养或者赡养义务的抚养人或者赡养人。③房屋产权所有人死亡,依法取得房屋产权的法定继承人、遗嘱继承人或者受遗赠人。

对受赠人无偿受赠房屋计征个人所得税时,应纳税所得额=房地产赠与合同上标明的赠与房屋价值－赠与过程中受赠人支付的相关税费。

赠与合同标明的房屋价值明显低于市场价格或房地产赠与合同未标明赠与房屋价值的,税务机关可依据受赠房屋的市场评估价格或采取其他合理方式确定受赠人的应纳税所得额。

受赠人转让受赠房屋的:应纳税所得额＝转让受赠房屋的收入－原捐赠人取得该房屋的实际购置成本－赠与和转让过程中受赠人支付的相关税费。

17. 个人非货币性资产投资的所得税政策

非货币性资产,是指现金、银行存款等货币性资产以外的资产,包括股权、不动产、技术发明成果以及其他形式的非货币性资产。

税目:财产转让所得。

应纳税所得额:应纳税所得额＝评估的公允价值－资产原值及合理税费。

递延纳税:纳税人一次性缴税有困难的,可以自发生应税行为之日起不超过5个公历年度内(含)分期缴纳个人所得税。

优先缴税:①取得现金补价的,现金部分应优先用于缴税;现金不足以缴纳的部分,可分期缴纳。②分期缴税期间转让持有的上述全部或部分股权,并取得现金收入的,该现金收入应优先用于缴纳尚未缴清的税款。

18. 个人终止投资经营收回款项的税收政策

取得股权转让收入、违约金、补偿金、赔偿金及以其他名目收回的款项等,应按"财产转让所得"计算缴纳个人所得税。应纳税所得额＝个人取得的股权转让收入、违约金、补偿金、赔偿金及以其他名目收回款项合计数－原实际出资额(投入额)及相关税费。其应纳税额的计算公式为:

$$应纳税额＝应纳税所得额×20\%$$

19. 个人转让新三板挂牌公司股票的所得税政策

对个人转让新三板挂牌公司非原始股取得的所得,暂免征收个人所得税;对个人转让新三板挂牌公司原始股取得的所得,按照"财产转让所得"征收个人所得税。非原始股是指个人在新三板挂牌公司挂牌后取得的股票,以及由上述股票产生的送、转股。

20. 个人转让股权的所得税政策

税目:财产转让所得。

纳税人:股权转让方。

扣缴义务人:受让方。

应纳税所得额的计算公式为:

$$应纳税所得额＝股权转让收入－股权原值－合理费用$$

符合下列情形之一的,主管税务机关可以核定股权转让收入:①申报的股权转让收入明显偏低且无正当理由的。②未按照规定期限办理纳税申报,经税务机关责令限期申报,逾期仍不申报的。③转让方无法提供或拒不提供股权转让收入的有关资料。④其他应核定股权转让收入的情形。

符合下列情形之一,视为股权转让收入明显偏低:①申报的股权转让收入低于股权对应的净资产份额的。其中,被投资企业拥有土地使用权、房屋、房地产企业未销售房产、知识产权、探矿权、采矿权、股权等资产的,申报的股权转让收入低于股权对应的净资产公允价值份额的。②申报的股权转让收入低于初始投资成本或低于取得该股权所支付的价款及相关税费的。③申报的股权转让收入低于相同或类似条件下同一企业同一股东或其他股东股权转让收入的。④申报的股权转让收入低于相同或类似条件下同类行业的企业股权转让收入的。⑤不具合理性的无偿让渡股权或股份。⑥主管税务机关认定的其他情形。

符合下列条件之一的股权转让收入明显偏低,视为有正当理由:①能出具有效文件,证明被投资企业因国家政策调整,生产经营受到重大影响,导致低价转让股权。②继承或将股权转让给其能提供具有法律效力身份关系证明的配偶、父母、子女、祖父母、外祖父母、孙子女、外孙子女、兄弟姐妹以及对转让人承担直接抚养或者赡养义务的抚养人或者赡养人。③相关法律、政府文件或企业章程规定,并有相关资料充分证明转让价格合理且真实的本企业员工持有的不能对外转让股权的内部转让。④股权转让双方能够提供有效证据证明其合理性的其他合理情形。

核定股权转让收入的方法:①净资产核定法。②类比法。③其他合理方法。

股权原值的确定:①以现金出资方式取得的股权,按照实际支付的价款与取得股权直接相关的合理税费之和确认股权原值。②以非货币性资产出资方式取得的股权:税务机关认可或核定的投资入股时非货币性资产价格与取得股权直接相关的合理税费之和确认股权原值。③通过无偿让渡方式取得股权:取得股权发生的合理税费与原持有人的股权原值之和确认股权原值。④被投资企业以资本公积、盈余公积、未分配利润转增股本,个人股东已依法缴纳个人所得税的,以转增额和相关税费之和确认新转增股本的股权原值。⑤对个人多次取得同一被投资企业股权的,转让部分股权时,采用"加权平均法"确定其股权原值。⑥个人转让股权未提供完整、准确的股权原值凭证,不能正确计算股权原值的,由主管税务机关核定其股权原值。

21. 个人转让上市公司限售股的所得税政策

税目:财产转让所得。

税率:20%。

应纳税额=应纳税所得额×20%。

应纳税所得额:①个人转让因依法继承或家庭财产依法分割取得的限售股的,成本按照该限售股前一持有人取得该股时实际成本及税费计算。②因个人持有限售股中存在部分限售股成本原值不明确,导致无法准确计算全部限售股成本原值的,证券登记结算公司一律以实际转让收入的15%作为限售股成本原值和合理税费。

22. 个人收回转让股权的所得税政策

根据规定,股权转让合同履行完毕、股权已作变更登记,且所得已经实现的,转让人取得的股权转让收入应当依法缴纳个人所得税。

转让行为结束后,当事人双方签订并执行解除原股权转让合同、退回股权的协议,是另一次股权转让行为,对前次转让行为征收的个人所得税款不予退回。

股权转让合同未履行完毕,因执行仲裁委员会作出的解除股权转让合同及补充协议的裁决、停止执行原股权转让合同,并原价收回已转让股权的,由于其股权转让行为尚未完成、收入未完全实现,随着股权转让关系的解除,股权收益不复存在,根据有关规定,以及从行政行为合理性原则出发,纳税人不应缴纳个人所得税。

23. 上市公司股息、红利差别化的个人所得税政策(个人从公开发行和转让市场取得的上市公司股票)

持有超过1年的,暂免征收个人所得税;持有1个月以内(含)的,全额计入应纳税所得额;持有1个月以上至1年(含)的,暂减按50%计入应纳税所得额。

上市公司是指在上海证券交易所、深圳证券交易所挂牌交易的上市公司。

24. 中小企业股份转让系统挂牌公司股息、红利所得税政策

持有超过1年的,暂免征收个人所得税;持有1个月以内(含)的,全额计入应纳税所得额;持有1个月以上至1年(含)的,暂减按50%计入应纳税所得额。

挂牌公司,是指股票在全国股份转让系统挂牌公开转让的非上市公众公司。

25. 沪深港股票市场交易互联互通机制试点的税收政策

内地个人投资者投资香港联交所上市股票,转让差价所得,暂免征税;股息红利所得:H股的,H股公司按20%代扣个人所得税;非H股的,中国结算按20%代扣个人所得税。

香港个人投资者投资上交所上市A股,转让差价所得:暂免征税;股息红利所得:暂不执行按持股时间实行差别化征税,由上市公司按10%代扣所得税。

26. 创业投资企业和天使投资个人的税收政策

公司制创业投资企业采取股权投资方式直接投资于种子期、初创期科技型企业(以下简称初创科技型企业)满2年(24个月,下同)的,可以按照投资额的70%在股权持有满2年的当年抵扣该公司制创业投资企业的应纳税所得额;当年不足抵扣的,可以在以后纳税年度结转抵扣。

有限合伙制创业投资企业(以下简称合伙创投企业)采取股权投资方式直接投资于初创科技型企业满2年的,该合伙创投企业的合伙人分别按以下方式处理:

(1) 法人合伙人可以按照对初创科技型企业投资额的70%抵扣法人合伙人从合伙创投企业分得的所得;当年不足抵扣的,可以在以后纳税年度结转抵扣。

(2) 个人合伙人可以按照对初创科技型企业投资额的70%抵扣个人合伙人从合伙创投企业分得的经营所得;当年不足抵扣的,可以在以后纳税年度结转抵扣。

(3) 天使投资个人采取股权投资方式直接投资于初创科技型企业满2年的,可以按照投资额的70%抵扣转让该初创科技型企业股权取得的应纳税所得额;当期不足抵扣的,可以在以后取得转让该初创科技型企业股权的应纳税所得额时结转抵扣。天使投资个人投资多个初创科技型企业的,对其中办理注销清算的初创科技型企业,天使投资个人对其投资额的70%尚未抵扣完的,可自注销清算之日起36个月内抵扣天使投资个人转

让其他初创科技型企业股权取得的应纳税所得额。

27. 创业投资企业个人合伙人的所得税政策

创投企业可以选择按单一投资基金核算或者按创投企业年度所得整体核算两种方式之一,对其个人合伙人来源于创投企业的所得计算个人所得税应纳税额。

创投企业年度所得整体核算,是指将创投企业以每一纳税年度的收入总额减除成本、费用以及损失后,计算应分配给个人合伙人的所得。

单一投资基金核算的,应税项目为股权转让所得或股息红利所得,税率为20%。

年度所得整体核算的,应税项目为经营所得,适用五级超额累进税率。

政策规定,创投企业选择按单一投资基金核算或按创投企业年度所得整体核算后,3年内不能变更。

创投企业选择按单一投资基金核算的,应当在按照规定完成备案的30日内,向主管税务机关进行核算方式备案;未按规定备案的,视同选择按创投企业年度所得整体核算。

2019年1月1日前已经完成备案的创投企业,选择按单一投资基金核算的,应当在2019年3月1日前向主管税务机关进行核算方式备案。创投企业选择一种核算方式满3年需要调整的,应当在满3年的次年1月31日前,重新向主管税务机关备案。

28. 股权激励和技术入股的所得税政策

非上市公司授予本公司员工的股票期权、股权期权、限制性股票和股权奖励,符合规定条件的,经向主管税务机关备案,可实行递延纳税政策,即员工在取得股权激励时可暂不纳税,递延至转让该股权时纳税。

29. 促进科技成果转化取得的股权奖励的所得税政策

科研机构、高等学校转化职务科技成果以股份或出资比例等股权形式给予科技人员个人奖励,经主管税务机关审核后,暂不征收个人所得税。

科研机构是指按规定设置审批的自然科学研究事业单位机构。高等学校是指全日制普通高等学校(包括大学、专门学院和高等专科学校)。

在获奖人按股份、出资比例获得分红时,对其所得按"利息、股息、红利所得"应税项目征收个人所得税。

获奖人转让股权、出资比例,对其所得按"财产转让所得"应税项目征收个人所得税,财产原值为零。享受上述优惠政策的科技人员必须是科研机构和高等学校的在编正式职工。

自2016年1月1日起,全国范围内的高新技术企业转化科技成果,给予本企业相关技术人员的股权奖励,个人一次缴纳税款有困难的,可根据实际情况自行制定分期缴税计划,在不超过5个公历年度内(含)分期缴纳,并将有关资料报主管税务机关备案。

在2021年12月31日前,该部分收入不并入当年综合所得,全额单独适用综合所得税率表。一个纳税年度内取得两次以上(含两次)股权激励的,应合并计税。股权奖励的计税价格参照获得股权时的公平市场价格确定。

适用综合所得税率表,应纳税额=股权激励收入×适用税率-速算扣除数。

技术人员转让奖励的股权（含奖励股权产生的送、转股）并取得现金收入的，该现金收入应优先用于缴纳尚未缴清的税款。

技术人员在转让奖励的股权之前企业依法宣告破产，技术人员进行相关权益处置后没有取得收益或资产，或取得的收益和资产不足以缴纳其取得股权尚未缴纳的应纳税款的部分，税务机关可不予追征。

30. 科技人员取得职务科技成果转化现金奖励的税收政策

依法批准设立的非营利性研究开发机构和高等学校（以下简称非营利性科研机构和高校）根据规定，从职务科技成果转化收入中给予科技人员的现金奖励，可减按50%计入科技人员当月"工资、薪金所得"，依法缴纳个人所得税。

31. 企业转增股本的个人所得税政策

上市公司、上市中小高新技术企业及在新三板挂牌的中小高新技术企业，股息红利差别化个人所得税。

非上市的中小高新技术企业，纳税人可分期缴纳个人所得税。

非上市的其他企业、未在新三板挂牌的其他企业，应及时代扣代缴个人所得税。

股份制企业，用资本公积金转增股本，不属于股息、红利性质的分配，对个人取得的转增股本数额，不作为个人所得，不征收个人所得税。用盈余公积金派发红股属于股息、红利性质的分配，对个人取得的红股数额，应作为个人所得征税。

32. 个人投资者收购企业股权后将原盈余积累转增股本的所得税政策

一名或多名个人投资者以股权收购方式取得被收购企业100%股权，股权收购前，被收购企业原账面金额中的"资本公积、盈余公积、未分配利润"等盈余积累未转增股本，而在股权交易时将其一并计入股权转让价格并履行了所得税纳税义务。股权收购后，企业将原账面金额中的盈余积累向个人投资者（新股东）转增股本，有关个人所得税问题区分以下情形处理：

新股东以不低于净资产价格收购股权的，企业原盈余积累已全部计入股权交易价格，新股东取得盈余积累转增股本的部分，不征收个人所得税。

新股东以低于净资产价格收购股权的，企业原盈余积累中，对于股权收购价格减去原股本的差额部分已经计入股权交易价格，新股东取得盈余积累转增股本的部分，不征收个人所得税；对于股权收购价格低于原所有者权益的差额部分未计入股权交易价格，新股东取得盈余积累转增股本的部分，应按照"利息、股息、红利所得"项目征收个人所得税。新股东以低于净资产价格收购企业股权后转增股本应按照下列顺序进行，即先转增应税的盈余积累部分，然后再转增免税的盈余积累部分。

以不低于净资产价格收购股权的，企业原盈余积累已全部计入股权交易价格，新股东取得盈余积累转增股本的部分，不征收个人所得税。

以低于净资产价格收购股权的，股权收购价格减去原股本的差额，不征收个人所得税；股权收购价格低于原所有者权益的差额部分，应按照利息、股息、红利所得征收个人所得税。

新股东将所持股权转让时，其财产原值为收购企业股权实际支付的对价及相关税费。

企业发生股权交易及转增股本等事项后,应在次月15日内,将股东以其股权变化情况、股权交易前原账面记载的盈余积累数额、转增股本数额及扣缴税款情况报告主管税务机关。

33. 公益慈善事业捐赠的个人所得税政策

根据《个人所得税法》的规定,个人将其所得对教育、扶贫、济困等公益慈善事业进行捐赠,捐赠额未超过纳税人申报的应纳税所得额30%的部分,可以从其应纳税所得额中扣除;国务院规定对公益慈善事业捐赠实行全额税前扣除的,从其规定。

(1) 个人通过中华人民共和国境内公益性社会组织、县级以上人民政府及其部门等国家机关,向教育、扶贫、济困等公益慈善事业的捐赠(以下简称公益捐赠),发生的公益捐赠支出,可以按照个人所得税法有关规定在计算应纳税所得额时扣除。

境内公益性社会组织,包括依法设立或登记并按规定条件和程序取得公益性捐赠税前扣除资格的慈善组织、其他社会组织和群众团体。

第一步:捐赠扣除限额等于申报的应纳税所得额的30%。第二步:允许扣除的捐赠额等于实际捐赠额小于或等于捐赠扣除限额的部分;实际捐赠额大于捐赠扣除限额时,只能按捐赠扣除限额扣除。第三步:应纳税额=(应纳税所得额-允许扣除的捐赠额)×适用税率-速算扣除数。

(2) 个人发生的公益捐赠支出金额,按照以下规定确定:捐赠货币性资产,按照实际捐赠金额确定;捐赠股权、房产,按照个人持有股权、房产的财产原值确定;按照除股权、房产以外的其他非货币性资产,按照非货币性资产的市场价格确定。

(3) 居民个人按照以下规定扣除公益捐赠支出:①居民个人发生的公益捐赠支出可以在财产租赁所得、财产转让所得、利息股息红利所得、偶然所得(以下统称分类所得)、综合所得或者经营所得中扣除。在当期一个所得项目扣除不完的公益捐赠支出,可以按规定在其他所得项目中继续扣除。②居民个人根据各项所得的收入、公益捐赠支出、适用税率等情况,自行决定在综合所得、分类所得、经营所得中扣除的公益捐赠支出的顺序。③居民个人发生的公益捐赠支出,在综合所得、经营所得中扣除的,扣除限额分别为当年综合所得、当年经营所得应纳税所得额的30%;在分类所得中扣除的,扣除限额为当月分类所得应纳税所得额的30%。

(4) 居民个人在综合所得中扣除公益捐赠支出的,应按以下规定处理:①工资、薪金所得可以选择在预扣预缴时扣除,也可以选择在年度汇算清缴时扣除;选择在预扣预缴时扣除的,应按照累计预扣法计算扣除限额,其捐赠当月的扣除限额为截至当月累计应纳税所得额的30%(全额扣除的从其规定);个人从两处以上取得工资、薪金所得,选择其中一处扣除,选择后当年不得变更。②劳务报酬所得、稿酬所得、特许权使用费所得预扣预缴时不扣除公益捐赠支出,统一在汇算清缴时扣除。③其他情形如取得全年一次性奖金、股权激励等所得,且按规定采取不并入综合所得而单独计税方式处理的,公益捐赠支出扣除比照分类所得的扣除规定处理。

(5) 居民个人发生的公益捐赠支出,可在捐赠当月取得的分类所得中扣除。当月分类所得应扣除未扣除的公益捐赠支出,可以按照以下规定追补扣除:①扣缴义务人已经代扣但尚未解缴税款的,居民个人可以向扣缴义务人提出追补扣除申请,退还已扣税款。②扣缴义务人已经代扣且解缴税款的,居民个人可以在公益捐赠之日起90日内提请扣缴义务人向征收税款的税务机关办理更正申报追补扣除,税务机关和扣缴义务人应当予以办理。③居民个人自行申报纳税的,可以在公益捐赠之日起90日内向主管税务机关办理更正申报追补扣除。

居民个人捐赠当月有多项多次分类所得的,应先在其中一项一次分类所得中扣除。已经在分类所得中扣除的公益捐赠支出,不再调整到其他所得中扣除。

(6) 在经营所得中扣除公益捐赠支出,应按以下规定处理:①个体工商户发生的公益捐赠支出,在其经营所得中扣除。②个人独资企业、合伙企业发生的公益捐赠支出,其个人投资者应当按照捐赠年度合伙企业的分配比例(个人独资企业分配比例为100%),计算归属于每一个人投资者的公益捐赠支出,个人投资者应将其归属的个人独资企业、合伙企业公益捐赠支出和本人需要在经营所得扣除的其他公益捐赠支出合并,在其经营所得中扣除。③在经营所得中扣除公益捐赠支出的,可以选择在预缴税款时扣除,也可以选择在汇算清缴时扣除。④经营所得采取核定征收方式的,不扣除公益捐赠支出。

(7) 非居民个人发生的公益捐赠支出,未超过其在公益捐赠支出发生的当月应纳税所得额30%的部分,可以从其应纳税所得额中扣除。扣除不完的公益捐赠支出,可以在经营所得中继续扣除。

(8) 国务院规定对公益捐赠全额税前扣除的,按照规定执行。个人同时发生按30%扣除和全额扣除的公益捐赠支出,自行选择扣除次序。

(9) 公益性社会组织、国家机关在接受个人捐赠时,应当按照规定开具捐赠票据;个人索取捐赠票据的,应予以开具。个人发生公益捐赠时不能及时取得捐赠票据的,可以暂时凭公益捐赠银行支付凭证扣除,并向扣缴义务人提供公益捐赠银行支付凭证复印件。个人应在捐赠之日起90日内向扣缴义务人补充提供捐赠票据,如果个人未按规定提供捐赠票据的,扣缴义务人应在30日内向主管税务机关报告。机关、企事业单位统一组织员工开展公益捐赠的,纳税人可以凭汇总开具的捐赠票据和员工明细单扣除。

(10) 个人通过扣缴义务人享受公益捐赠扣除政策,应当告知扣缴义务人符合条件可扣除的公益捐赠支出金额,并提供捐赠票据的复印件,其中捐赠股权、房产的还应出示财产原值证明。扣缴义务人应当按照规定在预扣预缴、代扣代缴税款时予以扣除,并将公益捐赠扣除金额告知纳税人。

个人自行办理或扣缴义务人为个人办理公益捐赠扣除的,应当在申报时一并报送《个人所得税公益慈善事业捐赠扣除明细表》。个人应留存捐赠票据,留存期限为5年。

(11)《财政部 国家税务总局关于公益慈善事业捐赠个人所得税政策的公告》(财政部 国家税务总局公告2019年第99号)自2019年1月1日起施行。个人自2019年1月1日至该公告发布之日期间发生的公益捐赠支出,按照该公告规定可以在分类所得中扣除但未扣除的,可以在2020年1月31日前通过扣缴义务人向征收税款的税务机关提出追补扣除申请,税务机关应当按规定予以办理。

34. 取得境外所得的个人所得税政策

为贯彻落实《个人所得税法》及其实施条例的规定,《财政部 国家税务总局关于境外所得有关个人所得税政策的公告》(财政部 税务总局公告2020年第3号)规定了境外所得的个人所得税政策,适用于2019年年度及以后年度相关税收处理事宜。

(1) 下列所得,为来源于中国境外的所得:任职、受雇、履约在中国境外提供劳务取得的所得;在中国境外从事生产、经营活动而取得的与生产、经营活动相关的所得;中国境外企业以及其他组织支付且负担的稿酬所得;中国境外企业、其他组织以及非居民个人支付且负担的偶然所得;财产出租给承租人在中国境外使用而取得的所得;许可各种特许权在中国境外使用而取得的所得;从中国境外企业、其他组织以及非居民个人取得的利息、股息、红利所得;转让中国境外的不动产;转让对中国境外企业以及其他组织投资形成的股票、股权以及其他权益性资产;在中国境外转让其他财产取得的所得。

(2) 居民个人应当依照《个人所得税法》及其实施条例的有关规定,按照以下方法计算当期境内和境外所得应纳税额:①居民个人来源于中国境外的综合所得应当与境内综合所得合并计算应纳税额。②居民个人来源于中国境外的经营所得应当与境内经营所得合并计算应纳税额。居民个人来源于境外的经营所得,按照规定计算的亏损,不得抵减其境内或他国(地区)的应纳税所得额,但可以用来源于同一国家(地区)以后年度的经营所得按中国税法规定弥补。③居民个人来源于中国境外的利息、股息、红利所得,财产租赁所得,财产转让所得和偶然所得不与境内所得合并,应当分别单独计算应纳税额。

(3) 居民个人在一个纳税年度内来源于中国境外的所得,依照所得来源国家(地区)税收法律规定在中国境外已缴纳的所得税税额允许在抵免限额内从其该纳税年度应纳税额中抵免。

居民个人来源于一国(地区)的综合所得、经营所得以及其他分类所得项目的应纳税额为其抵免限额,应按照下列公式计算:

$$\text{综合所得抵免限额} = \text{中国境内和境外综合所得依照规定计算的综合所得应纳税额} \times \frac{\text{来源于该国(地区)的综合所得收入额}}{\text{中国境内和境外综合所得收入额合计}}$$

$$\text{经营所得抵免限额} = \text{依照规定计算的经营所得应纳税额} \times \frac{\text{来源于该国(地区)的经营所得应纳税所得额}}{\text{中国境内和境外经营所得应纳税所得额合计}}$$

其他分类所得抵免限额为该国(地区)的其他分类所得依规定计算的应纳税额。

$$\text{抵免限额} = \text{来源于该国(地区)综合所得抵免限额} + \text{来源于该国(地区)经营所得抵免限额} + \text{来源于该国(地区)其他分类所得抵免限额}$$

(4) 居民个人一个纳税年度内来源于一国(地区)的所得实际已经缴纳的所得税额,低于依照上述第(3)条规定计算出的,来源于该国(地区)该纳税年度所得的抵免限额的,应以实际缴纳税额作为抵免额进行抵免;超过来源于该国(地区)该纳税年度所得的抵免限额的,应在限额内进行抵免,超过部分可以在以后5个纳税年度内结转抵免。

(5) 可抵免的境外所得税税额,是指居民个人取得境外所得,依照该所得来源国(地区)税收法律应当缴纳且实际已经缴纳的所得税性质的税额。

可抵免的境外所得税额不包括以下情形：①按照境外所得税法律属于错缴或错征的境外所得税税额。②按照我国政府签订的避免双重征税协定以及内地与香港、澳门地区签订的避免双重征税安排（以下统称税收协定）规定不应征收的境外所得税税额。③因少缴或迟缴境外所得税而追加的利息、滞纳金或罚款。④境外所得税纳税人或者其利害关系人从境外征税主体得到实际返还或补偿的境外所得税税款。⑤按照我国《个人所得税法》及其实施条例规定，已经免税的境外所得负担的境外所得税税款。

（6）居民个人申报境外所得税收抵免时，除另有规定外，应当提供境外征税主体出具的税款所属年度的完税证明、税收缴款书或者纳税记录等纳税凭证，未提供符合要求的纳税凭证，不予抵免。

纳税人确实无法提供纳税凭证的，可同时凭境外所得纳税申报表（或者境外征税主体确认的缴税通知书）以及对应的银行缴款凭证办理境外所得抵免事宜。

居民个人已申报境外所得、未进行税收抵免，在以后纳税年度取得纳税凭证并申报境外所得税收抵免的，可以追溯至该境外所得所属纳税年度进行抵免，但追溯年度不得超过5年。自取得该项境外所得的5个年度内，境外征税主体出具的税款所属纳税年度纳税凭证载明的实际缴纳税额发生变化的，按实际缴纳税额重新计算并办理补退税，不加收税收滞纳金，不退还利息。

（7）居民个人被境内企业、单位、其他组织（以下称派出单位）派往境外工作，取得的工资、薪金所得或者劳务报酬所得，由派出单位或者其他境内单位支付或负担的，派出单位或者其他境内单位应按照《个人所得税法》及其实施条例规定预扣预缴税款。居民个人被派出单位派往境外工作，取得的工资薪金所得或者劳务报酬所得，由境外单位支付或负担的，如果境外单位为境外任职、受雇的中方机构（以下简称中方机构）的，可以由境外任职、受雇的中方机构预扣税款，并委托派出单位向主管税务机关申报纳税。

中方机构未预扣税款的或者境外单位不是中方机构的，派出单位应当于次年2月28日前向其主管税务机关报送外派人员情况，包括：外派人员的姓名、身份证件类型及身份证件号码、职务、派往国家和地区、境外工作单位名称和地址、派遣期限、境内外收入及缴税情况等。

中方机构包括中国境内企业、事业单位、其他经济组织以及国家机关所属的境外分支机构、子公司、使（领）馆、代表处等。

居民个人取得来源于境外的所得或者实际已经在境外缴纳的所得税税额为人民币以外货币，应当按照《个人所得税法实施条例》第三十二条折合计算。

五、税收优惠

（一）法定免税项目

1. 奖金

省级人民政府、国务院部委和中国人民解放军军以上单位，以及外国组织、国际组织颁发的科学、教育、技术、文化、卫生、体育、环境保护等方面的奖金。

2. 津贴

按照国家统一规定发给的补贴、津贴。这是指按照国务院规定发给的政府特殊津贴、院士津贴,资深院士津贴和国务院规定免纳个人所得税的补贴、津贴。

3. 利息

(1) 个人取得的教育储蓄存款利息。

(2) 国债和国家发行的金融债券利息。①国债利息,是指个人持有中华人民共和国财政部发行的债券而取得的利息。②国家发行的金融债券利息,是指个人持有经国务院批准发行的金融债券而取得的利息所得。

4. 其他

(1) 军人的转业费、复员费、退役金。

(2) 福利费、抚恤金、救济金。

(3) 保险赔款。

(4) 按照国家统一规定发给干部、职工的安家费、退职费、退休工资、离休工资、离休生活补助费。

(二) 法定减税项目

有下列情形之一的,可以减征个人所得税,具体幅度和期限,由省、自治区、直辖市人民政府规定,并报同级人民代表大会常务委员会备案:

(1) 残疾、孤老人员和烈属的所得。

(2) 因自然灾害造成重大损失的。

(三) 其他减免税项目

1. 外籍个人所得税减免政策

根据《财政部 国家税务总局关于个人所得税若干政策问题的通知》(财税字〔1994〕20号)和有关文件的规定,对下列所得暂免征收个人所得税:①外籍个人以非现金形式或实报实销形式取得的住房补贴、伙食补贴、搬迁费、洗衣费。②外籍个人按合理标准取得的境内、外出差补贴。③外籍个人取得的探亲费、语言培训费和子女教育费等,经当地税务机关审核批准为合理的部分。

受雇于我国境内企业的外籍个人(不包括香港、澳门居民个人),因家庭等原因居住在香港、澳门,每个工作日往返于内地与香港、澳门等地区,由此境内企业(包括其关联企业)给予在香港或澳门住房、伙食、洗衣、搬迁等非现金形式或实报实销形式的补贴,凡能提供有效凭证的且经主管税务机关审核确认的。

受雇于我国境内企业的外籍个人(不包括香港、澳门居民个人),就其在香港或澳门进行语言培训、子女教育而取得的费用补贴,凡能提供有效支出凭证等材料的,经主管税务机关审核确认为合理的部分。

2019年1月1日至2021年12月31日期间,外籍个人符合居民个人条件的,可以选择享受个人所得税专项附加扣除,也可选择按照规定,享受住房补贴、语言训练费、子女教育费等津补贴免税优惠政策,但不得同时享受。外籍个人一经选择,在一个纳税年度内不得变更。

自2022年1月1日起,外籍个人不再享受住房补贴、语言训练费、子女教育费津补贴免税优惠政策,应按规定享受专项附加扣除。

2. 北京2022年冬奥会

对国际奥委会及其相关实体的外籍雇员、官员、教练员、训练员以及其他代表在2019年6月1日至2022年12月31日期间临时来华,从事与北京冬奥会相关的工作,取得由北京冬奥组委支付或认定的收入,免征增值税和个人所得税。该类人员的身份及收入由北京冬奥组委出具证明文件,北京冬奥组委定期将该类人员名单及免税收入相关信息报送税务部门。

3. 奖金、中奖、手续费

(1) 个人举报、协查各种违法、犯罪行为而获得的奖金。

(2) 对个人购买福利彩票、赈灾彩票、体育彩票,一次中奖收入在1万元以下(含)的暂免征收个人所得税,超过1万元的,全额征收个人所得税。

(3) 个人办理代扣代缴手续,按规定取得的扣缴手续费。

4. 一次性收入

(1) 对退役士兵按照规定,取得的一次性退役金以及地方政府发放的一次性经济补助,免征个人所得税。

(2) 职工从依照国家有关法律规定宣告破产的企业取得的一次性安置费收入,免征个人所得税。

5. 利息

(1) 对个人取得的2012年及以后年度发行的地方政府债券利息收入,免征个人所得税。地方政府债券,是指经国务院批准同意,以省、自治区、直辖市、计划单列市政府为发行和偿还主体的债券。

(2) 对个人投资者持有2019—2023年发行的铁路债券取得的利息收入,减按50%计入应纳税所得额计算征收个人所得税。铁路债券,是指以中国铁路总公司为发行和偿还主体的债券,包括中国铁路建设债券、中期票据、短期融资券等债务融资工具。

6. 离休、退休工资

达到离休、退休年龄,但确因工作需要,适当延长离休、退休年龄的高级专家,其在延长离休、退休期间的工资、薪金所得,视同离休、退休工资免征个人所得税。

7. 基本社会保障

(1) 按照国家或省级地方政府规定的比例缴付的住房公积金、医疗保险金、基本养老保险金、失业保险金存入银行个人账户所取得的利息所得,免予征收个人所得税。

(2) 生育妇女按照县级以上人民政府根据国家有关规定制定的生育保险办法,取得的生育津贴、生育医疗费或其他属于生育保险性质的津贴、补贴,免予征收个人所得税。

(3) 个人领取原提存的住房公积金、医疗保险金、基本养老保险金,以及具备《失业保险条例》规定条件的失业人员领取的失业保险金,免予征收个人所得税。

(4) 对工伤职工及其近亲属按照《工伤保险条例》规定取得的一次性伤残保险待遇,免征个人所得税。

8. 住房

(1) 个人转让自用达5年以上,并且是唯一的家庭生活用房取得的所得。

(2) 公共租赁住房的税收优惠(2019年1月1日至2020年12月31日):①个人捐赠住房作为公租房,符合税收法律法规规定的,对其公益性捐赠支出未超过其申报的应纳税所得额30%的部分,准予从其应纳税所得额中扣除。②对符合地方政府规定条件的城镇住房保障家庭从地方政府领取的住房租赁补贴,免征个人所得税。

9. 支持新型冠状病毒感染的肺炎疫情防控的税收优惠

(1) 自2020年1月1日起,下列所得免征个人所得税:①对参加疫情防治工作的医务人员和防疫工作者按照政府规定标准取得的临时性工作补助和奖金,免征个人所得税。政府规定标准包括各级政府规定的补助和奖金标准。对省级及省级以上人民政府规定的对参与疫情防控人员的临时性工作补助和奖金,比照执行。②单位发给个人用于预防新型冠状病毒感染的肺炎的药品、医疗用品和防护用品等实物(不包括现金),不计入工资、薪金收入,免征个人所得税。

(2) 自2020年1月1日起,个人的下列捐赠允许在计算应纳税所得额时全额扣除:①个人通过公益性社会组织或者县级以上人民政府及其部门等国家机关,捐赠用于应对新型冠状病毒感染的肺炎疫情的现金和物品。②个人直接向承担疫情防治任务的医院捐赠用于应对新型冠状病毒感染的肺炎疫情的物品。捐赠人凭承担疫情防治任务的医院开具的捐赠接收函办理税前扣除事宜。

10. 股票

(1) 对内地个人投资者通过沪港通、深港通投资香港联交所上市股票取得的转让差价所得和通过基金互认买卖香港基金份额取得的转让差价所得,自2019年12月5日起至2022年12月31日止,继续暂免征收个人所得税。

(2) 对香港市场投资者(包括企业和个人)投资上海证券交易所(简称上交所)上市A股取得的转让差价所得,暂免征收所得税。

(3) 对个人转让全国中小企业股份转让系统(简称"新三板")挂牌公司非原始股取得的所得,暂免征收个人所得税。

(4) 创新企业境内发行存托凭证试点阶段的税收优惠。

为支持实施创新驱动发展战略,自2019年4月3日起,创新企业境内发行存托凭证(创新企业CDR)试点阶段,实施如下个人所得税优惠政策:

一是,自试点开始之日起,对个人投资者转让创新企业CDR取得的差价所得,3年(36个月)内暂免征收个人所得税。

二是,自试点开始之日起,对个人投资者持有创新企业CDR取得的股息红利所得,3年内实施股息红利差别化个人所得税政策,由创新企业在其境内的存托机构代扣代缴税款,并向存托机构所在地税务机关办理全员全额明细申报。

创新企业CDR,是指符合规定的试点企业,以境外股票为基础证券,由存托人签发并在中国境内发行,代表境外基础证券权益的证券。试点开始之日,是指首只创新企业CDR取得国务院证券监督管理机构的发行批文之日。

对于个人投资者取得的股息红利在境外已缴纳的税款,可按照个人所得税法以及双边税收协定(安排)的相关规定予以抵免。

六、征收管理

(一)扣缴申报管理办法

1. 实行全员全额扣缴申报的应税所得范围

按照《个人所得税法》规定,扣缴义务人应当依照国家规定办理全员全额扣缴申报,并向纳税人提供其个人所得和已扣缴税款等信息。

全员全额扣缴申报,是指扣缴义务人应当在代扣税款的次月15日内,向主管税务机关报送其支付所得的所有个人的有关信息、支付所得数额、扣除事项和数额、扣缴税款的具体数额和总额以及其他相关涉税信息资料。

实行个人所得税全员全额扣缴申报的应税所得包括:①工资、薪金所得。②劳务报酬所得。③稿酬所得。④特许权使用费所得。⑤利息、股息、红利所得。⑥财产租赁所得。⑦财产转让所得。⑧偶然所得。

2. 扣缴义务人的法定义务

(1)扣缴申报。

向居民个人支付工资、薪金所得应按照累计预扣法计算预扣税款,并按月办理扣缴申报;向居民个人支付劳务报酬所得、稿酬所得、特许权使用费所得应当按照有关方法按次或者按月预扣预缴税款;向非居民个人支付工资、薪金所得,劳务报酬所得,稿酬所得和特许权使用费所得应当按照有关方法按月或者按次代扣代缴税款;支付利息、股息、红利所得,财产租赁所得,财产转让所得或者偶然所得应当依法按次或者按月代扣代缴税款。

(2)其他规定。

扣缴义务人依法履行代扣代缴义务,纳税人不得拒绝。纳税人拒绝的,扣缴义务人应当及时报告税务机关。

扣缴义务人每月或者每次预扣、代扣的税款,应当在次月15日内缴入国库,并向税务机关报送《个人所得税扣缴申报表》。

扣缴义务人首次向纳税人支付所得,应当按照纳税人提供的纳税人识别号等基础信息,填写《个人所得税基础信息表(A表)》,并于次月扣缴申报时向税务机关报送。

居民个人向扣缴义务人提供有关信息并依法要求办理专项附加扣除的,扣缴义务人应当按照规定在工资、薪金所得按月预扣预缴税款时予以扣除,不得拒绝。

扣缴义务人应当按照纳税人提供的信息计算税款、办理扣缴申报,不得擅自更改纳税人提供的信息。

扣缴义务人对纳税人向其报告的相关基础信息变化情况,应当于次月扣缴申报时向税务机关报送。

扣缴义务人应当依法对纳税人报送的专项附加扣除等相关涉税信息和资料保密。

扣缴义务人对纳税人提供的《个人所得税专项附加扣除信息表》,应当按照规定妥善保存备查。

扣缴义务人发现纳税人提供的信息与实际情况不符的,可以要求纳税人修改。纳税人拒绝修改的,扣缴义务人应当报告税务机关,税务机关应当及时处理。

纳税人发现扣缴义务人提供或者扣缴申报的个人信息、支付所得、扣缴税款等信息与实际情况不符的,有权要求扣缴义务人修改。扣缴义务人拒绝修改的,纳税人应当报告税务机关,税务机关应当及时处理。

扣缴义务人有未按照规定向税务机关报送资料和信息、未按照纳税人提供信息虚报虚扣专项附加扣除、应扣未扣税款、不缴或少缴已扣税款、借用或冒用他人身份等行为的,依照《税收征收管理法》等相关法律、行政法规处理。

支付工资、薪金所得的扣缴义务人应当于年度终了后两个月内,向纳税人提供其个人所得和已扣缴税款等信息。纳税人年度中间需要提供上述信息的,扣缴义务人应当提供。

纳税人取得除工资、薪金所得以外的其他所得,扣缴义务人应当在扣缴税款后,及时向纳税人提供其个人所得和已扣缴税款等信息。

3. 代扣代缴税款的手续费

税务机关对应扣缴义务人按照规定扣缴的税款(不包括税务机关、司法机关等查补或者责令补扣的税款),按年付给2%的手续费,扣缴义务人领取的扣缴手续费可用于提升办税能力、奖励办税人员。

(二) 自行纳税申报管理

自行申报纳税,是指在税法规定的纳税期限内,由纳税人自行向税务机关申报取得的应税所得项目和数额,如实填写个人所得税纳税申报表,并按税法规定计算应纳税额,据此缴纳个人所得税的一种纳税方法。

1. 应办理纳税申报的情形

有下列情形之一的,纳税人应当依法办理纳税申报:

(1) 取得综合所得需要办理汇算清缴。

(2) 取得应税所得没有扣缴义务人。

(3) 取得应税所得,扣缴义务人未扣缴税款。

(4) 取得境外所得。

(5) 移居境外注销中国户籍。

(6) 非居民个人在中国境内从两处以上取得工资、薪金所得。

2. 取得综合所得需要办理汇算清缴的纳税申报

取得综合所得且符合下列情形之一的纳税人,应当依法办理汇算清缴:

(1) 从两处以上取得综合所得,且综合所得年收入额减除专项扣除后的余额超过

60 000元。

(2) 取得劳务报酬所得、稿酬所得、特许权使用费所得中一项或者多项所得,且综合所得年收入额减除专项扣除的余额超过60 000元。

(3) 纳税年度内预缴税额低于应纳税额。

(4) 纳税人申请退税。

3. 取得经营所得的纳税申报

纳税申报的情形:个体工商户业主、个人独资企业投资者、合伙企业个人合伙人、承包承租经营者个人以及其他从事生产、经营活动的个人取得的经营所得。

纳税申报时限、地点:按年计算,月度或季度终了后15日内,向经营管理所在地主管税务机关办理预缴纳税申报。在取得所得的次年3月31日前,向经营管理所在地主管税务机关办理汇算清缴;从两处以上取得经营所得的,选择向其中一处经营管理所在地主管税务机关办理年度汇总申报。

4. 取得应税所得,扣缴义务人未扣缴税款的纳税申报

非居民个人取得工资、薪金所得,劳务报酬所得,稿酬所得,特许权使用费所得在取得所得的次年6月30日前办理纳税申报,非居民个人在次年6月30日前离境(临时离境除外)的,应当在离境前办理纳税申报。

纳税人取得利息、股息、红利所得,财产租赁所得,财产转让所得和偶然所得应当在取得所得的次年6月30日前办理纳税申报。

5. 取得境外所得的纳税申报(居民个人从中国境外取得所得的)

纳税申报时间为取得所得的次年3月1日至6月30日内。

纳税申报地点:

(1) 中国境内任职、受雇单位所在地主管税务机关。

(2) 在中国境内没有任职、受雇单位:户籍所在地或中国境内经常居住地主管税务机关办理纳税申报。

(3) 户籍所在地与中国境内经常居住地不一致的:选择其中一地主管税务机关办理纳税申报。

(4) 在中国境内没有户籍的:向中国境内经常居住地主管税务机关办理纳税申报。

6. 因移居境外注销中国户籍的纳税申报

取得综合所得的,应当在注销户籍前,办理当年综合所得的汇算清缴。尚未办理上一年度综合所得汇算清缴的,应当在办理注销户籍纳税申报时一并办理。

注销户籍年度取得经营所得的,应当在注销户籍前,办理当年经营所得的汇算清缴。尚未办理上一年度经营所得汇算清缴的,应当在办理注销户籍纳税申报时一并办理。

利息、股息、红利所得,财产租赁所得,应在注销户籍前,申报当年上述所得的完税情况。

纳税人有未缴或者少缴税款的,应当在注销户籍前,结清欠缴或未缴的税款。纳税人存在分期缴税且未缴纳完毕的,应当在注销户籍前,结清尚未缴纳的税款。

7. 非居民个人在中国境内从两处以上取得工资、薪金所得的纳税申报

非居民个人在中国境内从两处以上取得工资、薪金所得的,应当在取得所得的次月15日内,向其中一处任职、受雇单位所在地主管税务机关办理纳税申报。

8. 纳税申报方式

纳税人可以采用远程办税、邮寄等方式申报,也可以直接到主管税务机关申报。

(三) 专项附加扣除操作办法

1. 享受扣除及时间安排

(1) 纳税人享受符合规定的专项附加扣除的计算时间。

继续教育:学历(学位)教育:入学当月至结束当月;职业资格继续教育:取证当年。

子女教育:学前教育:满3岁当月至小学入学前一月;学历教育:入学当月至结束当月。

住房贷款利息:还款当月至全部归还(或合同终止)当月。

住房租金:开始当月至结束当月;提前结束以实际租期为准。

赡养老人:满60岁当月至赡养义务终止的年末。

大病医疗:实际支出的当年。

(2) 扣除的环节。

子女教育、继续教育、住房贷款利息、住房租金、赡养老人:可选择在预扣预缴时扣除或在汇算清缴时扣除。

大病医疗:次年3月1日至6月30日内,自行在汇算清缴申报时扣除未取得工资薪金,仅取得劳务报酬、稿酬所得、特许权使用费所得:需要享受专项附加扣除的,应自行在汇算清缴时申报扣除。

(3) 其他规定。

一个纳税年度内,纳税人在扣缴义务人预扣预缴税款环节未享受或未足额享受专项附加扣除的,可以在当年内向支付工资、薪金的扣缴义务人申请在剩余月份发放工资、薪金时补充扣除,也可以向汇缴地主管税务机关办理汇算清缴时申报扣除。

纳税人年度中间更换工作单位的,在原单位任职、受雇期间已享受的专项附加扣除金额,不得在新任职、受雇单位扣除。原扣缴义务人应当自纳税人离职不再发放工资、薪金所得的当月起,停止为其办理专项附加扣除。

2. 报送信息及留存备查资料

继续教育:职业资格继续教育,应提供职业资格相关证书等资料。

子女教育:子女在境外接受教育的,应当留存境外学校录取通知书、留学签证等境外教育佐证资料。

住房贷款利息:住房贷款合同、贷款还款支出凭证等资料。

住房租金:住房租赁合同或协议等资料。

赡养老人:约定或指定分摊的书面分摊协议等资料。

大病医疗:医药服务收费及医保报销相关票据原件或复印件,或医疗保障部门出具的纳税年度医药费用清单等。

3. 信息报送方式及后续管理

信息报送方式：远程办税端、电子或者纸质报表等方式。

后续管理：①纳税人应将《个人所得税专项附加扣除信息表》及相关留存备查资料，自法定汇算清缴期结束后保存5年；②纳税人报送给扣缴义务人的《个人所得税专项附加扣除信息表》，扣缴义务人应当自预扣预缴年度的次年起留存5年。③扣缴义务人应当依法对纳税人报送的专项附加扣除等相关涉税信息和资料保密。④除纳税人另有要求外，扣缴义务人应当于年度终了后两个月内，向纳税人提供已办理的专项附加扣除项目及金额等信息。⑤纳税人发现扣缴义务人提供或者扣缴申报的个人信息、支付所得、扣缴税款等信息与实际情况不符的，有权要求扣缴义务人修改。扣缴义务人拒绝修改的，纳税人应当报告税务机关，税务机关应当及时处理。

（四）反避税规定

1. 有权进行纳税调整的情形

有下列情形之一的，税务机关有权按照合理方法进行纳税调整：

（1）个人与其关联方之间的业务往来不符合独立交易原则而减少本人或者其关联方应纳税额，且无正当理由。

（2）居民个人控制的，或者居民个人和居民企业共同控制的设立在实际税负明显偏低的国家（地区）的企业，无合理经营需要，对应当归属于居民个人的利润不作分配或者减少分配。

（3）个人实施其他不具有合理商业目的的安排而获取不当税收利益。

2. 反避税措施

（1）针对上述情形，税务机关依照规定作出纳税调整，需要补征税款的，应当补征税款，并依法加收利息。

（2）依法加收的利息，应当按照税款所属纳税申报期最后一日中国人民银行公布的与补税期间同期的人民币贷款基准利率计算，自税款纳税申报期满次日起至补缴税款期限届满之日止按日加收。纳税人在补缴税款期限届满前补缴税款的，利息加收至补缴税款之日。

（五）个人财产对外转移提交税收证明的规定

1. 证明内容

税务机关对申请人缴纳税款情况进行证明。

2. 不开证明的情形

（1）申请人拟转移的财产已取得完税凭证的，可直接向外汇管理部门提供完税凭证，无须向税务机关另外申请税收证明。

（2）申请人拟转移的财产总价值在人民币15万元以下的无须向税务机关申请税收证明。

3. 证明开具人

由收入来源地或者财产所在地税务局开具。

4. 开具权限

开具税收证明的税务机关为县级或者县级以上税务局。

5. 开具时间

(1) 申请人资料齐全的,税务机关应当在15日内开具税收证明;申请人提供资料不全,可要求其补全,待补全后开具。

(2) 申请人有未完税事项的,允许补办申报纳税后开具税收证明。

(3) 税务机关有根据认为申请人有偷税、骗税等情形,需要立案稽查的,在稽查结案并完税后可开具税收证明。

第二节 新个人所得税法下的税收筹划思路

一、居民个人与非居民个人税收筹划

(一) 政策分析与筹划思路

根据《中华人民共和国个人所得税法实施条例》(简称《个人所得税法实施条例》)第五条的规定,在中国境内无住所的个人,在一个纳税年度内在中国境内居住累计不超过90天的,其来源于中国境内的所得,由境外雇主支付并且不由该雇主在中国境内的机构、场所负担的部分,免予缴纳个人所得税。如果境外个人在境外的税负比较轻,在条件允许时,可以将在中国境内累计居住天数控制在90天以内,从而享受部分所得免于在中国纳税的优惠。

根据《个人所得税法实施条例》第四条的规定,在中国境内无住所的个人,在中国境内居住累计满183天的年度连续不满六年的,经向主管税务机关备案,其来源于中国境外且由境外单位或者个人支付的所得,免予缴纳个人所得税;在中国境内居住累计满183天的任一年度中有一次离境超过30天的,其在中国境内居住累计满183天的年度的连续年限重新起算。对于短期来华人员,如果每年停留时间均超过183天,则应充分利用短期居民个人的税收优惠,在第六年一次离境达到31天即可永远保持短期居民个人的身份。

自2019年1月1日起,无住所个人一个纳税年度内在中国境内累计居住天数,按照个人在中国境内累计停留的天数计算。在中国境内停留的当天满24小时的,计入中国境内居住天数,在中国境内停留的当天不足24小时的,不计入中国境内居住天数。

居民纳税人就其境内外所得纳税,非居民纳税人仅就其境内所得纳税。通过改变起始日期、离境超过30天等方式筹划个人身份,可以有效节税。

根据《财政部 国家税务总局关于个人所得税法修改后有关优惠政策衔接问题的通知》(财税〔2018〕164号)第七条的规定,2019年1月1日至2021年12月31日期间,外籍个人符合居民个人条件的,可以选择享受个人所得税专项附加扣除,也可以选择按照《财政部 国家税务总局关于个人所得税若干政策问题的通知》(财税〔1994〕020号)、《国家税

务总局关于外籍个人取得有关补贴征免个人所得税执行问题的通知》(国税发〔1997〕54号)和《财政部 国家税务总局关于外籍个人取得港澳地区住房等补贴征免个人所得税的通知》(财税〔2004〕29号)规定,享受住房补贴、语言训练费、子女教育费等津补贴免税优惠政策,但不得同时享受。外籍个人一经选择,在一个纳税年度内不得变更。自2022年1月1日起,外籍个人不再享受住房补贴、语言训练费、子女教育费津补贴免税优惠政策,应按规定享受专项附加扣除。

根据《财政部 国家税务总局关于个人所得税若干政策问题的通知》(财税〔1994〕020号)的规定,下列所得,暂免征收个人所得税:①外籍个人以非现金形式或实报实销形式取得的住房补贴、伙食补贴、搬迁费、洗衣费。②外籍个人按合理标准取得的境内、外出差补贴。③外籍个人取得的探亲费、语言训练费、子女教育费等,经当地税务机关审核批准为合理的部分。④外籍个人从外商投资企业取得的股息、红利所得。对于外籍个人而言,应综合考量专项附加扣除与各项免税补贴之间的关系,选择可以最大减轻税收负担的扣除方式。

根据《个人所得税法》第二条的规定,非居民个人取得工资、薪金所得,劳务报酬所得,稿酬所得,特许权使用费所得,按月或按次分项计算个人所得税。工资、薪金所得适用超额累进税率,如果某个月的工资过高,则会适用较高的税率,从而增加税收负担,只有平均发放工资,才能实现最低的税负。

(二) 案例分析

【例5-1】 李先生为香港居民,在深圳工作,每周一早上来深圳上班,周五晚上回香港。周一和周五当天停留都不足24小时,因此不计入境内居住天数,再加上周六、周日2天也不计入。这样,每周可计入的天数仅为3天,按全年52周计算,李先生全年在境内累计居住天数为156天,未超过183天,不构成居民个人,李先生取得的全部境外所得,就不需要缴纳个人所得税。

【例5-2】 李女士为香港永久居民,就职于香港甲公司。2020年度,甲公司计划安排李女士在深圳的代表处工作180天(六个月)。2020年度李女士每月工资为2万元,六个月的工资总额为12万元,由于其在香港可以享受的各项扣除比较多,税负接近零。请提出税收筹划方案。

如果不进行筹划,李女士来源于中国境内的六个月的工资需要在中国纳税。每月应纳个人所得税=(20 000−5 000)×20%−1 410=1 590(元);六个月合计应纳个人所得税=1 590×6=9 540(元)。

甲公司可以选派两位员工轮流到深圳工作,每人工作90天,每月工资均为2万元。由此可以享受短期非居民个人的税收优惠,即该两位员工在深圳工作期间取得的工资,可以在香港纳税(实际税负为零),不需要在深圳缴纳个人所得税。那么,可以为两位员工节税9 540元。

【例5-3】 刘女士为外籍人士,属于中国非居民个人。因工作需要,每年在中国停留四个月,领取四个月的工资。公司原计划按工作绩效发工资,假设2020年领取的四个月工资分别为3 000元、6 000元、4 000元和20 000元,总额为33 000元。刘女士2020年度在中国应纳个人所得税=(6 000-5 000)×3%+(20 000-5 000)×20%-1 410=1 620(元)。请提出税收筹划方案。

如果刘女士预先估计四个月的工资总额在30 000元左右,可以先按平均数发放,最后一个月汇总计算。即前三个月工资按照8 000元发放,第四个月按照9 000元(33 000-8 000×3)发放。刘女士2020年度在中国应纳个人所得税=(8 000-5 000)×3%×3+(9 000-5 000)×10%-210=460(元)。节税=1 620-460=1 160(元)。

二、汇算清缴的主体以及豁免综合所得汇算清缴的具体情形

(一)汇算清缴的主体

(1)综合所得年收入额不足6万元,但预缴过个人所得税的人。
(2)年中换过工作或工作不满12个月的人。
(3)未享受或者未足额享受各类扣除的人。
(4)有多处收入来源的人。

(二)豁免综合所得汇算清缴的具体情形

(1)年度综合所得收入没有超过12万元,则不需要办理汇算清缴,也不需要补税。
(2)补税金额需超过400元,即如果年度综合所得收入超过12万元但因为平时预扣税款与年度应纳税税款差异很小,补税不超过400元,则也不需要办理汇算清缴。

注:主要适用于2019年度和2020年度的综合所得年度汇算清缴。

三、利用专项扣除的筹划

(一)政策分析与筹划思路

根据《中华人民共和国个人所得税法》(简称《个人所得税法》)第三条的规定,综合所得(包括工资薪金所得、劳务报酬所得、稿酬所得和特许权使用费所得),适用3%至45%的超额累进税率。全年应纳税所得额,是指依照《个人所得税法》第6条的规定,居民个人取得综合所得以每一纳税年度收入额减除费用6万元以及专项扣除、专项附加扣除和依法确定的其他扣除后的余额。

企业和事业单位根据国家有关政策规定的办法和标准,为在本单位任职或受雇的全体职工缴付的企业年金或职业年金单位缴费部分,在计入个人账户时,个人暂不缴纳个人所得税。个人根据国家有关政策规定缴付的年金个人缴费部分,在不超过本人缴费工资计税基数的4%标准内的部分,暂从个人当期的应纳税所得额中扣除。由于目前事业单位强制设立职业年金,而企业年金的设立是自愿的,企业可以充分利用这一优惠,帮助员工减轻个人所得税负担。

自2017年7月1日起,对个人购买符合规定的商业健康保险产品的支出,允许在当

年(月)计算应纳税所得额时予以税前扣除,扣除限额为 2 400 元每年(200 元每月)。单位统一为员工购买符合规定的商业健康保险产品的支出,应分别计入员工个人工资薪金,视同个人购买,按上述限额予以扣除。2 400 元每年(200 元每月)的限额扣除为个人所得税法规定减除费用标准之外的扣除。企业为员工统一购买商业健康保险既为员工提供了福利,也可以起到节税的作用。

自 2018 年 5 月 1 日起,在上海市、福建省(含厦门市)和苏州工业园区实施个人税收递延型商业养老保险试点。对试点地区个人通过个人商业养老资金账户购买符合规定的商业养老保险产品的支出,允许在一定标准内税前扣除;计入个人商业养老资金账户的投资收益,暂不征收个人所得税;个人领取商业养老金时再征收个人所得税。取得工资薪金、连续性劳务报酬所得的个人,其缴纳的保费准予在申报扣除当月计算应纳税所得额时予以限额据实扣除,扣除限额按照当月工资薪金、连续性劳务报酬收入的 6% 和 1 000 元孰低办法确定。位于试点地区的企业可以为员工统一购买税收递延型养老保险,在当期降低个人所得税负担。

(二)案例分析

【例 5-4】 甲公司共有员工 1 万余人,人均年薪 200 000 元,人均年个人所得税税前扣除标准为 120 000 元,人均年应纳税所得额为 80 000 元,人均年应纳个人所得税=80 000×10%-2 520=5 480(元)。请为甲公司提出纳税筹划方案。

如甲公司为全体员工设立企业年金,员工人均年缴费 8 000 元(200 000×4%),符合税法规定,可以税前扣除。由此,人均年应纳个人所得税=(80 000-8 000)×10%-2 520=4 680(元)。人均节税=5 480-4 680=800(元)。甲公司全体员工年节税=800×10 000=8 000 000(元)。

【例 5-5】 位于上海的甲公司共有员工 1 万余人,人均年薪 200 000 元,人均年个人所得税税前扣除标准为 12 万元,人均年应纳税所得额为 80 000 元,人均年应纳个人所得税=80 000×10%-2 520=5 480(元)。请为甲公司提出纳税筹划方案。

如甲公司从员工的应发工资中为全体员工统一购买符合税法规定的税收递延型商业养老保险,员工人均年缴费 12 000 元,可以税前扣除。由此,人均年应纳个人所得税=(80 000-12 000)×10%-2 520=4 280(元)。人均节税=5 480-4 280=1 200(元)。甲公司全体员工在当期年节税=1 200×10 000=12 000 000(元)。

四、利用专项附加扣除的筹划

(一)政策分析与筹划思路

根据税法规定,纳税人的子女接受全日制学历教育的相关支出,按照每个子女每月 1 000 元的标准定额扣除。学历教育包括义务教育(小学、初中教育)、高中阶段教育(普通高中、中等职业、技工教育)、高等教育(大学专科、大学本科、硕士研究生、博士研究生教育)。年满 3 岁至小学入学前处于学前教育阶段的子女,按上述规定执行。父母可以选择由其中一方按扣除标准的100%扣除,也可以选择由双方分别按扣除标准的50%扣除,具体扣除方式在一个纳税年度内不能变更。凡是家庭中有3岁至28岁接受教育的子女,应积极申报。如果夫妻二人均需要缴纳个人所得税,子女教育扣除应由税率高的一方全额申报,税率低的一方不申报。

根据税法规定,在一个纳税年度内,纳税人发生的与基本医保相关的医药费用支出,扣除医保报销后个人负担(医保目录范围内的自付部分)累计超过15 000元的部分,由纳税人在办理年度汇算清缴时,在80 000元限额内据实扣除。纳税人发生的医药费用支出可以选择由本人或其配偶扣除;未成年子女发生的医药费用支出可以选择由其父母一方扣除。纳税人及其配偶、未成年子女发生的医药费用支出,按上述规定分别计算扣除额。纳税人发生符合上述规定的医疗费时,应积极申报扣除。对纳税人未成年子女发生的符合上述规定的医疗费,应由税率最高的父母一方申报扣除。

根据税法规定,纳税人赡养一位及以上被赡养人的赡养支出,统一按照以下标准定额扣除:①纳税人为独生子女的,按照每月2 000元的标准定额扣除。②纳税人为非独生子女的,由其与兄弟姐妹分摊每月2 000元的扣除额度,每人分摊的额度不能超过每月1 000元。可以由赡养人均摊或约定分摊,也可以由被赡养人指定分摊。约定或指定分摊的须签订书面分摊协议,指定分摊优先于约定分摊。具体分摊方式和额度在一个纳税年度内不能变更。被赡养人,是指年满60岁的父母,以及子女均已去世的年满60岁的祖父母、外祖父母。凡是有60岁以上被赡养人的纳税人均应积极申报赡养老人专项附加扣除。对多兄弟姐妹而言,应由税率最高的两位分别申报1 000元。

(二)案例分析

【例5-6】 张先生和张太太有一儿一女,儿子读小学一年级,女儿读小学六年级。2020年度,张先生的应纳税所得额为100 000元(尚未考虑子女教育专项附加扣除),张太太的应纳税所得额为30 000元(尚未考虑子女教育专项附加扣除)。请提出税收筹划方案。

如果张先生与张太太因疏忽而忘记申报子女教育专项附加扣除,则2020年度,张先生应纳个人所得税=100 000×10%-2 520=7 480(元);张太太应纳个人所得税=30 000×3%=900(元)。

如果由张太太申报两个子女的教育专项附加扣除24 000元,则2020年度,张先生应纳个人所得税=100 000×10%-2 520=7 480(元);张太太应纳个人所得税=(30 000-24 000)×3%=180(元)。节税=900-180=720(元)。

如果由张先生和张太太各申报一个子女的教育专项附加扣除12 000元,2020年度,张先生应纳个人所得税=(100 000-12 000)×10%-2 520=6 280(元);张太太应纳个人所得税=(30 000-12 000)×3%=540(元)。节税=7 480-6 280+900-540=1 560(元)。

如果由张先生申报两个子女的教育专项附加扣除24 000元,则2020年度,张先生应纳个人所得税=(100 000-24 000)×10%-2 520=5 080(元);张太太应纳个人所得税=

$30\,000\times3\%=900$(元)。节税$=7\,480-5\,080=2\,400$(元)。

对张先生夫妇而言,24 000元的子女教育专项附加扣除抵税的最大额度就是2 400元。

【例5-7】 秦先生和秦太太均年满60岁,其三个子女分别为秦一、秦二和秦三。2020年度,秦一的应纳税所得额为100 000元,秦二的应纳税所得额为30 000元,秦三的应纳税所得额为0元,以上数额均未考虑赡养老人专项附加扣除。请提出纳税筹划方案。

如果三位子女因疏忽未申报赡养老人专项附加扣除,则2020年度,秦一应纳个人所得税$=100\,000\times10\%-2\,520=7\,480$(元);秦二应纳个人所得税$=30\,000\times3\%=900$(元);秦三应纳个人所得税0元。

如果由秦二一人申报赡养老人专项附加扣除12 000元,则2020年度,秦一应纳个人所得税$=100\,000\times10\%-2\,520=7\,480$(元);秦二应纳个人所得税$=(30\,000-12\,000)\times3\%=540$(元);秦三应纳个人所得税0元。节税$=900-540=360$(元)。

如果由秦一一人申报赡养老人专项附加扣除12 000元,则2020年度,秦一应纳个人所得税$=(100\,000-12\,000)\times10\%-2\,520=6\,280$(元);秦二应纳个人所得税$=30\,000\times3\%=900$(元);秦三应纳个人所得税0元。节税$=7\,480-6\,280=1\,200$(元)。

如果由秦一和秦二各申报赡养老人专项附加扣除12 000元,则2020年度,秦一应纳个人所得税$=(100\,000-12\,000)\times10\%-2\,520=6\,280$(元);秦二应纳个人所得税$=(30\,000-12\,000)\times3\%=540$(元);秦三应纳个人所得税0元。节税$=7\,480-6\,280+900-540=1\,560$(元)。

对秦家兄妹三人而言,24 000元的赡养老人专项附加扣除抵税的最大额度就是1 560元。

五、工资与公益性捐赠的筹划

(一)政策分析与筹划思路

工资与职工福利的使用范围存在一定程度的重合,如员工取得工资后需要支付的交通费、通信费、餐饮费、房租以及部分设备购置费等均可以由公司来提供,公司在为员工提供上述福利以后,可以相应减少其应发的工资,由此,不仅可以为员工节税,还可以为公司节省社保费的支出。

根据《个人所得税法》的规定,个人将其所得对教育、扶贫、济困等公益慈善事业进行捐赠,捐赠额未超过纳税人申报的应纳税所得额30%的部分,可以从其应纳税所得额中扣除;国务院规定对公益慈善事业捐赠实行全额税前扣除的,从其规定。根据《财政部 国家税务总局关于企业等社会力量向红十字事业捐赠有关所得税政策问题的通知》(财税〔2000〕30号)的规定,个人通过非营利性的社会团体和国家机关(包括中国红十字会)向红十字事业的捐赠,在计算缴纳个人所得税时准予全额扣除。利用公益慈善事业捐赠进行纳税筹划应注意三个问题:一是,通过有资格接受捐赠的组织进行公益捐赠,不能直接向受赠者捐赠,否则,无法税前扣除;二是,一般公益捐赠的税前扣除具有限额,特殊公益捐赠的税前扣除没有限额,尽量选择可以全额税前扣除的项目;三是,在个人需要纳税的年度进行公益捐赠可以起到抵税的作用,如个人在某个年度不需要纳税,公益捐赠无法起到抵税的作用。

(二)案例分析

【例5-8】 甲公司共有员工10 000余人,目前没有给员工提供任何职工福利。该公司员工的年薪比同行业其他公司略高,平均为200 000元。其中,税法允许的税前扣除额人均约130 000元,人均应纳税所得额为70 000元。人均应纳税额=70 000×10%－2 520=4 480(元)。请提出税收筹划方案。

如甲公司充分利用税法规定的职工福利费、职工教育经费等,为职工提供上下班交通工具、工作餐、工作手机及相应通信费、工作个人计算机、职工宿舍、职工培训费、差旅补贴等选项由每位职工根据自身需求选用。选用公司福利的员工,其工资适当调低,以弥补公司提供上述福利的成本。假设通过上述方式,该公司50%的员工年薪由此降低10 000元。则人均应纳税额=60 000×10%－2 520=3 480(元)。人均节税=4 480－3 480=1 000(元)。5 000名员工节税总额为5 000 000元。假设甲公司为员工缴纳"五险一金"的比例为工资总额的30%,则该项筹划为甲公司节约"五险一金"=1×5 000×30%=15 000 000(元)。

【例5-9】 李先生为某地企业家,为提高自身形象与知名度,决定以个人名义长期开展一些公益捐赠。假设李先生每年综合所得应纳税所得额为1 000万元,某筹划公司为李先生设计了三套筹划方案。方案一:每年直接向若干所希望小学捐赠500万元;方案二:通过某地民政局向贫困地区每年捐赠500万元;方案三:每年向中国红十字会捐赠500万元。请提出税收筹划方案。

如果不进行公益捐赠,李先生综合所得每年应纳税额=1 000×45%－18.19=431.81(万元)。

如果按照方案一进行公益捐赠,李先生综合所得每年应纳税额与上述情形相同,即无法税前扣除,公益捐赠起不到抵税的作用。

如果按照方案二进行公益捐赠,李先生综合所得每年应纳税额=(1 000－1 000×30%)×45%－18.19=296.81(万元)。节税=431.81－296.81=135(万元)。

如果按照方案三进行公益捐赠,李先生综合所得每年应纳税额=(1 000－500)×45%－18.19=206.81(万元)。节税=431.81－206.81=225(万元)。

六、年终奖与股票期权的筹划

(一)政策分析与筹划思路

1. 年终奖

全年一次性奖金,是指行政机关、企事业单位等扣缴义务人根据其全年经济效益和对雇员全年工作业绩的综合考核情况,向雇员发放的一次性奖金。上述一次性奖金也包括年终加薪、实行年薪制和绩效工资办法的单位根据考核情况兑现的年薪和绩效工资。

(1) 纳税人取得全年一次性奖金,单独作为一个月工资、薪金所得计算纳税,并按以下计税办法,由扣缴义务人发放时代扣代缴:

一是,先将雇员当月内取得的全年一次性奖金,除以12个月,按其商数确定适用税率和速算扣除数。如果在发放年终一次性奖金的当月,雇员当月工资薪金所得低于税法规定的费用扣除额,应将全年一次性奖金减除"雇员当月工资薪金所得与费用扣除额的差额"后的余额,按上述办法确定全年一次性奖金的适用税率和速算扣除数。

二是,将雇员个人当月内取得的全年一次性奖金,按第(1)项确定的适用税率和速算扣除数计算征税,计算公式如下:

如果雇员当月工资薪金所得高于(或等于)税法规定的费用扣除额的,适用公式为:

$$应纳税额 = 雇员当月取得全年一次性奖金 \times 适用税率 - 速算扣除数$$

如果雇员当月工资薪金所得低于税法规定的费用扣除额的,适用公式为:

$$应纳税额 = (雇员当月取得全年一次性奖金 - 雇员当月工资薪金所得与费用扣除额的差额) \times 适用税率 - 速算扣除数$$

在一个纳税年度内,对每个纳税人,该计税办法只允许采用一次。实行年薪制和绩效工资的单位,个人取得年终兑现的年薪和绩效工资按上述规定执行。

雇员取得除全年一次性奖金以外的其他各种名目奖金,如半年奖、季度奖、加班奖、先进奖、考勤奖等,一律与当月工资、薪金收入合并,按税法规定缴纳个人所得税。

根据《财政部 国家税务总局关于非居民个人和无住所居民个人有关个人所得税政策的公告》(财税〔2019〕35号)的规定,对无住所个人取得的数月奖金,应按照工资薪金所得来源地判定规则划分境内和境外所得。数月奖金是指无住所个人一次取得归属于数月的奖金(包括全年奖金)、年终加薪、分红等工资薪金所得,不包括每月固定发放的奖金及一次性发放的数月工资。

无住所个人取得的数月奖金所得按规定确定所得来源地的,无住所个人在境内履职或者执行职务时收到的数月奖金所得,归属于境外工作期间的部分,为来源于境外的工资薪金所得;无住所个人停止在境内履约或者执行职务离境后收到的数月奖金所得,对属于境内工作期间的部分,为来源于境内的工资薪金所得。其具体计算公式为:

$$来源于境内的工资薪金所得 = 数月奖金 \times 数月奖金所属工作期间境内工作天数 \div 所属工作期间公历天数$$

(2) 居民个人取得全年一次性奖金,符合《国家税务总局关于调整个人取得全年一次性奖金等计算征收个人所得税方法问题的通知》(国税发〔2005〕9号)规定的,在2021年12月31日前,不并入当年综合所得,以全年一次性奖金收入除以12个月得到的数额,按照本通知所附按月换算后的综合所得税率表(简称月度税率表),确定适用税率和速算扣除数,单独计算纳税。居民个人取得全年一次性奖金应纳税额的计算公式为:

$$应纳税额 = 全年一次性奖金收入 \times 适用税率 - 速算扣除数$$

居民个人取得全年一次性奖金,也可以选择并入当年综合所得计算纳税。自2022年1月1日起,居民个人取得全年一次性奖金,应并入当年综合所得计算缴纳个人所得税。

(3) 中央企业负责人取得年度绩效薪金延期兑现收入和任期奖励,符合《国家税务总局关于中央企业负责人年度绩效薪金延期兑现收入和任期奖励征收个人所得税问题的通知》(国税发〔2007〕118号)规定的,在2021年12月31日前,参照上述规定执行;2022年1月1日之后的政策另行明确。

为建立中央企业负责人薪酬激励与约束的机制,根据《中央企业负责人经营业绩考核暂行办法》《中央企业负责人薪酬管理暂行办法》的规定,国务院国有资产监督管理委员会对中央企业负责人的薪酬发放采取按年度经营业绩和任期经营业绩考核的方式,具体办法是:中央企业负责人任期结束后取得的绩效薪金40%部分和任期奖励,根据《财政部关于个人所得税法修改后有关优惠政策衔接问题的通知》(财税〔2018〕164号,以下简称《通知》)的规定,在2021年12月31日前,参照文件中规定的居民个人取得全年一次性奖金的政策执行;2022年1月1日之后的政策另行明确。

《通知》规定,居民个人取得全年一次性奖金,在2021年12月31日前,不并入当年综合所得,以全年一次性奖金收入除以12个月得到的数额,按照本通知所附按月换算后的综合所得税率表(以下简称月度税率表),确定适用税率和速算扣除数,单独计算纳税。计算公式为:

应纳税额＝全年一次性奖金收入×适用税率－速算扣除数

居民个人取得全年一次性奖金,也可以选择并入当年综合所得计算纳税

根据《中央企业负责人经营业绩考核暂行办法》等规定,该通知后附的《国资委管理的中央企业名单》中的下列人员,适用上述规定,其他人员不得比照执行:①国有独资企业和未设董事会的国有独资公司的总经理(总裁)、副总经理(副总裁)、总会计师。②设董事会的国有独资公司(国资委确定的董事会试点企业除外)的董事长、副董事长、董事、总经理(总裁)、副总经理(副总裁)、总会计师。③国有控股公司国有股权代表出任的董事长、副董事长、董事、总经理(总裁),列入国资委党委管理的副总经理(副总裁)、总会计师。④国有独资企业、国有独资公司和国有控股公司党委(党组)书记、副书记、常委(党组成员)、纪委书记(纪检组长)。

(4) 年终奖单独计税相当于给纳税人额外提供了一次可以低税率纳税的方法,综合所得应纳税额超过3.6万元的纳税人应充分利用。利用年终奖单独计税进行纳税筹划应注意两个问题:①年终奖适用的税率不能超过综合所得适用的最高税率,否则,无法起到节税的效果。②年终奖的计算方法实际上是全额累进,因此,应特别注意在两个税率过渡阶段的纳税筹划。原则上,如果某笔年终奖的适用税率刚刚超过某个档次时,适当降低年终奖的数额,使其适用低一档次的税率可以起到节税的效果。

2. 股票期权

实施股票期权计划企业授予该企业员工的股票期权所得,应按《个人所得税法》及其

实施条例有关规定征收个人所得税。企业员工股票期权（简称股票期权），是指上市公司按照规定的程序授予本公司及其控股企业员工的一项权利，该权利允许被授权员工在未来时间内以某一特定价格购买本公司一定数量的股票。上述"某一特定价格"被称为"授予价"或"施权价"，即根据股票期权计划可以购买股票的价格，一般为股票期权授予日的市场价格或该价格的折扣价格，也可以是按照事先设定的计算方法约定的价格；"授予日"，也称"授权日"，是指公司授予员工上述权利的日期；"行权"，也称"执行"，是指员工根据股票期权计划选择购买股票的过程；员工行使上述权利的当日为"行权日"，也称"购买日"。

员工接受实施股票期权计划企业授予的股票期权时，除另有规定外，一般不作为应税所得征税。员工行权时，其从企业取得股票的实际购买价（施权价）低于购买日公平市场价（该股票当日的收盘价，下同）的差额，是因员工在企业的表现和业绩情况而取得的与任职、受雇有关的所得，应按"工资、薪金所得"适用的规定计算缴纳个人所得税。对因特殊情况，员工在行权日之前将股票期权转让的，以股票期权的转让净收入作为工资薪金所得征收个人所得税，计算公式为：

$$\text{股票期权形式的工资薪金应纳税所得额} = (\text{行权股票的每股市场价} - \text{员工取得该股票期权支付的每股施权价}) \times \text{股票数量}$$

员工将行权后的股票再转让时获得的高于购买日公平市场价的差额，是因个人在证券二级市场上转让股票等有价证券而获得的所得，应按照"财产转让所得"适用的征免规定计算缴纳个人所得税。员工因拥有股权而参与企业税后利润分配取得的所得，应按照"利息、股息、红利所得"适用的规定计算缴纳个人所得税。

根据《财政部 国家税务总局关于非居民个人和无住所居民个人有关个人所得税政策的公告》（财税〔2019〕35号）的规定，股权激励属于工资薪金所得，无住所个人取得股权激励，应按照工资薪金所得来源地判定规则划分境内和境外所得。股权激励包括股票期权、股权期权、限制性股票、股票增值权、股权奖励以及其他因认购股票等有价证券而从雇主取得的折扣或补贴。

无住所个人取得的股权激励所得按规定确定所得来源地的，无住所个人在境内履职或者执行职务时收到的股权激励所得，归属于境外工作期间的部分，为来源于境外的工资薪金所得；无住所个人停止在境内履约或者执行职务离境后收到的股权激励所得，对属于境内工作期间的部分，为来源于境内的工资薪金所得。其具体计算公式为：

$$\text{来源于境内的工资薪金所得} = \text{股权激励} \times \frac{\text{股权激励所属工作期间境内工作天数}}{\text{所属工作期间公历天数}}$$

员工因参加股票期权计划而从中国境内取得的所得，按上述规定应按工资薪金所得计算纳税的，对该股票期权形式的工资薪金所得可区别于所在月份的其他工资薪金所得，单独计算当月应纳税款。对于员工转让股票等有价证券取得的所得，应按现行税法和政策规定征免个人所得税。个人将行权后的境内上市公司股票再行转让而取得的所得，暂不征收个人所得税；个人转让境外上市公司的股票而取得的所得，应按税法的规定计算应纳税所得额和应纳税额,依法缴纳税款。

员工因拥有股权参与税后利润分配而取得的股息、红利所得,除依照有关规定可以免税或减税的外,应全额按规定税率计算纳税。

实施股票期权计划的境内企业为个人所得税的扣缴义务人,应按税法规定履行代扣代缴个人所得税的义务。员工从两处或两处以上取得股票期权形式的工资薪金所得和没有扣缴义务人的,该个人应在个人所得税法规定的纳税申报期限内自行申报缴纳税款。实施股票期权计划的境内企业,应在股票期权计划实施之前,将企业的股票期权计划或实施方案、股票期权协议书、授权通知书等资料报送主管税务机关;应在员工行权之前,将股票期权行权通知书和行权调整通知书等资料报送主管税务机关。扣缴义务人和自行申报纳税的个人在申报纳税或代扣代缴税款时,应在税法规定的纳税申报期限内,将个人接受或转让的股票期权以及认购的股票情况(包括种类、数量、施权价格、行权价格、市场价格、转让价格等)报送主管税务机关。实施股票期权计划的企业和因股票期权计划而取得应税所得的自行申报员工,未按规定报送上述有关报表和资料,未履行申报纳税义务或者扣缴税款义务的,按《税收征收管理法》及其实施细则的有关规定进行处理。

根据《财政部 国家税务总局关于个人所得税法修改后有关优惠政策衔接问题的通知》(财税〔2018〕164 号)第 1 条的规定,居民个人取得股票期权、股票增值权、限制性股票、股权奖励等股权激励(简称股权激励),符合《财政部 国家税务总局关于个人股票期权所得征收个人所得税问题的通知》(财税〔2005〕35 号)、《财政部 国家税务总局关于股票增值权所得和限制性股票所得征收个人所得税有关问题的通知》(财税〔2009〕5 号)、《财政部 国家税务总局关于将国家自主创新示范区有关税收试点政策推广到全国范围实施的通知》(财税〔2015〕116 号)第 4 条、《财政部 国家税务总局关于完善股权激励和技术入股有关所得税政策的通知》(财税〔2016〕101 号)第 4 条第(1)项规定的相关条件的,在 2021 年 12 月 31 日前,不并入当年综合所得,全额单独适用综合所得税率表计算纳税,计算公式为:

$$应纳税额 = 股权激励收入 \times 适用税率 - 速算扣除数$$

居民个人一个纳税年度内取得两次以上(含两次)股权激励的,应合并按上述规定计算纳税。2022 年 1 月 1 日之后的股权激励政策另行明确。

股票期权等股票激励所得单独计税为纳税人提供了将一年的综合所得分为两次纳税的机会,凡是综合所得应纳税所得额超过 3.6 万元的纳税人,在满足适用条件的前提下,均可以利用股票期权所得单独计税的政策进行纳税筹划。最佳的节税方案就是将综合所得应纳税所得额的一半分配至股票期权所得。

在条件允许的前提下,纳税人如能充分且合理地利用多种税收优惠政策,如综合利用年终奖与股票期权所得单独计税的政策,可以最大限度地降低整体税收负担。筹划的具体方法为,股权期权与综合所得适用相同的税率,年终奖适用的税率比综合所得适用的税率低一个档次。

(二) 案例分析

【例 5-10】 刘先生 2020 年度综合所得应纳税所得额为 100 万元,全部来自工资薪金。单位为其提供了五套方案供其选择:方案一,全部通过工资薪金发放,不发放年终奖;方案二,发放 3.6 万元年终奖,综合所得应纳税所得额为 96.4 万元;方案三,发放 14.4 万元年终奖,综合所得应纳税所得额为 85.6 万元;方案四,发放 43 万元年终奖,综合所得应纳税所得额为 57 万元;方案五,发放 42 万元年终奖,综合所得应纳税所得额为 58 万元。请提出税收筹划方案。

在方案一下,刘先生应纳税额 $=100\times 45\%-18.19=26.81$(万元)。

在方案二下,刘先生综合所得应纳税额 $=96.4\times 45\%-18.19=25.19$(万元);年终奖应纳税额 $=3.6\times 3\%=0.11$(万元);合计应纳税额 $=25.19+0.11=25.3$(万元)。方案二比方案一节税 $=26.81-25.3=1.51$(万元)。

在方案三下,刘先生综合所得应纳税额 $=85.6\times 35\%-8.59=21.37$(万元);年终奖应纳税额 $=14.4\times 10\%-0.02=1.42$(万元);合计应纳税额 $=21.37+1.42=22.79$(万元)。方案三比方案二节税 $=25.3-22.79=2.51$(万元);方案三比方案一节税 $=26.81-22.79=4.02$(万元)。

在方案四下,刘先生综合所得应纳税额 $=57\times 30\%-5.29=11.81$(万元);年终奖应纳税额 $=43\times 30\%-0.44=12.46$(万元);合计应纳税额 $=11.81+12.46=24.27$(万元)。方案四比方案三多纳税 $=24.27-22.79=1.48$(万元);方案四比方案二节税 $=25.3-24.27=1.03$(万元);方案四比方案一节税 $=26.81-24.27=2.54$(万元)。

在方案五下,刘先生综合所得应纳税额 $=58\times 30\%-5.29=12.11$(万元);年终奖应纳税额 $=42\times 25\%-0.27=10.23$(万元);合计应纳税额 $=12.11+10.23=22.34$(万元)。方案五比方案四节税 $=24.27-22.34=1.93$(万元);方案五比方案三节税 $=22.79-22.34=0.45$(万元);方案五比方案二节税 $=25.3-22.34=2.96$(万元);方案五比方案一节税 $=26.81-22.34=4.47$(万元)。

【例 5-11】 董女士为某上市公司老总,预计 2020 年度综合所得应纳税所得额为 500 万元。公司为董女士设计了四套纳税方案:方案一,不发放股票期权所得,综合所得应纳税所得额为 500 万元;方案二,发放股票期权所得 3.6 万元,综合所得应纳税所得额为 496.4 万元;方案三,发放股票期权所得 14.4 万元,综合所得应纳税所得额为 485.6 万元;方案四,发放股票期权所得 250 万元,综合所得应纳税所得额为 250 万元。请提出税收筹划方案。

在方案一下,董女士应纳税额 $=500\times 45\%-18.19=206.81$(万元)。

在方案二下,董女士股票期权应纳税额 $=3.6\times 3\%=0.11$(万元);综合所得应纳税额 $=496.4\times 45\%-18.19=205.19$(万元);合计应纳税额 $=0.11+205.19=205.3$(万元)。方案二比方案一节税 $=206.81-205.3=1.51$(万元)。

在方案三下,董女士股票期权应纳税额 $=14.4\times 10\%-0.252=1.188$(万元);综合所得应纳税额=485.6×45%－18.19=200.33(万元);合计应纳税额=1.188+200.33=201.518(万元)。方案三比方案二节税=205.3－201.518=3.782(万元);方案三比方案一节税=206.81－201.518=5.292(万元)。

在方案四下,董女士股票期权应纳税额=250×45%－18.19=94.31(万元);综合所得应纳税额=250×45%－18.19=94.31(万元);合计应纳税额=94.31+94.31=188.62(万元)。方案四比方案三节税=200.76－188.62=12.14(万元);方案四比方案二节税=205.3－188.62=16.68(万元);方案四比方案一节税=206.81－188.62=18.19(万元)。

【例5-12】 马先生为某上市公司老总,预计2020年度综合所得应纳税所得额为600万元。公司为马先生设计了四套纳税方案:方案一,不发放年终奖与股票期权所得,综合所得应纳税所得额为600万元;方案二,发放年终奖3.6万元、股票期权所得3.6万元,综合所得应纳税所得额为592.8万元;方案三,发放年终奖200万元、股票期权所得200万元,综合所得应纳税所得额为200万元;方案四,发放年终奖96万元、股票期权所得252万元,综合所得应纳税所得额为252万元。请提出税收筹划方案。

在方案一下,马先生应纳税额=600×45%－18.19=251.81(万元)。在方案二下,马先生年终奖应纳税额=3.6×3%=0.11(万元);股票期权应纳税额=3.6×3%=0.11(万元);综合所得应纳税额=592.8×45%－18.19=248.57(万元);合计应纳税额=0.11+0.11+248.57=248.79(万元)。方案二比方案一节税=251.81－248.79=3.02(万元)。

在方案三下,马先生年终奖应纳税额=200×45%－1.52=88.48(万元);股票期权应纳税额=200×45%－18.19=71.81(万元);综合所得应纳税额=200×45%－18.19=71.81(万元);合计应纳税额=88.48+71.81+71.81=232.1(万元)。方案三比方案二节税=248.79－232.1=16.69(万元);方案三比方案一节税=251.81－232.1=19.71(万元)。

在方案四下,马先生年终奖应纳税额=96×35%－0.72=32.88(万元);股票期权应纳税额=252×45%－18.19=95.21(万元);综合所得应纳税额=252×45%－18.19=95.21(万元);合计应纳税额=32.88+95.21+95.21=223.3(万元)。方案四比方案三节税=232.1－223.3=8.8(万元);方案四比方案二节税=248.79－223.3=25.49(万元);方案四比方案一节税=251.81－223.3=28.51(万元)。

七、劳务报酬所得的筹划

(一)政策分析与筹划思路

劳务报酬所得虽然应并入综合所得综合计征个人所得税,但在实际征管中采取的是预缴与汇算清缴相结合的方法。扣缴义务人向居民个人支付劳务报酬所得时,应当按照以下方法按次或者按月预扣预缴税款:①劳务报酬所得以收入减除费用后的余额为收入额。②预扣预缴税款时,劳务报酬所得每次收入不超过4 000元的,减除费用按800元计算;每次收入4 000元以上的,减除费用按收入的20%计算。③劳务报酬所得以每次收入额为预扣预缴应纳税所得额,计算应预扣预缴税额。劳务报酬所得适用个人《所得税预扣率表二》。④居民个人办理年度综合所得汇算清缴时,应当依法计算劳务报酬所得的收入额,并入年度综合所得计算应纳税款,税款多退少补。根据这一预扣预缴方法,纳税人应尽量降低每次取得劳务报酬的数量,从而可以降低预扣预缴税款的数额。

在预扣预缴劳务报酬的税款时,劳务报酬所得每次收入不超过 4 000 元的,减除费用按 800 元计算;每次收入 4 000 元以上的,减除费用按收入的 20% 计算。这种固定数额与固定比例的扣除模式导致花费成本较高的劳务报酬税负较高,为此,纳税人在取得劳务报酬时,原则上应将各类成本转移至被服务单位。由此可以降低劳务报酬的表面数额,从而降低劳务报酬的整体税收负担。

劳务报酬所得按照每个纳税人取得的数额分别计征个人所得税,因此,在纳税人的劳务实际上是由若干人提供的情况下,可以通过将部分劳务报酬分散至他人的方式来减轻税收负担。

2019 年 1 月 1 日至 2021 年 12 月 31 日,对月销售额 10 万元以下(含本数)的增值税小规模纳税人,免征增值税。对小型微利企业年应纳税所得额不超过 100 万元的部分,减按 25% 计入应纳税所得额,按 20% 的税率缴纳企业所得税;对年应纳税所得额超过 100 万元但不超过 300 万元的部分,减按 50% 计入应纳税所得额,按 20% 的税率缴纳企业所得税。对于频繁取得劳务报酬且数额较大的个人,可以考虑成立公司来提供相关劳务,从而将个人劳务报酬所得转变为公司所得,由于小微企业可以享受较多税收优惠,这种转变可以大大降低个人的税收负担。

(二)案例分析

【例 5-13】 秦先生为某大学教授,2020 年度为甲公司担任税务顾问,合同约定了两套支付方案:方案一,甲公司在 2020 年一次性向秦先生支付全年顾问费 60 000 元;方案二,甲公司在 2020 年分 12 次向秦先生支付全年顾问费,每次为 5 000 元。假设秦先生 2020 年度综合所得应纳税所得额(已经计算 60 000 元顾问费)为 100 000 元,除该顾问费以外,尚未预缴税款。请提出税收筹划方案。

在方案一下,甲公司在支付顾问费时应预扣预缴税款 = 60 000 × (1 − 20%) × 30% − 2 000 = 12 400(元)。秦先生 2020 年度综合所得应纳税额 = 100 000 × 10% − 2 520 = 7 480(元)。秦先生应申请退税 = 12 400 − 7 480 = 4 920(元)。

在方案二下,甲公司在支付顾问费时应预扣预缴税款 = 5 000 × (1 − 20%) × 20% × 12 = 9 600(元)。秦先生 2020 年度综合所得应纳税额 = 100 000 × 10% − 2 520 = 7 480(元)。秦先生应申请退税 = 9 600 − 7 480 = 2 120(元)。方案二比方案一少占用秦先生资金 = 4 920 − 2 120 = 2 800(元)。

【例 5-14】 吴先生是全国著名的税法专家,每年在全国各级巡回讲座几十次。每次讲座课酬的支付方式有两种:方案一,邀请单位支付课酬 60 000 元,各种费用均由吴先生自己负担(假设每次讲座的交通费、住宿费、餐饮费等必要费用为 10 000 元);方案二,邀请单位支付课酬 50 000 元,各种费用均由邀请单位负担。请提出税收筹划方案。

在方案一下,邀请单位需要预扣预缴税款=60 000×(1-20%)×30%-2 000=12 400(元)。吴先生自负的1万元各类费用无法税前扣除,起不到抵税的作用。

在方案二下,邀请单位需要预扣预缴税款=50 000×(1-20%)×30%-2 000=10 000(元)。方案二比方案一节税=12 400-10 000=2 400(元)。

【例5-15】 某影视明星承担了甲影视公司的某个拍摄项目,整个拍摄工作在3个月内完成,甲影视公司需要支付劳务报酬120万元。甲公司设计了三套发放方案:方案一,拍摄任务完成后,一次性支付120万元劳务报酬;方案二,根据拍摄项目进度,每个月发放劳务报40万元;方案三,由于该影视明星雇用了10名工作人员为其服务,平均每月劳务报酬为2万元,甲公司每月向该10名工作人员每人支付2万元劳务报酬,每月向该明星支付20万元劳务报酬。请提出税收筹划方案。

在方案一下,甲公司需要预扣预缴税款=120×(1-20%)×40%-0.7=37.7(万元)。

在方案二下,甲公司每月需要预扣预缴税款=40×(1-20%)×40%-0.7=12.1(万元);合计预扣预缴税款=12.1×3=36.3(万元)。方案二比方案一少预扣税款=37.7-36.3=1.4(万元)。

在方案三下,甲公司每月需要为该明星预扣预缴税款=20×(1-20%)×40%-0.7=5.7(万元);甲公司每月需要为该工作人员预扣预缴税款=2×(1-20%)×20%×10=3.2(万元);合计预扣预缴税款=(5.7+3.2)×3=26.7(万元)。方案三比方案二少预扣税款=36.3-26.7=9.6(万元)。方案三比方案一少预扣税款=37.7-26.7=11(万元)。

【例5-16】 孙先生为某大学教授,其收入主要为所在大学的工资以及在某培训机构讲课的课酬。2020年度,其所在大学发放工资总额为20万元,不考虑其他收入,由此计算的综合所得应纳税所得额为3.6万元。培训机构每月支付孙先生课酬8万元,如考虑该课酬,孙先生2020年度将提高的综合所得应纳税所得额=3.6+8×12×80%=80.4(万元)。某筹划公司为孙先生提供了两套方案:方案一,延续以往模式,由培训机构向孙先生每月支付课酬8万元;方案二,孙先生成立甲公司,每月向培训机构开具8万元培训费发票,由甲公司取得8万元收入。请提出税收筹划方案。

在方案一下,孙先生综合所得应纳税额=80.4×35%-8.59=19.55(万元)。

在方案二下,孙先生综合所得应纳税额=3.6×3%=0.11(万元);甲公司每月取得8万元培训费,根据小微企业增值税优惠政策,不需要缴纳增值税及其附加,根据小微企业所得税优惠政策,甲公司需要缴纳企业所得税=8×12×25%×20%=4.8(万元)。合计纳税=0.11+4.8=4.91(万元)。方案二比方案一节税=19.55-4.91=14.64(万元)。

八、稿酬与特许权使用费的筹划

(一)政策分析与筹划思路

扣缴义务人向居民个人支付稿酬所得时,应当按照以下方法按次或按月预扣预缴税款:①稿酬所得以收入减除费用后的余额为收入额;稿酬所得的收入额减按70%计算。

②预扣预缴税款时,稿酬所得每次收入不超过 4 000 元的,减除费用按 800 元计算;每次收入 4 000 元以上的,减除费用按收入的 20% 计算。③稿酬所得以每次收入额为预扣预缴应纳税所得额,计算应预扣预缴税额。稿酬所得适用 20% 的比例预扣率。④居民个人办理年度综合所得汇算清缴时,应当依法计算稿酬所得的收入额,并入年度综合所得计算应纳税款,税款多退少补。稿酬所得的筹划除采取工资薪金所得、劳务报酬所得的筹划方法以外,最主要的方法就是多分次数,分给多个纳税人,降低预扣预缴税款的数额,如纳税人的年度综合所得数额有较大变化,可以在不同年度之间进行调节。

扣缴义务人向居民个人支付特许权使用费所得时,应当按照以下方法按次或按月预扣预缴税款:①特许权使用费所得以收入减除费用后的余额为收入额。②预扣预缴税款时,特许权使用费所得每次收入不超过 4 000 元的,减除费用按 800 元计算;每次收入 4 000 元以上的,减除费用按收入的 20% 计算。③特许权使用费所得,以每次收入额为预扣预缴应纳税所得额,计算应预扣预缴税额。特许权使用费所得适用 20% 的比例预扣率。④居民个人办理年度综合所得汇算清缴时,应当依法计算特许权使用费所得的收入额,并入年度综合所得计算应纳税款,税款多退少补。特许权使用费所得的纳税筹划,除灵活运用上述工资薪金所得、劳务报酬所得、稿酬所得的筹划方法以外,最重要的就是尽量选择按年度支付特许权使用费,而不要按两年或多年支付特许权使用费。

(二)案例分析

【例 5-17】 赵女士在甲出版社出版了一本小说,稿酬总额为 100 000 元。已知赵女士 2020 年度综合所得应纳税所得额为 36 000 元,2021 年度综合所得应纳税所得额为 0 元,同时还有 50 000 元的费用允许税前扣除。关于该笔稿酬发放的时间,甲出版社提供了两套方案:方案一,2020 年底支付 100 000 元稿酬;方案二,2021 年初支付 100 000 元稿酬。请提出税收筹划方案。

在方案一下,该笔稿酬应当缴纳个人所得税 = $100\ 000 \times 70\% \times (1-20\%) \times 10\%$ = 5 600(元)。

在方案二下,该笔稿酬应当缴纳个人所得税 = $[100\ 000 \times 70\% \times (1-20\%) - 50\ 000] \times 3\%$ = 180(元)。方案二比方案一节税 = 5 600 - 180 = 5 420(元)。

【例 5-18】 周先生为甲公司工程师,每年综合所得应纳税所得额为 3.6 万元。2020 年度,周先生取得一项专利,授予乙公司使用十年,专利费总额为 100 万元。关于专利费支付方式,乙公司设计了三套方案:

方案一:每五年支付专利费 50 万元,共支付两次;方案二,每两年支付专利费 20 万元,共支付五次;方案三,每年支付专利费 10 万元,共支付十次。请提出税收筹划方案。

在方案一下,周先生取得 50 万元专利费需要缴纳个人所得税 = $(14.4-3.6) \times 10\%$ + $(30-14.4) \times 20\%$ + $(42-30) \times 25\%$ + $(53.6-42) \times 30\%$ = 10.68(万元);合计缴纳个人所得税 = 10.68×2 = 21.36(万元)。

在方案二下,周先生取得 20 万元专利费需要缴纳个人所得税 = $(14.4-3.6) \times 10\%$ +

$(23.6-14.4) \times 20\% = 2.92$(万元);合计缴纳个人所得税 $= 2.92 \times 5 = 14.6$(万元)。方案二比方案一节税 $= 21.36 - 14.6 = 6.76$(万元)。

在方案三下,周先生取得10万元专利费需要缴纳个人所得税 $= 10 \times 10\% = 1$(万元);合计缴纳个人所得税 $= 1 \times 10 = 10$(万元)。方案三比方案二节税 $= 14.6 - 10 = 4.6$(万元)。方案三比方案一节税 $= 21.36 - 10 = 11.36$(万元)。

九、经营所得的筹划

(一) 政策分析与筹划思路

根据《个人所得税法》第二条的规定,经营所得应当缴纳个人所得税。根据《个人所得税法实施条例》第六条的规定,经营所得,是指:①个体工商户从事生产、经营活动取得的所得,个人独资企业投资人、合伙企业的个人合伙人来源于境内注册的个人独资企业、合伙企业生产、经营的所得;②个人依法从事办学、医疗、咨询以及其他有偿服务活动取得的所得;③个人对企业、事业单位承包经营、承租经营以及转包、转租取得的所得;④个人从事其他生产、经营活动取得的所得。

根据《个人所得税法实施条例》第十五条的规定,成本、费用,是指生产、经营活动中发生的各项直接支出和分配计入成本的间接费用以及销售费用、管理费用、财务费用;损失,是指生产、经营活动中发生的固定资产和存货的盘亏、毁损、报废损失,转让财产损失,坏账损失,自然灾害等不可抗力因素造成的损失及其他损失。取得经营所得的个人,没有综合所得的,计算其每一纳税年度的应纳税所得额时,应当减除费用6万元、专项扣除、专项附加扣除以及依法确定的其他扣除。专项附加扣除在办理汇算清缴时减除。

根据《个人所得税法》第三条的规定,经营所得,适用5%至35%的超额累进税率。该表所称全年应纳税所得额,是指依照《个人所得税法》第六条的规定,以每一纳税年度的收入总额减除成本、费用以及损失后的余额。

个体工商户经营所得按照收入总额减去税法允许扣除的各项费用后的余额计算,因此,个体工商户在计算经营所得的应纳税所得额时,应尽量充分利用税法规定的各项扣除,尽量减少应纳税所得额,从而降低税收负担。

随着我国对小微企业的所得实行更低的税率,小微企业的税负已经低于个体工商户。因此,个体工商户将其性质转变为一人有限责任公司可以降低税收负担。

合伙企业,是指依照中国法律、行政法规成立的合伙企业。合伙企业以每个合伙人为纳税义务人。合伙企业合伙人是自然人的,缴纳个人所得税;合伙人是法人和其他组织的,缴纳企业所得税。合伙企业生产经营所得和其他所得采取"先分后税"的原则。具体应纳税所得额的计算按照《关于个人独资企业和合伙企业投资者征收个人所得税的规定》(财税〔2000〕91号)及《财政部 国家税务总局关于调整个体工商户个人独资企业和合伙企业个人所得税税前扣除标准有关问题的通知》(财税〔2008〕65号)的有关规定执行。生产经营所得和其他所得,包括合伙企业分配给所有合伙人的所得和企业当年留存的所得(利润)。

合伙企业的合伙人是法人和其他组织的,合伙人在计算其缴纳企业所得税时,不得用合伙企业的亏损抵减其盈利。

合伙企业经营所得应纳税所得额的计算方法与个体工商户相同,略有区别的是,合伙企业的应纳税所得额会按照比例分配给每个合伙人,由合伙人计算缴纳个人所得税。由于增加一个合伙人就可以增加基本扣除6万元,合伙企业的合伙人越多,每个合伙人缴纳的个人所得税就越少。

合伙企业的合伙人按照下列原则确定应纳税所得额:①合伙企业的合伙人以合伙企业的生产经营所得和其他所得,按照合伙协议约定的分配比例确定应纳税所得额。②合伙协议未约定或者约定不明确的,以全部生产经营所得和其他所得,按照合伙人协商决定的分配比例确定应纳税所得额。③协商不成的,以全部生产经营所得和其他所得,按照合伙人实缴出资比例确定应纳税所得额。④无法确定出资比例的,以全部生产经营所得和其他所得,按照合伙人数量平均计算每个合伙人的应纳税所得额。由于合伙人应纳税所得额适用的是超额累进税率,在全体合伙人平均分配合伙企业利润的情形下可以实现整体税负的最轻。

(二)案例分析

【例5-19】 2018年度,秦先生注册了一家个体工商户从事餐饮,每月销售额为10万元,按税法规定允许扣除的各项费用为2万元。秦先生的妻子也在该餐馆帮忙,但考虑是一家人,并未领取工资。2019年度,秦先生有两套方案可供选择:方案一,继续2018年度的经营模式,即其妻子继续在餐馆帮忙,但不领取工资;方案二,秦先生的妻子每月领取5 000元的工资。请提出税收筹划方案。

在方案一下,秦先生2019年度经营所得应纳税所得额=(10-2)×12=96(万元)。秦先生应当缴纳个人所得税=96×35%-6.55=27.05(万元)。

在方案二下,秦先生2019年度经营所得应纳税所得额=(10-2-0.5)×12=90(万元)。秦先生应当缴纳个人所得税=90×35%-6.55=24.95(万元)。方案二比方案一节税=27.05-24.95=2.1(万元)。

【例5-20】 李女士响应政府号召返乡创业,在某小学附近开办了"小饭桌",性质为个体工商户。每年可以取得经营所得应纳税所得额100万元。2019年度,李女士有三套方案可供选择:方案一,"小饭桌"继续保持个体工商户的性质;方案二,将"小饭桌"注册为一人有限责任公司,税后利润全部分配;方案三,将"小饭桌"注册为一人有限责任公司,税后利润保留在公司,不做分配。请提出税收筹划方案。

在方案一下,李女士需要缴纳个人所得税=100×35%-6.55=28.45(万元)。

在方案二下,"小饭桌"需要缴纳企业所得税=100×25%×20%=5(万元)。李女士取得税后利润需要缴纳个人所得税=(100-5)×20%=19(万元)。合计纳税=5+19=24(万元)。方案二比方案一节税=28.45-24=4.45(万元)。

在方案三下,"小饭桌"需要缴纳企业所得税=100×25%×20%=5(万元)。方案三比方案二节税＝24－5＝19（万元）。方案三比方案一节税＝28.45－5＝23.45（万元）。

【例5-21】 甲合伙企业2018年度的应纳税所得额为100万元，平均分配给2个合伙人。2019年度甲合伙企业有两套方案可供选择：方案一，仍然保持2个合伙人；方案二，2个合伙人均将自己的配偶或者其他直系亲属1人增加为合伙人，合伙企业的应纳税所得额平均分配给4个合伙人。假设该4个合伙人均未取得除合伙企业利润以外的其他所得，每个合伙人的基本扣除标准均为6万元。请提出税收筹划方案。

在方案一下，每个合伙人需要缴纳个人所得税＝（50－6）×30％－4.05＝9.15（万元）。合计缴纳个人所得税＝9.15×2＝18.3（万元）。

在方案二下，每个合伙人需要缴纳个人所得税＝（25－6）×20％－1.05＝2.75（万元）。合计缴纳个人所得税＝2.75×4＝11（万元）。方案二比方案一节税＝18.3－11＝7.3（万元）。

【例5-22】 甲合伙企业2019年度的应纳税所得额为100万元（假设已经扣除合伙人的个人扣除额）。甲合伙企业共有4个合伙人，有三套分配方案：方案一，4个合伙人的分配金额分别为3万元、3万元、3万元和82万元；方案二，4个合伙人的分配金额分别为3万元、9万元、30万元和58万元；方案四，4个合伙人平均分配，每人均为25万元。请提出税收筹划方案。

在方案一下，全体合伙人应当缴纳个人所得税＝3×5％×3＋82×35％－6.55＝22.6（万元）。

在方案二下，全体合伙人应当缴纳个人所得税＝3×5％＋9×10％－0.15＋30×20％－1.05＋58×35％－6.55＝19.6（万元）。方案二比方案一节税＝22.6－19.6＝3（万元）。

在方案三下，全体合伙人应当缴纳个人所得税＝（25×20％－1.05）×4＝15.8（万元）。方案三比方案二节税＝19.6－15.8＝3.8（万元）。方案三比方案一节税＝22.6－15.8＝6.8（万元）。

十、不动产转让所得的筹划

（一）政策分析与筹划思路

根据《财政部 国家税务总局关于个人所得税若干政策问题的通知》（财税〔1994〕020号）的规定，个人转让自用达5年以上，并且是唯一的家庭生活用房取得的所得，暂免征收个人所得税。根据《财政部 国家税务总局 建设部关于个人出售住房所得征收个人所得税有关问题的通知》（财税〔1999〕278号）的规定，对个人转让自用5年以上，并且是家庭唯一生活用房取得的所得，继续免征个人所得税。如果纳税人满足上述税收优惠政策的条件，应尽量享受该税收优惠政策。需要注意的是，上述"5年"的起算点是取得房产证或缴纳契税之日，因此，纳税人购买房产以后应尽快缴纳契税。

根据《财政部 国家税务总局关于个人取得有关收入适用个人所得税应税所得项目的公告》（财税〔2019〕74号）规定，房屋产权所有人将房屋产权无偿赠与他人的，受赠人因无偿受赠房屋取得的受赠收入，按照"偶然所得"项目计算缴纳个人所得税。

按照《财政部 国家税务总局关于个人无偿受赠房屋有关个人所得税问题的通知》(财税〔2009〕78号)第一条的规定,符合以下情形的,对当事双方不征收个人所得税:①房屋产权所有人将房屋产权无偿赠与配偶、父母、子女、祖父母、外祖父母、孙子女、外孙子女、兄弟姐妹。②房屋产权所有人将房屋产权无偿赠与对其承担直接抚养或者赡养义务的抚养人或者赡养人。③房屋产权所有人死亡,依法取得房屋产权的法定继承人、遗嘱继承人或者受遗赠人。

前款所称受赠收入的应纳税所得额按照财税〔2009〕78号文件第四条的规定计算。即对受赠人无偿受赠房屋计征个人所得税时,其应纳税所得额为房地产赠与合同上标明的赠与房屋价值减除赠与过程中受赠人支付的相关税费后的余额。赠与合同标明的房屋价值明显低于市场价格或房地产赠与合同未标明赠与房屋价值的,税务机关可依据受赠房屋的市场评估价格或采取其他合理方式确定受赠人的应纳税所得额。纳税人可以充分利用上述直系亲属房产赠予免税的优惠政策进行税收筹划。

对住房转让所得征收个人所得税时,以实际成交价格为转让收入。纳税人申报的住房成交价格明显低于市场价格且无正当理由的,征收机关依法有权根据有关信息核定其转让收入,但必须保证各税种计税价格一致。纳税人未提供完整、准确的房屋原值凭证,不能正确计算房屋原值和应纳税额的,税务机关可根据《税收征收管理法》的规定,对其实行核定征税,即按纳税人住房转让收入的一定比例核定应纳个人所得税额。具体比例由省级地方税务局或者省级地方税务局授权的地市级地方税务局根据纳税人出售住房的所处区域、地理位置、建造时间、房屋类型、住房平均价格水平等因素,在住房转让收入1%~3%的幅度内确定。如果纳税人转让房产的购置年代较久、增值较高,税务机关不掌握该房产的购置成本信息,纳税人可以申请税务机关核定征收个人所得税。

个人以非货币性资产投资,属于个人转让非货币性资产和投资同时发生。对个人转让非货币性资产的所得,应按照"财产转让所得"项目,依法计算缴纳个人所得税。个人以非货币性资产投资,应按评估后的公允价值确认非货币性资产转让收入。非货币性资产转让收入减除该资产原值及合理税费后的余额为应纳税所得额。个人应在发生上述应税行为的次月15日内向主管税务机关申报纳税。纳税人一次性缴税有困难的,可合理确定分期缴纳计划并报主管税务机关备案后,自发生上述应税行为之日起不超过5个公历年度内分期缴纳个人所得税。纳税人在使用自有不动产投资创办公司时,可以充分利用上述分期缴纳个人所得税的优惠政策。

(二)案例分析

【例5-23】 郑先生2014年1月以300万元购买了家庭第一套住房且当月缴纳了契税;2019年2月,郑先生计划购买家庭第二套住房并出售第一套住房。关于家庭住房的换购,郑先生有两套方案可供选择:方案一,先购置第二套住房,待搬家以后,再以500万元转让第一套住房;方案二,先以500万元转让第一套住房,临时租房安置家具,再购买第二套住房。仅考虑个人所得税,不考虑其他税费。请提出税收筹划方案。

在方案一下,郑先生转让第一套住房需要缴纳个人所得税=(500-300)×20%=40

(万元)。在方案二下,郑先生转让第一套住房可以享受免征个人所得税的优惠政策。方案二比方案一节税 40 万元。

【例 5-24】 魏先生夫妇名下各有一套住房,均为 2013 年在甲市购买,购买价格均为 300 万元,目前市场价格均为 1 000 万元。魏先生夫妇计划离开甲市去某海滨城市养老,有两套转让方案可供选择:方案一,魏先生夫妇直接转让甲市两套住房,取得售房款后去海滨城市购买别墅;方案二,魏先生夫妇先办理离婚手续,转让每人名下的一套房产后再办理复婚手续,随后,夫妻二人再去海滨城市购买别墅。仅考虑个人所得税,不考虑其他税费。请提出税收筹划方案。

在方案一下,魏先生夫妇需要缴纳个人所得税=(1 000-300)×20%×2=280(万元)。

在方案二下,魏先生夫妇可以分别享受免征个人所得税的优惠政策。方案二比方案一节税 280 万元。

【例 5-25】 彭大妈老伴去世多年,名下仅有一套住房,该套住房为 10 年前购置,购买价格为 100 万元,目前市场价格为 500 万元。彭大妈计划将该套住房转给其独子,未来由其儿子再将该套住房转让。有两套转移方案可供选择:方案一,彭大妈将该套住房赠予其独子,三年后,其儿子再将该套住房以 600 万元出售;方案二,彭大妈将该套住房以 500 万元的价格卖给其独子,三年后,其儿子再将该套住房以 600 万元出售。仅考虑个人所得税,不考虑其他税费。请提出税收筹划方案。

在方案一下,彭大妈将该套住房赠予其独子可以享受免税政策,彭大妈的儿子出售该套住房需要缴纳个人所得税=(600-100)×20%=100(万元)。

在方案二下,彭大妈将该套住房卖给其独子可以享受免税政策,彭大妈的儿子出售该套住房需要缴纳个人所得税=(600-500)×20%=20(万元)。方案二比方案一节税=100-20=80(万元)。

【例 5-26】 张先生准备将一套住房赠予其侄子,已知该套住房为张先生 5 年前以 200 万元购买,目前的市场价格为 500 万元。张先生有两套方案可供选择:方案一,张先生直接将该套住房赠予其侄子;方案二,张先生将该套住房赠予其弟弟,其弟弟再赠予其儿子(张先生的侄子)。仅考虑个人所得税,不考虑其他税费。请提出税收筹划方案。

在方案一下,张先生的侄子需要缴纳个人所得税=(500-200)×20%=60(万元)。

在方案二下,张先生将该套住房赠予其弟弟可以享受免税优惠,其弟弟再赠予其儿子(张先生的侄子)也可以享受免税优惠。方案二比方案一节税 60 万元。

【例 5-27】 赵先生准备将一套住房赠予其侄子,已知该套住房为赵先生 5 年前以 200 万元购买,目前的市场价格为 500 万元,赵先生的哥哥(赵先生侄子的父亲)已经去世,赵先生的侄子目前 30 周岁。赵先生有两套方案可供选择:方案一,赵先生直接将该套住房赠予其侄子;方案二,赵先生将该套住房的永久使用权赠予其侄子并办理公证,同时设立一份公证遗嘱"赵先生去世后,将该套住房遗赠给其侄子"。仅考虑个人所得税,不考虑其他税费。请提出税收筹划方案。

在方案一下,赵先生的侄子需要缴纳个人所得税=(500-200)×20%=60(万元)。

在方案二下,赵先生将该套住房的永久使用权赠予其侄子不需要缴纳所得税,赵先生去世后将该套住房遗赠给其侄子可以享受免税优惠。方案二比方案一节税60万元。

【例5-28】 马先生25年前以100万元购置一套房产,目前准备以800万元出售。已知当地税务机关并不掌握马先生购置房产的成本信息。马先生有两套方案可供选择:方案一,按照实际成本计算缴纳个人所得税;方案二,声称房产购置发票、合同等凭证丢失,申请税务机关按照3%的比率核定征收个人所得税。仅考虑个人所得税,不考虑其他税费。请提出税收筹划方案。

在方案一下,马先生需要缴纳个人所得税=(800-100)×20%=140(万元)。

在方案二下,马先生需要缴纳个人所得税=800×3%=24(万元)。方案二比方案一节税=140-24=116(万元)。

【例5-29】 朱先生计划将一套店铺投资设立一家有限责任公司,已知该店铺为5年前以200万元购置,目前的市场价为300万元。朱先生有两套方案可供选择:方案一,在店铺过户时一次性缴纳个人所得税;方案二,在店铺过户时分五年缴纳个人所得税,前四年每年缴税100元。仅考虑个人所得税,不考虑其他税费。请提出税收筹划方案。

在方案一下,朱先生需要在当期缴纳个人所得税=(300-200)×20%=20(万元)。

在方案二下,朱先生仅需在当期象征性地缴纳100元税款,20万元的税款可以延期五年缴纳。假设五年贷款年利率为5%,方案二比方案一节税=20×5%×5=5(万元)。

十一、股权转让所得的筹划

(一)政策分析与筹划思路

个人转让股权适用的税率是20%,目前利润100万元以下的小微企业适用的所得税税率仅为5%,因此,如果能在最初投资时即设立双层公司,由上层小微企业作为转让股权的主体,利用小微企业的低税率优惠就可以最大限度地降低股权转让所得的税收负担。

根据《个人所得税法》的规定,个人取得股息需要缴纳20%的个人所得税。根据《企业所得税法》的规定,公司从公司取得股息属于免税所得,不缴纳企业所得税。很多被转让股权的企业中都有较大数额的未分配利润,如果能利用双层公司的结构,在股权转让之前将未分配利润分配至上一层公司,就可以降低股权转让的价格,从而降低股权转让的所得税。

个人转让股权需要缴纳个人所得税,个人转让股权的收益权不需要缴纳个人所得税。纳税人可以通过股权代持的方式实现股权转让,待时机合适时再实际转让股权。

(二)案例分析

【例5-30】 周先生若干年前投资100万元获得甲公司10%的股权,现周先生准备以200万元的价格转让该10%的股权。周先生应当缴纳个人所得税=(200-100)×20%=20(万元)。

如果周先生在投资甲公司时采取双层公司结构,即周先生投资设立乙公司,乙公司投资100万元获得甲公司10%的股权,现乙公司以200万元的价格转让该10%的股权。乙公司应当缴纳企业所得税=(200-100)×25%×20%=5(万元)。节税=20-5=15(万元)。

【例 5-31】 吴先生于10年前投资100万元创办了甲公司,为减轻税收负担,甲公司10年的利润均未分配,目前已经累计达到1 000万元。现吴先生准备将甲公司的股权转让给他人,转让价为1 200万元。需要缴纳个人所得税=(1 200-100)×20%=220(万元)。

如果吴先生在10年前即创办双层公司,即吴先生投资110万元创办乙公司,乙公司再投资100万元设立甲公司。乙公司在转让甲公司之前,可以将甲公司1 000万元的未分配利润分配至乙公司。由此,甲公司的股权转让价可以降低至200万元。乙公司需要缴纳企业所得税=(200-100)×25%×20%=5(万元)。除甲公司外,吴先生投资其他公司也通过乙公司进行,这样就可以将所有投资利润均留在乙公司层面。通过税收筹划,节税=220-5=215(万元)。

【例 5-32】 刘先生持有甲公司20%的股权,该笔股权的投资成本为100万元,目前对应的公司净资产为200万元。刘先生准备以200万元转让给王先生,刘先生应当缴纳个人所得税=(200-100)×20%=20(万元)。请提出税收筹划方案。

刘先生与王先生可签订股权代持协议,刘先生作为名义股东,王先生作为实际出资人。刘先生将该20%股权的一切权利均委托王先生代为行使,同时将股权质押给王先生,为此,王先生向刘先生支付200万元。王先生每年取得甲公司的分红。若干年后,因甲公司经营不善,出现亏损,甲公司20%股权对应的净资产仅为110万元。此时,刘先生再将该笔股权以110万元的名义价格(实际不需支付任何价款)转让给王先生,刘先生需要缴纳个人所得税=(110-100)×20%=2(万元)。通过税收筹划,节税=20-2=18(万元)。

十二、股息与财产租赁所得的筹划

(一) 政策分析与筹划思路

根据《财政部 国家税务总局关于规范个人投资者个人所得税征收管理的通知》(财税〔2003〕158号)的规定,纳税年度内个人投资者从其投资企业(个人独资企业、合伙企业除外)借款,在该纳税年度终了后既不归还,又未用于企业生产经营的,其未归还的借款可视为企业对个人投资者的红利分配,依照"利息、股息、红利所得"项目计征个人所得税。纳税人可以利用上述政策将利润留在投资公司,通过借款的方式取得公司未分配利润。

自2015年9月8日起,个人从公开发行和转让市场取得的上市公司股票,持股期限超过1年的,股息红利所得暂免征收个人所得税。个人从公开发行和转让市场取得的上市公司股票,持股期限在1个月以内(含1个月)的,其股息红利所得全额计入应纳税所得额;持股期限在1个月以上至1年(含1年)的,暂减按50%计入应纳税所得额;上述所得统一适用20%的税率计征个人所得税。纳税人在取得股息以后,应尽量延长持有股票的时间,以减轻上市公司股息的税收负担。

根据《个人所得税法》的规定，财产租赁所得，每次收入不超过 4 000 元的，减除费用 800 元；4 000 元以上的，减除 20% 的费用，其余额为应纳税所得额。财产租赁所得适用 20% 的比例税率。根据《个人所得税法实施条例》的规定，财产租赁所得，以一个月内取得的收入为一次。

财产租赁所得的费用扣除实行定额与定率相结合的方法，如能将财产租赁所得多分几次，使得每次财产租赁所得均低于 4 000 元，可以起到节税的效果。

财产租赁所得适用 20% 的税率。由于小微企业的所得税税率已经降低至 5%，对于长期经营的财产租赁而言，由公司作为经营主体更能起到节税的效果。

(二) 案例分析

【例 5-33】 马先生投资设立了一人有限责任公司甲公司。甲公司每年产生 100 万元的未分配利润。关于该未分配利润的使用方式，马先生有三套方案可供选择：方案一，甲公司直接向马先生分配 100 万元的股息；方案二，马先生将甲公司的未分配利润以借款的形式取出，等公司解散时再归还；方案三，马先生在年初将甲公司的未分配利润借出，年底予以归还，第二年年初再将甲公司的未分配利润借出，年底再予以归还，循环往复。仅考虑该 100 万元未分配利润的个人所得税，不考虑其他税费。请提出税收筹划方案。

在方案一下，马先生需要缴纳个人所得税＝100×20%＝20（万元）。

在方案二下，马先生需要缴纳个人所得税＝100×20%＝20（万元）。由于马先生不会主动缴纳税款，未来被税务机关查处时还面临每日 0.5‰ 的滞纳金（相当于年利息 18.25%）以及罚款。

在方案三下，马先生不需要缴纳个人所得税。方案三比方案二、方案一节税 20 万元。

【例 5-34】 2018 年 12 月 10 日，沈女士购买了甲上市公司的股票。2018 年 12 月 30 日，沈女士获得了甲上市公司的股息 10 万元。沈女士有三种持股方案可供选择：方案一，沈女士在 2019 年 1 月 10 日之前转让甲公司的股票；方案二，沈女士在 2019 年 1 月 11 日以后、2019 年 12 月 10 日以前转让甲公司的股票；方案三，沈女士在 2019 年 12 月 11 日以后转让甲公司的股票。仅考虑该 10 万股息的个人所得税，不考虑其他税费。请提出税收筹划方案。

在方案一下，沈女士应当缴纳个人所得税＝10×20%＝2（万元）。

在方案二下，沈女士应当缴纳个人所得税＝10×50%×20%＝1（万元）。方案二比方案一节税 1 万元。

在方案三下，沈女士免纳个人所得税。方案三比方案二节税 1 万元。方案三比方案一节税 2 万元。

【例 5-35】 关先生将某商场的一层对外出租，年租金为 360 000 元。关先生有两套方案可供选择：方案一，将商场一层整个出租给某公司，月租金为 30 000 元；方案二，将商场一层出租给 10 家个体工商户，每家每月租金为 3 000 元。仅考虑个人所得税，不考虑其他税费。请提出税收筹划方案。

在方案一下,关先生每月需要缴纳个人所得税=30 000×(1-20%)×20%=4 800(元)。

在方案二下,关先生每月需要缴纳个人所得税=(3 000-800)×20%×10=4 400(元)。方案二比方案一节税=4 800-4 400=400(元)。

【例5-36】 张先生计划出资1 000万元购置一处门面房,出租给某银行,每年取得100万元租金。张先生有两套方案可供选择:方案一,由张先生购置该处门面房,由个人出租给银行;方案二,张先生成立甲公司,由甲公司购置该处门面房并出租给银行。仅考虑个人所得税,不考虑其他税费。甲公司每年提取门面房折旧50万元。请提出税收筹划方案。

在方案一下,张先生需要缴纳个人所得税=100×(1-20%)×20%=16(万元)。

在方案二下,甲公司需要缴纳企业所得税=(100-50)×25%×20%=4.75(万元)。方案二比方案一节税=16-4.75=11.25(万元)。

第三节 工资薪金与劳务报酬的差异辨析与转化

一、差异分析

(一)差异体现

新《个人所得税法》下,对工资薪金所得与劳务报酬所得进行区分十分必要,因为两项所得之间存在重大差异:

1. 扣缴义务人预扣预缴方式不同

《个人所得税扣缴申报管理办法(试行)》(国家税务总局公告2018年第61号)规定,两项所得在预扣预缴时的减除项目、适用预扣预缴税率方面都有很大不同。如果不能在两者之间作出有效区分,扣缴义务人将不知所措,税法执行缺少确定性。另外,会影响纳税人货币资金的时间价值。

2. 纳税人最终承受税负不同

上文提到的扣缴比例只是一个预缴比例,具体税负的计算需要年终合并计算,多退少补,预扣预缴比例对于最终税负的确定并无影响。但是两项所得计入综合收入总额的数额不同,工资薪金为全额计入,而劳务报酬则是将扣减20%后的余额计入。这决定了两项所得的定性对纳税人的实际税负会造成差异。

(二)辨别依据

1. 双方合同关系不同

劳动合同受《劳动法》和《劳动合同法》等法规的强制性规定约束,双方必须在上述法律规定的框架内约定权利义务,用工单位依法为劳动者缴纳社保,劳动报酬受国家最低工资标准的要求;劳务合同关系受《民法通则》《合同法》等民事法律影响,强制性规定较少,尊重民事主体意思自治。用工单位和劳动者是平等的合同主体,不受劳动法等法规的强制性约束,没有为劳动者缴纳社保的法定义务。劳务报酬按合同约定,没有保底要求,甚至劳务提供者有可能因为违约承担违约责任而赔付违约金,即劳务报酬为负。

2. 劳动的独立性不同

个人服从用人单位劳动制度管理,不能自由安排劳动时间、地点等过程要素的(但双方受劳动合同法强制性规定约束),为取得工资薪金所得;个人与用工单位是平等的合同关系,用工单位只对劳动成果作出要求,个人可以自行安排劳动时间、地点的,为取得劳务报酬所得。

3. 劳动报酬计算方式不同

工资薪金以劳动时间为基础,根据劳动绩效作上下浮动。劳动报酬受国家最低工资标准的要求;劳务报酬以合同约定价款为基础,违反约定者承担违约责任,劳务提供者有可能因为违约承担违约责任而赔付违约金,即劳务报酬为负。

4. 是否发生除人力消耗以外的其他成本

《个人所得税法》规定,劳务报酬所得以收入减除20%的费用后的余额为收入额;而工资资金所得以全部收入为收入额。从这个侧面可以反观两者的区别在于,取得劳务报酬的对价除了消耗的劳动力以外,一般伴随着附随成本,比如自行购买辅助材料的成本、自备劳动工具的损耗等,所以税法规定了20%的费用扣除;而取得工资薪金则除了消耗的劳动力以外基本没有其他成本发生,所以税法没有规定费用扣除,而是全额计入收入。这体现了税法分辨两项所得的角度。

二、案例分析

【例5-37】某职员2015年入职,2019年每月应发工资均为30 000元,每月减除费用5 000元,"三险一金"等专项扣除为4 500元,享受子女教育、赡养老人两项专项附加扣除共计2 000元,假设没有减免收入及减免税额等情况。每月取得劳务报酬所得8 000元。11月取得稿酬所得40 000元,12月取得特许权使用费所得2 000元。每月没有其他综合所得收入。

1. 预扣预缴阶段的税负差异

工资薪金情况如表5-5所示。

表5-5 工资薪金表　　　　　　　　　　　　　　　　　单位:元

月份	每月应发工资	每月各项扣除	每月预扣预缴个人所得税
1月	30 000	11 500	555
2月	30 000	11 500	625

(续表)

月份	每月应发工资	每月各项扣除	每月预扣预缴个人所得税
3月	30 000	11 500	1 850
4月	30 000	11 500	1 850
5月	30 000	11 500	1 850
6月	30 000	11 500	1 850
7月	30 000	11 500	1 850
8月	30 000	11 500	2 250
9月	30 000	11 500	3 700
10月	30 000	11 500	3 700
11月	30 000	11 500	3 700
12月	30 000	11 500	3 700
合计	360 000	138 000	27 480

(1) 劳务报酬。

每月劳务费预扣预缴个税＝8 000×(1－20%)×20%－0＝1 280(元)

1～12月劳务费预扣预缴个税＝1 280×12＝15 360(元)

(2) 稿酬。

预扣预缴应纳税所得额＝(40 000－40 000×20%)×70%＝22 400(元)

应预扣预缴税额＝22 400×20%＝4 480(元)

(3) 特许权使用费。

12月特许权使用费所得2 000元,则这笔所得应预扣预缴税额计算过程为:

预扣预缴应纳税所得额＝2 000－800＝1 200(元)

应预扣预缴税额＝1 200×20%＝240(元)

2. 汇算清缴阶段的税负差异

工资收入额＝360 000(元)

劳务报酬收入额＝8 000×12×(1－20%)＝76 800(元)

稿酬收入额＝40 000×(1－20%)×70%＝22 400(元)

特许权使用费收入额＝2 000×(1－20%)＝1 600(元)

综合收入额＝360 000＋76 800＋22 400＋1 600＝460 800(元)

各项扣除总额＝(5 000＋4 500＋2 000)×12＝138 000(元),每月减除费用5 000元,"三险一金"等专项扣除为4 500元,享受子女教育、赡养老人两项专项附加扣除共计2 000元。

应纳税所得额=460 800-138 000=322 800(元)
应纳税额=322 800×25%-31 920=48 780(元)
已经预扣预缴个税=27 480+20 080=47 560(元)
汇算应补税 48 780-47 560=1 220(元)

【例5-38】 老王是A公司总经理,月收入50 000元,A公司在外地设立了一家子公司——B公司,老王兼任B公司的董事长。每月老王在外地工作3天,处理相关业务,B公司不给老外支付工资。为计算简便,不考虑社保和专项附加扣除等。老王全年应纳个人所得税=(50 000×12-60 000)×30%-52 920=109 080(元)。

根据《国家税务总局关于个人兼职和退休人员再任职取得收入如何计算征收个人所得税问题的批复》(国税函〔2005〕382号)的规定:个人兼职取得的收入应按照"劳务报酬所得"应税项目缴纳个人所得税。如果是纳税人取得的兼职收入,可以按照劳务报酬所得进行纳税(详见《个人在两处以上取得工资薪金的纳税争议》)。

将部分工资改为兼职收入应当具备一定的条件,假设,工资在同一个集团内的不同公司里分别发放,纳税人需有在不同公司任职的相关文件和资料,将一方确定为专职,缴纳社保,另一方确定为兼职,不交社保。

经筹划,将老王在A公司的职位设为专职,A公司每月支付老王30 000元;将B公司职位设为兼职,B公司每月支付老王20 000元。根据国税函〔2005〕382号的规定,个人兼职取得的收入,应按照劳务报酬所得缴纳个人所得税。根据《个人所得税法》第六条第二款的规定,劳务报酬所得、稿酬所得、特许权使用费所得以收入减除20%的费用后的余额为收入额。

筹划后老王全年应纳个人所得税=[(30 000×12)+(20 000×12×80%)-60 000]×30%-52 920=94 680(元)。

根据《营业税改征增值税试点实施办法》(财税〔2016〕36号附件1)第十条第(二)款的规定:销售服务、无形资产或者不动产,是指有偿提供服务、有偿转让无形资产或者不动产,但属于非经营活动的情形除外。单位或者个体工商户聘用的员工为本单位或者雇主提供取得工资的服务,由于劳务报酬所得不属于单位聘用的员工为本单位提供取得工资的服务,因此需要缴纳增值税和附加税(城建税按7%计算)。

老王取得的劳务报酬所得全年应交增值税=[(20 000×12)÷(1+3%)]×3%=6 990.29(元)。

应交附加税=6 990.29×(7%+3%+2%)=838.83(元)。

筹划后,老王全年应交个人所得税、增值税、附加税合计=94 680+6 990.29+838.83=102 509.12(元)。

节税额=109 080-102 509.12=6 570.88(元)。

节税比例=(6 570.88÷109 080)×100%=6.02%。

通过上述分析可以看出,将部分工资改为劳务报酬所得的确能节省一些个税,但节税效果有限。

第四节 劳务报酬与经营所得的差异辨析与转化

一、差异分析

(一) 劳务报酬所得

1. 概念界定

关于劳务报酬的界定,新修订的《个人所得税法实施条例》第六条第(二)款规定:劳务报酬所得,是指个人从事劳务取得的所得,包括从事设计、装潢、安装、制图、化验、测试、医疗、法律、会计、咨询、讲学、翻译、审稿、书画、雕刻、影视、录音、录像、演出、表演、广告、展览、技术服务、介绍服务、经纪服务、代办服务以及其他劳务取得的所得。

2. 基本规定

根据新《个人所得税法》第二条的规定,居民个人取得劳务报酬所得,属于综合所得的其中一项,按纳税年度合并计算个人所得税,需要办理汇算清缴的,应当在取得所得的次年3月1日至6月30日内办理汇算清缴,年度汇算时适用3%～45%的超额累进税率。

3. 其他规定

劳务报酬所得以收入减除20%的费用后的余额为收入额。

对于支付劳务报酬的企业来说,作为扣缴义务人,需要按《个人所得税扣缴申报管理办法(试行)的公告》(国家税务总局公告2018年第61号)规定,按次或者按月预扣预缴税款。预扣预缴税款时涉及的减除费用,劳务报酬所得每次收入不超过4 000元的,减除费用按800元计算;每次收入4 000元以上的,减除费用按收入的20%计算,适用的个人所得税预扣率如表5-6所示。

表5-6 个人所得税预扣率表

级数	预扣预缴应纳税所得额	预扣率	速算扣除数
1	不超过20 000元	20%	0
2	超过20 000元至50 000元的部分	30%	2 000
3	超过50 000元的部分	40%	7 000

(二) 经营所得

1. 概念界定

关于经营所得的界定,新修订的《个人所得税法实施条例》第六条第(五)款规定,经营所得是指:

(1) 个体工商户从事生产、经营活动取得的所得,个人独资企业投资人、合伙企业的个人合伙人来源于境内注册的个人独资企业、合伙企业生产、经营的所得。

(2) 个人依法从事办学、医疗、咨询以及其他有偿服务活动取得的所得。

(3) 个人对企业、事业单位承包经营、承租经营以及转包、转租取得的所得。

(4) 个人从事其他生产、经营活动取得的所得。

2. 基本规定

经营所得的确定,新《个人所得税法》第六条第(三)款规定,以每一纳税年度的收入总额减除成本、费用以及损失后的余额,为应纳税所得额。

《个人所得税法》所称成本、费用,是指生产、经营活动中发生的各项直接支出和分配计入成本的间接费用以及销售费用、管理费用、财务费用;所称损失,是指生产、经营活动中发生的固定资产和存货的盘亏、毁损、报废损失,转让财产损失,坏账损失,自然灾害等不可抗力因素造成的损失以及其他损失。

另外,对于取得经营所得的个人,如果没有综合所得的,计算其每一纳税年度的应纳税所得额时,应当减除费用6万元、专项扣除、专项附加扣除以及依法确定的其他扣除。但是专项附加扣除只能在办理汇算清缴时减除。

需要注意的是:从事生产、经营活动,未提供完整、准确的纳税资料,不能正确计算应纳税所得额的,由主管税务机关核定应纳税所得额或者应纳税额。

3. 其他规定

根据新《个人所得税法》第三条的规定,不属于综合所得项目,需要单独计算纳税,适用5%～35%的超额累进税率。纳税人取得经营所得,按年计算个人所得税,由纳税人在月度或者季度终了后15日内向税务机关报送纳税申报表,并预缴税款;在取得所得的次年3月31日前办理汇算清缴,适用的税率表如表5-7所示。

表5-7 个人所得税全年应纳税税率表

级数	全年应纳税所得额	税率(%)	速算扣除数
1	不超过30 000元的	5%	0
2	超过30 000元至90 000元的部分	10%	1 500
3	超过90 000元至300 000元的部分	20%	10 500
4	超过300 000元至500 000元的部分	30%	40 500
5	超过500 000元的部分	35%	65 500

(三) 辨析重点

(1) 新修订的《个人所得税法实施条例》第六条在关于两项所得的界定中,对于个人从事医疗和咨询服务,属于劳务所得还是经营所得,无明确区分标准,容易引起争议。另外,对于"对于其他劳务取得的所得"与"其他有偿服务活动取得的所得",也缺乏明确的区分标准,在跟主管税局沟通确定时要做好准备工作。

(2) 在实务中,个人在给企业代开发票时,对于"劳务报酬"项目,多数税局是按一定比例预征个人所得税,对于"经营所得"项目,多数税局是按一定比例核定征收个人所得税。对于预征的,企业还需要补扣,对于核定征收的,企业就不需要再扣了。所以区分"劳务报酬"项目和"经营所得"项目就比较关键了,关系到如何能说服主管税局在代开发票时按经营所得核定征收个税。

(3) 在增值税方面,其他个人属于小规模纳税人,从 2019 年 1 月 1 日期,增值税起征点由月销售额 3 万元提高到 10 万元,也就是每月代开票金额在 10 万元以下的,免交增值税。

二、劳务报酬分次发放的税收筹划

(一) 利用时间上的差异进行税收筹划

1. 理论分析

按《个人所得税法》规定,属于同一事项连续取得收入的,以 1 个月内取得的收入为 1 次。有的劳务不要求连续进行,而是跨月非连续进行的,相应的报酬也可以分解到若干个月支付,这样就可以避免以月按"次"纳税。有的劳务报酬所得属于同一事项连续取得收入,但报酬取得不是按次或按月,而是半年或一年结算 1 次,在这种方式下取得的劳务报酬,在取得相关事实证明的情况下,可以 1 个月内取得的收入为"1 次"。

2. 案例分析

【例 5-39】 李女士为甲公司会计人员,另兼职乙公司会计,因乙公司规模小、业务量少,李女士不必每天去乙公司做账,而是每个月去几次将当月工作完成。兼职报酬不是按月支付,乙公司每年年底支付李女士 33 600 元的劳务报酬。请对此进行税收筹划。

方案一:以 1 年的报酬作为一次劳务报酬所得。

应纳税额=33 600×(1−20%)×30%−2 000=6 064(元)。

方案二:如果李女士与乙公司签订合同,注明支付的报酬是李女士每个月劳务报酬的合计数,那么李女士取得的劳务报酬属于同一事项连续取得收入,应该以 1 个月内取得的收入为 1 次。

平均每月劳务报酬所得=33 600÷12=2 800(元),月应纳税额=(2 800−2 000)×20%=160(元),年应纳税额=160×12=1 920(元)。

可见,方案二节税=6 064−1 920=4 144(元)。

(二) 对一次性收入进行合理的分割

1. 理论分析

劳务报酬所得内容共有 29 项,一次性收入中如果劳务报酬所得内容不一样,但相互关联,就可以进行必要的分割。比如设计、装潢这两项劳务,如果由同一人完成,报酬一并给付,为避免带来超额税收负担,提供劳务方也就是纳税力可以事先进行税收筹划,与对方分别签订设计、装潢合同,以达到节税目的。

2. 案例分析

【例5-40】 王某对赵某的房屋进行设计与装潢,按合同规定,完工后赵某应支付王某劳务报酬45 000元。根据税法规定,王某应交个人所得税＝45 000×(1－20％)×30％－2 000＝8 800(元)。

如果王某事先进行筹划,与赵某分别签订设计、装潢合同,劳务报酬分别为20 000元、25 000元,那么设计报酬应交个人所得税＝20 000×(1－20％)×20％＝3 200(元),装潢报酬应交个人所得税＝25 000×(1－20％)×30％－2 000＝4 000(元),合计应交个人所得税7 200元。与前面的方案相比,王某可节税＝8 800－7 200＝1 600(元)。

三、劳务报酬转化为经营所得的税收筹划

在将劳务报酬所得税收筹划为经营所得的过程中,关键的一点就是个人所得税的核定征收。在此之前,对个体工商户(含个人独资企业、合伙企业)经营所得进行核定征收是非常普遍的,核定征收最大的好处是不设置账簿,不核算实际利润,操作简便、税负低。然而,在"范冰冰税案"后,各地税务机关明显收紧了核定征收的范围。

新《中华人民共和国个人所得税法实施条例(修订草案征求意见稿)》第三十八条规定:对年收入超过国务院税务主管部门规定数额的个体工商户、个人独资企业、合伙企业,税务机关不得采取定期定额、事先核定应税所得率等方式征收个人所得税。在个税实施条例征求意见稿中也体现了税务部门对核定征收的态度,年收入超过标准的个体工商户事先核定的路也可能被堵死。

那税法所说的标准是多少呢？根据《个体工商户建账管理暂行办法》(国家税务总局令第17号)第四条第二款的规定:销售增值税应税劳务的纳税人或营业税纳税人月销售(营业)额在15 000元至40 000元,应当设置简易账,并积极创造条件设置复式账。月营业额在15 000元以上就要设置简易账。

从上述论述可以看出,将劳务报酬所得税收筹划为经营所得无论是在原《个人所得税法》下还是新《个人所得税法》下,合法性都是没有问题的,只需由个人成立一家个体工商户或个人独资企业(合伙企业),就可以将劳务报酬所得转化为经营所得。但是,在大环境变化和新个税法下,税务部门收紧核定征收的阀门,普遍推广查账征收后,这种转化是否合算需要综合计算和考量。

新《个人所得税法实施条例(修订草案征求意见稿)》第十四条规定:个体工商户、个人独资企业、合伙企业以及个人从事其他生产、经营活动,未提供完整、准确的纳税资料,不能正确计算应纳税所得额的,由主管税务机关核定其应纳税所得额。那么,这一条款和上述的第三十八条是否相互矛盾呢？

根据《税收征收管理法》第三十五条的规定,税款核定权是税务机关的一项很重要的权力。

因此,新《个人所得税法实施条例(修订草案征求意见稿)》第十四条和第三十八条并不矛盾。因为,无论核定与否,这都是税务机关的一项自由裁量权。

第五节 非全日制用工的个税与社保的筹划

一、非全日制用工

(一) 非全日制用工的概念

《劳动合同法》第六十八条规定,非全日制用工,是指以小时计酬为主,劳动者在同一用人单位一般平均每日工作时间不超过4小时,每周工作时间累计不超过24小时的用工形式。

(二) 非全日制用工的劳动关系

1. 劳动合同签订对象的数量

根据《劳动合同法》第六十九条的规定,从事非全日制用工的劳动者可以与一个或者一个以上用人单位订立劳动合同;但是,后订立的劳动合同不得影响先订立劳动合同的履行。而全日制用工劳动者只能与一个用人单位订立劳动合同。

根据《关于非全日制用工若干问题的意见》(劳社部发〔2003〕12号)的规定,劳动者通过依法成立的劳务派遣组织为其他单位、家庭或个人提供非全日制劳动的,由劳务派遣组织与非全日制劳动者签订劳动合同。

2. 合同形式

根据《劳动合同法》第六十九条的规定,非全日制用工双方当事人可以订立口头协议。而全日制用工的,应当订立书面劳动合同。

3. 试用期的规定

根据《劳动合同法》第七十条的规定,非全日制用工双方当事人不得约定试用期;而全日制用工的,除以完成一定工作任务为期限的劳动合同和3个月以下固定期限劳动合同外,其他劳动合同可以依法约定试用期。

4. 合同终止及相关赔偿

根据《劳动合同法》第七十一条的规定,双方当事人任何一方都可以随时通知对方终止用工;终止用工,用人单位不向劳动者支付经济补偿。而全日制用工的,双方当事人应当依法解除或者终止劳动合同;用人单位解除或者终止劳动合同,应当依法支付经济补偿。

5. 行政备案

根据《关于非全日制用工若干问题的意见》(劳社部发〔2003〕12号)的规定,用人单位招用劳动者从事非全日制工作,应当在录用后到当地劳动保障行政部门办理录用备案手续。

6. 劳动者档案保管

根据《关于非全日制用工若干问题的意见》(劳社部发〔2003〕12号)的规定,从事非全日制工作的劳动者档案可由本人户口所在地劳动保障部门的公共职业介绍机构代管。

(三) 非全日制用工的工资支付

1. 工资标准

根据《劳动合同法》第七十二条的规定,非全日制用工不得低于用人单位所在地人民政府规定的最低小时工资标准。而全日制用工劳动者执行的是月最低工资标准。

根据《关于非全日制用工若干问题的意见》(劳社部发〔2003〕12号)的规定,非全日制用工的小时最低工资标准由省、自治区、直辖市规定,并报劳动保障部备案。确定和调整小时最低工资标准应当综合参考以下因素:当地政府颁布的月最低工资标准;单位应缴纳的基本养老保险费和基本医疗保险费(当地政府颁布的月最低工资标准未包含个人缴纳社会保险费因素的,还应考虑个人应缴纳的社会保险费);非全日制劳动者在工作稳定性、劳动条件和劳动强度、福利等方面与全日制就业人员之间的差异。小时最低工资标准的计算方法为:

$$\text{小时最低工资标准} = \left(\text{月最低工资标准} \div 20.92 \div 8\right) \times \left(1 + \text{单位应当缴纳的基本养老保险费和基本医疗保险费比例之和}\right) \times (1 + \text{浮动系数})$$

2. 工资结算周期与单位

根据《劳动合同法》第七十二条的规定,非全日制用工劳动报酬结算周期最长不得超过15日;而全日制用工的,工资应当至少每月支付1次。

根据《关于非全日制用工若干问题的意见》(劳社部发〔2003〕12号)的规定。非全日制用工的工资支付可以按小时、日、周或月为单位结算。

(四) 非全日制用工与临时工的区别

非全日制用工与用人单位签订的必须是劳动合同,且必须缴纳工伤保险。而临时工可以签订劳动合同或劳务合同,签订劳动合同需要缴纳社保,签订劳务合同不缴社保。

二、非全日制用工的个税与社保

(一) 非全日制用工的社保

1. 基本养老保险费缴纳责任

根据《社会保险法》第十条的规定,无雇工的个体工商户、未在用人单位参加基本养老保险的非全日制从业人员以及其他灵活就业人员可以参加基本养老保险,由个人缴纳基本养老保险费。

《社会保险法》第十二条的规定,无雇工的个体工商户、未在用人单位参加基本养老保险的非全日制从业人员以及其他灵活就业人员参加基本养老保险的,应当按照国家规定缴纳基本养老保险费,分别记入基本养老保险统筹基金和个人账户。

2. 基本医疗保险费缴纳责任

根据《社会保险法》第二十三条的规定,无雇工的个体工商户、未在用人单位参加职工基本医疗保险的非全日制从业人员以及其他灵活就业人员可以参加职工基本医疗保险,由个人按照国家规定缴纳基本医疗保险费。

3. 社会保险登记

根据《社会保险法》第五十八条的规定，自愿参加社会保险的无雇工的个体工商户、未在用人单位参加社会保险的非全日制从业人员以及其他灵活就业人员，应当向社会保险经办机构申请办理社会保险登记。

国家建立全国统一的个人社会保障号码。个人社会保障号码为居民身份号码。

根据《社会保险法》第六十条规定，无雇工的个体工商户、未在用人单位参加社会保险的非全日制从业人员以及其他灵活就业人员，可以直接向社会保险费征收机构缴纳社会保险费。

（二）非全日制用工的报酬个税

根据《个人所得税法实施条例》第六条的规定，工资、薪金所得，是指个人因任职或者受雇取得的工资、薪金、奖金、年终加薪、劳动分红、津贴、补贴以及与任职或者受雇有关的其他所得。

根据《个人所得税法实施条例》第六条的规定，劳务报酬所得，是指个人从事劳务取得的所得，包括从事设计、装潢、安装、制图、化验、测试、医疗、法律、会计、咨询、讲学、翻译、审稿、书画、雕刻、影视、录音、录像、演出、表演、广告、展览、技术服务、介绍服务、经纪服务、代办服务以及其他劳务取得的所得。

综上所述，用工单位支付非全日制用工的报酬应该按照"工资、薪金所得"预扣预缴个人所得税。

三、案例分析

【例5-41】 建筑劳务公司可以通过非全日制用工模式来节约社保费用。

首先，建筑企业总承包方、建筑企业专业承包方、建筑企业专业承包方与同一个老板注册的两个独立的劳务公司或两个联合的劳务公司分别签订两份劳务分包合同。

其次，两个独立的劳务公司与同一个农民工分别签订两份非全日制用工合同，约定农民工上午在一个劳务公司上班，工作时间在4小时以内，下午在另外一个劳务公司上班，工作时间也在4小时以内。

最后，每一位农民工工资薪金分别在两个劳务公司做账，每一劳务公司依法给每一位农民工每月依法履行预扣预缴个人所得税。

《劳动合同法》第六十九条第二款规定："从事非全日制用工的劳动者可以与一个或者一个以上用人单位订立劳动合同；但是，后订立的劳动合同不得影响先订立的劳动合同的履行。"因此，同一农民工与两个独立法人的劳务公司分别签订一份非全日制合同，只要满足后订立的非全日制劳动合同不得影响先订立的非全日制劳动合同的履行的条件，该两份非全日制用工合同是合法的。

根据新修订的《劳动合同法》（自2013年7月1日执行）第六十八条、第七十条、第七十一条和第七十二条的规定，非全日制用工是指以小时计酬为主，劳动者在同一用人单位一般平均每日工作时间不超过 4 小时,每周工作时间累计不超过 24 小时的用工形式。如果劳动者平均每日工作时间不超过 4 小时、每周累计不超过 24 小时,则劳动者与用人单位建立的属于非全日制劳动关系。否则,则属于全日制劳动关系。劳动者每天工作时间可以超过 4 个小时,也可以低于 4 个小时,但是每周工作时间累计不超过 24 小时的则为非全日制劳动关系。

复习思考题

1. 个人所得税的筹划思路有哪些?
2. 劳务报酬的主要筹划思路是什么?

第六章

其他税种的税收筹划

第一节 关税的税收筹划

一、关税概述

关税是由海关根据国家制定的有关法律,以进出关境的货物和物品为征税对象而征收的一种商品税。

关税具有以下三个特点:①征收的对象是进出境的货物和物品。②关税是单一环节的价外税。③有较强的涉外性。

关税按征税对象可以分为进口关税、出口关税。按征税标准可以分为从量税、从价税。此外各国常用的征税标准还有复合税、选择税、滑动税(滑准税)。滑动税又称滑准税,是在税则中预先按产品的价格高低分档制定若干不同的税率,然后根据进出口商品价格的变动而增减进出口税率的一种关税。商品价格上涨,采用较低税率,商品价格下跌则采用较高税率。关税按征税性质可以分为普通关税、优惠关税、差别关税(分为加重关税、反补贴关税、报复关税、反倾销关税等)。关税按保护性质和程度可以分为关税壁垒和非关税壁垒。

(一)纳税人

纳税人是指进口货物的收货人,出口货物的发货人和进出境物品的所有人(包括推定为所有人的人)。

(二)征税对象

关税的征税对象是指准许进出境的货物和物品。

货物是指贸易性商品;物品是指入境旅客随身携带的行李物品、个人邮递物品、各种运输工具上的服务人员携带进口的自用物品、馈赠物品以及其他方式进境的个人物品。

(三)税率

1. 进口关税税率

进口关税税率包括最惠国税率、协定税率、特惠税率、普通税率、关税配额税率等税率形式,对进口的货物在一定期限内可以实行暂定税率。进口税率是根据货物的不同原产地而确定的。

准许应税进口的旅客行李物品,个人邮递物品以及其他个人自用物品,除另有规定的以外,均由海关按照《入境旅客行李物品和个人邮递物品进口税税率表》征收进口税。进口税包括关税,进口环节海关代征增值税和代征消费税。

2. 出口关税税率

一档比例税率。

对于一般出口商品不征出口税,只对需要限制出口的少数原料和半成品,适当征收出口税。

3. 特别关税

特别关税包括报复性关税、反倾销税与反补贴税、保障性关税。征收特别关税的货物、适用国别、税率、期限和征收办法，由国务院关税税则委员会决定，海关总署负责实施。

4. 税率的适用

（1）进出口货物，应当适用海关接受该货物申报进口或者出口之日实施的税率。

（2）进出口货物到达前，经海关核准先行申报的，应当按照装载此货物的运输工具申报进境之日实施的税率征税。

（3）进口转关运输货物，应当适用指运地海关接受该货物申报进口之日实施的税率；货物运抵指运地前，经海关核准先行申报的，应当适用装载该货物的运输工具抵达指运地之日实施的税率。（2020年新增）

（4）出口转关运输货物，应当适用启运地海关接受该货物申报出口之日实施的税率。（2020年新增）

（5）经海关批准，实行集中申报的进出口货物，应当适用每次货物进出口时海关接受该货物申报之日实施的税率。（2020年新增）

（6）因超过规定期限未申报而由海关依法变卖的进口货物，其税款计征应当适用装载该货物的运输工具申报进境之日实施的税率。（2020年新增）

（7）因纳税义务人违反规定需要追征税款的进出口货物，应当适用违反规定的行为发生之日实施的税率；行为发生之日不能确定的，适用海关发现该行为之日实施的税率。

（8）已申报进境并且放行的保税货物、减免税货物、租赁货物或者已申报进出境并且放行的暂时进出境货物，有下列情形之一需缴纳税款的，应当适用海关接受纳税义务人再次填写报关单申报办理纳税及有关手续之日实施的税率：①保税货物经批准不复运出境的。②保税仓储货物转入国内市场销售的。③减免税货物经批准转让或者移作他用的。④可以暂不缴纳税款的暂时进出境货物，经批准不复运出境或者进境的。⑤租赁进口货物，分期缴纳税款的。

（9）纳税人补征或者退还进出口货物税款，应当按照上述（1）和（2）的规定确定适用的税率。

（四）应纳税额的计算

1. 关税完税价格

进出口货物的完税价格，由海关以该货物的成交价格为基础审查确定。成交价格不能确定时，完税价格由海关依法估定。完税价格按照一般货物进口、特殊货物进口、出口货物及进境物品等情形分别确定。

（1）一般进口货物。

进口货物的完税价格由海关以符合相关规定所列条件的成交价格，以及该货物运抵中华人民共和国境内输入地点起卸前的运输及其相关费用、保险费为基础审查确定。即从价计算进口关税都要以合理、完整的到岸价格CIF作为完税价格。

成交价格的调整项目——需要计入完税价格的项目：①由买方负担的除购货佣金以

外的佣金和经纪费。②由买方负担的、与该货物视为一体的容器费用。③由买方负担的包装材料和包装劳务费用。④与该进口货物的生产和向我国境内销售有关的,由买方以免费或者低于成本的方式提供并可以按适当比例分摊的料件、工具、模具、消耗材料及类似货物的价款,以及在境外开发、设计等相关服务的费用。⑤买方需向卖方或者有关方支付的与进口货物有关的且符合进口条件的特许权使用费。⑥卖方直接或间接从买方对该货物进口后销售、处置或使用所得中获得的收益。

成交价格的调整项目——不需要计入完税价格的项目:①厂房、机械、设备等货物进口后发生的建设、安装、装配、维修和技术服务的费用。②进口货物运抵中华人民共和国境内输入地点起卸后发生的运输及其相关费用、保险费。③进口关税及国内税收。

进口货物完税价格确定的其他方法:①相同货物的成交价格估价方法。②类似货物的成交价格估价方法。③倒扣价格估价方法(以进口货物、相同或类似进口货物在境内的销售价格为基础)。④计算价格估价方法。⑤合理估价方法(补救方法)。上述方法应依次使用,但应进口商要求,第③和第④种方法次序可以颠倒。

(2) 特殊进口货物。

运往境外修理的货物,出境时已向海关报明,规定期限内复运进境的,以境外修理费、料件费为基础审查确定完税价格,不含运保费。

运往境外加工的货物,出境时已向海关报明,规定期限内复运进境的,以境外加工费、料件费以及复运进境的运输及相关费用、保险费为基础审查确定完税价格。

暂时进境货物按一般进口货物估价办法的规定,估定其完税价格。留购的进口货样、展览品和广告陈列品,以海关审定的留购价格作为完税价格。

对于国际奥委会及其相关实体或其境内机构按暂时进口货物方式进口的奥运物资,未在规定时间内复运出境的,须补缴进口关税和进口环节海关代征税(进口汽车以不低于新车90%的价格估价征税),但以下情形除外:①直接用于北京冬奥会,包括但不限于奥运会转播、报道和展览,且在赛事期间消耗完毕的消耗品,并能提供北京冬奥组委证明文件的。②货物发生损毁不能复运出境,且能提交北京冬奥组委证明文件的。③无偿捐赠给县级及以上人民政府或政府机构、冬奥会场馆法人实体、特定体育组织和公益组织等机构(受赠机构名单由北京冬奥组委负责确定),且能提交北京冬奥组委证明文件的。

(3) 出口货物。

出口货物的完税价格由海关以该货物的成交价格为基础审查确定,并应当包括货物运至中华人民共和国境内输出地点装载前的运输及其相关费用、保险费。

以成交价格为基础的完税价格。出口货物的成交价格,是指该货物出口销售时,卖方为出口该货物应当向买方直接收取和间接收取的价款总额。下列税收、费用不计入出口货物的完税价格:①出口关税。②在货物价款中单独列明的货物运至中华人民共和国境内输出地点装载后的运输及其相关费用、保险费(出口货物的运保费最多算至离境口岸)。

出口货物海关估定方法。出口货物的成交价格不能确定的,海关经了解有关情况,并与纳税义务人进行价格磋商后,依次以下列价格审查确定该货物的完税价格(多选):①同时或者大约同时向同一国家或者地区出口的相同货物的成交价格。②同时或者大约同时向同一国家或者地区出口的类似货物的成交价格。③根据境内生产相同或者类似货物的成本、利润和一般费用(包括直接费用和间接费用)、境内发生的运输及其相关费用、保险费计算所得的价格。④按照合理方法估定的价格。

(4) 进境物品。

对于个人进境物品关税完税价格,根据《中华人民共和国进境物品完税价格表》,来确定商品归类和完税价格。

跨境电子商务零售进口商品的税收政策:

一是限值以内。单次交易限值为人民币5 000元,个人年度交易限值为人民币26 000元。进口关税:0(限值以内进口)。进口增值税、消费税:法定应纳税额的70%征收。

二是限值以外。完税价格超过5 000元单次交易限值但低于26 000元年度交易限值,且订单下仅一件商品时,可以自跨境电商零售渠道进口,按照货物税率全额征收关税和进口环节增值税、消费税,交易额计入年度交易总额,但年度交易总额超过年度交易限值的,应按一般贸易管理。

2. 应纳税额的计算

$$从价税应纳税额 = 应税进(出)口货物数量 \times 单位完税价格 \times 税率$$

$$从量税应纳税额 = 应税进(出)口货物数量 \times 单位货物税额$$

$$复合税应纳税额 = 应税进(出)口货物数量 \times 单位货物税额 + 应税进(出)口货物数量 \times 单位完税价格 \times 税率$$

$$滑准税应纳税额 = 应税进(出)口货物数量 \times 单位完税价格 \times 滑准税税率$$

(五) 税收优惠

关税减免分为法定减免、特定减免、临时减免三种类型。除法定减免税外的其他减免税均由国务院决定。加入世贸组织后,我国减征关税以最惠国税率或普通税率为基准。

1. 法定减免

符合《企业所得税法》规定,可予减免的进出口货物,纳税义务人无须提出申请,海关可按规定直接予以减免税。

我国《中华人民共和国海关法》和《中华人民共和国进出口条例》明确规定,下列进出口货物,免征关税:

(1) 关税、进口环节增值税或者消费税税额在人民币50元以下的一票货物。(2020年调整)

(2) 无商业价值的广告品和货样。

(3) 外国政府、国际组织无偿赠送的物资。

(4) 在海关放行前损失的货物。

(5) 规定数额以内的物品。(2020年新增)

(6) 进出境运输工具装载的途中必需的燃料、物料和饮食用品。

(7) 中华人民共和国缔结或者参加的国际条约规定减征、免征关税的货物、物品。

(2020年新增)

(8) 法律规定减征、免征关税的其他货物、物品。(2020年新增)

可以暂不缴纳关税的进出口货物(6个月内)(共9种情形,同消费税)。

因品质或者规格原因,出口货物自出口之日起1年内原状复运进境的,不征收进口关税。因品质或者规格原因,进口货物自进口之日起1年内原状退货复运出境的,不征收出口关税。

因残缺、短少、品质不良或者规格不符原因,由进出口货物的收发货人、承运人或者保险公司免费补偿或者更换的相同货物,进出口时不征收关税。

2. 特定减免

特定减免税也称政策性减免税。在法定减免税之外,国家按照国际通行规则和我国实际情况,制定发布的有关进出口货物减免关税的政策,称为特定或政策性减免税。特定减免税货物一般有地区、企业和用途的限制,海关需要进行后续管理,也需要进行减免税统计,包括如下几类:

(1) 科教用品(科研机构和学校进口的科教用品,直接减免)。

(2) 残疾人专用品(有关单位进口国内不能生产的特定残疾人专用品,免征进口三税)。

(3) 慈善捐赠物资。

(4) 重大技术装备。

3. 临时减免

临时减免是指以上法定和特定减免税以外的其他减免税,即由国务院对某个单位、某类商品、某个项目或某批进出口货物的特殊情况,给予特别照顾,一案一批,专文下达的减免税。

(六) 征收管理

1. 关税缴纳

申报时间:进口货物自运输工具申报进境之日起14日内;出口货物在运抵海关监管区后装货的24小时以前。

纳税期限:海关填发税款缴款书之日起15日内向指定银行缴纳;不能按期缴纳税款,经依法提供税款担保后,可延期缴纳,但最长不得超过6个月。

2. 关税滞纳金、保全及强制措施

征收关税滞纳金:关税滞纳金金额=滞纳关税税额×滞纳金征收比率(0.5‰)×滞纳天数;滞纳金的起征点为50元。

保全措施:出口货物的纳税义务人在规定的纳税期限内有明显的转移、藏匿其应税货物以及其他财产迹象的,海关可以责令纳税义务人提供担保。纳税义务人不能提供担保的,海关可以采取以下税收保全措施:①书面通知纳税义务人开户银行或者其他金融机构暂停支付纳税义务人相当于应纳税款的存款。②扣留纳税义务人价值相当于应纳税款的货物或者其他财产。

强制措施:如纳税义务人自缴纳税款期限届满之日起3个月仍未缴纳税款,经海关关长批准,海关可以采取下列强制措施:①书面通知其开户银行或者其他金融机构从其存款中扣缴税款。②将应税货物依法变卖,以变卖所得抵缴税款。③扣留并依法变卖其价值相当于应纳税款的货物或者其他财产,以变卖所得抵缴税款。

海关采取强制措施时,对上述纳税义务人、担保人未缴纳的滞纳金同时强制执行。

3. 关税退还

(1) 申请退还。

有下列情形之一的,纳税义务人自缴纳税款之日起1年内,可以申请退还关税,并应当以书面形式向海关说明理由,提供原缴款凭证及相关资料。①已征进口关税的货物,因品质或者规格原因,原状退货复运出境的。②已征出口关税的货物,因品质或者规格原因,原状退货复运进境,并已重新缴纳因出口而退还的国内环节有关税收的。③已征出口关税的货物,因故未装运出口,申报退关的。

(2) 多征税款退还。

海关发现多征税款,立即通知纳税义务人办理退税手续,纳税义务人应当自收到海关通知之日起3个月内办理有关退税手续。

纳税人发现的,自缴纳税款之日起1年内书面申请退税,并加算银行同期存款利息,海关应当自受理退税申请之日起30日内查实并通知纳税义务人办理退还手续。

4. 关税补征和追征

补征是指非因纳税人违反海关规定造成短征关税。关税补征期为缴纳税款或货物放行之日起1年内。

追征是指纳税人违反海关规定造成短征关税。关税追征期为纳税义务人应缴纳税款或货物放行之日起3年内,并加收少征或漏征税款0.5‰的滞纳金。

二、关税的税收筹划

(一) 完税价格筹划

1. 进口货物完税价格筹划

根据《中华人民共和国进出口关税条例》第十八条规定:出口货物以海关审定的正常成交价格为基础的到岸价格作为完税价格。到岸价格包括货价,加上货物运抵中华人民共和国境内输入地点起卸前的包装费、运费、保险费和其他劳务费等费用。这是我国海关估价对进口货物完税价格所规定的定义。依据成交价格所作的规定,我国对进口货物的海关估价主要有两种情况:①海关审查可确定的完税价格。②成交价格经海关审查未能确定的。

(1) 审定成交价格法。

该方法是指进口商向海关申报的进口货物价格,如果经海关审定认为符合成交价格的要求和有关规定,就可以此作为计算完税价格的依据,然后经海关对货价费用和运、保、杂等项费用进行必要的调整后,即可确定其完税价格。

这种审定成交价格法是我国以及其他各国海关在实际工作中最基本、最常用的海关估价方法。我国进口货物一般也都按此方法确定完税价格。故在审定成交价格下,如何缩小进口货物的申报价格而又能为海关审定认可为"正常成交价格"就成为筹划的关键所在。

而成交价格实际上是指进口货运的买方为购买该项货物而向卖方实际支付的或应当支付的价格。该成交价格的核心内容是货物本身的价格(即不包括运、保、杂费的货物价格)。该价格除包括货物的生产、销售等成本费用外,还包括买方在成交价格之外另行同卖方支付的佣金。由此看来,要选择同类产品中,成交价格比较低的,运输、杂项费用相对小的货物进口,才能降低完税价格。

【例6-1】 某钢铁企业,需要进口100万吨铁矿石,可供选择的进货渠道中有两家:巴西和加拿大。巴西的铁矿石品位较高,价格为20美元/吨,运费60万美元;加拿大的铁矿石品位较低,价格为19美元/吨,但运杂项费用高达240万美元。暂不考虑其他条件的情况下,到底应该选择哪一个国家进口铁矿石呢?

计算如下:巴西铁矿石完税价格=20×100+60=2 060(万美元),加拿大铁矿石完税价格=19×100+240=2 140(万美元)。经过计算应该选择从巴西进口铁矿石。如果按20%征收进口关税的话,至少可以节税16万美元。

(2) 按审定成交价格法经海关审查未能确定的。

海关主要按以下方法依次估定完税价格,其分别为:相同货物成交价格法、类似货物成交价格法、国际市场价格法、国内市场价格倒扣法,由海关按其他合理方法估定的价格。

【例6-2】 某公司购入一套刚生产出的进口高科技产品,进口该产品支付了300万美元,类似产品的市场价格仅为120万美元。海关因此种产品的创新,而无法依据审定成交价格法确定成交价格及完税价格,而只能以该产品的同一出口国或地区购进的类似货物的成交价格作为确定被估进口货物完税价格的依据,即按类似货物成交价格法予以确认。这样的话,该项进口商品的海关估价最多只有120万美元,180万美元便是税收筹划的空间。

2. 出口货物完税价格筹划

出口商品的海关估价应是成交价格,即该出口商品售予境外的应售价格。应售价格应由出口商品的境内生产成本、合理利润及外贸所需的储运、保险等费用组成。也就是扣除关税后的离岸价格。

需要注意的是,出口货物的离岸价格,应以该项货物运离国境前的最后一个口岸的离岸价格为实际离岸价格。如果该项货物从内地起运,则从内地口岸至国境口岸所支付的国内段运输费用应予扣除。另外出口货物的成交价格如为货价加运费价格,或为国外口岸的到岸价格时,应先扣除运费并再扣除保险费后,再按规定公式计算完税价格。当运费成本在价格中所占比重较大时,更显重要。另外,如果成交价格外,还支付了国外的与此项业务有关的佣金,应该在纳税申报表上单独列明。这样,该项佣金应予扣除。如未单独列明的,不予以扣除。

如果为了少缴关税而降低申报价格的话,那么就构成了偷税。海关对此区别情况做出相应的处理:一是申报价格低于海关审定价格的,应由出口商品的发货人或其代理人缴纳相当于申报价格与海关审定价格的差额保证金后,由海关放行货物,并通知有关进出口商会和国家外汇管理部门进行调查。经调查,对有确凿证据属低报价格逃、套外汇的,用外汇管理部门依据《违反外汇管理处罚实施细则》的规定处理,并由海关处以货物等值以下的罚款或罚金。二是申报价格明显低于海关审定价格,经海关调查构成隐瞒价格行为的,海关可将货物予以扣留,不准出口,并处货物等值以下的罚款;同时通知有关进出口商会和国家外汇管理部门。

（二）反倾销税收筹划

1. 减少被控诉

（1）提高产品附加值,取消片面的低价策略。

（2）组建出口企业商会,加强内部协调和管理,塑造我方整体战略集团形象。

（3）分散出口市场,降低受控风险。

2. 顺利通过调查

为避免被认为倾销,如果出口产品在国际市场上面临反倾销调查,可采取下列适当的技术手段应对。

（1）及时上调价格。这是因为欧美商业裁决机构于每征满一年反倾销税时会重新申报调查该倾销商是否仍有倾销行为,这时及时上调价格,就能被认为不具倾销行为,从而出口产品所被征的反倾销税也立即取消。

（2）调整产品利润预测,改进企业会计财务核算,以符合国际规范和商业惯例;同时还要密切注意国际外汇市场的浮动状况。

（3）将国外进口商组织起来,推动其反贸易保护活动。因为一旦我方产品被征收反倾销税,受损失的还有外国进口商。我们可通过加强与当地工商组织的交流,以实际的商业利益为砝码促使其向政府施加压力。

（4）与外方投诉厂商私下进行谈判、妥协。

3. 避免措施

我国出口企业为避免出口行为被裁定为损害进口国产业所采取的措施。

（1）不要迫使进口国厂商采取降价促销的营销手段。

（2）全面搜集有关资料信息情报,有效地获取进口国市场的商情动态,查证控诉方并未受到损失,以便在应诉中占有利的主动地位。

（3）就出口地设厂,筹建跨国公司。这样可以使我方产品免受进口配额等歧视性贸易条款的限制。

（4）借以便利的销售条件、优质的产品、高水平的服务和良好的运输条件去占取市场,提高单位产品的价格(效用),降低其替代率,从而增强外方消费市场对我方产品的依赖性,获取群众支持。

(三) 利用保税制度的税收筹划

在国际贸易中,经常会发生货物虽已进境,但却不一定在该国市场上销售的情况,这就意味着货物缴纳关税与否,需视该货物决定为进口还是复运出口而定。如果是后者,那么,将该货物置于某种可以免纳进口关税的海关监管之下,不仅符合进口商的利益,而且还能促进该国的转口贸易和出口贸易。这正是保税制度的本质所在。

保税是一个包含众多环节的过程。现假设进口货物最终将复运出境,则其基本环节就是进口和出口,税收筹划的入手处就是这两个环节。在这两个环节,既是进口公司又是出口公司的外向型公司都必须向海关报关,在该公司填写的报关表中有单耗计量单位一栏,筹划的突破口就是这一个栏目。所谓单耗计量单位,即生产一个单位成品耗费几个单位原料,通常有以下几种形式:一种是度量衡单位/度量衡单位,如米/米、吨/立方米等;一种是度量衡单位/自然单位,如吨/块、米/套等;还有一种是自然单位/自然单位,如件/套、匹/件等。度量衡单位容易测量,而自然单位要具体测量则很困难,所以将利用第三种形式进行筹划。

(四) 行邮税的税收筹划

行邮税是行李和邮递物品进口税的简称,是海关对个人携带、邮递进境的物品关税、进口环节增值税和消费税合并征收的进口税。由于其中包含了进口环节的增值税和消费税,故也为对个人非贸易性入境物品征收的进口关税和进口工商税收的总称。课税对象包括入境旅客、运输工具、服务人员携带的应税行李物品、个人邮递物品、馈赠物品以及以其他方式入境的个人物品等。

2019年4月3日,国务院总理李克强主持召开国务院常务会议,决定下调对进境物品征收的行邮税税率,促进扩大进口和消费。从2019年4月9日起,调降对个人携带进境的行李和邮递物品征收的行邮税税率,其中对食品、药品等商品,税率由15%降为13%;纺织品、电器等由25%降为20%。

根据调整,税目1、税目2的税率将分别由现行15%、25%调降为13%、20%。调整后,行邮税税率分别为13%、20%、50%。适用于13%一档的物品包括书报、食品、金银、家具、玩具和药品。适用于20%一档的物品包括运动用品(不含高尔夫球及球具)、钓鱼用品、纺织品及其制成品。适用于50%一档的物品包括烟、酒、贵重首饰及珠宝玉石、高档手表、高档化妆品。

但并不是所有税目1的药品都按13%征行邮税。通知对税目1"药品"的注释作了修改:对国家规定减按3%征收进口环节增值税的进口药品(目前包括抗癌药和罕见病药),按照货物税率征税。与此前相比,本次调整扩大了按较低税率征税的药品范围。

【例6-3】 某人为回国探亲,在国外买了300美元的名酒、800美元的松下影碟机、500美元的瑞士金表作为探亲礼物。此人所负担的进口税负为:应纳税额=300×50%+800×20%+500×20%=410(美元)。但若是买700美元的金项链、400美元的金戒指、500美元的瑞士金表,此人所负担的进口税负为:应纳税额=700×13%+400×13%+500×20%=243(美元)。后一种方案比前一种节省410-243=167(美元)。

第二节 土地增值税的税收筹划

一、土地增值税概述

土地增值税是以纳税人转让国有土地使用权、地上的建筑物及其附着物(以下简称转让房地产)所取得的增值额为征税对象,依照规定税率征收的一种税。

土地增值税的特点主要如下:以增值额为征税对象;征税面比较广;采用扣除法和评估法计算增值额;实行超率累进税率;实行按次征收。

土地增值税的作用主要如下:适度加强国家对房地产开发、交易行为的宏观调控;抑制土地炒买炒卖,保障国家的土地权益;规范国家参与土地增值收益的分配方式,增加财政收入。

(一)纳税人

土地增值税的纳税义务人是指转让国有土地使用权、地上建筑物及其附着物并取得收入的单位和个人,包括各类企业单位、事业单位、机关、社会团体、个体工商业户以及其他单位和个人。

凡发生应税行为的单位和个人,不论其经济性质,无论专营或兼营房地产业务,均有缴纳土地增值税的义务。

(二)征税范围

国有土地使用权、地上的建筑物及其附着物(以下简称转让房地产)有偿转让行为。"转让"包括出售、交换、赠与,出让国有土地、转让非国有土地的行为不征税。"转让使用权或产权"强调土地使用权、地上建筑物及其附着物是否发生产权转移,不包括未转让土地使用权、房产产权的行为。"有偿"强调取得收入,对以继承、赠与(特定对象)等方式无偿转让的房地产,不予征税。

合作建房建成后按比例分房自用的,暂免;建成后转让的,征税。

房地产交换征税,个人之间互换自有居住用房,经当地税务机关核实,免征。

房地产抵押,抵押期间不征;抵押期满后看产权是否转移,以房地产抵债,征税。

房地产出租,权属不变更,不征。

房地产评估增值,产权未转移,房屋产权所有人、土地使用权所有人也未取得收入,不征。

国家收回国有土地使用权、征用地上建筑物及附着物,权属已变更,原房地产所有人也取得了收入,但按照规定,免征。

代建房行为,产权未转移,不征。

房地产继承,是指房产的原产权所有人、依照法律规定取得土地使用权的土地使用人死亡以后,由其继承人依法承受死者房产产权和土地使用权的民事法律行为,不予征税。

房地产赠与,不征收土地增值税的房地产赠与行为只包括以下两种情况:①房产所有人、土地使用权所有人将房屋产权、土地使用权赠与直系亲属或承担直接赡养义务人的行为(赠与至亲)。②房产所有人、土地使用权所有人通过中国境内非营利的社会团体、国家机关将房屋产权、土地使用权赠与教育、民政和其他社会福利、公益事业的行为(公益赠与)。

土地使用者转让、抵押、置换土地,只要土地使用者享有占有、使用、收益或处分该土地的权利,且有合同等证据表明其实质转让、抵押或置换了土地并取得了相应的经济利益,应该征税。

(三)税率

四级超率累进税率如表6-1所示。

表6-1 四级超率累进税率表

级数	增值额与扣除项目金额的比率	税率	速算扣除系数
1	不超过50%的部分	30%	0%
2	超过50%~100%的部分	40%	5%
3	超过100%~200%的部分	50%	15%
4	超过200%的部分	60%	35%

(四)计税依据

土地增值税计税依据是增值额。其计算公式为:

$$增值额=转让房地产取得的收入-税法规定的扣除项目金额$$

纳税人转让房地产所取得的收入,是指包括货币收入、实物收入和其他收入在内的全部价款及有关的经济利益,不允许从中减除任何成本费用。纳税人转让房地产的土地增值税应税收入不含增值税。

计算增值额的扣除项目:①得土地使用权所支付的金额。②开发土地的成本、费用。③新建房及配套设施的成本、费用,或者旧房及建筑物的评估价格。④与转让房地产有关的税金。⑤财政部规定的其他扣除项目。

(五)应纳税额的计算

(1)增值额=收入-扣除项目。

(2)增值率=增值额÷扣除项目。

(3)根据增值率确定适用税率及速算扣除系数。

(4)税额=增值额×适用税率-扣除项目×速算扣除系数。

(六)税收优惠

1. 转让房屋的税收

增值额未超过扣除项目金额之和20%,免征土地增值税。

(1)建造普通标准住宅出售,其增值额未超过扣除项目金额之和20%的,予以免税。

超过20%的,应就其全部增值额按规定计税。

普通标准住宅标准必须同时满足:

一是住宅小区建筑容积率在1.0以上,其计算公式为:

$$建筑容积率＝地上总建筑面积÷规划用地面积$$

二是单套建筑面积在120平方米以下。

三是实际成交价格低于同级别土地上住房平均交易价格1.2倍以下(允许单套建筑面积和价格标准适当浮动,但向上浮动的比例不得超过上述标准的20%)。

(2)转让旧房作为改造安置住房房源,且增值额未超过扣除项目金额20%的免税。(2020年调整)

(3)转让旧房作为公租房房源,且增值额未超过扣除项目金额20%的免税。

该项优惠执行期限为2019年1月1日至2020年12月31日。

2. 因国家征收、收回的房地产的税收优惠

(1)因国家建设需要而被政府征用、收回的房地产,免税。

(2)因城市实施规划、国家建设需要而搬迁,纳税人自行转让房地产免税。

3. 个人销售住房暂免征收土地增值税

略。

4. 企业改制重组的税收优惠

(1)暂不征土地增值税情形。以下改制重组有关土地增值税政策不适用于房地产转移任意一方为房地产开发企业的情形。①改制前的企业将房地产转移、变更到改制后的企业。整体改制是指不改变原企业的投资主体,并承继原企业权利、义务的行为。②两个或两个以上企业合并为一个企业,且原企业投资主体存续的,对原企业将房地产转移、变更到合并后的企业。③企业分设为两个或两个以上与原企业投资主体相同的企业,对原企业将房地产转移、变更到分立后的企业。④单位、个人在改制重组时以房地产作价入股进行投资,对其将房地产转移、变更到被投资的企业。

(2)企业改制重组后再转让国有土地使用权并申报缴纳土地增值税时,应以改制前取得该宗国有土地使用权所支付的地价款和按国家统一规定缴纳的有关费用,作为该企业"取得土地使用权所支付的金额"扣除:①出让或转让方式取得的为:取得该宗国有土地使用权所支付的地价款和按国家统一规定缴纳的有关费用。②国家作价出资入股:该宗土地入股时,该宗土地作价入股时省级以上(含省级)国土管理部门批准的评估价格;不能提供批准文件和批准的评估价格的,不得扣除。

(七) 征收管理

1. 纳税义务发生时间和纳税期限

纳税人应自转让房地产合同签订之日起7日内,向房地产所在地主管税务机关办理纳税申报。

纳税人在项目全部竣工决算前转让房地产取得的收入可以预征土地增值税。

预征率:除保障性住房外,东部地区省份不得低于2%,中部和东北地区省份不得低于1.5%,西部地区省份不得低于1%。

2. 纳税地点

由房地产所在地的税务机关负债征收。房地产所在地,是指房地产的坐落地。纳税人转让的房地产坐落在两个或两个以上地区的,应按房地产所在地分别申报纳税。

二、土地增值税的税负分析

$$土地增值税应纳税额 = 增值额 \times 适用税率 - 扣除项目金额 \times 速算扣除系数$$

从这个公式可以看出,土地增值税的税收负担有两个很重要的决定性因素,增值率和税收优惠。

土地增值税的增值率大小,对土地增值税税负的影响非常之大。那增值率又是由什么决定的呢?从土地增值税计算原理可以得知它是收入总额减扣除项目金额再比上扣除项目金额。也就是说,增值率越高,那土地增值税所适用的税率就越高。我们要合理地把土地增值税控制在一定范围内,就要把适用税率控制在一定范围内。因为土地增值税采用的是四级超率累进税率,最低税率是30%,最高税率是60%,中间还有40%、50%,总共四档税率。如果房地产开发企业的土地增值税要交60%的话,那对于企业而言将是非常重的税负。所以,我们要做的是控制土增税的税率,防止税率过高。

税收优惠对土地增值税的影响也非常大。按照我们国家的税收政策,对于普通标准住宅,凡是增值率不超过20%的可以免征土地增值税。所以,在这一优惠政策之下,我们需要尽量想办法控制土地增值税的税负,就要尽量控制普通标准住宅的增值率,这是影响土增税税负的又一个重要因素。

进一步分析土地增值税的公式,我们会发现土地增值税的计算比较复杂,影响因素比较多样。比如公式中的增值额,由收入总额减去扣除项目金额,所以增值额是由收入额与扣除项目金额之差决定的,也就是增值额由另外的两个因素决定。又比如公式中的适用税率,取决于增值率,增值率越大,适用税率就越高。增值率是增值额除以扣除项目金额,增值率大小直接决定了税率是30%、40%、50%还是60%。总的来说,土地增值税应纳税额的影响因素不止一个,相对来说比较复杂,从增值额到扣除项目,从适用税率到速算扣除系数,都会对土地增值税的税负产生重要影响,该税种的影响因素是一个综合因素。

三、土地增值税的税收筹划

(一)控制增值率

当我们控制了增值率,土地增值税的税负就能够控制,所以我们要尽量控制增值率。增值率是收入总额减扣除项目金额再除以扣除项目金额。进一步简化,可以得到收入总额比上扣除项目金额再减1,所以真正产生影响的是两个因素。

从而可知,控制增值率的第一策略就是控制收入。比如说通过控制房价来控制企业的收入,企业稍微降点价,控制收入总额。收入控制了,土地增值税就得到控制了。这时候可能房地产开发企业适用的土地增值税的税率就下降了一档,而下降一档是整整下降了总额的10%。如果当前适用的税率是50%,可能稍微控制收入,税率就变成了40%,这样一来房地产开发企业的土地增值税的税负当然就明显下降了。

控制增值率的第二个策略,就是在项目的土地增值税清算之前,考虑对扣除项目金额进行增补和调整。这里用的是增补和调整的概念,主要是指以合理合法的方式进行增补和调整。本来企业真实发生了的应扣除金额,但之前没把它计算进来,现在经查补,把合理的扣除项目计算进来,那房地产开发企业就可以使得增值率降低,而增值率的降低就可能导致企业土地增值税的适用税率降低。还有一个办法就是调整,即调整企业的项目金额。成功调增扣除项目金额也极有可能使得企业的土地增值税税负下降。这是从增值率的角度来分析的。

当然,实践中是两个策略同时灵活运用的,很多时候,如果我们既能适当降低收入,又能增加扣除项目金额,那企业的增值率下降得更快,这样对增值率的控制的效果当然就更明显。

(二) 精装修

精装修能让房地产开发企业合理地加大开发成本的投入比例,而开发成本在土地增值税清算时可以加计扣除。

根据现行税收政策,房地产开发企业可以按照土地成本和开发成本总和的20%作为加计扣除。也就是说,企业发生了1 000万元的精装修,实际上可以扣除的金额是1 200万元,所以精装修项目可以合理地降低土地增值税的税负。这一点对于房地产开发企业来说是很利好的消息。而且,在增值税的控制上,精装修取得的增值税进项税额是可以用于抵扣的,所以精装修是房地产开发企业常常用到的税收筹划重要工具。

(三) 享受免税优惠

在房地产开发企业有一个很特别的税收优惠政策,就是普通标准住宅的增值率不超过20%可以免征土地增值税。从这个角度来看,房地产开发企业在开发普通标准住宅的时候可以尽量控制好增值率。适用控制增值率,表面上收入是减少了,但收入减少一些并不等于最后的税后利润少赚了,有可能因为免除了土地增值税使得企业的税后利润反而增加了。

这里需要特别注意普通标准住宅的认定标准。该标准一般有三个条件:第一个条件是容积率不低于1,如果容积率低于1,那可能就不能享受这个优惠政策了。第二个条件是高出市场价值的部分不高于20%,就是与正常的市场价格相比不高出20%的售价。如果售价比较高的话,说明项目的品质比较好,可能就是豪宅了,而不是普通标准住宅。第三个条件就是房子的面积,不是在120平方米的基础上浮20%。

理论上看似很简单,但各地在执行标准上却有偏差,计算方法在不同地方的税务机关出现了差别。有些地方认为上浮20%就是上浮20平方米,即是140平方米,有些地方认为上浮20％就是上浮120×(1+20％)，即是144平方米。

(四) 开发费用的处理

房地产开发企业的开发费用主要是期间费用，包括利息费用、管理费用和销售费用，其中利息费用主要是指财务费用。这三大费用加起来就构成了房地产开发企业的开发费用，即期间费用。

在房地产开发过程中，土地增值税开发费用的认定有两种标准。第一种标准是开发费用＝利息支出＋(取得土地使用权所支付的金额＋房地产开发成本)×5％；第二种标准是开发费用＝(取得土地使用权所支付的金额＋房地产开发成本)×10％。众所周知，如果房地产开发企业的开发费用认定的越多，那增值率就会越低，增值额也就越低，那最后企业需要交的土地增值税就越少，所以企业都希望开发费用认定越多越好。

两种标准所需要具备的条件不同。第一种标准，企业的利息支出必须要有银行的合规的利息发票、利息单据，就是必须能取得合规的凭证票据，如果不能取得这样的凭证票据，那企业是不能作为利息支出进行列支的。第二种标准中，企业不需要提供利息支出的票据，就是说企业拿不出这些利息发票、利息单据，那就统一按照企业取得土地使用权支付金额和房地产开发成本总和的10％作为开发费用。

因此，对比而言，房地产开发企业如果能够取得并提供的单据凭证，按取得土地使用权支付金额与房地产开发成本的总和的10％，那企业以第一种标准计算期间费用就划算。一般而言，在实践活动中，房地产开发企业能取得的合规的利息支出基本很少，因为现在国家政策下的银行不对房地产开发项目贷款(以下简称开发贷)。开发贷是受到国家政策限制的，房地产开发企业一般拿不到直接的银行贷款，基本都是二手的、信托之类的，利率一般比较高，基本都超过银行的利息标准，不符合扣除标准。所以，房地产开发企业一般按照第二种方法来计算，即按照土地成本和开发成本总和的10％来认定，并计算到企业的土地增值税的扣除项目。

(五) 土地增值税清算组合方式的选择

房地产土地增值税税收筹划的其中一个方法，就是在清算时选择不同的清算方式组合。

当前税务机关认可的清算方式一般有两种。第一种叫两分法，就是将普通标准住宅作为一类单独进行清算，将非普通标准住宅、商业和其他作为另一类进行清算。就是清算过程中将产品分成两类分别进行计算土地增值税，我们称之为两分法。第二种叫三分法，是指将普通标准住宅作为一类，将非普通标准住宅作为一类，将商业及其他作为一类。

两分法、三分法的主要差别如下。由于房地产开发企业开发存在不同业态，增值率的情况不一样，甚至还有一些成本收入倒挂的情况，在这种情况下建议企业尽量采用两分法。因为将非普通标准住宅、商业地产和其他与普通标准住宅混在一起计算的话，企业可以通过均衡增值率来控制土地增值税的税负。而采用三分法有时候不好控制增值率，因为商业地产卖的价格一般比较高，成本费用又不能多摊，所以商业地产对应的增值率比较高。增值率如果超过200%的话,那对应的土地增值税所适用的税率就达到了60%,这时候企业的税负压力还是比较大的。

当然,需要注意的是,有些地方的税务机关要求企业必须使用三分法,不认可两分法;有些地方的税务机关则由企业自行决定采用两分法还是三分法。如果企业有权决定计算方法,那企业可以自行测算,作个比较,然后再决定使用哪种清算方式,以达到最大的经济效益。

(六) 商业地产的处理策略

房地产开发企业的商业地产销售价格一般比较高,如果是一个不那么合适的时间段,这时候如果企业仍是把它卖出去,那么就很可能在无形中给企业的税负造成明显的增加。如果企业的商业地产在某个阶段销售不合理的话,销售后企业的很多税负成本就会明显增加。这时候,企业可以用的策略是先不销售商业地产,企业不销售商业地产,那就不需要交相应的土地增值税。因为这一块土地对应的房产产权并没有发生转移,产权没有转移的话企业就不需要缴纳土地增值税。因为在清算的时候,没有销售的部分是把它划分出来不进行清算的。

有这么一个案例,某城市的房产价格上涨,该地的一家房地产开发企业拟将全部的房产出售,包括旗下的全部商业地产。这家房地产开发企业经过测算得出:因为之前开发的时候成本投入相对来说比较少,所以增值率就比较高。如果这个时候全部出售这些商业地产的话,三大税种合计几乎达到了整个售价的40%。当时这些地产的售价大概3万元/平方米,在这3万元中就需要交1.2万元的税。在这种情况下,这家企业进行了一定的税收筹划,将商业地产自持不对外销售,所以最终的增值率并不高,需要缴纳的税款也大幅度降低。然后企业将这部分商业地产转为固定资产,转固之后就有很多方式可以处理,比如定位出租经营,或者以公司重组的方式在未来把这个房产转移出去。因为这家企业有比较多的房产,最后的财务报表就将企业整个实力充分体现出来了。后来,这家企业还遇到一个比较好的时机,在香港成功上市。

对于这家房地产开发企业而言,商业地产处理的策略比较到位是其成功上市的一个重要原因。当然,如果没有上市,那房地产开发企业以后再卖的时候,实际上也有很多种处理方式,比如采用资产行重组,采用合并分立、采用股权转让等方式灵活处理。又比如把公司的一部分股权转让给其他合作方,共同持有商业地产,甚至是共同经营,其他合作伙伴把钱投进来,共同做一个实业。这些都给企业提供了多种多样的经营形式和空间。房产的产权不转移的话,是不需要交土地增值税的,所以企业在税收管理过程中,应尽量减少产权的变更,这是一个很重要的点。总之,只要发生了产权变更,只要是不符合条件,就一定要交税了。

(七) 税收洼地的总包

现在我们国内还是有很多特殊的地区,出于招商的需要,出于发展经济的需要,就给了一些优惠政策,一般称之为税收洼地。税收洼地是可以使用的,但是需要使用得比较得当,要存在真实的交易或业务,采用得当的操作。对于房地产开发企业,可以考虑利用洼地的施工企业的 EPC(Engineering 设计、Procurement 采购、Construction 施工)总承包,以享受洼地税收优惠或者财政的返还,最终降低企业的税收负担。

(八)房地产投资、资产重组、股权转让交易、对外投资视同销售的筹划

房地产投资、资产重组、股权转让交易、对外投资视同销售,需要进行土地增值税清算。所以房地产开发企业不管是土地投资、房产投资,还是重组、股权转让,都一定要事先做好规划,否则税负可能会高得比较明显。

在资产重组、企业合并(兼并)、分立的经济活动中,凡是涉及房地产公司的,一律缴纳土地增值税。资产重组中,房地产开发企业的税负是比较高的。按照国家政策规定,只要是房地产开发企业就要进行重点监控,因为国家担心房地产开发企业通过重组的形式,把很多的税收规避了。所以国家对资产重组涉及房产土地的,就看管得比较严格。换句话说,非房地产开发企业做资产重组,有些房产土地发生了转移,只要符合某些条件,那企业是不需要交土地增值税的,这点可以提前规划,灵活运用。

另外,通过股权转让交易的形式,可以在一定程度上控制土地增值税的税负。股权转让,并不是房产土地的产权转移,严格来讲是不需要交土地增值税的。但国家税务总局也发布过这样的一个文件:如果某公司转让其所有产权,而公司产权主要是房产土地,那就认为该公司形式上是股权转让,实质上是行使了土地房产转让的真实业务,也应当缴纳土地增值税。从法律角度来分析,这种观点也符合税法的实质重于形式的原则。就当前的实际情况而言,有些地方执行得比较宽松,股权转让涉及房产土地的并没要求交土地增值税,但有的地方执行得比较严格,要求这种情况要交土地增值税。

第三节 房产税的税收筹划

一、房产税概述

房产税是以房屋为征税对象,按照房屋的计税余值或者出租房屋的租金征收的一种财产税。

(一)纳税人

房产税以在征税范围内的房屋产权所有人为纳税人。

(二)征税对象

房产税的征收对象是房产。与房屋不可分割的各种附属设施或不单独计价的配套设施,也属于房产,应一并征收房产税,但独立于房产之外的建筑物(如围墙、烟囱、水塔、变电塔、油池油柜、酒窖菜窖、酒精池、糖蜜池、室外游泳池、玻璃暖房、砖瓦石灰窑以及各种油气罐等)不属于房产,不征房产税。房产税在城市、县城、建制镇和工矿区征收,凡在上

述开征地区范围内的所有的房产,除另有规定免税者外,均应依法缴纳房产税,对不在开征区范围之内的房产,比如农村,不征收房产税。

房地产开发企业建造的商品房,在出售前,不征收房产税;但对出售前房地产开发企业已使用或出租、出借的商品房应按规定征收房产税。

(三) 税率

房产税采用比率税率,依照房产余值(房产原值一次扣减10%～30%后的余值)计算缴纳的,年税率为1.2%;依照房产租金收入计算缴纳的,税率为12%;对个人按照市场价格出租的居民住房,暂时按照4%税率计缴。

(四) 应纳税额的计算

(1) 从价计征的应纳税额计算公式为:

$$应纳税额=应税房产原值\times(1-扣除比例)\times 1.2\%\div 12\times 应税月份数$$

(1) 从租计征的应纳税额计算公式为:

$$应纳税额=不含增值税的租金收入\times 12\%或 4\%$$

出租的地下建筑,按照出租地上房屋建筑的有关规定计算征收房产税。如果是以劳务或者其他形式为报酬抵付房租收入的,应根据当地同类房产的租金水平,确定一个标准租金额从租计征。

(五) 税收优惠

(1) 国家机关、人民团体、军队自用的房产出租以及非自身业务使用的生产、营业用房,不免税。

(2) 宗教寺庙、公园、名胜古迹自用的房产,免征房产税。

(3) 国家财政部门拨付事业经费的单位自用房产,免征房产税。

(4) 企业办的各类学校、医院、托儿所、幼儿园自用的房产,免征房产税。

(5) 老年服务机构自用的房产暂免征收房产税。

(6) 铁道部(铁总)所属铁路运输企业自用的房产,免征房产税。

(7) 2018年1月1日至2023年12月31日,对纳税人及其全资子公司从事大型民用客机发动机、中大功率民用涡轴涡桨发动机研制项目自用的科研、生产、办公房产,免征房产税。(2020年新增)

(8) 2019年1月1日至2020年12月31日,对纳税人及其全资子公司从事大型客机研制项目自用的科研、生产、办公房产免征房产税。(2020年新增)

(9) 2019年6月1日至2025年12月31日为社区提供养老、托育、家政等服务业的机构自有或通过承租、无偿使用等方式取得并用于社区养老、托育、家政的房产,免征房产税。(2020年新增)

(10) 2019年1月1日至2020年12月31日,对饮水工程运营管理单位自用的生产、办公用房产,免征房产税。对于既向城镇居民供水,又向农村居民供水的饮水工程运营管理单位，依据向农村居民供水量占总供水量的比例免征房产税。无法提供具体比例或所提供数据不实的，不得享受税收优惠政策。（2020年新增）

（11）2019年1月1日至2021年12月31日，对农产品批发市场、农贸市场（包括自用和承租）专门经营农产品的房产暂免征收房产税。对同时经营其他产品的农产品批发市场和农贸市场使用的房产，按其他产品与农产品交易场地面积的比例确定征免房产税。（2020年调整）

（12）2019年1月1日至2021年12月31日，对商品储备管理公司及其直属库自用的承担商品储备业务的房产，免征房产税。（2020年新增）

（13）由财政部门拨付事业经费的文化单位转制为企业，自转制注册之日五年内对其自用房产免征房产税。2018年12月31日之前已完成转制的，自2019年1月1日起对其自用房产可继续免征五年房产税。（2020年调整）

（14）军队空余房产租赁收入暂免征收房产税。

（15）高校学生公寓免征房产税。

（16）2019年1月1日至2020年12月31日，对向居民供热收取采暖费的"三北"地区供热企业，为居民供热所使用的厂房免征房产税；对供热企业其他厂房，应当按照规定征收房产税。①对专业供热企业，按其向居民供热取得的采暖费收入占全部采暖费收入的比例，计算免征的房产税。②对兼营供热企业，视其供热所使用的厂房与其他生产经营活动所使用的厂房是否可以区分，按照不同方法计算免征的房产税。可以区分的，对其供热所使用厂房，按向居民供热取得的采暖费收入占全部采暖费收入的比例，计算免征的房产税。难以区分的，对其全部厂房，按向居民供热取得的采暖费收入占其营业收入的比例，计算免征的房产税。（2020年调整）

（17）对按政府规定价格出租的公有住房和廉租住房暂免征收房产税。包括企业和自收自支事业单位向职工出租的单位自有住房；房管部门向居民出租的公有住房；落实私房政策中带户发还产权并以政府规定租金标准向居民出租的私有住房等。

（18）对公租房免征房产税。公租房经管理单位应单独核算公租房租金收入，未单独核算的，不得享受免征房产税优惠政策。

（19）个人拥有的非营业用的房产，可免征房产税。

（20）经有关部门鉴定，对毁损不堪居住的房屋和危险房屋，在停止使用后，可免征房产税。

（21）纳税人因房屋大修导致连续停用半年以上的，在房屋大修期间免征房产税。

（22）凡是在基建工地为基建工地服务的各种工棚、材料棚和办公室、食堂等临时性房屋，在施工期间一律免征房产税。但是，如果在基建工程结束以后，施工企业将这种临时性房屋交还或者估价转让给基建单位的，应当从基建单位接收的次月起，依照规定征收房产税。

（23）2019年1月1日至2021年12月31日，由省、自治区、直辖市人民政府根据本地区实际情况，以及宏观调控需要确定，对增值税小规模纳税人可以在50%的税额幅度内减征房产税(2020年新增)。

二、房产税的税收筹划

(一) 自用转租赁

【例6-4】 A公司有10 000平方米自持商业地产,房产价值为1亿元,按照从价计征原则A公司每年需要缴纳房产税=10 000×80%×1.2%=96(万元)。如果A公司把10 000万平方米自持商业地产整体打包出租给关联物业公司B,年租金按照100万元计算,则A公司按照从租计征每年需要缴纳房产税=100×12%=12(万元)。通过持有性质转换,出租模式较自用模式少交税=96-12=84(万元)。

(二) 租赁转仓储

根据《中华人民共和国房产税暂行条例》及有关政策规定,租赁业房产税与仓储业房产税的计税方法不同。房产自用的,其房产税依照房产余值的1.2%计算缴纳,即:应纳税额=房产原值×(1-扣除比例)×1.2%。房产原值的扣除比例各省、市、自治区可能略有不同,从10%到30%不等。房产用于租赁的,其房产税依照租金收入的12%计算缴纳,即:应纳税额=租金收入金额×12%。

由于房产税计税公式的不同,必然导致应纳税额的差异,这就为纳税筹划提供了空间。房产用于出租的,必须按租金计算缴纳房产税。因此,为了能够按照房产余值计算缴纳房产税,需要将出租转化为其他形式。租赁业与仓储业在营改增之后缴纳增值税的税率也不相同,由于增值税具有转嫁性,大多数情况下,其税负可以转嫁出去,这里暂不考虑其增值税负担的比较。

【例6-5】 某商业公司是从计划经济时期发展过来的,在计划经济时期,商品较为短缺。该公司作为商业批发零售兼营企业,为了"发展经济,保障供给",千方百计圈地建库,尽可能多地储存商品。现在商品极大丰富了,企业界逐步向零库存发展,他们的库房大量闲置。近年来,部分闲置的库房用于出租,但是,租赁过程的综合税负约20%,企业负担过重,是否有可能通过税收筹划减轻税收负担。

假设该公司用于出租的库房有三栋,其房产原值为2 000万元,年租金收入为400万元。则应纳房产税=400×12%=48(万元),由于增值税及其附加、印花税、企业所得税等不影响筹划结果,这里暂不考虑房产税以外的其他税费。

如果对该公司的上述经营活动进行税收筹划。假如年底合同到期,公司派代表与客户进行友好协商,继续利用库房为客户存放商品,但将租赁合同改为仓储保管合同,增加服务内容,配备保管人员,为客户提供24小时服务。这样,该公司需要增加费用支出,假设增加支出15万元。如果该公司在增加的服务上不盈利,即收取的仓储费为房屋租赁费加15万元,则客户会非常欢迎这种做法。这样,该企业提供仓储服务的收入仍然约为400万元,收入不变,则应纳房产税=2 000×(1-30%)×1.2%=16.8(万元),不考虑其他税费,每年节约税款=48-16.8=31.2(万元)。需要注意的是,收入性质的转化必须具有真实性、合法性,同时能够满足客户的利益要求。否则,该项性质的转化是行不通的。

(三) 转租

【例6-6】 假设A公司手上有10 000平方米自持商业地产用于出租,每年租金160万元,则A公司每年需要缴纳房产税=160×12%=19.2(万元)。如果A公司先将房产以100万元1年的租金打包出租给关联物业公司B,然后由B公司再以160万元1年的价格进行转租,根据房产税只由产权所有人单一环节交税特点,A公司需要缴纳房产税=100×12%=12(万元)。通过出租形式的转换,组合模式(直租+转租)较单一模式(直租)少交税=19.2-12=7.2(万元)。

(四) 拆分房租金额

根据《财政部 国家税务总局关于调整住房租赁市场税收政策的通知》(财税〔2000〕125号)的规定,对按政府规定价格出租的公有住房和廉租住房,包括企业和自收自支事业单位向职工出租的单位自有住房,房管部门向居民出租的公有住房,落实私房政策中带户发还产权并以政府规定租金标准向居民出租的私有住房等,暂免征收房产税。对个人按市场价格出租的居民住房,其应缴纳的房产税暂减按4%的税率征收。对个人出租房屋取得的所得暂减按10%的税率征收个人所得税。根据《财政部 国家税务总局关于廉租住房经济适用住房和住房租赁有关税收政策的通知》(财税〔2008〕24号)的规定,自2008年3月1日起,对个人出租住房,不区分用途,按4%的税率征收房产税,免征城镇土地使用税。对企事业单位、社会团体以及其他组织按市场价格向个人出用于居住的住房,减按4%的税率征收房产税。对个人出租、承租住房签订的租赁合同,免征印花税。

根据《财政部 国家税务总局关于全面推开营业税改征增值税试点的通知》(财税〔2016〕36号)所附《营业税改征增值税试点有关事项的规定》的规定,个人出租住房,应按照5%的征收率减按1.5%计算应纳税额。需要注意的是,营改增之后,房产出租的,计征房产税的租金收入不含增值税。免征增值税的,确定计税依据时,成交价格、租金收入、转让房地产取得的收入不扣减增值税额。

个人出租住房收取的租金应当缴纳4%的房产税,由于税率是不能改变的,因此,只能从租金数额上找纳税筹划的空间。如果出租人和承租人有可以互相交换的物品、劳务,出租人可以一方面降低租金,另一方面通过获得承租人的物品或者劳务来获得一定的补偿,这样,出租人获得的实际利益是相同的,但是降低了租金,减轻了房产税负担。

【例6-7】 王先生有一套房屋出租,每月租金3 000元。承租人是三位研究生。王先生同时还为自己的孩子聘请英语家教,每月家教费2 000元。请计算王先生应当缴纳的税款,并提出纳税筹划方案。

王先生每月需要缴纳房产税=3 000×4%=120(元),由于其每月收入没有超过2万元的起征点,不需要缴纳增值税及其附加,需要缴纳个人所得税=(3 000-120-800)×10%=208(元),合计纳税=120+208=328(元)。需要代扣代缴个人所得税=(2 000-800)×20%=240(元)。

王先生可以考虑由该三位研究生作为其孩子的英语家教,这样,每月只需要收取 1 000 元的房租。王先生每月需要缴纳房产税＝1 000×4%＝40(元),需要缴纳个人所得税＝(1 000－40－800)×10%＝16(元),合计纳税＝40＋16＝56(元)。不需要代扣代缴任何个人所得税。对于王先生和三位研究生而言都有利。

如果三位研究生不适合作为英语家教,也可以考虑由三位研究生将自己使用过的书本等学习用品赠予出租人的孩子,或者购买一些学习用品赠予该出租人的孩子,出租人适当降低一些租金。

(五)减少出租房屋的附属设施降低租金

很多出租的房屋都附带很多家具和家电,租金相对比较高,而缴纳房产税时是按照收取的租金的全额来征收的,而实际上,租金中的很大一部分是家具和家电的租金,而出租家具是不需要缴纳房产税的,这样,纳税人无形之中就增加了自己的房产税税收负担。因此,出租人可以通过减少出租房屋的附属设施来降低租金。

如果出租房屋内的家具和家电无法处理或者承租人就希望有丰富的家具和家电,此时,可以通过两种方法来解决:第一种方法是与承租人签订一个买卖协议,即先将家具和家电出售给承租人,出租人收取的仅仅是房屋的租金,租赁期满以后,出租人再将这些家具和家电以比较低的价格购买回来,这样,通过买卖差价,出租人就收回了出租这些家具和家电的租金,而这些租金是不需要缴纳房产税的,这样就降低了出租人的房产税税收负担。第二种方法是与承租人签订两份租赁协议,一份是房屋租赁协议,一份是家具和家电的租赁协议。其中,房屋租赁需要缴纳房产税和增值税,家具和家电租赁仅需要缴纳增值税。一般情况下,出租房屋的租金收入都达不到起征点,因此,实际生活中是不需要缴纳增值税的。

【例 6-8】 王先生有一套房屋出租,每年租金 40 000 元。出租的房屋中有彩电一台、洗衣机一台、冰箱一台、煤气灶一台、油烟机一台、写字台一个、空调两台、双人床一张等家具。现在王先生找到了一个承租人,双方签约 1 年,租金一次付清。请计算王先生每年应当缴纳的房产税和个人所得税,并提出纳税筹划方案。

王先生每年需要缴纳房产税＝40 000×4%＝1 600(元),由于平均每月收入没有达到起征点,不需要缴纳增值税及其附加,在计算房产税时,租金也不需要扣除增值税,需要缴纳个人所得税＝(40 000÷12－1 600÷12－800)×10%×12＝2 880(元)。出租房屋的纯所得＝40 000－1 600－2 880＝35 520(元)。

王先生可以和承租人约定,将房间内的家具和家电以 30 000 元的价格卖给承租人,另外,承租人每月支付租金 1 000 元,租赁期满以后,王先生再以 2 000 元的价格买回该家具和家电。这样,王先生一年需要缴纳房产税＝1 000×12×4%＝480(元),需要缴纳个人所得税＝(1 000－480÷12－800)×10%×12＝192(元)。

由于房间内家具和家电的原价超过了 30 000 元,王先生出售该家具不需要缴纳个人所得税,销售个人使用过的物品也不需要缴纳增值税。一年以后,承租人将该家具以

2 000元的价格卖给王先生同样不需要缴纳任何税款。

这样,王先生的税后所得＝1 000×12+30 000－2 000－480－192＝39 328(元)。通过税收筹划,为王先生增加了税后利润＝39 328－3 5520＝3 808(元)。承租人支付的总租金＝1 000×12+30 000－2 000＝40 000(元),并未增加承租人的负担。当然,王先生也可以适当降低租金,以取得承租人的配合与支持。

(六) 合同免租期的约定

【例6-9】 A公司将价值1 000万元的房产出租给B公司,合同约定前三个月为免租期,往后每月按照10万元收取租金。A公司需要缴纳的房产税将分为免租期按照自用从价计征,三个月后按照从租计征两部分分别计算,因此A公司第一年总共需要缴纳房产税＝1 000×80%×1.2%×3/12+10×9×12%＝13.2(万元)。如果将免租合同条款修改为第一年租金90万元,往后每年租金按照120万元收取,则A公司第一年总共需要缴纳房产税＝90×12%＝10.8(万元)。"去免租期"方式下,房产税可以少交＝13.2－10.8＝2.4(万元)。

在实务操作过程中,均需要掌握和拿捏好租赁价格的公允性和合理性,要结合同类市场行情和自身商业住宅特点确定合理的价格区间,否则,在价格过低又无合理理由的情况下,会存在税务局不予认可的风险。

因此,不论是关联方企业之间协同作战进行税筹设计,还是非关联方企业之间谋求双方税负最小化、利益最大化的合同安排,一定要摆正心态,兼顾收益和风险,保证真实性、合理性、合法性的前提。

(七) 自建自用房产

根据税法的规定,企业购入或者以支付土地出让金的方式取得的土地使用权,在尚未开发或者建造自用房产之前,作为无形资产核算,并按税法规定的期限分期摊销。在建造房产以后,企业应将土地使用权的账面价值全部转入在建工程成本,在结转时,企业应当对房产占用的土地面积按比例结转,对于非房产占用的土地,应当予以摊销,这样可以减少房产的价值,从而减轻房产税的负担。

【例6-10】 某公司在2019年年初新建了一栋办公楼,工程建设成本为8 000万元,本次建设土地账面价值为2 000万元(该办公楼占据该土地的一半),全部工程完成后办公楼的成本为10 000万元。该办公楼的计划使用期限为50年。请计算该办公楼50年应当缴纳的房产税,并提出纳税筹划方案。

该公司每年应当缴纳房产税＝10 000×(1－30%)×1.2%＝84(万元),50年应当缴纳房产税＝84×50＝4 200(万元)。由于该办公楼仅仅占该土地的一半,因此,可以将另一半土地单独作为无形资产予以摊销,这样,该办公楼的成本就变为9 000万元。每年应当缴纳房产税＝9 000×(1－30%)×1.2%＝75.6(万元),50年应当缴纳房产税＝75.6×50＝3 780(万元)。减轻税收负担＝4 200－3 780＝420(万元)。

第四节　印花税的税收筹划

一、印花税概述

（一）纳税人

印花税的纳税人,是指订立、领受在中华人民共和国境内具有法律效力的应税凭证,或者在中华人民共和国境内进行证券交易的单位和个人。

应税凭证,是指本法所附《印花税税目税率表》规定的书面形式的合同、产权转移书据、营业账簿和权利、许可证照。

证券交易,是指在依法设立的证券交易所上市交易或者在国务院批准的其他证券交易场所转让公司股票和以股票为基础发行的存托凭证。

（二）税目税率

依照《中华人民共和国印花税法》所附的《印花税税目税率表》执行。

（三）计税依据

(1) 应税合同的计税依据,为合同列明的价款或者报酬,不包括增值税税款;合同中价款或者报酬与增值税税款未分开列明的,按照合计金额确定。

(2) 应税产权转移书据的计税依据,为产权转移书据列明的价款,不包括增值税税款;产权转移书据中价款与增值税税款未分开列明的,按照合计金额确定。

(3) 应税营业账簿的计税依据,为营业账簿记载的实收资本(股本)、资本公积合计金额。

(4) 应税权利、许可证照的计税依据,按件确定。

(5) 证券交易的计税依据,为成交金额。

(6) 应税合同、产权转移书据未列明价款或者报酬的,按照下列方法确定计税依据:①按照订立合同、产权转移书据,按市场价格确定;依法应当执行政府定价的,按照其规定确定。②不能按照本条第一项规定的方法确定的,按照实际结算的价款或者报酬确定。

(7) 以非集中交易方式转让证券时无转让价格的,按照办理过户登记手续前一个交易日收盘价计算确定计税依据;办理过户登记手续前一个交易日无收盘价的,按照证券面值计算确定计税依据。

（四）应纳税额的计算

(1) 应税合同的应纳税额＝价款或者报酬×适用税率。

(2) 应税产权转移书据的应纳税额＝价款×适用税率。

(3) 应税营业账簿的应纳税额＝(实收资本(股本)＋资本公积)×适用税率。

(4) 应税权利、许可证照的应纳税额为适用税额。

(5) 证券交易的应纳税额＝成交金额或者按照规定计算确定的计税依据×适用税率。

同一应税凭证载有两个或者两个以上经济事项并分别列明价款或者报酬的，按照各自适用税目税率计算应纳税额；未分别列明价款或者报酬的，按税率高的计算应纳税额。

同一应税凭证由两方或者两方以上当事人订立的，应当按照各自涉及的价款或者报酬分别计算应纳税额。

（五）税收优惠

下列情形，免征或者减征印花税：

(1) 应税凭证的副本或者抄本，免征印花税。

(2) 农民、农民专业合作社、农村集体经济组织、村民委员会购买农业生产资料或者销售自产农产品订立的买卖合同和农业保险合同，免征印花税。

(3) 无息或者贴息借款合同、国际金融组织向我国提供优惠贷款订立的借款合同、金融机构与小型微型企业订立的借款合同，免征印花税。

(4) 财产所有权人将财产赠与政府、学校、社会福利机构订立的产权转移书据，免征印花税。

(5) 军队、武警部队订立、领受的应税凭证，免征印花税。

(6) 转让、租赁住房订立的应税凭证，免征个人（不包括个体工商户）应当缴纳的印花税。

(7) 国务院规定免征或者减征印花税的其他情形，由国务院报全国人民代表大会常务委员会备案。

（六）征收管理

1. 扣缴义务人

证券登记结算机构为证券交易印花税的扣缴义务人。

2. 纳税义务时间

印花税纳税义务发生时间为纳税人订立、领受应税凭证或者完成证券交易的当日。

证券交易印花税扣缴义务发生时间为证券交易完成的当日。

3. 纳税期限

印花税按季、按年或者按次计征。实行按季、按年计征的，纳税人应当于季度、年度终了之日起十五日内申报并缴纳税款。实行按次计征的，纳税人应当于纳税义务发生之日起十五日内申报并缴纳税款。

证券交易印花税按周解缴。证券交易印花税的扣缴义务人应当于每周终了之日起五日内申报解缴税款及孳息。

4. 纳税地点

单位纳税人应当向其机构所在地的主管税务机关申报缴纳印花税；个人纳税人应当向应税凭证订立、领受地或者居住地的税务机关申报缴纳印花税。

纳税人出让或者转让不动产产权的,应当向不动产所在地的税务机关申报缴纳印花税。

证券交易印花税的扣缴义务人应当向其机构所在地的主管税务机关申报缴纳扣缴的税款。

二、印花税的税收筹划

(一)科学合理订立合同金额,少缴印花税

企业在签订经济合同的过程中,没有考虑印花税纳税筹划的原因有两点:①认为印花税是个小税种,按合同金额的万分之几的税率计算缴纳税款微乎其微。②合同金额不好估算或者怕因订立合同金额较小,带来变更合同的麻烦。订立合同金额过大,履行金额却很小,有的甚至不及合同订立金额的1/3。根据税法规定:印花税应该按合同金额计算应缴纳的印花税。不论合同是否执行或者全部执行,均应按合同金额计算缴。这样就造成了企业印花税税负增大。

因此,企业在签订合同时,应做好充分的统计工作。可根据上年合同执行金额和本年工作量预测分析今年有关合同金额的最高金额和最低金额。为了达到少缴纳印花税目的,可以先按最低合同执行金额签订经济合同,待实际工作量基本可以确定时,签订补充协议合同明确剩余经济合同金额。如果合同中涉及数量、单价类合同,企业签订合同时应根据生产任务合理预测消耗(销售)最低消耗(销售)数量,比如满足生产需要材料最低为200吨,最高数量为上浮20%,合同签订数量就可以是200吨(+20%),这样印花税可以按照200吨计算缴纳,达到节税目的。

(二)拆分经济合同,分别按印花税不同税率订立经济合同

对于同一经济业务涉及两种以上印花税税率行为时,企业可以按不同印花税税率的经济事项分别订立经济合同,这样可以按不同税率计征印花税,否则未分开按从高税率计征缴税。比如财产保险同时提供运输服务,财产保险合同的印花税税率是1‰,货物运输合同的印花税税率是0.5‰。如果未分别签订合同金额,需要按照财产保险合同1‰的税率从高计征缴纳印花税。

【例6-11】 某单位与某野营房加工企业签订500万元的加工承揽合同,加工承揽合同应按:(原材料金额+加工费金额)×0.5‰计征印花税。应缴纳印花税税款=500×0.5‰=2 500元。

因此,如果加工承揽合同分为受托方提供原料加工和委托方提供原料加工两种形式,这时就可以将加工承揽合同拆分为两个合同:一是野营房加工材料购销合同(如400万元)。购销合同印花税税率为0.3‰,低于加工承揽合同印花税税率0.5‰。计算购销合同缴纳印花税=400×0.3‰=1 200(元)。二是加工承揽合同,合同金额只包括加工费(100万元)。计算加工承揽合同缴纳印花税款=100×0.5‰=500(元)。两者合计缴纳税款1 700元,少缴纳800元,达到筹划目的。

（三）合同金额按最小执行单位订立，达到少缴印花税目的

经济合同签订时常常遇到计税金额不好确定的情况发生。有些合同在签订时无法确定计税金额，如技术转让合同中的转让收入，是按销售收入的一定比例收取或按其实现利润多少进行分成的；财产租赁合同，只是规定了月（天）租金标准而却无租赁期限的。对这类合同签订时先按5元缴税，以后实际执行时再按实际的金额计税，补缴差额印花税。

如此，在签订金额较大的合同时，不订立确定合同金额，而按经济行为最小执行单位订立以达到少缴纳印花税税款目的。

【例6-12】 A公司曾与某技术服务公司签订技术合同，技术服务金额较大，每年技术服务费达500万元。如签订合同时明确规定技术服务费为500万元，则需按技术服务合同0.3‰税率计征印花税，应缴纳印花税税额=5 000 000×0.3‰=1 500(元)。

如果订立技术服务合同条款中规定每天的技术服务费为13 800元，不具体确定技术服务合同的执行时限，企业只需先缴纳5元的印花税，余下部分等到结算时按天数计算缴纳，从而达到了节省税款的目的。假如该合同执行了240天，应缴纳印花税税款=13 800×240×0.03‰=993.6(元)。因此只需补缴印花税税款988.6元，少缴税款506.4元，达到节税目的。

第五节 契税的税收筹划

一、契税概述

（一）纳税人

境内转移土地、房屋权属，承受的单位和个人为契税的纳税人。

（二）征税范围

转移土地、房屋权属，是指下列行为：
(1) 土地使用权出让。
(2) 土地使用权转让，包括出售、赠与、互换（不包括土地承包经营权和土地经营权的转移）。
(3) 房屋买卖、赠与、互换。

以作价投资（入股）、偿还债务、划转、奖励等方式转移土地、房屋权属的，应当依照本法规定征收契税。

（三）税率

契税税率为3%～5%。

契税的具体适用税率，由省、自治区、直辖市人民政府在前款规定的税率幅度内提出，报同级人民代表大会常务委员会决定，并报全国人民代表大会常务委员会和国务院备案。

省、自治区、直辖市可以依照前款规定的程序对不同主体、不同地区、不同类型的住房的权属转移确定差别税率。

(四) 计税依据

(1) 土地使用权出让、出售,房屋买卖,为土地、房屋权属转移合同确定的成交价格,包括应交付的货币以及实物、其他经济利益对应的价款。

(2) 土地使用权互换、房屋互换,为所互换的土地使用权、房屋价格的差额。

(3) 土地使用权赠与、房屋赠与以及其他没有价格的转移土地、房屋权属行为,为税务机关参照土地使用权出售、房屋买卖的市场价格依法核定的价格。

纳税人申报的成交价格、互换价格差额明显偏低且无正当理由的,由税务机关依照《税收征收管理法》的规定核定。

(五) 应纳税额的计算

$$应纳税额=计税依据\times 税率$$

(六) 减免税优惠

1. 免税情形

(1) 国家机关、事业单位、社会团体、军事单位承受土地、房屋权属用于办公、教学、医疗、科研、军事设施。

(2) 非营利性的学校、医疗机构、社会福利机构承受土地、房屋权属用于办公、教学、医疗、科研、养老、救助。

(3) 承受荒山、荒地、荒滩土地使用权用于农、林、牧、渔业生产。

(4) 婚姻关系存续期间夫妻之间变更土地、房屋权属。

(5) 法定继承人通过继承承受土地、房屋权属。

(6) 依照法律规定应当予以免税的外国驻华使馆、领事馆和国际组织驻华代表机构承受土地、房屋权属。

根据国民经济和社会发展的需要,国务院对居民住房需求保障、企业改制重组、灾后重建等情形可以规定免征或者减征契税,报全国人民代表大会常务委员会备案。

2. 省、自治区、直辖市可以决定对下列情形免征或者减征契税:

(1) 因土地、房屋被县级以上人民政府征收、征用,重新承受土地、房屋权属。

(2) 因不可抗力灭失住房,重新承受住房权属。

免征或者减征契税的具体办法,由省、自治区、直辖市人民政府提出,报同级人民代表大会常务委员会决定,并报全国人民代表大会常务委员会和国务院备案。

(七) 税收征管

1. 纳税义务发生时间

契税的纳税义务发生时间,为纳税人签订土地、房屋权属转移合同的当日,或者纳税人取得其他具有土地、房屋权属转移合同性质凭证的当日。

2. 纳税期限

纳税人应当在依法办理土地、房屋权属登记手续前申报缴纳契税。

3. 纳税地点

土地、房屋所在地的征收机关。

4. 征收管理

纳税人改变有关土地、房屋的用途，或者有其他不再属于本法第六条规定的免征、减征契税情形的，应当缴纳已经免征、减征的税款。

纳税人办理纳税事宜后，税务机关应当开具契税完税凭证。纳税人办理土地、房屋权属登记，不动产登记机构应当查验契税完税、减免税凭证或者有关信息。未按照规定缴纳契税的，不动产登记机构不予办理土地、房屋权属登记。

在依法办理土地、房屋权属登记前，权属转移合同、权属转移合同性质凭证不生效、无效、被撤销或者被解除的，纳税人可以向税务机关申请退还已缴纳的税款，税务机关应当依法办理。

二、契税的税收筹划

（一）签订等价交换合同，享受免征契税政策

金信公司有一块土地价值3 000万元拟出售给南方公司，然后从南方公司购买其另外一块价值3 000万元的土地。双方签订土地销售与购买合同后，金信公司应缴纳契税=3 000×4‰=120（万元），南方公司应缴纳契税=3 000×4‰=120（万元）。

根据《中华人民共和国契税暂行条例》及其《中华人民共和国契税暂行条例细则》规定，土地使用权、房屋交换，契税的计税依据为所交换的土地使用权、房屋的价格差额，由多交付货币、实物、无形资产或其他经济利益的一方缴纳税款，交换价格相等的，免征契税。

根据上述文件对于免征契税的规定，提出税收筹划方案如下：金信公司与南方公司改变合同订立方式，签订土地使用权交换合同，约定以3 000万元的价格等价交换双方土地。根据契税的规定，金信公司和南方公司各自免征契税120万元。

（二）签订分立合同，降低契税支出

【例6-13】 红叶实业公司有一化肥生产车间拟出售给月星化工公司，该化肥生产车间有一幢生产厂房及其他生产厂房附属物，附属物主要为围墙、烟囱、水塔、变电塔、油池、油柜、若干油气罐、挡土墙、蓄水池等，化肥生产车间总占地面积3 000平方米，整体评估价为600万元（其中生产厂房评估价为160万元，3 000平方米土地评估价为240万元，其他生产厂房附属物评估价为200万元），月星化工公司按整体评估价600万元购买，应缴纳契税=600×4‰=24（万元）。

根据《财政部 国家税务总局关于房屋附属设施有关契税政策的批复》（财税〔2004〕126号）的规定：①对于承受与房屋相关的附属设施（包括停车位、汽车库、自行车库、顶层

阁楼以及储藏室,下同)所有权或土地使用权的行为,按照契税法律、法规的规定征收契税;对于不涉及土地使用权和房屋所有权转移变动的,不征收契税。②采取分期付款方式购买房屋附属设施土地使用权、房屋所有权的,应按合同规定的总价款计征契税。③承受的房屋附属设施权属如为单独计价的,按照当地确定的适用税率征收契税;如与房屋统一计价的,适用与房屋相同的契税税率。

根据上述文件对于免征契税的规定,在支付独立于房屋之外的建筑物、构筑物以及地面附着物价款时不征收契税,由此提出纳税筹划方案如下:红叶实业公司与月星化工公司签订两份销售合同,第一份合同为销售生产厂房及占地3 000平方米土地使用权的合同,销售合同价款为400万元;第二份合同为销售独立于房屋之外的建筑物、构筑物以及地面附着物(主要包括围墙、烟囱、水塔、变电塔、油池油柜、若干油气罐、挡土墙、蓄水池等),销售合同价款为200万元。经上述筹划,月星化工公司只就第一份销售合同缴纳契税,应缴纳契税=400×4%=16(万元),节约契税支出8万元。

(三)改变抵债时间,享受免征契税政策

【例6-14】 金图公司因严重亏损准备关闭,尚欠主要债权人明珠公司5 000万元,准备以公司一块价值5 000万元的土地偿还所欠债务。明珠公司接受金图公司土地抵债应缴纳契税=5 000×4%=200(万元)。

根据《财政部 国家税务总局关于改制重组若干契税政策的通知》(财税〔2003〕184号)的规定,企业按照有关法律、法规的规定实施关闭、破产后,债权人(包括关闭、破产企业职工)承受关闭、破产企业土地、房屋权属以抵偿债务的,免征契税。

根据上述文件对于免征契税的规定,提出税收筹划方案如下:明珠公司改变接受金图公司以土地抵债的时间,先以主要债权人身份到法院申请金图公司破产,待金图公司破产清算后再以主要债权人身份承受金图公司以价值5 000万元的土地抵偿债务,可享受免征契税,节约契税支出200万元。

(四)改变抵债不动产的接收人,享受免征契税

【例6-15】 华业公司欠石林公司货款2 000万元,准备以华业公司原价值2 000万元的商品房偿还所欠债务。石林公司接受华业公司商品房抵债后又以2 000万元的价格转售给亚美公司偿还所欠债务2 000万元,石林公司接受华业公司抵债商品房应缴纳契税=2 000×4%=80(万元)。

石林公司最终需将抵债商品房销售给亚美公司抵债,华业公司抵债商品房在石林公司账面只是过渡性质,却需多缴纳契税80万元,在三方欠款均相等的情况下,进行税收筹划后这80万元多缴纳的中间环节契税可免征。

可考虑纳税筹划方案如下:石林公司与华业公司、亚美公司签订债务偿还协议,由华业公司将抵债商品房直接销售给亚美公司,亚美公司将房款汇给华业公司,华业公司收亚美公司房款后再汇给石林公司偿还债务,石林公司收华业公司欠款后再汇给亚美公司偿还债务。经上述筹划后,三方欠款清欠完毕,且石林公司可享受免征契税,节约契税支出

80万元。

(五) 改变投资方式,享受免征契税政策

【例 6-16】 王明有一幢商品房价值 500 万元,李立有货币资金 300 万元,两人共同投资开办新华有限责任公司,新华公司注册资本为 800 万元。新华公司接受房产投资后应缴纳契税＝500×4%＝20(万元)。

根据《关于企业改制重组契税政策有关问题的解释》(财税〔2003〕184 号)的规定,非公司制企业,按照《中华人民共和国公司法》的规定,整体改建为有限责任公司(含国有独资公司)或股份有限公司,或者有限责任公司整体改建为股份有限公司的,对改建后的公司承受原企业土地、房屋权属,免征契税。

根据上述文件对于免征契税的规定,提出纳税筹划方案如下:第一步,王明到工商局注册登记成立王明个人独资公司,将自有房产投入王明个人独资公司,由于房屋产权所有人和使用人未发生变化,故无需办理房产变更手续,不需缴纳契税。第二步,王明对其个人独资公司进行公司制改造,改建为有限责任公司,吸收李立投资,改建为新华有限责任公司,改建后的新华有限责任公司承受王明个人独资公司的房屋,免征契税,新华公司减少契税支出 20 万元。

(六) 适当降低交易价款,减少契税的税收负担

由于契税的税率是确定的,因此纳税筹划只能从交易金额上下功夫。交易双方可以适当降低交易的价款,以减少契税的税收负担,但不能过于明显,否则会被税务机关认定为"明显低于市场价格",此时就无法达到减轻税收负担的目的了。

【例 6-17】 李先生与王先生签订了房屋销售合同,李先生将一套房屋以 100 万元(不含增值税)的价格销售给王先生。当地契税税率为 3%。请计算李先生应当缴纳的契税,并提出税收筹划方案。

李先生应当缴纳契税＝100×3%＝3(万元)。为了减轻契税税收负担,王先生可以与李先生修改合同,约定以 90 万元的价格销售该房屋,王先生通过其他方式给予李先生 10 万元补偿。这样,李先生获得的总价款仍然是 100 万元,但王先生只需要缴纳契税＝90×3%＝2.7(万元)。通过税收筹划,减轻税免＝3－2.7＝0.3(万元)。

第六节 资源税的税收筹划

一、资源税概述

2019 年 8 月 26 日第十三届全国人民代表大会常务委员会第十二次会议通过了《中华人民共和国资源税法》(以下简称《资源税法》),并于 2020 年 9 月 1 日开始施行,同时《资源税暂行条例》废止。

(一) 纳税人

在中华人民共和国领域和中华人民共和国管辖的其他海域开发应税资源的单位和个人为资源税的纳税人,应当依照《资源税法》规定缴纳资源税。具体的应税资源包括:能源矿产、金属矿产、非金属矿产、水气矿产、盐。

(二) 税率

资源税施行的是幅度税率,最低为1%最高可达到20%。具体适用税率由省、自治区、直辖市人民政府统筹考虑该应税资源的品位、开采条件以及对生态环境的影响等情况。在《税目税率表》规定的税率幅度内提出,报同级人民代表大会常务委员会决定,并报全国人民代表大会常务委员会和国务院备案。一般来说,资源越稀缺,对生态环境的影响越恶劣,适用税率会越高。

(1) 从价为主,从量为辅。

(2) 地热、砂石、矿泉水、天然卤水、石灰岩、其他粘土可采用从价计征或从量计征的方式,其他应税产品统一适用从价定率征收的方式。

(3)《税目税率表》中规定征税对象为原矿或者选矿的,应当分别确定具体适用税率。

(4)《税目税率表》中规定实行幅度税率的,其具体适用税率由省、自治区、直辖市人民政府统筹考虑该应税资源的品位、开采条件以及对生态环境的影响等情况,在《税目税率表》规定的税率幅度内提出,报同级人民代表大会常务委员会决定,并报全国人民代表大会常务委员会和国务院备案。

(5)《税目税率表》中规定可以选择实行从价计征或者从量计征的,具体计征方式由省、自治区、直辖市人民政府提出,报同级人民代表大会常务委员会决定,并报全国人民代表大会常务委员会和国务院备案。

(6) 水资源税根据当地水资源状况、取用水类型和经济发展等情况实行差别税率。

(7) 纳税人开采或者生产不同税目应税产品的,应当分别核算不同税目应税产品的销售额或者销售数量;未分别核算或者不能准确提供不同税目应税产品的销售额或者销售数量的,从高适用税率。

(三) 计税依据和应纳税额的计算

1. 从价定率征收

(1) 计税依据。

从价计征资源税的计税依据为应税资源产品(以下称应税产品)的销售额。应税产品为矿产品的,包括原矿和选矿产品。

(2) 应纳税额计算公式为:

$$应纳税额 = 销售额 \times 适用税率$$

2. 从量定额征收

(1) 计税依据。

从量定额征收的资源税的计税依据是应税产品的销售数量。

(2) 应纳税额计算公式为：

$$应纳税额＝销售数量×单位税额$$

（四）税收优惠

1. 免税

有下列情形之一的，免征资源税：

(1) 开采原油以及在油田范围内运输原油过程中用于加热的原油、天然气。

(2) 煤炭开采企业因安全生产需要抽采的煤成(层)气。

2. 减税

有下列情形之一的，减征资源税：

(1) 从低丰度油气田开采的原油、天然气，减征20%资源税。

(2) 高含硫天然气、三次采油和从深水油气田开采的原油、天然气，减征30%资源税。

(3) 稠油、高凝油减征40%资源税。

(4) 从衰竭期矿山开采的矿产品，减征30%资源税。

根据国民经济和社会发展需要，国务院对有利于促进资源节约集约利用、保护环境等情形可以规定免征或者减征资源税，报全国人民代表大会常务委员会备案。

3. 地方免征或减征

有下列情形之一的，省、自治区、直辖市可以决定免征或者减征资源税：

(1) 纳税人开采或者生产应税产品过程中，因意外事故或者自然灾害等原因遭受重大损失。

(2) 纳税人开采共伴生矿、低品位矿、尾矿。免征或者减征资源税的具体办法，由省、自治区、直辖市人民政府提出，报同级人民代表大会常务委员会决定，并报全国人民代表大会常务委员会和国务院备案。

（五）征收管理

1. 纳税义务发生时间

纳税人销售应税产品，纳税义务发生时间为收讫销售款或者取得索取销售款凭据的当日；自用应税产品的，纳税义务发生时间为移送应税产品的当日。值得注意的是，纳税人自用于连续生产应税产品的，在移送环节不用缴纳资源税。

2. 纳税期限

资源税按月或者按季申报缴纳；不能按固定期限计算缴纳的，可以按次申报缴纳。

纳税人按月或者按季申报缴纳的，应当自月度或者季度终了之日起15日内，向税务机关办理纳税申报并缴纳税款；按次申报缴纳的，应当自纳税义务发生之日起15日内，向税务机关办理纳税申报并缴纳税款。

与旧的暂行条例中的纳税期限1日、3日、5日、10日、15日或者1个月相比，《资源税法》调整了纳税期限，与其他税种保持了一致，减轻了纳税人的办税负担。

3. 纳税地点

纳税人应当向应税产品开采地或者生产地的税务机关申报缴纳资源税。

二、资源税的税收筹划

（一）常见的税收筹划方法

1. 利用准确核算进行税收筹划

根据《资源税法》的规定，纳税人的减税、免税项目，应当单独核算课税量；未单独核算或者不能准确提供减、免税产品课税数量的，不予减税或者免税。同时，纳税人开采或生产不同税目应税产品的，应当分别核算不同税目应税产品的课税数量；未分别核算或者不能准确提供不同税目应税产品的课税数量的，从高适用税额缴税。

2. 利用相关产品进行税收筹划

伴生矿：企业在开采之前就应关注个别矿产品适用税额相对较低的元素，以此来影响税务机关确定单位税额，使整个矿床的矿产品适用较低税率。

伴采矿：通过控制伴采矿数量，使伴采矿适用较低的税率，从而达到税收筹划的目的。

伴选矿：由于国家对以精矿形式伴选出来的副产品不征收资源税，对纳税人而言，应尽量完善工艺，引进技术，使以非精矿形式伴生出来的副产品以精矿形式出现，从而达到少缴税款的目的。

3. 利用税收优惠进行税收筹划

对开采原油以及在油田范围内运输原油过程中用于加热的原油、天然气和煤炭开采企业因安全生产需要抽采的煤成气免征资源税。

从低丰度油气田开采的原油、天然气，减征20%资源税；高含硫天然气、三次采油和从深水油气田开采的原油、天然气，减征30%资源税；稠油、高凝油减征40%资源税；从衰竭期矿山开采的矿产品，减征30%资源税。

4. 利用折算比例进行税收筹划

纳税人不能准确提供应税产品销售数量或移送使用数量的，以应税产品的产量或主管税务机关确定的折算比，换算成的数量为课税数量。对于连续加工前无法正确计算原煤移送使用量的煤炭，可以按加工产品的综合回收率，将加工产品实际销量和自用量折算成原煤数量，以此作为课税数量。金属和非金属矿产品原矿，因无法准确掌握纳税人移送使用数量的，可将其精矿按选矿比例折算成原矿数量，作为课税数量。这便给税收筹划创造了条件。

（二）案例分析

【例6-18】 某矿山开采企业为增值税一般纳税人，假定2020年10月份与甲公司签订销售合同，向其销售自行开采的资源税应税矿产品100吨并由矿山企业运输部门送货上门，每吨不含税价为1万元，另外收取从坑口至甲公司运费10万元。

1. 增值税

《财政部 国家税务总局关于全面推开营业税改征增值税试点的通知》（财税〔2016〕36

号)明确规定,一项销售行为如果既涉及货物又涉及服务,为混合销售。从事货物的生产、批发或者零售的单位和个体工商户的混合销售行为,按照销售货物缴纳增值税;其他单位和个体工商户的混合销售行为,按照销售服务缴纳增值税。依据上述文件规定,该矿山企业2020年10月份属于发生了销售货物同时提供运输服务的混合销售业务,应就收取的全部费用按货物适用税率13%缴纳增值税,计税依据=100×1+10÷(1+13%)=108.85(万元),混合销售业务应纳税额=14.15(万元)。

2. 资源税

《关于资源税有关问题执行口径的公告》(财政部 国家税务总局公告2020年第34号)规定(该公告自2020年9月1日起施行),资源税应税产品的销售额,按照纳税人销售应税产品向购买方收取的全部价款确定,不包括增值税税款。计入销售额中的相关运杂费用,凡取得增值税发票或者其他合法有效凭据的,准予从销售额中扣除。相关运杂费用是指应税产品从坑口或者洗选(加工)地到车站、码头或者购买方指定地点的运输费用、建设基金以及随运销产生的装卸、仓储、港杂费用。

运杂费已计入销售额,能够取得增值税发票或其他合法有效凭据,只能是矿山企业委托其他运输企业提供运输服务。如果是矿山企业自行提供运输服务,无法取得增值税发票或其他合法有效凭据。如上述案例,该矿山企业与甲公司仅签订销售合同,其向甲公司收取的全部款项(货款+运输费用)均属于销售货物的销售额。由于该矿山企业自行提供运输服务,所以也无法取得增值税发票或其他合法有效凭据,因此缴纳资源税的计税依据也应包括运输费用。

3. 筹划思路

上述案例,如果该矿山企业与甲公司签订两个合同——销售货物合同与运输合同,针对资源税而言,该矿山企业向甲公司收取的运输费用由于未计入应税矿产品销售额,所以不应作为资源税的计税依据。其实如此操作不仅可以降低资源税的税负,如果是增值税一般纳税人,由于货物适用税率高于运输服务适用的税率,所以同样也降低了增值税的税负。

复习思考题

1. 关税的税收筹划方法有哪些?
2. 房产税的征税范围有哪些?
3. 契税的征税范围有哪些?

第七章

税收筹划风险及防范

第一节 税收筹划风险

一、法律风险

开展税收筹划工作,在预期结果不确定的情况下,企业需要承担补缴税款乃至追责的法律风险。实际在制定税收筹划方案时,需要根据税收法规中优惠性条款进行应税经济行为安排,要求完成会计政策合理选择,保证内容与形式等符合立法意图,才能使企业税收筹划行为得到税务机关的法律保护。而税收新政每年都会出台,并且税收法规近年来得到了不断调整,给企业税收筹划带来了较大的法律风险。

在纳税人仅有资格享受部分优惠政策的情况下,如果通过变通经营活动或随意选择会计政策享受更多优惠政策,就可能导致企业节税行为成为非法避税行为,在承担税收筹划成本的同时,补缴剩余税款。

此外,在对税收法规中的优惠性条款进行利用时,由于相关法律法规尚未发展完善,存在一些空白和模糊性条款,容易导致企业选择的会计政策仅在形式上符合规定,内容与立法意图相悖,导致企业避税范围增大,给税负公平带来实质性危害,最终使企业行为被定性为偷逃税,承担相应法律责任和刑事责任,给企业经营管理带来较大风险。

税务执法风险是由税收筹划的被动判定性所决定的。严格意义上的税收筹划应当是合法的,符合立法者的意图,但这种合法性还需要税务行政执法部门的确认。在这一确认过程中,客观上存在着税务行政执法偏差从而产生税收筹划失败的风险。

因为我国税法对具体的税收事项常留有一定的弹性空间,即在一定的范围内,税务机关拥有自由裁量权,再加上税务行政执法人员的素质又参差不齐,这些都客观上为税收政策执行偏差提供了可能性。也就是说,即使是合法的税收筹划行为,结果也可能因税务行政执法偏差而导致税收筹划方案或者在实务中根本行不通,从而使方案成为一纸空文;或者会被视为偷税或恶意避税而加以查处,不但得不到节税的收益,反而会加重税收成本,产生税收筹划失败的风险。例如,我国《增值税法》规定,按期纳税的起征点为月销售额5 000元~20 000元,按次纳税的起征点为每次(日)销售额300元~500元,各地根据实际情况,在上述幅度内可以确定具体的起征点。因此,企业开展税收筹划经常会遇到一些来自基层税务行政执法机关的观念冲突与行为障碍。

二、政策风险

(一)政策选择风险

该种风险的产生主要是筹划人对政策精神的认识不足,理解不透,把握不准所致。对税收政策的理解要严格按照税法条文的字面含义去理解,既不能扩大,也不能缩小,同时必须注意立法机关、行政机关作出的有效力的解释,才能准确把握税法。例如某服装厂接受个体经营者代购的纽扣,由于未按要求完成代购手续,被税务机关确认为接受第三方发票而受到查处。

(二)政策调整风险

我国市场经济在蓬勃发展,为了适应不同发展时期的需要,作为国家宏观经济调控工具的税收政策必然要随之进行调整。从这个意义上讲,政府的税收政策总是具有不定期或相对较短的时效性。这不仅增加了企业进行税收筹划的难度,甚至可以使企业税收筹划的目标遭到失败。

(三)政策模糊风险

我国现有的税收法律法规层次较多,除了全国人大及其常委会制定的税收法律和国务院制定的税收法规外,还有大量的由有关税收管理职能部门制定的税收行政规章。这些行政规章往往不够明晰。在这种情况下,企业如依据这些行政规章开展税收筹划,就有可能因为对这些行政规章体现的税法精神理解错误而导致税收筹划的失败。

三、经营风险

(一)方案设计风险

科学的税收筹划方案是税收筹划成功的关键。在实践中,不科学的筹划方案大致有以下几种:①税收筹划严重脱离企业实际。如要求企业在较短时间内大幅度进行组织结构调整或转型等。②税收筹划方案不符合成本效益原则。即税收筹划获得的税收利益不足以弥补开展该项税收筹划所发生的全部实际成本费用和机会成本。③税收筹划方案没有从企业整体发展战略角度设计,如有的企业资金本已较为紧张,但税收筹划方案要求其大量涉足新领域。这些方案的设计失误将给企业带来沉重的负担。

(二)经营变化风险

税收筹划的过程实际就是对税收政策的差别进行选择的过程。但无论何种差别,均应建立在一定的前提和条件下,即企业日后的生产经营活动必须符合所选税收政策要求的特殊性。这些特殊性,在给企业的税收筹划提供可能性的同时,也对企业的某一方面的经营活动(经营范围、经营地点、经营期限等)带来了约束性,从而影响着企业经营活动本身的灵活性。如果项目投资后经济活动本身发生变化,或对项目预期经济活动的判断失误,就很可能失去享受税收优惠的必要特征或条件,不仅无法达到减轻税负的目的,还可能加重税负。

(三)方案实施风险

科学的税收筹划方案必须通过有效的实施来实现。即使有了科学的税收筹划方案,如果在实施过程中没有严格的实施措施,或者没有得力的实施人才,或者没有完善的实施手段,都有可能导致整个税收筹划的失败。

四、经济风险

企业的税收筹划工作实际是一种经济活动,方案能否落实存在一定不确定性。而另一方面公司未来税收筹划计划执行也可能充满不确定性。在经营发生变化时,内部信息交流不及时都可能导致税收筹划开展面临风险。

从内容上来看,税收筹划与企业运行密切相关,在市场难以得到有效预测的情况下,税收筹划可能与企业运行状况不同,导致方案无法生效,企业也因此承担更高成本。在经济活动开展期间,企业需要与税收部门进行行为博弈,在正常法规框架下可以达到一定效果,但一旦发现税收风险将造成企业面临诚信危机。在风险发生后,税务部门将重点进行企业税务审查,要求企业通过严密申报制度。多次审查将干扰企业正常运行,不利于企业运营活动的高效开展。

此外,税收义务作为企业社会责任的重要组成部分,在涉税风险发生后将导致企业形象和品牌受到负面影响,甚至引发企业产品和市场份额扰动。发生税务风险后,可能导致企业之后的融资受到影响,最终造成企业承担相应的经济风险,面临得不偿失的局面。

第二节 税收筹划风险的防范

一、准确把握税收法律政策

既然税收筹划方案主要来自税收法律政策中对计税依据、纳税人、税率等的不同规定,那么对相关的税收规定的全面了解,就成为税收筹划的基础环节。

有了这种全面了解,才能预测出不同的纳税方案,并进行比较,优化选择,进而作出对纳税人最有利的税收决策。反之,如果对有关政策、法规不了解,就无法预测多种纳税方案,税收筹划活动就无法进行。

二、关注税收法律政策变动

成功的税收筹划应充分考虑企业所处外部环境条件的变迁、未来经济环境的发展趋势、国家政策的变动、税法与税率的可能变动趋势、国家规定的非税收的奖励等非税收因素对企业经营活动的影响,综合衡量税收筹划方案,处理好局部利益与整体利益、短期利益与长远利益的关系,为企业增加效益。

目前,我国税制建设还不很完善,税收政策变化较快,纳税人必须通晓税法,在利用某项政策规定筹划时,应对政策变化可能产生的影响进行预测和防范筹划的风险,因为政策发生变化后往往有溯及力,原来是税收筹划,政策变化后可能被认定是偷税。因此,要能够准确评价税法变动的发展趋势。

三、提高筹划人员的素质

税收筹划是一项高层次的理财活动,是集法律、税收、会计、财务、金融等各方面专业知识为一体的组织策划活动。税收筹划人员不仅要具备相当的专业素质,还要具备对经济前景的预测能力、对项目统筹谋划的能力、与各部门合作配合的协作能力等素质。否则就难以胜任该项工作。

税收筹划人员素质的提高一方面有赖于个人的发展,另一方面也有赖于纳税人素质的提高。因为只有纳税人的素质普遍提高了才能对税收筹划提出更多的要求,实践也证明,税收筹划的普遍程度与一个国家的科教水平关系密切。

四、保持筹划方案的适度灵活

由于企业所处的经济环境千差万别,加之税收政策和税收筹划的主客观条件时刻处于变化之中,这就要求在税收筹划时,要根据企业具体的实际情况,制定税收筹划方案,并保持相当的灵活性,以便随着国家税制、税法、相关政策的改变及预期经济活动的变化随时调整项目投资,对税收筹划方案进行重新审查和评估,适时更新筹划内容,采取措施分散风险,趋利避害,保证税收筹划目标的实现。

五、发挥税务中介专业作用

实施税收筹划,需要保证提出的方案与税收政策拥有一致导向,同时加强避税筹划和节税筹划的关系处理,才能在加强税负控制的同时,避免企业出现偷税、漏税倾向。但对于企业来讲,国家税收制度和法规解读起来较为困难。

针对这一问题,企业还应联合税务中介开展税收筹划工作,通过发挥中介专业作用加强涉税风险规避。作为税务中介,能够熟练掌握相关法律法规,并且了解税收政策变化趋势,为企业税收筹划工作开展提供科学制定,保证制定的方案能够符合相关法律规定。长期从事纳税申报工作,促使税务中介拥有更强的税收优惠政策理解能力,能够实现国家最新政策的准确、深入解读。

相较于企业,税务中介机构与相关税务部门的联系更加紧密,通过与税务部门积极沟通,确定税务部门税务工作执行情况,在充分了解税务部门监督内容和管理规范标准的基础上明确税收筹划标尺,帮助企业采取适合的纳税申报方式。通过加强对企业的指导,能够使企业制定的税收筹划方案满足税务部门要求,有效进行涉税风险的规避。

此外,在中介机构辅助下,企业可以区分节税与避税的关系,确保筹划工作尽量满足政策导向要求。在享受优惠政策的同时,对国家号召进行积极响应,因此能够有效防止恶意避税行为的发生,促使筹划方案审查成功率得到提高。

六、加强与税务部门联系

加强与当地税务机关的联系,充分了解当地税务征管的特点和具体要求。进行税收筹划,由于许多活动是在法律的边界运作,税收筹划人员很难准确把握其确切的界限,有些问题在概念的界定上本来就很模糊(比如税收筹划与避税的区别等),况且各地具体的税收征管方式有所不同,税收执法部门拥有较大的自由裁量权。

这就要求从事税收筹划者在正确理解税收政策的规定性,正确应用财会知识的同时,随时关注当地税务机关税收征管的特点和具体方法。事实上,如果不能适应主管税务机关的管理特点,或者税收筹划方案不能得到当地主管税务部门的认可,就难以体现它应有的收益。

七、建立风险管理制度体系

应当建立风险管理制度体系实现风险规避。公司从高层到基层,都要重视税收筹划工作,制定严谨筹划计划。结合企业税收筹划内容,可以制定细致的风险管理内容,提出相应的管理规定,作为企业开展税收筹划工作的准则和标尺。

在筹划方案制定过程中,针对市场信息采集、法规政策分析、企业工序评估等各个环节,需要制定标准分析流程,实现风险管理内容的应用性整理,以便提出系列化的风险管理标准,在风险规避中充分发挥作用。结合风险规避要求制定税收筹划制定,建立风险预警体系,能够对企业涉税风险进行有效监督和科学预测,将风险控制在一定范围内。

按照风险预警机制,需要对税务执法、政策变动等信息进行全面收集,确定纳税人经营状态,通过对比确定是否存在风险。实现信息深入分析,能够发现税收筹划存在的风险隐患,并通过及早准备加强风险防范。针对潜在的风险,需要完成风险根源查找,提出科学的解决方案,继而使风险发生的可能性得到降低。

实际在制度体系建立过程中,企业税收筹划负责人还应树立大局观念,能够对企业内部监督机制进行完善,认识到涉税风险客观存在,不能盲目认可专家制定的方案。结合经营环境复杂性,还应实施有针对性的税收筹划,利用各种现代化信息设备进行各种风险实时监控,通过风险示警加强风险控制。

复习思考题

1. 税收筹划的风险有哪些?
2. 如何防范税收筹划的风险?

参 考 文 献

[1] 胡怡建.税收学[M].2版.上海:上海财经大学出版社,2020.
[2] 梁俊娇.税收筹划[M].9版.北京:中国人民大学出版社,2021.
[3] 蔡昌.税收筹划:理论、实务与案例[M].3版.北京:中国人民大学出版社,2020.